PONS

Bildwörterbuch

Englisch

Deutsch

Mit Premium-App

PONS GmbH
Stuttgart

INHALT

CONTENTS

LEICHTER LERNEN MIT BILDERN – WARUM IST DAS SO?

Liebe Leserin, lieber Leser,

wie wichtig die Bedeutung von Bildern ist, wenn es um das Merken von Begriffen geht, wissen wir seit Jahren aus der Lernpsychologie. Kennen Sie das? Wenn Sie ein Bild zu einem Wort sehen, bleibt das Wort viel schneller im Gedächtnis haften, als wenn es nur geschrieben dasteht. Und wenn es darum geht, in einer fremden Sprache Wortschatz nicht nur nachzuschlagen, sondern auch zu verstehen und ihn sich zu merken, unterstützen die Bilder Sie dabei, sich die Wörter schneller und besser einzuprägen. Das hat ganz einfache Gründe:

- → ***Bilder wirken schneller und direkter als reiner Text.*** *Schon als kleine Kinder denken wir in Bildern und können sie ganz intuitiv entschlüsseln, interpretieren und aufnehmen. Sind Bilder mit Wörtern verknüpft, bilden sie eine Einheit, die unser Gehirn mit hoher Effizienz verarbeitet und abspeichert.*
- → ***Bilder erleichtern und unterstützen das Verständnis.*** *Sie vermitteln Zusammenhänge und liefern uns deutlich mehr Informationen als nur Text alleine.*
- → ***Bilder sind emotional.*** *Sie wecken unser Interesse, steigern unsere Motivation und bleiben besser im Gedächtnis haften als Text alleine.*
- → ***Bilder machen Freude.*** *Wo viel Text abschreckt, sorgen Bilder dafür, dass uns das Lernen Spaß macht, und wir bleiben länger bei der Sache.*

Gesehen, verstanden und schon gemerkt – so leicht kann das visuelle Lernen sein. Überzeugen Sie sich selbst!

Ihre

PONS-Redaktion

IMAGES ACTIVATE THE MEMORY – BUT HOW?

Dear reader,

For many years educational psychologists have encouraged the use of images in language study. Perhaps this is something you have experienced yourself - if you see a word coupled with an image, your memory is more likely to be activated than if you simply encounter the written word on its own. So if your goal is to understand and memorize vocabulary as well as to simply look it up, combining words with images is an effective way of ensuring greater levels of success. This is due to a few simple reasons:

→ **Images affect us more quickly and more directly than text alone.** As small children we think in images and are able to interpret and absorb them intuitively. When these pictures are linked to words, they form a unit which the mind is able to process and store efficiently.

→ **Images support comprehension.** They provide us with a context and deliver much more information than words alone.

→ **Images speak to us on an emotional level.** They capture our interest, increase our motivation and lodge themselves in our memory in a way that pure text fails to.

→ **Images are fun.** While blocks of text may deter us, pictures keep the learning process light and easy and that keeps us going for longer.

See it, understand it, memorize it - that's how simple visual learning can be. Why don't you give it a go?

Yours,

PONS Dictionaries

SO ARBEITEN SIE EFFIZIENT MIT DEM BILDWÖRTERBUCH

die Erdbeere
strawberry
[ˈstrɔ:bəri]

die Himbeere
raspberry
[ˈrɑ:zbəri]

die Brombeere
blackberry
[ˈblækbəri]

die Heidelbeere
blueberry
[ˈblu:bəri]

Ganz gleich, ob Sie erst anfangen, eine Fremdsprache zu erlernen, oder ob Sie bereits über gute Sprachkenntnisse verfügen: Dieses Wörterbuch ist Ihr idealer Begleiter. Für jede Sprache decken rund 8.000 Begriffe alle Bereiche des Alltags ab und die Kombination von Wort und Bild ermöglicht Ihnen, Wörter schnell nachzuschlagen, zu übersetzen und sich mühelos einzuprägen. Hier die wichtigsten Tipps, wie Sie den größten Nutzen aus diesem Wörterbuch ziehen:

Whether you're just starting out or already have sound knowledge of your chosen language - this dictionary is the perfect companion. With around 8,000 terms in each language, it covers all areas of day-to-day usage. The combination of word and image helps you to look up, translate and memorize words with ease. Before you start, here are a few tips on how to get the most from your dictionary:

1. Wörter im Zusammenhang lernen

Wörter werden schneller gemerkt, wenn man sie im Kontext lernt. Aus diesem Grund ist dieses Wörterbuch nach Themenfeldern aus dem Alltagsleben gegliedert. Ganz gleich, in welches Thema Sie eintauchen - ob Einkaufen, Kleidung, Lebensmittel oder Familie - betrachten Sie beim Lernen das Thema als Ganzes und versuchen Sie, möglichst viele Wörter aus dem Themenbereich aufzunehmen. Sie werden erstaunt sein, wie viel Wortschatz Sie sich in kürzester Zeit merken können.

1. Learning words in context

You are more likely to remember words if you learn them in context. For this reason we have divided the dictionary according to different aspects of everyday living. Whichever topic you start with - be it shopping, clothing, groceries or family - try to regard the subject in its entirety and memorize as many words belonging to it as possible. You will be amazed how many words you learn in no time at all.

HOW TO GET THE MOST OUT OF YOUR DICTIONARY

Herzlichen Glückwunsch!	**Congratulations!** [kənˌgrætʃʊˈleɪʃənz]
Alles Gute zum Geburtstag!	**Happy birthday!** [ˌhæpi ˈbɜːθdeɪ]
Wie viel Uhr ist es?	**What's the time, please?** [ˌwɒts ðə ˈtaɪm pliːz]
Es ist zwei Uhr.	**It's two o'clock.** [ɪts ˌtuː əˈklɒk]
Guten Appetit!	**Enjoy your meal!** [ɪnˈdʒɔɪ jɔː miːl]
Zum Wohl!	**Cheers!** [tʃɪərz]
①	②

2. Die wichtigsten Schlüsselsätze auf einen Blick

Ob in der Fremdsprache nach der Uhrzeit fragen, oder zum Geburtstag gratulieren: In den 13 thematisch sortierten Kapiteln finden Sie neben der reinen Wort-Bild-Zuordnung die wichtigsten Sätze für die häufigsten Situationen ①. Prägen Sie sich diese Schlüsselsätze gut ein und schon haben Sie den Grundstein für eine erfolgreiche Kommunikation gelegt.

2. Key phrases at a glance

Whether asking for the time or saying happy birthday, you will find the most frequent and important phrases surrounding a topic in each of the 13 chapters ①. Master these key sentences and you will have the laid the foundations for sound communication skills.

3. Richtig aussprechen

Damit Sie jedes Wort richtig aussprechen, haben wir allen Wörtern und Sätzen eine Lautschrift beigefügt ②. Eine Übersicht über die verwendeten phonetischen Zeichen finden Sie bequem auf der letzten Seite des Buches.

3. Correct pronunciation

To ensure that you pronounce each word correctly, we have compiled a phonetic transcription for all the terms and phrases in the book ②. Simply turn to the back inside cover for an overview of the phonetic symbols we have used.

INDEX DEUTSCH – GERMAN INDEX 394

INDEX ENGLISCH – ENGLISH INDEX 417

③

glutenfrei
gluten-free
[ˌɡluːtənˈfriː]

laktosefrei
lactose-free
[ˌlæktəʊsˈfriː]

④

4. Schnell übersetzen

Wenn es einfach schnell gehen muss, schlagen Sie im Anhang im Stichwortverzeichnis die richtige Übersetzung nach ③. Dort ist jedes Stichwort in Deutsch und Englisch in alphabetischer Reihenfolge aufgeführt und im Nu gefunden.

4. Translating quickly and easily

In a hurry? Simply look up a translation in the alphabetical index at the back of the book ③. Here you'll find every German and English word you need in no time.

5. Für den Notfall

Bilder sind eine universelle Sprache, die von allen Kulturen verstanden werden. Sollten Ihnen doch mal die Worte fehlen, zeigen Sie einfach auf das entsprechende Bild ④. Ob im Hotel, Restaurant oder auf der Straße – so können Sie sich überall auf der Welt ganz ohne Sprache verständigen.

5. In emergencies

Pictures are universal and understood by all. Should you ever find yourself short of the words you need, simply point to what you want to say ④. Whether you are in a hotel, a restaurant or out and about – pictures help you to communicate without language wherever in the world you may be.

6. Noch mehr Sprache

Für die ersten Schritte in der fremden Sprache liefern Ihnen die Extras im Anhang des Bildwörterbuchs praktische Unterstützung: Mit den wichtigsten Sätzen auf Deutsch und auf Englisch sind Sie für den gelungenen Einstieg in die Fremdsprache gewappnet. Und wenn es darum geht, eigene Sätze zu bilden, hilft Ihnen unsere ausführliche Verbliste, wo Sie auch abstrakte Verben, die sich nicht abbilden lassen, nachschlagen und übersetzen können.

6. Even more support

The extras at the end of this book offer practical help for language learners. The most important German and English sentences equip you with the very basics for a successful start and when forming your own sentences, our extensive list of verbs can help – you can even look up and translate abstract verbs which are impossible to represent with an image.

die Bankkauffrau
bank clerk
[ˈbæŋk klɑːk]

der Lehrer
teacher
[ˈtiːtʃəʳ]

die Ingenieurin
engineer
[ˌendʒɪˈnɪəʳ]

der Kellner
waiter
[ˈweɪtəʳ]

Das sollten Sie noch wissen

Die Stichwörter in diesem Wörterbuch stehen immer in der Einzahl, es sei denn sie werden in der Regel nur in der Pluralform verwendet.

Good to know

The terms in this dictionary are always given in the singular unless they are normally used only in their plural form.

Es war uns wichtig, bei Funktions- und Berufsbezeichnungen Männer und Frauen gleichermaßen und gleichberechtigt zu berücksichtigen. Da wir aber aus Platzgründen nicht immer beide Geschlechter gleichzeitig abbilden können, haben wir uns immer für eines entscheiden müssen. Dabei orientiert sich das Geschlecht des Worts immer am Geschlecht der abgebildeten Figur.

Certain terms such as those denoting job titles may not always be gender-neutral. While it is important to treat male and female terms equally, space constraints in this dictionary have prevented us from always giving both variants. For this reason we have orientated ourselves according to the gender of the person shown in the respective image.

MENSCHEN

PEOPLE

DIE FAMILIE – FAMILY

Der Stammbaum – Family tree

der Schwiegervater
father-in-law
[ˈfɑːðəʳɪnˌlɔː]

die Schwiegermutter
mother-in-law
[ˈmʌðəʳɪnˌlɔː]

die Schwägerin
sister-in-law
[ˈsɪstəʳɪnˌlɔ]

der Schwager
brother-in-law
[ˈbrʌðəʳɪnˌlɔ]

der Ehemann
husband
[ˈhʌzbən(d)]

die Ehefrau
wife
[waɪf]

der Schwiegersohn
son-in-law
[ˈsʌnɪnˌlɔ]

die Tochter
daughter
[ˈdɔːtəʳ]

der Sohn
son
[sʌn]

der Enkel
grandson
[ˈgrændtsʌn]

die Enkelin
granddaughter
[ˈgrændtdɔːtəʳ]

DIE FAMILIE – FAMILY

Der Stammbaum – Family tree

der Großvater
grandfather
[ˈgrændfɑːðəʳ]

die Großmutter
grandmother
[ˈgrændmʌðəʳ]

die Mutter
mother
[ˈmʌðəʳ]

der Vater
father
[ˈfɑːðəʳ]

die Tante
aunt
[ɑːnt]

der Onkel
uncle
[ˈʌŋkl̩]

die Schwester
sister
[ˈsɪstəʳ]

der Bruder
brother
[ˈbrʌðəʳ]

die Cousine
cousin
[ˈkʌzn]

die Nichte
niece
[niːs]

der Neffe
nephew
[ˈnefjuː]

der/die Verwandte	**relative** [ˈrelətɪv]
die Großeltern	**grandparents** [ˈgrændpeərənts]
die Eltern	**parents** [ˈpeərənts]
das Ehepaar	**married couple** [ˌmærid ˈkʌpl̩]
der Vorfahre	**ancestor** [ˈænsestəʳ]
ledig	**single** [ˈsɪŋgl̩]
verheiratet	**married** [ˈmærid]
geschieden	**divorced** [dɪˈvɔːst]
verlobt	**engaged** [ɪnˈgeɪʤd]
verwitwet	**widowed** [ˈwɪdəʊd]
verwandt	**related** [rɪˈleɪtɪd]

BEZIEHUNGEN – RELATIONSHIPS

Familie und Lebensphasen – Family and life's phases

das Baby
baby
[ˈbeɪbi]

das Kind
child
[tʃaɪld]

Herr …
Mr …
[ˈmɪstəʳ]

der Mann
man
[mæn]

die Jugendliche
adolescent
[ˌædəˈlesənt]

die Zwillinge
twins
[twɪns]

die Frau
woman
[ˈwʊmən]

Frau …
Mrs/Ms/Miss …
[ˈmɪsɪz/məz/mɪs]

der/die Bekannte
acquaintance
[əˈkweɪntəns]

der Junge
boy
[bɔɪ]

das Mädchen
girl
[gɜːl]

die Freunde
friends
[frends]

das Paar
couple
[ˈkʌpl̩]

die Freundin
girlfriend
[ˈgɜːlfrend]

der Freund
boyfriend
[ˈbɔɪfrend]

der Erwachsene	**adult** [ˈædʌlt]
die Geschwister	**siblings** [ˈsɪblɪŋs]
der Patenonkel	**godfather** [ˈgɒdfɑːðəʳ]
die Patentante	**godmother** [ˈgɒdmʌðəʳ]
der Stiefvater	**stepfather** [ˈstepfɑːðəʳ]
die Stiefmutter	**stepmother** [ˈstepmʌðəʳ]
der Stiefbruder	**stepbrother** [ˈstepbrʌðəʳ]
die Stiefschwester	**stepsister** [ˈstepsɪstəʳ]
der Nachbar	**neighbour** [ˈneɪbəʳ]
die Nachbarin	**neighbour** [ˈneɪbəʳ]

BEZIEHUNGEN – RELATIONSHIPS

Begrüßen und verabschieden – Saying hello and goodbye

jemanden vorstellen
to **introduce somebody**
[ˌɪntrəˈdjuːs ˌsʌmbədi]

jemanden begrüßen
to **greet somebody**
[ˈgriːt ˌsʌmbədi]

sich die Hand geben
to **shake hands**
[ʃeɪk ˈhændz]

sich verbeugen
to **bow**
[baʊ]

sich umarmen
to **hug**
[hʌg]

lachen
to **laugh**
[lɑːf]

weinen
to **cry**
[kraɪ]

sich verabschieden
to **say goodbye**
[seɪ gʊ(d)ˈbaɪ]

einen Knicks machen
to **curtsey**
[ˈkɜːtsi]

winken
to **wave**
[weɪv]

jemandem einen Kuss geben
to **give somebody a kiss**
[ˈgɪv ˌsʌmbədi ə ˈkɪs]

jemanden anrufen
to **call somebody**
[ˈkɔːl ˌsʌmbədi]

Hallo!	**Hi!** [haɪ]
Guten Tag!	**Hello!** [helˈəʊ]
Guten Morgen!	**Good morning!** [gʊd ˈmɔːnɪŋ]
Guten Abend!	**Good evening!** [gʊd ˈiːvnɪŋ]
Wie heißt du?	**What's your name?** [(h)wɒts ˈjɔːʳ neɪm]
Wie heißen Sie?	**What's your name?** [(h)wɒts ˈjɔːʳ neɪm]
Ich heiße ...	**My name is ...** [ˈmaɪ neɪm ɪz]
Herzlich willkommen!	**Welcome!** [ˈwelkəm]
Tschüss!	**Bye!** [baɪ]
Auf Wiedersehen!	**Goodbye!** [gʊ(d)ˈbaɪ]

das kleine Geschenk
small gift
[smɔːl ˈgɪft]

EREIGNISSE IM LEBEN – LIFE'S MILESTONES

Feste – Celebrations

die Hochzeit
wedding
[ˈwedɪŋ]

der Geburtstag
birthday
[ˈbɜːθdeɪ]

das Weihnachten
Christmas
[ˈkrɪsməs]

der Valentinstag
Valentine's Day
[ˈvæləntaɪns deɪ]

das Thanksgiving
Thanksgiving
[ˌθæŋksˈgɪvɪŋ]

das Halloween
Halloween
[ˌhæləʊˈwiːn]

der/das Silvester
New Year's Eve
[ˌnjuː jɪəʳz ˈiːv]

das Ostern
Easter
[ˈiːstəʳ]

die Hanukkah
Hanukkah
[ˈhɑːnəkə]

das Wesakfest
Vesakh
[ˈvesaːk]

das Ramadanfest
Ramadan festival
[ˌræməˈdæn ˈfɛstɪvl̩]

das chinesische Neujahr
Chinese new year
[tʃaɪˈniːz ˌnjuː jɪəʳ]

der Karneval
carnival
[ˈkɑːnɪvəl]

das Diwalifest	**Diwali** [dɪˈwɑːliː]
das Passah	**Passover** [ˌpɑːsˈəʊvəʳ]
die Feier	**celebration** [ˌseləˈbreɪʃən]
der Hochzeitstag	**anniversary** [ænɪˈvɜːsəri]
der Feiertag	**public holiday** [ˌpʌblɪk ˈhɒlədeɪ]
der Muttertag	**Mother's day** [ˈmʌðəʳs deɪ]
der Vatertag	**Father's day** [ˈfɑːðəʳs deɪ]
die Taufe	**christening** [ˈkrɪsənɪŋ]
Herzlichen Glückwunsch!	**Congratulations!** [kənˌgrætʃʊˈleɪʃənz]
Alles Gute zum Geburtstag!	**Happy birthday!** [ˌhæpi ˈbɜːθdeɪ]

EREIGNISSE IM LEBEN – LIFE'S MILESTONES

Wendepunkte – Turning points

die Geburt
birth
[bɜ:θ]

der Kindergarten
kindergarten
[ˈkɪndəˌgɑ:tən]

die Einschulung
enrolment at school
[ɪnˈrəʊlmənt ət ˌsku:l]

der Schulabschlussball
prom
[prɒm]

der Studienabschluss
graduation
[ˌgræʤuˈeɪʃən]

der Berufseinstieg
entry into the workforce
[ˌentri ɪntə ðə ˈwɜ:kfɔ:s]

sich verlieben
to **fall in love**
[ˌfɔ:l in ˈlʌv]

sich verloben
to **get engaged**
[get ɪnˈgeɪʤd]

heiraten
to **marry**
[ˈmæri]

die Schwangerschaft
pregnancy
[ˈpregnənsi]

umziehen
to **move**
[mu:v]

in Rente gehen
to **retire**
[rɪˈtaɪəʳ]

die Beerdigung
funeral
[ˈfju:nərəl]

volljährig werden	to **come of age** [ˌkʌm əv ˈeɪʤ]
jemandem einen Heiratsantrag machen	to **propose to somebody** [prəˈpəʊz tə ˌsʌmbədi]
das Brautkleid	**wedding dress** [ˈwedɪŋ dres]
die Braut	**bride** [braɪd]
der Bräutigam	**groom** [gru:m]
eine Familie gründen	to **start a family** [ˌstɑ:t ə ˈfæməli]
die Scheidung	**divorce** [dɪˈvɔ:s]
sich scheiden lassen	to **get divorced** [get dɪˈvɔ:st]
sterben	to **die** [daɪ]

MENSCHEN BESCHREIBEN – DESCRIBING PEOPLE

Das Gesicht – The face

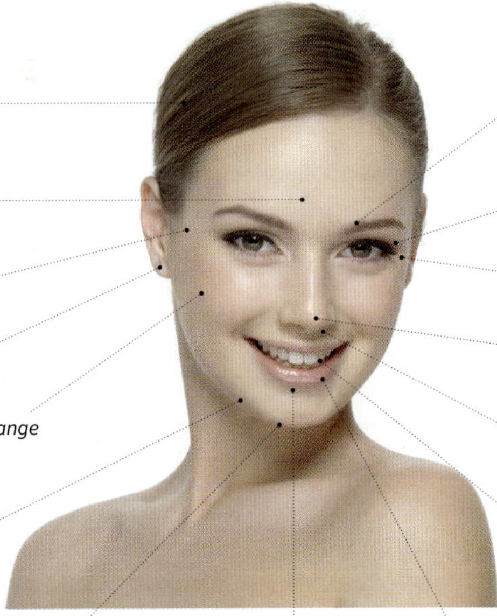

eine Grimasse schneiden
to **pull a face**
[pʊl ə ˈfeɪs]

die Haut	**skin** [skɪn]
die Falte	**wrinkle** [ˈrɪŋkl̩]
das Muttermal	**mole** [məʊl]
das Grübchen	**dimple** [ˈdɪmpl̩]
die Sommersprossen	**freckles** [ˈfrekl̩z]
die Pore	**pore** [pɔːʳ]
der Pickel	**spot** [spɒt]

MENSCHEN BESCHREIBEN – DESCRIBING PEOPLE

Das Haar – Hair

rothaarig
red-haired
[red'heəd]

gewellt
wavy
['weɪvi]

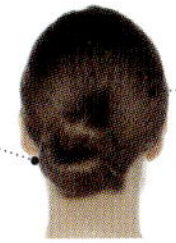

der Dutt
bun
[bʌn]

brünett
brunette
[bruː'net]

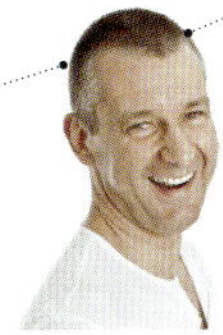

der Kurzhaarschnitt
short haircut
[ʃɔːt 'heəʳkʌt]

grau meliert
greying
['greɪɪŋ]

die Perücke
wig
[wɪg]

der Stufenschnitt
layered style
['leɪəd staɪl]

der Pony
fringe
[frɪnʤ]

die Strähnchen
highlights
['haɪlaɪts]

die Bobfrisur
bob
[bɒb]

glatt
straight
[streɪt]

blond
blonde
[blɒnd]

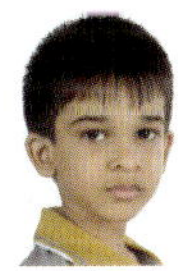

dunkel
dark
[dɑːk]

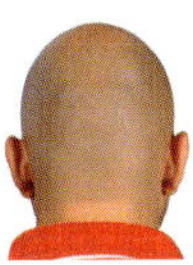

die Glatze
bald head
[bɔːld 'hed]

der Pferdeschwanz
ponytail
['pəʊniteɪl]

lockig
curly
['kɜːli]

der Zopf
plait
[plæt]

MENSCHEN BESCHREIBEN – DESCRIBING PEOPLE

Die äußere Erscheinung – Outer appearance

der Bart
beard
[bɪəd]

der Schnurrbart
moustache
[məˈstɑːʃ]

jung
young
[jʌŋ]

alt
old
[əʊld]

muskulös
muscular
[ˈmʌskjələʳ]

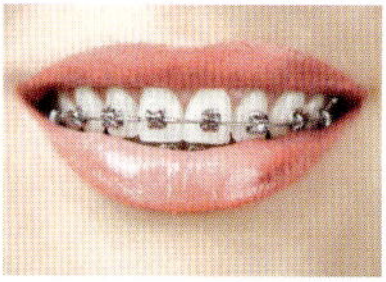

die Zahnspange
brace
[breɪs]

blass
pale
[peɪl]

sonnengebräunt
tanned
[tænd]

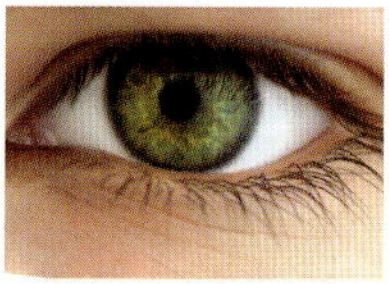

die grünen Augen
green eyes
[ˌgriːn ˈaɪz]

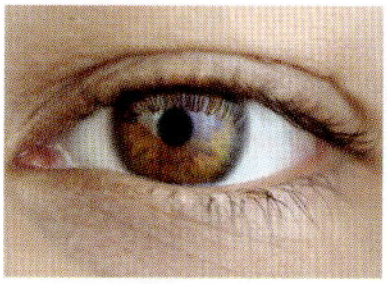

die braunen Augen
brown eyes
[ˌbraʊn ˈaɪz]

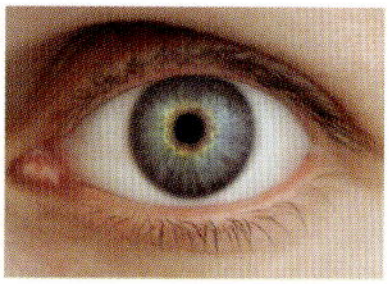

die grauen Augen
grey eyes
[ˌgreɪ ˈaɪz]

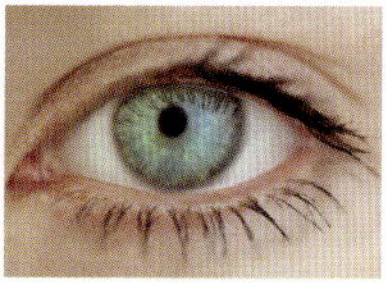

die blauen Augen
blue eyes
[ˌbluː ˈaɪz]

attraktiv	**attractive** [əˈtræktɪv]
hübsch	**pretty** [ˈprɪti]
hässlich	**ugly** [ˈʌgli]
schön	**beautiful** [ˈbjuːtɪfəl]
jemanden nach dem Äußeren beurteilen	to **judge somebody by his/her appearance** [ʤʌʤ ˈsʌmbədi baɪ hɪz/hɜː əˈpɪərənts]
schlank	**slim** [slɪm]
dick	**fat** [fæt]
groß	**tall** [tɔːl]
klein	**short** [ʃɔːt]
die Narbe	**scar** [skɑːʳ]

MENSCHEN BESCHREIBEN - DESCRIBING PEOPLE

Gefühle und Persönlichkeit - Feelings and personality

glücklich
happy
[ˈhæpi]

stolz
proud
[praʊd]

überrascht
surprised
[səˈpraɪzd]

aufgeregt
excited
[ɪkˈsaɪtɪd]

verlegen
embarrassed
[ɪmˈbærəst]

verwirrt
confused
[kənˈfjuːzd]

schüchtern
shy
[ʃaɪ]

nachdenklich
pensive
[ˈpensɪv]

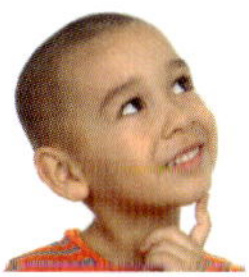

neugierig
curious
[ˈkjʊəriəs]

niedlich
cute
[kjuːt]

verliebt
in love
[ɪn ˈlʌv]

selbstbewusst
confident
[ˈkɒnfɪdənt]

offen	**open** [ˈəʊpən]
tolerant	**tolerant** [ˈtɒlərənt]
geduldig	**patient** [ˈpeɪʃənt]
freundlich	**friendly** [ˈfrendli]
sympathisch	**likeable** [ˈlaɪkəbl̩]
nett	**nice** [naɪs]
lächeln	**to smile** [smaɪl]
Ich bin verärgert/froh/traurig.	**I feel annoyed/happy/sad.** [aɪ fiːl əˈnɔɪd/ˈhæpi/sæd]

MENSCHEN BESCHREIBEN – DESCRIBING PEOPLE

Gefühle und Persönlichkeit – Feelings and personality

traurig
sad
[sæd]

gestresst
stressed
[strest]

verärgert
irritated
[ˈɪrɪteɪtɪd]

wütend
furious
[ˈfjʊəriəs]

eifersüchtig
jealous
[ˈʤeləs]

verängstigt
scared
[skeəd]

nervös
nervous
[ˈnɜːvəs]

müde
tired
[ˈtaɪəd]

angeekelt
disgusted
[dɪsˈgʌstɪd]

dickköpfig
stubborn
[ˈstʌbən]

gelangweilt
bored
[bɔːd]

sauer
angry
[ˈæŋgri]

die Stirn runzeln	to **frown** [fraʊn]
bestürzt	**upset** [ʌpˈset]
unsympathisch	**unpleasant** [ʌnˈplezənt]
verzweifelt	**desperate** [ˈdespərət]
neidisch	**envious** [ˈenviəs]
ungeduldig	**impatient** [ɪmˈpeɪʃənt]
arrogant	**arrogant** [ˈærəgənt]
intolerant	**intolerant** [ɪnˈtɒlərənt]
sensibel	**sensitive** [ˈsensɪtɪv]

DIE KLEIDUNG – CLOTHING

Babysachen – Baby things

die Stoffwindel
cloth nappy
[ˈklɒθ ˌnæpi]

die Wegwerfwindel
disposable nappy
[dɪˈspəʊzəbl̩ ˌnæpi]

der Body
body suit
[ˈbɒdi suːt]

der Schneeanzug
snow suit
[ˈsnəʊ suːt]

der Babyschlafsack
baby sleeping bag
[ˈbeɪbi ˌsliːpɪŋ bæg]

die Rassel
rattle
[ˈrætl]

der Strampler
rompers
[ˈrɒmpəz]

der Babyfäustling
mitten
[ˈmɪtən]

die Mütze
woolly hat
[wʊli ˈhæt]

das Babyschühchen
bootee
[ˈbuːti]

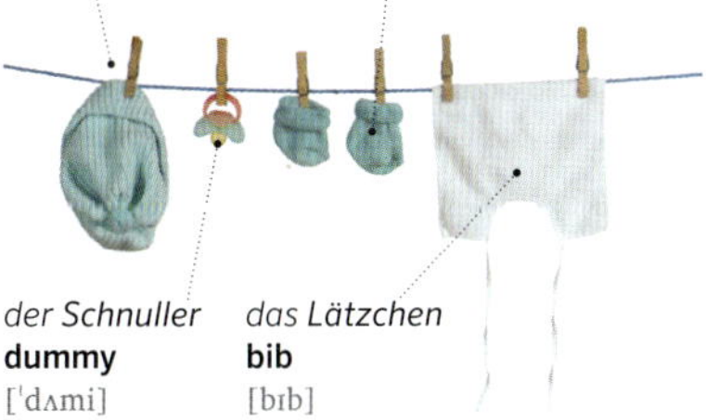

der Schnuller
dummy
[ˈdʌmi]

das Lätzchen
bib
[bɪb]

der Sonnenhut
sun hat
[ˈsʌn hæt]

das Söckchen
sock
[sɒk]

das Latzhöschen
dungarees
[ˌdʌŋgəˈriːz]

die Babydecke
receiving blanket
[rɪˈsiːvɪŋ ˌblæŋkɪt]

das Babyfläschchen	**baby bottle** [ˈbeɪbi ˌbɒtl]
die Biobaumwolle	**organic cotton** [ɔːˌgænɪk ˈkɒtən]
aus Kunstfaser	**made of synthetic material** [meɪd əv sɪnˈθetɪk məˈtɪəriəl]

DIE KLEIDUNG – CLOTHING

Unisex-Kleidung – Unisex clothing

der Trainingsanzug
tracksuit
[ˈtræksuːt]

der Kapuzenpullover
hoodie
[ˈhʊdi]

der Turnschuh
trainer
[ˈtreɪnəʳ]

der Schlafanzug
pyjamas
[pɪˈʤɑːməz]

der Hausschuh
slipper
[ˈslɪpəʳ]

der Bademantel
bathrobe
[ˈbɑːθrəʊb]

der Wintermantel
winter coat
[ˈwɪntəʳ kəʊt]

die Regenjacke
raincoat
[ˈreɪnkəʊt]

die Schneehose
snow pants
[ˈsnəʊ pænts]

Könnte ich das mal anprobieren?	**May I please try this on?** [meɪ aɪ pliːz traɪ ˈðɪs ɒn]
Haben Sie das auch eine Nummer größer/kleiner?	**Do you have this in a bigger/smaller size?** [duː ju həv ˈðɪs ɪn ə ˈsmɔːlə/ˈbɪgə saɪz]
eng/weit	**tight/loose** [taɪt/luːs]
kurz/lang	**short/long** [ʃɔːt/lɒŋ]
klein/groß	**small/big** [smɔːl/bɪg]
Das passt gut, ich nehme es.	**This fits nicely, I'll take it.** [ðɪs fɪts ˈnaɪsli aɪl teɪk ɪt]
mit kurzen/langen Ärmeln	**with short/long sleeves** [wɪθ ʃɔːt/lɒŋ ˈsliːvs]
der Knopf	**button** [ˈbʌtən]
der Druckknopf	**press stud** [ˈpres stʌd]
das Knopfloch	**buttonhole** [ˈbʌtənhəʊl]

DIE KLEIDUNG - CLOTHING

Herrenkleidung - Menswear

das T-Shirt
T-shirt
[ˈtiːʃɜːt]

das Polohemd
polo shirt
[ˈpəʊləʊ ʃɜːt]

der Rollkragenpullover
polo-neck jumper
[ˈpəʊləʊnek ˌdʒʌmpəʳ]

die Weste
body warmer
[ˈbɒdi ˌwɔːməʳ]

der Pullunder
V-neck slipover
[ˈviːnek ˌslɪpəʊvəʳ]

die Fliege
bow tie
[bəʊ ˈtaɪ]

der Anzug
suit
[suːt]

der Kragen
collar
[ˈkɒləʳ]

die Krawatte
tie
[taɪ]

das Hemd
shirt
[ʃɜːt]

der/das Sakko
sports jacket
[ˈspɔːts ˌdʒækɪt]

die Hose
trousers
[ˈtraʊzəs]

die kurze Hose
shorts
[ʃɔːts]

die Boxershorts
boxers
[ˈbɒksəz]

die Unterhose
pants
[pænts]

die Badehose
swimming trunks
[ˈswɪmɪŋ trʌŋks]

DIE KLEIDUNG – CLOTHING

Damenkleidung – Women's clothing

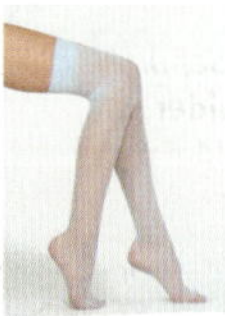

der Strumpf
stocking
[ˈstɒkɪŋ]

die Strumpfhose
tights
[taɪts]

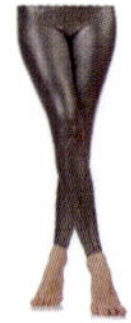

die Leggings
leggings
[ˈlegɪŋz]

der Slip
briefs
[bri:fs]

der Bikini
bikini
[bɪˈki:ni]

der Badeanzug
swimming costume
[ˈswɪmɪŋ ˌkɒstju:m]

der Sport-BH
sports bra
[ˈspɔ:ts brɑ:]

der Büstenhalter/der BH
bra
[brɑ:]

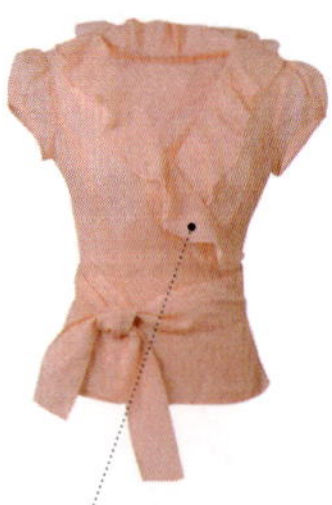

die Rüsche
frill
[frɪl]

die Umstandsmode	**maternity wear** [məˈtɜ:nəti weəʳ]
die Naht	**seam** [si:m]
der Ärmel	**sleeve** [sli:v]
der Saum	**hem** [hem]
die Seide	**silk** [sɪlk]
die Spitze	**lace** [leɪs]
die Größe	**size** [saɪz]
der Ausschnitt	**neckline** [ˈneklaɪn]
trägerlos	**strapless** [ˈstræpləs]
tailliert	**fitted** [ˈfɪtɪd]
leger	**casual** [ˈkæʒjuəl]
schick	**smart** [smɑ:t]
bequem	**comfortable** [ˈkʌmftəbl̩]
mit Stretchanteil	**added stretch** [ˈædɪd stretʃ]
modisch	**fashionable** [ˈfæʃənəbl̩]

DIE KLEIDUNG – CLOTHING

Damenkleidung – Women's clothing

die Schleife
bow
[bəʊ]

das Kleid
dress
[dres]

das Trägertop
vest
[vest]

die Bluse
blouse
[blaʊz]

die Strickjacke
cardigan
[ˈkɑːdɪgən]

der Rock
skirt
[skɜːt]

das Schulterpolster
shoulder pad
[ˈʃəʊldəʳ pæd]

der Blazer
blazer
[ˈbleɪzəʳ]

das Oberteil
top
[tɒp]

die Jeans
jeans
[ʤiːnz]

die Stiefelette
ankle boot
[ˈæŋkl̩ buːt]

die Shorts
shorts
[ʃɔːts]

die Röhrenhose
drainpipes
[ˈdreɪnpaɪps]

die Schlaghose
bell-bottoms
[ˈbel ˌbɒtəmz]

die leicht ausgestellte Hose
boot-cut trousers
[ˌbuːtkʌt ˈtraʊzəs]

DIE KLEIDUNG – CLOTHING

Accessoires – Accessories

der Sonnenhut
sun hat
[ˈsʌn hæt]

der Hut
hat
[hæt]

die Brille
glasses
[ˈglɑːsɪz]

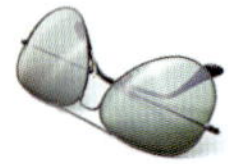

die Sonnenbrille
sunglasses
[ˈsʌnglɑːsɪz]

der Rucksack
rucksack
[ˈrʌksæk]

die Krawattennadel
tiepin
[ˈtaɪpɪn]

der Regenschirm
umbrella
[ʌmˈbrelə]

die Uhr
watch
[wɒtʃ]

die Hosenträger
braces
[ˈbreɪsɪz]

der Ring
ring
[rɪŋ]

der Handschuh
glove
[glʌv]

die Mütze
woolly hat
[wʊli ˈhæt]

der Schal
scarf
[skɑːf]

der Ohrring
earring
[ˈɪəˈrɪŋ]

die Halskette
necklace
[ˈnekləs]

der Manschettenknopf
cufflink
[ˈkʌflɪŋk]

der Reißverschluss	**zip** [zɪp]
der Klettverschluss	**Velcro®** [ˈvelkrəʊ]
die Handytasche	**mobile phone case** [məʊbaɪl ˈfəʊn keɪs]
die Reisetasche	**holdall** [ˈhəʊldɔːl]
der Koffer	**suitcase** [ˈsuːtkeɪs]

DIE KLEIDUNG – CLOTHING

Schuhe und Lederwaren – Shoes and leather goods

der Pumps
high heel
[haɪˈhiːl]

die Sandale
sandal
[ˈsændəl]

der Ballerina
ballet flat
[ˈbæleɪ flæt]

der Gummistiefel
wellington boot
[welɪŋtən ˈbuːt]

der Flip-Flop®
flip-flop
[ˈflɪpflɔp]

der hohe Stiefel
knee boot
[ˈniː buːt]

die Handtasche
handbag
[ˈhændbæg]

das Portemonnaie
purse
[pɜːs]

die Brieftasche
wallet
[ˈwɒlɪt]

die Aktentasche
briefcase
[ˈbriːfkeɪs]

der Gürtel
belt
[belt]

die Lederjacke
leather jacket
[ˌleðəʳ ˈʤækɪt]

der Schnürschuh
lace-up
[ˈleɪsʌp]

der Wanderstiefel
walking boot
[ˈwɔːkɪŋ buːt]

die Socke
sock
[sɒk]

der Schnürsenkel	**shoelace** [ˈʃuːleɪs]
die Gürtelschlaufe	**belt loop** [ˈbelt luːp]
der Keilabsatz	**wedge heel** [weʤ ˈhiːl]
der Absatz	**heel** [hiːl]
die Sohle	**sole** [səʊl]
der Riemen	**strap** [stræp]
die Schnalle	**buckle** [ˈbʌkl]

die Trekkingsandale
trekking sandal
[ˈtrekɪŋ ˌsændəl]

der Turnschuh
plimsoll
[ˈplɪm(p)səl]

DIE KÖRPERPFLEGE – PERSONAL HYGIENE

die Zahnpasta
toothpaste
[ˈtuːθpeɪst]

das Parfüm
perfume
[ˈpɜːfjuːm]

das Deo
deodorant
[diˈəʊdərənt]

die Gesichtscreme
face cream
[ˈfeɪs kriːm]

der Kamm
comb
[kəʊm]

das Duschgel
shower gel
[ˈʃaʊəʳ ʤel]

das Shampoo
shampoo
[ʃæmˈpuː]

die Spülung
conditioner
[kənˈdɪʃənəʳ]

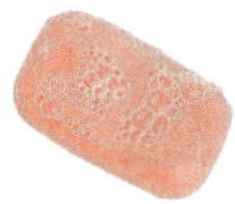

die Seife
soap
[səʊp]

die Haarbürste
hairbrush
[ˈheəʳbrʌʃ]

die Sonnencreme
sun cream
[ˈsʌn kriːm]

der Kulturbeutel
toilet bag
[ˈtɔɪlɪt bæg]

die Pinzette
tweezers
[ˈtwiːzəz]

die Nagelschere
nail scissors
[ˈneɪl sɪzəz]

die Nagelfeile
nail file
[ˈneɪl faɪl]

die Haarspange
hair clip
[ˈheəʳ klɪp]

die Feuchtigkeitscreme	**moisturiser** [ˈmɔɪstʃəraɪzəʳ]
sich die Augenbrauen zupfen	**to pluck one's eyebrows** [plʌk wʌnz ˈaɪbraʊs]
die Enthaarung	**depilation** [depɪˈleɪʃn]
der Nagellackentferner	**nail polish remover** [ˈneɪl pɒlɪʃ rɪˈmuːvəʳ]
das Haarprodukt	**hair product** [ˈheəʳ ˌprɒdʌkt]
sich die Haare föhnen	**to blow-dry one's hair** [ˈbləʊdraɪ wʌnz heəʳ]
sich die Haare glätten	**to straighten one's hair** [ˈstreɪtən wʌnz heəʳ]
der/das Haargummi	**hairband** [ˈheəʳbænd]

DIE SCHMINKSACHEN - COSMETICS

der Pinsel	**brush** [brʌʃ]
der Kajalstift	**eyeliner** [ˈaɪˌlaɪnəʳ]
der/das Lipgloss	**lip gloss** [ˈlɪp glɒs]
die Wimpernzange	**eyelash curler** [ˈaɪlæʃ ˌkɜːləʳ]

ZU HAUSE

AT HOME

DIE WOHNUNG – THE FLAT

der Hausschlüssel
front-door key
[frʌntˈdɔːʳ kiː]

die Sprechanlage
intercom
[ˈɪntəkɒm]

die Hausnummer
door number
[ˈdɔːʳ ˌnʌmbəʳ]

die Türklingel
doorbell
[ˈdɔːʳbel]

das Türschloss
door lock
[ˈdɔːʳ lɒk]

der Fußabtreter
doormat
[ˈdɔːʳmæt]

der Briefkasten
letterbox
[ˈletəʳbɒks]

das Einfamilienhaus
detached house
[dɪˈtætʃt ˌhaʊs]

das Doppelhaus
two semi-detached houses
[tuː ˈsemidɪˌtætʃt ˈhaʊsɪz]

das Reihenhaus
terraced house
[ˈterɪst haʊs]

das Mehrfamilienhaus
block of flats
[blɒk əv ˈflæts]

der Bungalow
bungalow
[ˈbʌŋgələʊ]

der Schirmständer
umbrella stand
[ʌmˈbrelə ˌstænd]

die Eigentumswohnung	**freehold flat** [ˈfriːhəʊld flæt]
die Mietwohnung	**rented flat** [ˈrentɪd flæt]
der Hof	**courtyard** [ˈkɔːtjɑːd]
das Eigentum	**property** [ˈprɒpəti]
das Grundstück	**plot** [plɒt]
der Umbau	**conversion** [kənˈvɜːʃən]
der Anbau	**extension** [ɪkˈsten(t)ʃən]
zu verkaufen	**for sale** [fɔːʳ ˈseɪl]

DIE WOHNUNG – THE FLAT

der Dachboden
attic
[ˈætɪk]

der Keller
cellar
[ˈseləʳ]

der Flur
hallway
[ˈhɔːlweɪ]

der Aufzug
lift
[lɪft]

der Grundriss
floor plan
[ˈflɔːʳ plæn]

die Garage
garage
[ˈgærɑːʒ]

der Carport
carport
[ˈkɑːʳpɔːt]

der Altbau
old building
[əʊld ˈbɪldɪŋ]

der Hausmeister
caretaker
[ˈkeəʳteɪkəʳ]

die Wendeltreppe
spiral staircase
[ˈspaɪərəl ˌsteəʳkeɪs]

der Rauchmelder
smoke detector
[ˈsməʊk dɪˌtektəʳ]

das Treppenhaus
stairwell
[ˈsteəʳwel]

mieten	**to rent** [rent]
die Miete	**rent** [rent]
vermieten	**to let** [let]
der Vermieter	**landlord** [ˈlændlɔːd]
die Vermieterin	**landlady** [ˈlændleɪdi]
der Mieter	**tenant** [ˈtenənt]
die Mieterin	**tenant** [ˈtenənt]
die Kaution	**deposit** [dɪˈpɒzɪt]

der Mietvertrag
tenancy agreement
[ˈtenənsi əˌgriːmənt]

DAS HAUS – THE HOUSE

das Dachfenster
skylight
[ˈskaɪlaɪt]

der Schornstein
chimney
[ˈtʃɪmni]

die Dachrinne
gutter
[ˈgʌtəʳ]

der Dachziegel
roof tile
[ˈruːf taɪl]

die Dachgaube
dormer
[ˈdɔːməʳ]

der erste Stock
first floor
[fɜːst ˈflɔːʳ]

das Dach
roof
[ˈruːf]

der Balkon
balcony
[ˈbælkəni]

die Türschwelle
threshold
[ˈθreʃəʊld]

die Haustür
front door
[frʌnt ˈdɔːʳ]

das Fenster
window
[ˈwɪndəʊ]

das Erdgeschoss
ground floor
[graʊnd ˈflɔːʳ]

die Terrasse
terrace
[ˈterɪs]

das Einzelhaus	**detached house** [dɪˈtætʃt haʊs]
der Neubau	**new building** [njuː ˈbɪldɪŋ]
die Dreizimmerwohnung	**three-room flat** [ˈθriːruːm flæt]
möbliert	**furnished** [ˈfɜːnɪʃt]
das Stockwerk	**floor** [flɔːʳ]
der Eigentümer	**owner** [ˈəʊnəʳ]
die Eigentümerin	**owner** [ˈəʊnəʳ]
eine Hypothek aufnehmen	to **take out a mortgage** [teɪk aʊt ə ˈmɔːgɪdʒ]

DAS HAUS – THE HOUSE

Der Eingang – The entrance hall

die Diele
hall
[hɔːl]

der Spiegel
mirror
[ˈmɪrəʳ]

der Sessel
armchair
[ˈɑːmtʃeəʳ]

der Ablagetisch
side table
[ˈsaɪd teɪbl̩]

die Wohnungstür
front door
[frʌnt ˈdɔːʳ]

der Garderoben-ständer
hat stand
[ˈhæt stænd]

der Schirmständer
umbrella stand
[ʌmˈbrelə stænd]

das Treppengeländer
banister
[ˈbænɪstəʳ]

die Treppe
stairs
[steəʳz]

der Treppenabsatz
landing
[ˈlændɪŋ]

die Treppenstufe
step
[step]

das Schlüsselbrett
key hooks
[ˈkiː hʊks]

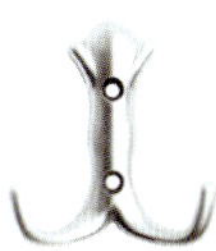

der Kleiderhaken
coat peg
[ˈkəʊt peg]

der Kleiderbügel
coat hanger
[ˈkəʊt hæŋəʳ]

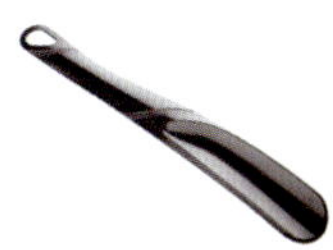

der Schuhlöffel
shoehorn
[ˈʃuːhɔːn]

DAS HAUS – THE HOUSE

Das Wohnzimmer – The living room

der Spiegel
mirror [ˈmɪrəʳ]

der Vorhang
curtain [ˈkɜːtən]

der Ventilator
fan [fæn]

die Decke
ceiling [ˈsiːlɪŋ]

der Bilderrahmen
picture frame
[ˈpɪktʃəʳ freɪm]

das Gemälde
painting [ˈpeɪntɪŋ]

das Sofa
sofa
[ˈsəʊfə]

die Lampe
lamp
[læmp]

das Sofakissen
cushion
[ˈkʊʃən]

der Beistellschrank
side cabinet
[ˈsaɪd ˌkæbɪnət]

der Kaminsims
mantlepiece
[ˈmæntəlpiːs]

der gepolsterte Hocker
pouf [puːf]

der Teppichboden
fitted carpet
[ˌfɪtɪd ˈkaːpɪt]

der Kamin
fireplace
[ˈfaɪəʳpleɪs]

der Sessel
armchair
[ˈaːmtʃeəʳ]

der Couchtisch
coffee table
[ˈkɒfiː teɪbl̩]

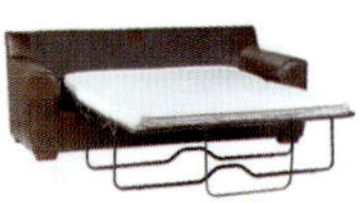

die Schlafcouch
sofa bed
[ˈsəʊfə bed]

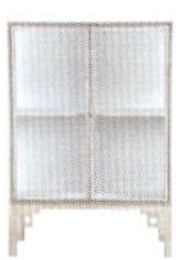

die Vitrine
cabinet
[ˈkæbɪnət]

die Fernsehbank
TV bench
[ˌtiːˈviː bentʃ]

das Bücherregal
bookshelf
[ˈbʊkʃelf]

DAS HAUS – THE HOUSE

Das Esszimmer – The dining room

das Rollo
roller blind
[ˈrəʊləʳ blaɪnd]

der Kronleuchter
chandelier
[ˌʃændəˈlɪəʳ]

die Vitrine
cabinet
[ˈkæbɪnət]

die Zimmerpflanze
houseplant
[ˈhaʊsplɑːnt]

das Fensterbrett
window sill
[ˈwɪndəʊ sɪl]

der Tischläufer
runner
[ˈrʌnəʳ]

die Kerze
candle
[ˈkændl̩]

der Stuhl
chair
[tʃeəʳ]

der Esstisch
dining table
[ˈdaɪnɪŋ teɪbl̩]

die Tischdekoration
table decoration
[ˈteɪbl̩ ˌdekəˈreɪʃn]

der Holzboden
wooden floor
[ˌwʊdən ˈflɔːʳ]

die Blumenvase
vase
[vɑːz]

die Anrichte
sideboard
[ˈsaɪdbɔːd]

die Wanduhr
wall clock
[ˈwɔːl klɒk]

der Hochstuhl
high chair
[haɪ ˈtʃeəʳ]

DAS HAUS – THE HOUSE

Die Küche – The kitchen

die Einbauküche
fitted kitchen
[fɪtɪd ˈkɪtʃɪn]

die Einbauleuchte
fitted spotlight
[fɪtɪd ˈspɒtlaɪt]

die Dunstabzugshaube
extractor hood
[ɪkˈstræktə^{r} hʊd]

die Arbeitsplatte
worktop
[ˈwɜːktɒp]

der Hängeschrank
wall-cupboard
[ˈwɔːlˌkʌbəd]

der Backofenschalter
control knob
[kənˈtrəʊl nɒb]

der Herd
stove
[stəʊv]

der Backofen
oven
[ˈʌvən]

das Spülbecken
sink
[sɪŋk]

der Küchenhocker
kitchen stool
[ˈkɪtʃɪn stuːl]

die Schublade
drawer
[ˈdrɔː^{r}]

der Kühlschrank
fridge
[frɪdʒ]

die Frühstückstheke
breakfast bar
[ˈbrekfəst bɑː^{r}]

die Spülmaschine
dishwasher
[ˈdɪʃwɒʃə^{r}]

der Gefrierschrank
freezer
[ˈfriːzə^{r}]

das Geschirrtuch
tea towel
[ˈtiː taʊəl]

der Mülleimer	**bin** [bɪn]
die Mülltrennung	**waste separation** [weɪst ˌsepərˈeɪʃən]
die Verpackung	**packaging** [ˈpækɪdʒɪŋ]
das Altglas	**glass for recycling** [glɑːs fə^{r} rɪˈsaɪklɪŋ]
den Ofen vorheizen	to **preheat the oven** [priːˈhiːt ðə ˈʌvən]
die Spülmaschine laufen lassen	to **run the dishwasher** [rʌn ðə ˈdɪʃwɒʃə^{r}]
das Essen auftauen	to **thaw food** [θɔː fuːd]
das Geschirr abtropfen lassen	to **drain the dishes** [dreɪn ðə ˈdɪʃɪz]

DAS HAUS – THE HOUSE

Küchengeräte – Kitchen appliances

der Pürierstab
hand-held blender
[ˌhændheld ˈblendəʳ]

der Mixer
blender
[ˈblendəʳ]

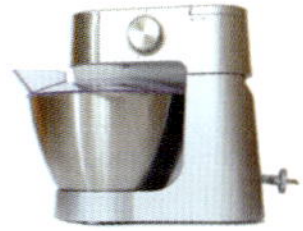

die Küchenmaschine
food processor
[ˈfuːd prəʊsesəʳ]

die Mikrowelle
microwave
[ˈmaɪkrəweɪv]

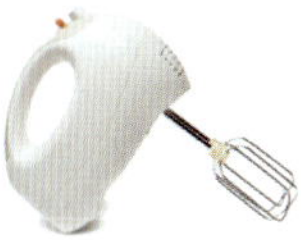

das Handrührgerat
hand mixer
[hænd ˈmɪksəʳ]

der Wasserkocher
electric kettle
[ɪˌlektrɪk ˈketl̩]

das Waffeleisen
waffle iron
[ˈwɒfl̩ aɪən]

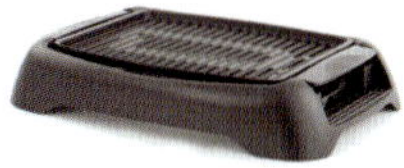

der Elektrogrill
electric barbecue
[ɪˌlektrɪk ˈbɑːbɪkjuː]

der Toaster
toaster
[ˈtəʊstəʳ]

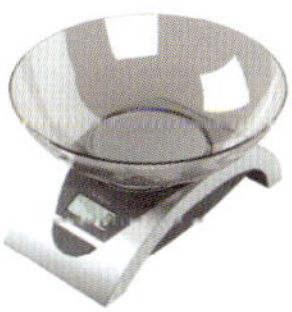

die Küchenwaage
kitchen scales
[ˈkɪtʃɪn skeɪls]

der Schnellkochtopf
pressure cooker
[ˈpreʃəʳ ˌkʊkəʳ]

der Sandwichgrill
sandwich toaster
[ˈsænwɪdʒ ˌtəʊstəʳ]

die Kaffeemaschine
coffee machine
[ˈkɒfiː məˌʃiːn]

der Dampfgarer
steam cooker
[ˈstiːm ˌkʊkəʳ]

der Raclettegrill
raclette grill
[ˈræklet grɪl]

der Reiskocher
rice cooker
[ˈraɪs ˌkʊkəʳ]

DAS HAUS – THE HOUSE

Koch- und Backutensilien – Cooking and baking utensils

der Küchenwecker
kitchen timer
[ˈkɪtʃɪn ˌtaɪməʳ]

das Ausstechförmchen
biscuit cutter
[ˈbɪskɪt ˌkʌtəʳ]

das Küchenpapier
kitchen roll
[ˈkɪtʃɪn rəʊl]

die Schürze
apron
[ˈeɪprən]

das Muffinförmchen
cupcake case
[ˈkʌpkeɪk keɪs]

die Törtchenform
cupcake tray
[ˈkʌpkeɪk treɪ]

die Springform
spring-clip tin
[ˈsprɪŋklɪp tɪn]

das Backblech
baking tray
[ˈbeɪkɪŋ treɪ]

der Messerschärfer
knife sharpener
[ˈnaɪf ˌʃɑːpənəʳ]

das Teigrad
pastry wheel
[ˈpeɪstri wiːl]

der Topfhandschuh
oven glove
[ˈʌvən glʌv]

das Tablett
tray
[treɪ]

die Sanduhr
hourglass
[ˈaʊəʳglɑːs]

das Kuchengitter	**cake rack** [ˈkeɪk ræk]
der Spritzbeutel	**piping bag** [ˈpaɪpɪŋ bæg]
das Backpapier	**baking parchment** [ˈbeɪkɪŋ ˌpɑːtʃmənt]
die Frischhaltefolie	**clingfilm** [ˈklɪŋfɪlm]
der Putzlappen	**cleaning rag** [ˈkliːnɪŋ ˌræg]
die Alufolie	**tinfoil** [tɪnˈfɔɪl]
der Gefrierbeutel	**freezer bag** [ˈfriːzəʳ bæg]
die Rührschüssel	**mixing bowl** [ˈmɪksɪŋ bəʊl]

DAS HAUS – THE HOUSE

Koch- und Backutensilien – Cooking and baking utensils

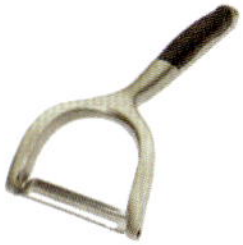

der Schäler
peeler
[ˈpiːləʳ]

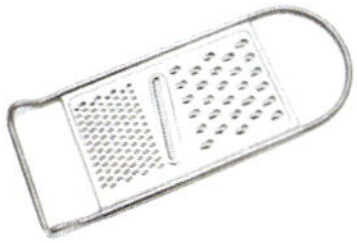

die Reibe
grater
[ˈgreɪtəʳ]

das Hackmesser
meat cleaver
[ˈmiːt kliːvəʳ]

das Küchenmesser
kitchen knife
[ˈkɪtʃɪn naɪf]

das Küchensieb
sieve
[sɪv]

das Abtropfsieb
colander
[ˈkʌləndəʳ]

der Kartoffelstampfer
potato masher
[pəˈteɪtəʊ ˌmæʃəʳ]

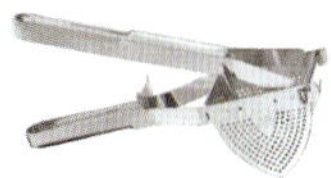

die Knoblauchpresse
garlic press
[ˈgɑːlɪk pres]

die Schöpfkelle
ladle
[ˈleɪdl̩]

der Schneebesen
whisk
[wɪsk]

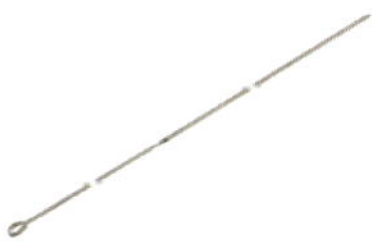

der Spieß
skewer
[ˈskjuːəʳ]

der Dosenöffner
tin opener
[ˈtɪn əʊpənəʳ]

der Mörser	**mortar** [ˈmɔːtəʳ]
der Stößel	**pestle** [ˈpesl̩]
der Messerblock	**knife block** [ˈnaɪf blɒk]
der Fleischklopfer	**steak hammer** [ˈsteɪk ˌhæməʳ]
der Eierschneider	**egg slicer** [ˈeg ˌslaɪsəʳ]
der Eisportionierer	**ice-cream scoop** [aɪsˈkriːm ˌskuːp]
die Thermoskanne®	**Thermos® flask** [ˈθɜːmɒs ˌflɑːsk]
der Spüllappen	**dishcloth** [ˈdɪʃklɒθ]

das Schneidebrett
cutting board
[ˈkʌtɪŋ bɔːd]

DAS HAUS - THE HOUSE

Koch- und Backutensilien - Cooking and baking utensils

der Korkenzieher
corkscrew
[ˈkɔːkskruː]

der Backpinsel
pastry brush
[ˈpeɪstri ˌbrʌʃ]

das Nudelholz
rolling pin
[ˈrəʊlɪŋ ˌpɪn]

der Pfannenwender
slotted turner
[ˌslɒtɪd ˈtɜːnəʳ]

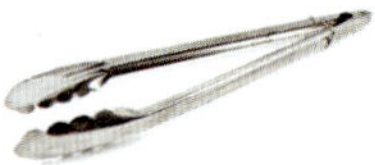

die Küchenzange
tongs
[tɒŋz]

der Teigschaber
kitchen spatula
[ˌkɪtʃɪn ˈspætjələ]

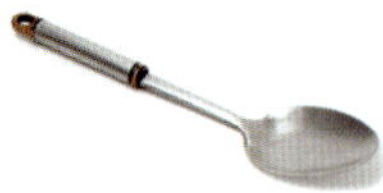

der Servierlöffel
serving spoon
[ˈsɜːvɪŋ ˌspuːn]

der Kochlöffel
wooden spoon
[ˌwʊdən ˈspuːn]

die Bratpfanne
frying pan
[ˈfraɪɪŋ pæn]

der Wok
wok
[wɒk]

der Kochtopf
saucepan
[ˈsɔːspən]

der Schmortopf
casserole
[ˈkæsərəʊl]

das Auflaufförmchen
ramekin
[ˈræmɪkɪn]

die Bratengabel	**carving fork** [ˈkɑːvɪŋ ˌfɔːk]
der Untersetzer	**coaster** [ˈkəʊstəʳ]
die Grillpfanne	**grilling pan** [ˈgrɪlɪŋ ˌpæn]
der Messbecher	**measuring jug** [ˈmeʒərɪŋ ˌdʒʌg]
der Trichter	**funnel** [ˈfʌnəl]
der Messlöffel	**measuring spoon** [ˈmeʒərɪŋ ˌspuːn]
der Abtropfständer	**draining board** [ˈdreɪnɪŋ ˌbɔːd]
der Flaschenöffner	**bottle opener** [ˈbɒtl̩ ˌəʊpənəʳ]

DAS HAUS – THE HOUSE

Das Schlafzimmer – The bedroom

der Kleiderschrank	**wardrobe** [ˈwɔːdrəʊb]
der Wecker	**alarm clock** [əˈlɑːm klɒk]
den Wecker stellen	to **set the alarm clock** [set ðə əˈlɑːm klɒk]
die Wärmflasche	**hot-water bottle** [hɒtˈwɔːtəʳ ˌbɒtl̩]
die Heizdecke	**electric blanket** [ɪˌlektrɪk ˈblæŋkɪt]
die Tagesdecke	**bedspread** [ˈbedspred]
die Schlafbrille	**sleep mask** [ˈsliːp mɑːsk]
das Zimmer mit Bad	**en suite room** [ɒn ˈswiːt ˌruːm]

DAS HAUS – THE HOUSE

Das Kinderzimmer – The nursery

der Ball
ball
[bɔːl]

die Puppe
doll
[dɒl]

die Wickeltasche
changing bag
[ˈtʃeɪndʒɪŋ bæg]

der Kinderwagen
pram
[præm]

das Babyfon®
baby alarm
[ˈbeɪbi əˌlaːm]

der Laufstall
playpen
[ˈpleɪpen]

das Gitterbettchen
cot
[kɒt]

die Flauschdecke
soft blanket
[sɒft ˈblæŋkɪt]

das Mobile
mobile
[ˈməʊbaɪl]

der Gitterstab
bar
[bɑːʳ]

der Teddy
teddy bear
[ˈtedi ˌbeəʳ]

der Wickeltisch
changing table
[ˈtʃeɪndʒɪŋ ˌteɪbl̩]

das Kuscheltier
cuddly toy
[ˌkʌdl̩i ˈtɔɪ]

das Spielzeug
toy
[tɔɪ]

die Wickelauflage
changing mat
[ˈtʃeɪndʒɪŋ ˌmæt]

das Töpfchen
potty
[ˈpɒti]

die Babytragetasche
carrycot
[ˈkærikɒt]

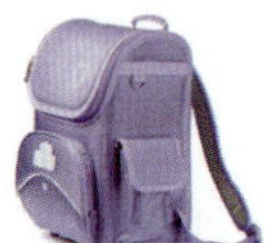

der Schulranzen
satchel
[ˈsætʃəl]

das Bauklötzchen
building block
[ˈbɪldɪŋ blɒk]

DAS HAUS - THE HOUSE

Das Jugendzimmer - The teenage bedroom

das Etagenbett	**bunk bed** [ˈbʌŋk bed]
schlafen	to **sleep** [sliːp]
schnarchen	to **snore** [snɔːʳ]
aufwachen	to **wake up** [ˈweɪk ʌp]
aufstehen	to **get up** [ˈget ʌp]
der Albtraum	**nightmare** [ˈnaɪtmeəʳ]
träumen	to **dream** [driːm]

einschlafen	to **go to sleep** [gəʊ tə ˈsliːp]
tief schlafen	to **be sound asleep** [biː ˈsaʊnd eˌsliːp]
ausschlafen	to **sleep in** [ˈsliːp ɪn]
wach sein	to **be awake** [biː eˈweɪk]
das Bett machen	to **make the bed** [ˌmeɪk ðə ˈbed]
ins Bett gehen	to **go to bed** [ˌgəʊ tə ˈbed]
das Zimmer aufräumen	to **tidy up one's room** [ˈtaɪdi ʌp wʌnz ˈruːm]

DAS HAUS - THE HOUSE

Das Arbeitszimmer - The study

der Bilderrahmen
picture frame
[ˈpɪktʃəʳ freɪm]

das Foto
photo
[ˈfəʊtəʊ]

die Verandatür
patio door
[ˈpætiəʊ dɔːʳ]

das Tageslicht
daylight
[ˈdeɪlaɪt]

der Bücherschrank
bookcase
[ˈbʊkkeɪs]

der/das Laptop
laptop
[ˈlæptɒp]

die Zimmerpflanze
houseplant
[ˈhaʊsplɑːnt]

die Rückenlehne
back rest
[ˈbæk rest]

der Sessel
armchair
[ˈɑːmtʃeəʳ]

der Schreibtisch
desk
[desk]

der Rollcontainer
roller container
[ˈrəʊləʳ kənˌteɪnəʳ]

der Drehstuhl
swivel chair
[swɪvəl ˈtʃeəʳ]

die Armlehne
armrest
[ˈɑːmrest]

die Unterlage	**document** [ˈdɒkjəmənt]
die Steuererklärung	**tax return** [ˈtæks rɪˌtɜːn]
arbeiten	to **work** [wɜːk]
sich konzentrieren	to **concentrate** [ˈkɒnsəntreɪt]
die Überstunde	**overtime** [ˈəʊvəʳtaɪm]
von zu Hause arbeiten	to **work from home** [wɜːk frəm ˈhəʊm]
eine Pause machen	to **take a break** [teɪk ə ˈbreɪk]
selbstständig sein	to **be self-employed** [biː selfɪmˈplɔɪd]

DAS HAUS – THE HOUSE

Das Badezimmer – The bathroom

der Spiegel
mirror
[ˈmɪrəʳ]

das Waschbecken
washbasin
[ˈwɒʃˌbeɪsən]

der Seifenspender
soap dispenser
[ˈsəʊp dɪˌspensəʳ]

der Waschbecken-unterschrank
sink cabinet
[ˈsɪŋk ˌkæbɪnət]

die Duschkabine
shower cubicle
[ˈʃaʊəʳ ˌkju:bɪkl̩]

die Dusche
shower [ˈʃaʊəʳ]

der Handtuchhalter
towel rail
[ˈtaʊəl reɪl]

das Handtuch
towel [ˈtaʊəl]

der Wasserhahn
tap [tæp]

die Badewanne
bathtub [ˈbɑ:θtʌb]

die Toilette
toilet
[ˈtɔɪlɪt]

die Toilettenspülung
toilet flush
[ˈtɔɪlɪt flʌʃ]

der Spülkasten
cistern
[ˈsɪstən]

auf die Toilette gehen
to **go to the toilet**
[gəʊ tə ðə ˈtɔɪlɪt]

der Toilettendeckel
toilet lid
[ˈtɔɪlɪt lɪd]

die Toilettenbrille
toilet seat
[ˈtɔɪlɪt si:t]

die Kloschüssel
toilet bowl
[ˈtɔɪlɪt bəʊl]

die Klobürste
toilet brush
[ˈtɔɪlɪt brʌʃ]

das Toilettenpapier
toilet paper
[ˈtɔɪlɪt peɪpəʳ]

der Raumduft
air freshener
[ˈeəʳ ˌfreʃnəʳ]

der Klostein
rim block
[ˈrɪm blɒk]

DAS HAUS – THE HOUSE

Sanitäre Anlagen – Heating and plumbing

der Elektroboiler
electric boiler
[ɪˌlektrɪk ˈbɔɪləʳ]

der Behälter
container
[kənˈteɪnəʳ]

das Thermostat
thermostat
[ˈθɜːməstæt]

der Warmwasser-ablauf
warm water supply
[wɔːm ˈwɔːtəʳ səˌplaɪ]

der Kaltwasserzulauf
cold water supply
[kəʊld ˈwɔːtəʳ səˌplaɪ]

das Gas-Wandheizgerät
wall-mounted gas boiler
[ˈwɔːlˌmaʊntɪd gæs ˈbɔɪləʳ]

das Sicherheitsventil
safety valve
[ˈseɪfti vælv]

der Regler
control
[kənˈtrəʊl]

der Überlauf
overflow
[ˈəʊvəfləʊ]

das Waschbecken
washbasin
[ˈwɒʃˌbeɪsən]

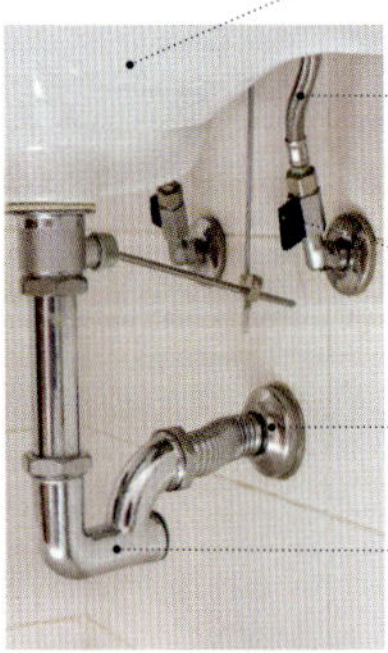

die Zuleitung
supply pipe
[səˈplaɪ paɪp]

der Absperrhahn
stop cock
[ˈstɒpkɒk]

der Abfluss
drain
[dreɪn]

der Siphon
siphon
[ˈsaɪfən]

der Spülkasten
cistern
[ˈsɪstən]

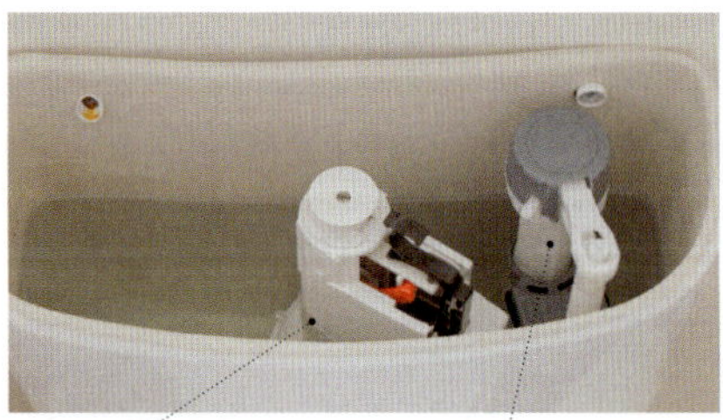

die Heberglocke
flush valve
[ˈflʌʃ vælv]

der Überlauf
overflow
[ˈəʊvəfləʊ]

DAS HAUS – THE HOUSE

Im Badezimmer – In the bathroom

das Wattepad
cotton wool pad
[kɒtən wʊl ˈpæd]

der Duschschwamm
exfoliating sponge
[eksˈfəʊlieɪtɪŋ spʌnʤ]

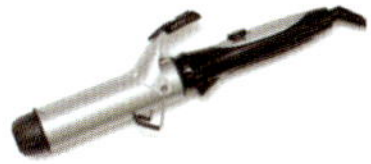

der Lockenstab
curling tong
[ˈkɜ:lɪŋ tɒŋ]

das Glätteisen
hair straightener
[ˈheəʳ streɪtnəʳ]

der Rasierapparat
electric razor
[ɪˌlektrɪk ˈreɪzəʳ]

das Schwammtuch
sponge cloth
[ˈspʌnʤ klɒθ]

die Zahnseide
dental floss
[ˈdentəl flɒs]

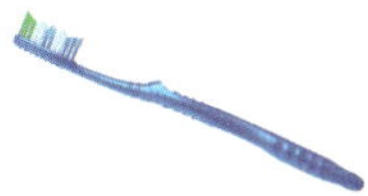

die Zahnbürste
toothbrush
[ˈtu:θbrʌʃ]

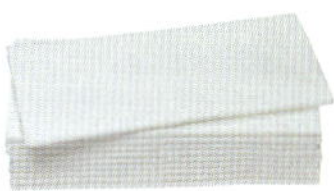

das Taschentuch
tissue
[ˈtɪʃu:]

das Wattestäbchen
cotton bud
[ˈkɒtən bʌd]

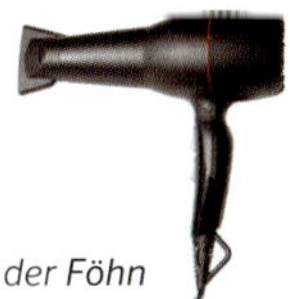

der Föhn
hairdryer
[ˈheəʳdraɪəʳ]

der Rasierschaum
shaving foam
[ˈʃeɪvɪŋ fəʊm]

der Waschlappen	**flannel** [ˈflænəl]
das Mundwasser	**mouthwash** [ˈmaʊθwɒʃ]
sich rasieren	**to shave** [ʃeɪv]
sich frisch machen	**to freshen up** [ˈfreʃən ʌp]
sich schminken	**to put on make-up** [pʊt ɒn ˈmeɪkʌp]
sich die Zähne putzen	**to clean one's teeth** [kli:n wʌnz ˈti:θ]
das Rasierwasser	**aftershave** [ˈɑ:ftəʳʃeɪv]
der Duschkopf	**showerhead** [ˈʃaʊəʳhed]
der Duschvorhang	**shower curtain** [ˈʃaʊə ˌkɜ:tən]
die Badematte	**bathmat** [ˈbɑ:θmæt]
sich waschen	**to wash** [wɒʃ]
baden	**to have a bath** [hæv ə ˈbɑ:θ]
den Hahn auf-/zudrehen	**to turn on/off the tap** [ˈtɜ:n ɒn/ɒf ðə tæp]
duschen	**to shower** [ˈʃaʊəʳ]

der Rasierer
razor
[ˈreɪzəʳ]

DAS HAUS – THE HOUSE

Die Waschküche – The laundry room

die Waschmaschine
washing machine
[ˈwɒʃɪŋ məˌʃiːn]

die Waschmittelkammer
detergent drawer
[dɪˈtɜːdʒənt ˌdrɔːʳ]

der Frontlader
front-loader
[ˈfrʌntˌləʊdəʳ]

der Wäschekorb
washing basket
[ˈwɒʃɪŋ ˌbɑːskɪt]

die zusammengelegte Wäsche
folded laundry
[ˈfəʊldɪd ˌlɔːndri]

die Wäscheleine
clothes line
[ˈkləʊz laɪn]

die Wäscheklammer
clothes peg
[ˈkləʊz peg]

der Fleckenentferner
stain remover
[ˈsteɪn rɪˌmuːvəʳ]

der Weichspüler
fabric softener
[ˈfæbrɪk ˌsɒfənəʳ]

das Bleichmittel
bleach
[bliːtʃ]

das Waschpulver
washing powder
[ˈwɒʃɪŋ ˌpaʊdəʳ]

das Bügeleisen
iron [ˈaɪən]

das Bügelbrett
ironing board [ˈaɪənɪŋ bɔːd]

die Waschmaschine füllen	to **fill the washing machine** [fɪl ðə ˈwɒʃɪŋ məˌʃiːn]
die Wäsche waschen	to **do the washing** [duː ðə ˈwɒʃɪŋ]
die Wäsche schleudern	to **spin the washing** [spɪn ðə ˈwɒʃɪŋ]
der Wäscheständer	**clotheshorse** [ˈkləʊzhɔːs]
der Wäschetrockner	**tumble dryer** [ˈtʌmbl ˌdraɪəʳ]
der Schmutzwäschekorb	**laundry basket** [ˈlɔːndri ˌbɑːskɪt]
die Wäsche zum Trocknen aufhängen	to **hang up the washing for drying** [hæŋ ʌp ðə ˈwɒʃɪŋ fɔːʳ ˌdraɪɪŋ]
bügeln	to **iron** [ˈaɪən]

DAS HAUS – THE HOUSE

Reinigungsartikel – Cleaning equipment

das Reinigungsmittel
cleaning detergent
[ˌkliːnɪŋ dɪˈtɜːʤənt]

das Spülmittel
washing-up liquid
[wɒʃɪŋˈʌp ˌlɪkwɪd]

die Bürste
brush
[brʌʃ]

die Sprühflasche
spray bottle
[ˈspreɪ ˌbɒtl̩]

der Gummiwischer
squeegee
[ˈskwiːʤiː]

die Kehrschaufel
dustpan
[ˈdʌstpæn]

der Handfeger
hand brush
[ˈhænd brʌʃ]

der Wischmopp
mop
[mɒp]

der Schwamm
sponge
[spʌnʤ]

der Gummihandschuh
rubber glove
[ˌrʌbəʳ ˈglʌv]

der Eimer
bucket
[ˈbʌkɪt]

der WC-Reiniger
toilet cleaner
[ˈtɔɪlɪt ˌkliːnəʳ]

schrubben	**to scrub** [skrʌb]
fegen	**to sweep** [swiːp]
polieren	**to polish** [ˈpɒlɪʃ]
putzen	**to clean** [kliːn]
abwischen	**to wipe** [waɪp]
der Staubsauger	**vacuum cleaner** [ˈvækjuːm ˌkliːnəʳ]
Staub saugen	**to vacuum** [ˈvækjuːm]
der Staubwedel	**feather duster** [ˌfeðəʳ ˈdʌstəʳ]

die Wurzelbürste
scrubbing brush
[ˈskrʌbɪŋ brʌʃ]

DAS HAUS – THE HOUSE

Die Heimwerkstatt – The workshop

die Handsäge
hand saw
[ˈhænd sɔː]

die Schere
scissors
[ˈsɪzəz]

die Schraube
screw
[skruː]

die Mutter
nut
[nʌt]

der Schrauben-schlüssel
spanner
[ˈspænəʳ]

der Holzhammer
mallet
[ˈmælɪt]

die Rohrzange
wrench
[rentʃ]

das Maßband
tape measure
[ˈteɪp ˌmeʒəʳ]

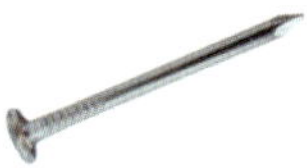

der Nagel
nail
[neɪl]

der Hammer
hammer
[ˈhæməʳ]

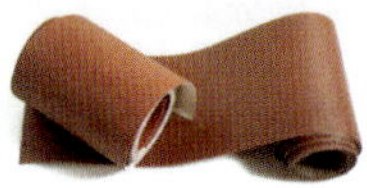

das Schleifpapier
sandpaper
[ˈsændpeɪpəʳ]

die Wasserwaage
spirit level
[ˈspɪrɪt ˌlevəl]

die Kombizange
pliers
[ˈplaɪəz]

der Schraubenzieher
screwdriver
[ˈskruːdraɪvəʳ]

die Bügelsäge
metal saw
[ˈmetəl sɔː]

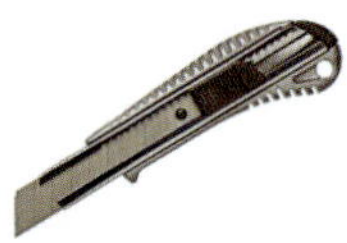

das Teppichmesser
carpet knife
[ˈkɑːpɪt ˌnaɪf]

DAS HAUS – THE HOUSE

Die Heimwerkstatt – The workshop

der Akkubohrer
cordless driver
[ˌkɔːdləs ˈdraɪvəʳ]

der Akku
battery pack
[ˈbætəri pæk]

der Bohrer
drill
[drɪl]

der Elektrobohrer
electric drill
[ɪˌlektrɪk ˈdrɪl]

das Stemmeisen	**wood chisel** [ˈwʊd ˌtʃɪzəl]
die Nietenzange	**riveting pliers** [ˈrɪvɪtɪŋ ˌplaɪəz]
der Seitenschneider	**wire cutter** [ˈwaɪəʳ ˌkʌtəʳ]
das Sägeblatt	**blade** [bleɪd]
schrauben	**to screw** [ˈskruː]
löten	**to solder** [ˈsəʊldəʳ]
messen	**to measure** [ˈmeʒəʳ]
abschmirgeln	**to sand** [sænd]
sägen	**to saw** [sɔː]
schneiden	**to cut** [kʌt]
bohren	**to drill** [drɪl]
hämmern	**to hammer** [ˈhæməʳ]
feilen	**to file** [faɪl]
ausstemmen	**to chisel out** [ˈtʃɪzəl aʊt]
nieten	**to rivet** [ˈrɪvɪt]
streichen	**to paint** [peɪnt]
hobeln	**to plane** [pleɪn]

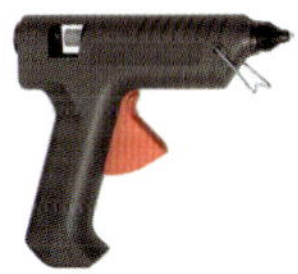

die Klebepistole
glue gun
[ˈgluː gʌn]

die Stichsäge
jigsaw
[ˈdʒɪgsɔː]

der Bandschleifer
belt sander
[ˈbelt ˌsændəʳ]

die Kreissäge
circular saw
[ˌsɜːkjələʳ ˈsɑː]

DAS HAUS – THE HOUSE

Die Heimwerkstatt – The workshop

der Müllbeutel
bin liner
[ˈbɪn ˌlaɪnəʳ]

das Mikrofasertuch
microfibre cloth
[ˈmaɪkrəfaɪbəʳ klɒθ]

der Dichtstoff
caulking
[ˈkɔːkɪŋ]

die Kartuschenpistole
caulking gun
[ˈkɔːkɪŋ gʌn]

das Taschenmesser
penknife
[ˈpennaɪf]

der Werkzeugkasten
toolbox
[ˈtuːlbɔks]

die Werkbank
workbench
[ˈwɜːkbentʃ]

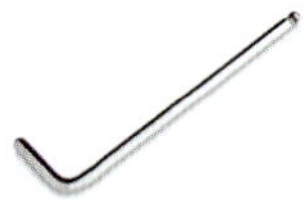

der Inbusschlüssel
Allen key®
[ˈælən kiː]

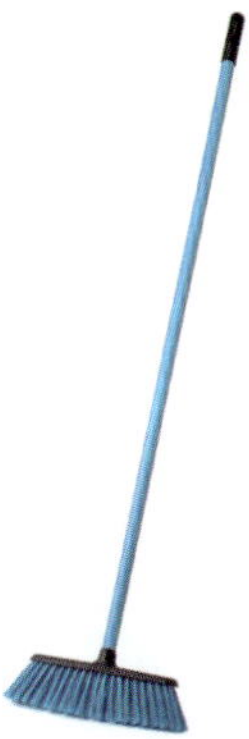

der Besen
broom
[bruːm]

die Schutzbrille
safety goggles
[ˈseɪfti ˌgɒgl̩z]

der Lötkolben
soldering iron
[ˈsəʊldərɪŋ ˌaɪən]

das Lötzinn
solder
[ˈsəʊldəʳ]

das Sperrholz	**plywood** [ˈplaɪwʊd]
die Spanplatte	**chipboard** [ˈtʃɪpbɔːd]
der Lack	**varnish** [ˈvɑːnɪʃ]
das Metall	**metal** [ˈmetəl]
der rostfreie Stahl	**stainless steel** [steɪnləs ˈstiːl]
der Kunststoff	**plastic** [ˈplæstɪk]
der Draht	**wire** [ˈwaɪəʳ]
das Holzbrett	**plank of wood** [plæŋk əv ˈwʊd]

DAS HAUS – THE HOUSE

Renovieren – Decorating

der Acryllack
acrylic paint
[əˈkrɪlɪk peɪnt]

der Flachpinsel
trim brush
[ˈtrɪm brʌʃ]

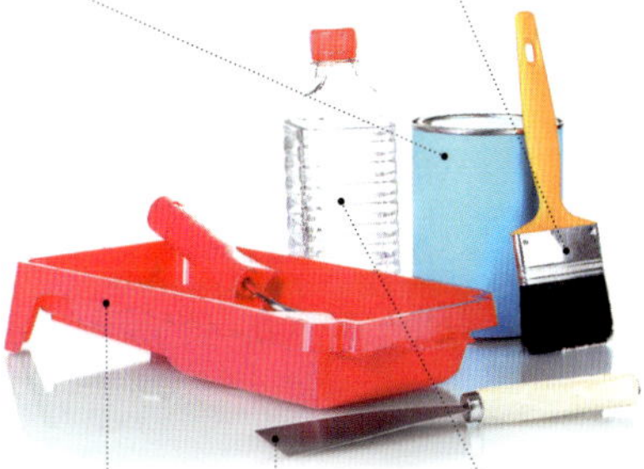

die Farbwanne
paint tray
[ˈpeɪnt treɪ]

das Verdünnungsmittel
white spirit
[waɪt ˈspɪrɪt]

der/die Spachtel
scraper
[ˈskreɪpəʳ]

der Farbroller
paint roller
[ˈpeɪnt ˌrəʊləʳ]

der Handwerker
tradesman
[ˈtreɪdzmən]

die Leiter
ladder
[ˈlædəʳ]

die Latzhose
dungarees
[ˌdʌŋgəˈriːz]

die Farbdose
paint tin
[ˈpeɪnt tɪn]

tapezieren
to **wallpaper**
[ˈwɔːlpeɪpəʳ]

die Tapetenrolle
roll of wallpaper
[rəʊl əv ˈwɔːlpeɪpəʳ]

der Tapeziertisch
pasting table
[ˈpeɪstɪŋ ˌteɪbl]

die Farbe
paint
[peɪnt]

das Abdeckband
masking tape
[ˈmɑːskɪŋ teɪp]

kacheln	to **tile** [taɪl]
verputzen	to **plaster** [ˈplɑːstəʳ]
spachteln	to **fill** [fɪl]
die Tapete entfernen	to **strip off wallpaper** [strɪp ɒf ˈwɔːlpeɪpəʳ]
die Abdeckfolie	**dustsheet** [ˈdʌstʃiːt]
die Spachtelmasse	**filler** [ˈfɪləʳ]
das Lösungsmittel	**solvent** [ˈsɒlvənt]
das Versiegelungsmittel	**sealant** [ˈsiːlənt]

das Farbmuster
colour chart
[ˈkʌləʳ tʃɑːt]

DAS HAUS - THE HOUSE

Strom und Heizung - Electricity and heating

der Stromzähler
electricity meter
[ˌelɪkˈtrɪsəti ˌmi:təʳ]

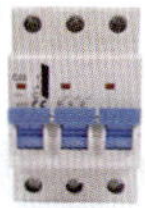

die Sicherung
fuse
[fju:z]

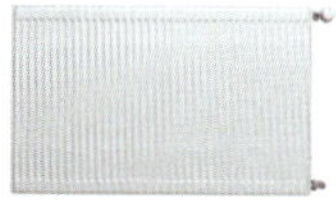

der Heizkörper
radiator
[ˈreɪdieɪtəʳ]

der Kaminofen
woodstove
[ˈwʊdstəʊv]

der Stecker
plug
[plʌg]

die Steckdose
socket
[ˈsɒkɪt]

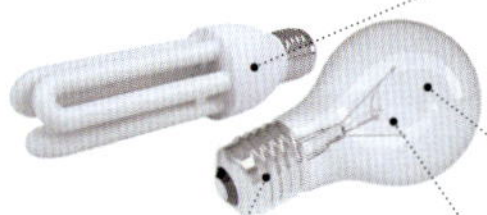

die Energiesparlampe
low-energy light bulb
[ləʊˌenəʤi ˈlaɪt bʌlb]

die Glühbirne
light bulb
[ˈlaɪt bʌlb]

der Lampensockel
lamp socket
[ˈlæmp ˌsɒkɪt]

der Glühfaden
filament
[ˈfɪləmənt]

das Verlängerungskabel
extension cable
[ɪkˈstenʃən ˌkeɪbl̩]

der Schalter
switch
[swɪtʃ]

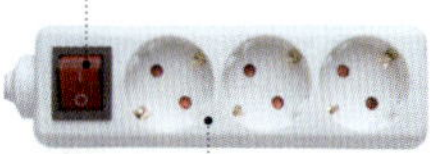

die Mehrfachsteckdose
multiple socket
[ˈmʌltipl̩ ˌsɒkɪt]

der Luftkanal	**air duct** [ˈeəʳ dʌkt]
die Heizung anschalten/ ausschalten	to **turn the heating on/off** [tɜ:n ðə ˈhi:tɪŋ ɒn/ɒf]
die erneuerbare Energie	**renewable energy** [rɪˈnju:əbl̩ ˌenəʤi]
das Stromnetz	**mains supply** [ˈmeɪnz ˌsəplaɪ]
die Stromstärke	**current** [ˈkʌrənt]
die Spannung	**voltage** [ˈvəʊltɪʤ]
die Solarheizung	**solar heating** [ˈsəʊləʳ ˌhi:tɪŋ]
die Zentralheizung	**central heating** [ˈsentrəl ˌhi:tɪŋ]
die Fußbodenheizung	**underfloor heating** [ˌʌndəʳflɔ:ʳ ˈhi:tɪŋ]
der Sicherungskasten	**fuse box** [ˈfju:z bɒks]
die Leitung	**wiring** [ˈwaɪərɪŋ]
das Ampere	**ampere** [ˈæmpeəʳ]
das Watt	**Watt** [wɒt]
das Volt	**volt** [vəʊlt]
der Adapter	**adaptor** [əˈdæptəʳ]
die Erdung	**earth** [ɜ:θ]

DER GARTEN – THE GARDEN

die Terrasse
terrace
[ˈterɪs]

der Gartenteich
garden pond
[ˈɡɑːdən pɒnd]

der Gartenweg
garden path
[ˈɡɑːdən pɑːθ]

der Gemüsegarten
vegetable garden
[ˈvedʒtəbl̩ ˌɡɑːdən]

die Küchenkräuter
kitchen herbs
[ˈkɪtʃɪn hɜːbz]

das Gewächshaus
greenhouse
[ˈɡriːnhaʊs]

das Gartenhaus
garden shed
[ˌɡɑːdən ˈʃed]

das Blumenbeet
flowerbed
[ˈflaʊəʳbed]

die Gartenbank
garden bench
[ˌɡɑːdən ˈbentʃ]

die Gartenmöbel
garden furniture
[ˌɡɑːdən ˈfɜːnɪtʃəʳ]

die Gartenmauer
garden wall
[ˌɡɑːdən ˈwɔːl]

der Dachgarten
roof garden
[ˈruːf ˌɡɑːdən]

der Komposter
composter
[ˈkɒmpɒstəʳ]

der Steingarten
pebble garden
[ˈpebl̩ ˌɡɑːdən]

der Gartenzaun
fence
[fens]

die Hecke
hedge
[hedʒ]

DER GARTEN – THE GARDEN

Gartengeräte – Gardening tools

die Rosenschere
secateurs
[ˌsekəˈtɜːz]

der Gartenschlauch
garden hose
[ˌɡɑːdən ˈhəʊz]

die Topfpflanze
potted plant
[ˈpɒtɪd pænt]

der Handrechen
hand rake
[ˈhænd reɪk]

die Blumenkelle
trowel
[ˈtraʊəl]

der Laubrechen
lawn rake
[ˈlɔːn reɪk]

der Spaten
spade
[speɪd]

die Gießkanne
watering can
[ˈwɔːtərɪŋ kæn]

der Gartenhandschuh
gardening glove
[ˈɡɑːdənɪŋ ɡlʌv]

der Rasenmäher
lawnmower
[ˈlɔːnməʊəʳ]

der Rasentrimmer
edge trimmer
[ˈedʒ ˌtrɪməʳ]

der Rechen
rake
[reɪk]

die Mistgabel
pitchfork
[ˈpɪtʃfɔːk]

die Schubkarre
wheelbarrow
[ˈwiːlbærəʊ]

die Heckenschere
long-handed shears
[ˈlɒŋˌhændɪd ˈʃɪəz]

die Hacke
hoe
[həʊ]

der Rasensprenger
sprinkler
[ˈsprɪŋkləʳ]

DER GARTEN – THE GARDEN

Die Gartenarbeit – Gardening

Rollrasen verlegen
to **lay turf**
[leɪ ˈtɜːf]

den Rasen sprengen
to **sprinkle the lawn**
[ˌsprɪŋkl̩ ðə ˈlɔːn]

das Laub rechen
to **rake the leaves**
[reɪk ðə ˈliːvz]

pflanzen
to **plant**
[plɑːnt]

stutzen
to **trim**
[trɪm]

den Rasen mähen
to **mow the lawn**
[məʊ ðə ˈlɔːn]

Unkraut jäten
to **weed**
[wiːd]

umgraben
to **dig over**
[dɪg ˈəʊvəʳ]

zurückschneiden
to **prune**
[pruːn]

pflücken
to **pick**
[pɪk]

säen
to **sow**
[səʊ]

spritzen
to **spray**
[spreɪ]

düngen	to **fertilize** [ˈfɜːtɪlaɪz]
ernten	to **harvest** [ˈhɑːvɪst]
züchten	to **cultivate** [ˈkʌltɪveɪt]
vermehren	to **reproduce** [ˌriːprəˈdjuːs]
gießen	to **water** [ˈwɔːtəʳ]
der Sämling	**seedling** [ˈsiːdlɪŋ]
der Dünger	**fertilizer** [ˈfɜːtɪlaɪzəʳ]
der Unkrautvernichter	**weedkiller** [ˈwiːdˌkɪləʳ]

eintopfen
to **pot (a plant)**
[pɒt (ə plɑːnt)]

ESSEN UND TRINKEN

FOOD AND DRINK

TIERISCHE PRODUKTE – ANIMAL PRODUCTS

Fleisch – Meat

das Lammfleisch
lamb
[læm]

das Rindfleisch
beef
[bi:f]

das Steak
steak
[steɪk]

das Schweinefleisch
pork
[pɔ:k]

das Filet
fillet
[ˈfɪlɪt]

das Kalbfleisch
veal
[vi:l]

die Keule
joint
[dʒɔɪnt]

das Kotelett
chop
[tʃɒp]

die Leber
liver
[ˈlɪvəʳ]

die Niere
kidney
[ˈkɪdni]

das Kaninchen
rabbit
[ˈræbɪt]

der Schinken
ham
[hæm]

das Hackfleisch
minced meat
[ˈmɪnst mi:t]

die Wurst
sausage
[ˈsɒsɪʤ]

der Aufschnitt
cold cuts
[kəʊld ˈkʌts]

die Salami
salami
[səˈlɑ:mi]

TIERISCHE PRODUKTE – ANIMAL PRODUCTS

Geflügel – Poultry

die Hähnchenkeule
chicken drumstick
[ˈdrʌmstɪk]

die Ente
duck
[dʌk]

das Entenfleisch
duck
[dʌk]

die Gans
goose
[gu:s]

das Gänsefleisch
goose
[gu:s]

die Wachtel
quail
[kweɪl]

das Wachtelfleisch
quail
[kweɪl]

die Pute
turkey
[ˈtɜ:ki]

das Putenfleisch
turkey meat
[ˈtɜ:ki mi:t]

das Bioprodukt	**organic product** [ɔ:ˌgænɪk ˈprɒdʌkt]
die Innereien	**offal** [ˈɒfəl]
mariniert	**marinated** [ˈmærɪneɪtɪd]
geräuchert	**smoked** [sməʊkt]
gepökelt	**cured** [kjʊərd]
braten	**to roast** [rəʊst]
schmoren	**to braise** [breɪz]
grillen	**to grill** [grɪl]

aus Freilandhaltung
free-range
[fri:ˈreɪndʒ]

TIERISCHE PRODUKTE – ANIMAL PRODUCTS

Fisch – Fish

die Forelle
trout
[traʊt]

der Karpfen
carp
[kɑ:p]

der Zander
pikeperch
[paɪkˈpɜ:tʃ]

der Seeteufel
monkfish
[ˈmʌŋkfɪʃ]

die Makrele
mackerel
[ˈmækərəl]

die Seezunge
sole
[səʊl]

die Sardine
sardine
[sɑ:ˈdi:n]

die Scholle
plaice
[pleɪs]

der Aal
eel
[i:l]

der Thunfisch
tuna
[ˈtju:nə]

der Kabeljau
cod
[kɒd]

der Seebarsch
sea bass
[ˈsi: bæs]

der Lachs
salmon
[ˈsæmən]

der Heilbutt
halibut
[ˈhælɪbət]

der Fischrogen
caviar
[ˈkæviɑ:ʳ]

das Fischsteak
fish steak
[ˈfɪʃ steɪk]

TIERISCHE PRODUKTE – ANIMAL PRODUCTS

Meeresfrüchte – Seafood

die Garnele
prawn
[prɔːn]

der Hummer
lobster
[ˈlɒbstəʳ]

der Krebs
crab
[kræb]

der Flusskrebs
crayfish
[ˈkreɪfɪʃ]

die Miesmuschel
blue mussel
[bluː ˈmʌsəl]

die Kammmuschel
scallop
[ˈskæləp]

die Venusmuschel
Venus clam
[viːnəs ˈklæm]

die Herzmuschel
cockle
[ˈkɒkl̩]

die Auster
oyster
[ˈɔɪstəʳ]

der Tintenfisch
squid
[skwɪd]

der Krake
octopus
[ˈɒktəpəs]

der Räucherfisch
smoked fish
[sməʊkt ˈfɪʃ]

das Filet	**fillet** [ˈfɪlɪt]
geräuchert	**smoked** [sməʊkt]
einen Fisch entgräten	to **fillet a fish** [ˈfɪlɪt ə fɪʃ]
die Gräte	**bone** [bəʊn]
die Schuppe	**scale** [skeɪl]
abschuppen	to **descale** [diːˈskeɪl]
tiefgefroren	**frozen** [frəʊzən]
frisch	**fresh** [freʃ]

der Dosenfisch
canned fish
[kænd ˈfɪʃ]

TIERISCHE PRODUKTE – ANIMAL PRODUCTS

Milchprodukte und Eier – Dairy products and eggs

die Sahne
cream
[kriːm]

die Milch
milk
[mɪlk]

der Hüttenkäse
cottage cheese
[kɒtɪdʒ ˈtʃiːz]

der Ziegenkäse
goat's cheese
[ˈgəʊts tʃiːz]

der Quark
quark
[kwɑːk]

der Joghurt
yogurt
[ˈjəʊgət]

der Brie
Brie
[briː]

der Gorgonzola
Gorgonzola
[gɔːrgənˈzəʊlə]

der Feta
feta
[ˈfetə]

das Hühnerei
chicken egg
[ˈtʃɪkɪn eg]

die Eierschale
eggshell
[ˈegʃel]

das Eiweiß
egg white
[ˈeg waɪt]

das Eigelb
egg yolk
[ˈeg jəʊk]

das Wachtelei
quail egg
[ˈkweɪl eg]

das Gänseei
goose egg
[ˈguːs eg]

TIERISCHE PRODUKTE – ANIMAL PRODUCTS

Milchprodukte und Eier – Dairy products and eggs

der Eierkarton
egg box
[ˈeg bɒks]

die Butter
butter
[ˈbʌtəʳ]

der Parmesan
Parmesan
[ˈpɑːmɪˌzæn]

der Emmentaler
Swiss cheese
[swɪs ˈtʃiːz]

der Cheddar
cheddar
[ˈtʃedəʳ]

der Raclettekäse
raclette cheese
[ˈræklet ˌtʃiːz]

der Camembert
Camembert
[ˈkæməmbeəʳ]

der Gouda
Gouda
[ˈgaʊdə]

der Mozzarella
mozzarella
[ˌmɒtsəˈrelə]

der geriebene Käse
grated cheese
[ˈgreɪtɪd tʃiːz]

die Buttermilch
buttermilk
[ˈbʌtəʳmɪlk]

der Frischkäse
cream cheese
[kriːm ˈtʃiːz]

die Kuhmilch	**cow's milk** [ˈkaʊs mɪlk]
die Ziegenmilch	**goat's milk** [ˈgəʊts mɪlk]
die laktosefreie Milch	**lactose-free milk** [ˌlæktəʊsfriː ˈmɪlk]
die Sojamilch	**soya milk** [ˈsɔɪə mɪlk]
homogenisiert	**homogenized** [həˈmɒdʒənaɪzd]
pasteurisiert	**pasteurized** [ˈpæstʃəraɪzd]
fettarm	**low-fat** [ləʊˈfæt]
die Vollmilch	**full-cream milk** [ˌfʊlkriːm ˈmɪlk]

die Kondensmilch
condensed milk
[kənˌden(t)st ˈmɪlk]

GEMÜSE – VEGETABLES

die/der Trüffel
truffle
[ˈtrʌfl̩]

der Champignon
button mushroom
[ˌbʌtən ˈmʌʃrʊm]

der Steinpilz
cep
[sep]

der Pfifferling
chanterelle
[ˌʃɑːntəˈrel]

der Spargel
asparagus
[əˈspærəgəs]

der Kohlrabi
kohlrabi
[ˌkəʊlˈrɑːbi]

der Rhabarber
rhubarb
[ˈruːbɑːb]

der Mangold
Swiss chard
[swɪs ˈtʃɑːd]

der Fenchel
fennel
[ˈfenəl]

der/die Stangensellerie
celery
[ˈseləri]

die Artischocke
artichoke
[ˈɑːtɪtʃəʊk]

die Kresse
cress
[kres]

die Brunnenkresse
watercress
[ˈwɔːtəkres]

das Blatt	**leaf** [liːf]
der Strunk	**stalk** [stɔːk]
das Röschen	**floret** [ˈflɒrɪt]
das Herz	**heart** [hɑːt]
die Spitze	**tip** [tɪp]
das gedämpfte Gemüse	**steamed vegetables** [stiːmd ˈvedʒtəblz]
aus biologischem Anbau	**organic** [ɔːˈgænɪk]
aus heimischer Produktion	**locally grown** [ˈləʊkəli ˌgrəʊn]

GEMÜSE – VEGETABLES

Wurzelgemüse – Root vegetables

die Süßkartoffel
sweet potato
[ˌswiːt pəˈteɪtəʊ]

die Karotte
carrot
[ˈkærət]

die Kartoffel
potato
[pəˈteɪtəʊ]

die Schalotte
shallot
[ʃəˈlɒt]

die rote Zwiebel
red onion
[ˌred ˈʌnjən]

die Pastinake
parsnip
[ˈpɑːsnɪp]

der Knoblauch
garlic
[ˈgɑːlɪk]

die Rübe
turnip
[ˈtɜːnɪp]

die Zwiebel
onion
[ˈʌnjən]

das Radieschen
radish
[ˈrædɪʃ]

die Frühlingszwiebel
spring onion
[sprɪŋ ˈʌnjən]

die Rote Bete
beetroot
[ˈbiːtruːt]

die Knoblauchzehe	**clove of garlic** [ˌkləʊv əv ˈgɑːlɪk]
die Knoblauchknolle	**bulb of garlic** [ˌbʌlb əv ˈgɑːlɪk]
die Wurzel	**root** [ruːt]
bitter	**bitter** [ˈbɪtəʳ]
roh	**raw** [rɔː]
scharf	**hot** [hɒt]
mehligkochend	**mealy** [ˈmiːli]
festkochend	**waxy** [ˈwæksi]

der Lauch
leek
[liːk]

GEMÜSE – VEGETABLES

Blattgemüse – Leafy vegetables

der Brokkoli
broccoli
[ˈbrɒkəli]

der Rotkohl
red cabbage
[ˌred ˈkæbɪdʒ]

der Wirsing
savoy cabbage
[səˈvɔɪ ˌkæbɪdʒ]

der Rosenkohl
Brussels sprout
[brʌsəlz ˈspraʊt]

der Blumenkohl
cauliflower
[ˈkɒliflaʊəʳ]

der Weißkohl
white cabbage
[ˌwaɪt ˈkæbɪdʒ]

der Kopfsalat
lettuce
[ˈletɪs]

der Eisbergsalat
iceberg lettuce
[ˈaɪsbɜːg ˌletɪs]

der Römersalat
romaine lettuce
[rəʊˈmeɪn ˌletɪs]

der/die Chicorée
chicory
[ˈtʃɪkəri]

der Feldsalat
lamb's lettuce
[ˈlæms ˌletɪs]

der Spinat
spinach
[ˈspɪnɪtʃ]

der Rucola
rocket
[ˈrɒkɪt]

der Endiviensalat
endive
[ˈendaɪv]

GEMÜSE – VEGETABLES

Fruchtgemüse – Fruit vegetables

der/die Paprika
sweet pepper
[ˌswiːt ˈpepəʳ]

die Zucchini
courgette
[kɔːˈʒet]

die Aubergine
aubergine
[ˈəʊbəʒiːn]

die Tomate
tomato
[təˈmɑːtəʊ]

die Kirschtomate
cherry tomato
[ˌtʃeri təˈmɑːtəʊ]

die Olive
olive
[ˈɒlɪv]

die Okraschote
okra pod
[ˈɒkrə pɒd]

die Chilischote
chilli
[ˈtʃɪli]

die Avocado
avocado
[ˌævəˈkɑːdəʊ]

die Gurke
cucumber
[ˈkjuːkʌmbəʳ]

der Kürbis
pumpkin
[ˈpʌmpkɪn]

der Butternusskürbis
butternut squash
[ˌbʌtəʳnʌt ˈskwɒʃ]

schälen	**to peel** [piːl]
schneiden	**to cut** [kʌt]
roh	**raw** [rɔː]
gekocht	**boiled** [bɔɪld]
gegart	**cooked** [kʊkt]
das Püree	**purée** [ˈpjʊəreɪ]
püriert	**mashed** [mæʃd]
braten	**to fry** [fraɪ]

der Mais
sweetcorn
[ˈswiːtkɔːn]

GEMÜSE – VEGETABLES

Hülsenfrüchte – Pulses

die grüne Linse
green lentil
[ˌgriːn ˈlentəl]

die Ackerbohne
broad bean
[brɔːd ˈbiːn]

die schwarze Bohne
black bean
[blæk ˈbiːn]

die Gartenerbse
garden pea
[ˌgɑːdən ˈpiː]

die Kichererbse
chickpea
[ˈtʃɪkpiː]

die rote Linse
red lentil
[ˌred ˈlentəl]

die grüne Bohne
green bean
[griːn ˈbiːn]

die Zuckererbse
mangetout
[ˌmɑ̃(n)ʒˈtuː]

die Kidneybohne
kidney bean
[ˈkɪdni ˌbiːn]

die Limabohne
lima bean
[ˈlɪmə ˌbiːn]

die Tellerlinse
brown lentil
[ˈbraʊn ˌlentəl]

die Hülse	**pod** [pɒd]
der Kern	**kernel** [ˈkɜːnəl]
die Schote	**pod** [pɒd]
der Samen	**seed** [siːd]
die Sojasprossen	**bean sprouts** [ˈbiːn sprаʊts]
die Sojabohne	**soya bean** [ˈsɔɪə biːn]
die Mungobohne	**mung bean** [ˈmʌŋ biːn]
die Schwarzaugenbohne	**black-eyed pea** [ˌblækaɪd ˈpiː]

OBST – FRUIT

Beeren und Steinobst – Berries and stone fruits

die Erdbeere
strawberry
[ˈstrɔːbəri]

die Brombeere
blackberry
[ˈblækbəri]

die Himbeere
raspberry
[ˈrɑːzbəri]

die Heidelbeere
blueberry
[ˈbluːbəri]

die roten Johannisbeeren
redcurrants
[ˈredˌkʌrənts]

die schwarzen Johannisbeeren
blackcurrants
[ˈblæˌkʌrənts]

die Weintraube
grape
[greɪp]

die Stachelbeere
gooseberry
[ˈgʊzbəri]

die Preiselbeere
lingonberry
[ˈlɪŋgənbəri]

die Kirsche
cherry
[ˈtʃeri]

die Holunderbeere
elder
[ˈeldəʳ]

der Pfirsich
peach
[piːtʃ]

die Nektarine
nectarine
[ˈnektəriːn]

die Pflaume
plum
[plʌm]

die Aprikose
apricot
[ˈeɪprɪkɒt]

der Apfel
apple
[ˈæpl̩]

die Birne
pear
[peəʳ]

die Quitte
quince
[kwɪns]

OBST – FRUIT

Exotische Früchte – Exotic fruit

die Feige
fig
[fɪg]

die Birnenmelone
sweet pepino
[ˌswiːt peˈpaɪnəʊ]

die Physalis
physalis
[faɪˈseɪlɪs]

die Litschi
lychee
[ˌlaɪˈtʃiː]

die Sternfrucht
star fruit
[ˈstɑːʳ fruːt]

die Ananasguave
pineapple guava
[ˈpaɪnæpl̩ ˌgwɑːvə]

die Papaya
pawpaw
[ˈpɔːpɔː]

die Cherimoya
cherimoya
[tʃeriˈmɔɪjə]

die Passionsfrucht
passion fruit
[ˈpæʃən fruːt]

die Mangostanfrucht
mangosteen
[ˈmæŋgəʊstiːn]

der Granatapfel
pomegranate
[ˈpɒmɪgrænɪt]

die Kiwano
horned melon
[hɔːnd ˈmelən]

die Rambutan
rambutan
[ræmˈbuːtən]

die Pitahaya
pitahaya
[ˌpɪtəˈhaɪə]

die Ananas
pineapple
[ˈpaɪnæpl̩]

die Guave
guava
[ˈgwɑːvə]

die Banane
banana
[bəˈnɑːnə]

die Kiwi
kiwi
[ˈkiːwiː]

die Mango
mango
[ˈmæŋgəʊ]

die Kokosnuss
coconut
[ˈkəʊkənʌt]

OBST – FRUIT

Zitrusfrüchte und Melonen – Citrus fruit and melons

die Orange
orange
[ˈɒrɪnʤ]

die Limette
lime
[laɪm]

die Grapefruit
grapefruit
[ˈgreɪpfruːt]

die Zitrone
lemon
[ˈlemən]

geschält
peeled
[piːld]

die Clementine
clementine
[ˈkleməntaɪːn]

der Schnitz
segment
[ˈsegmənt]

die Schale
peel
[piːl]

die Zuckermelone
musk melon
[ˈmʌsk ˌmelən]

die Honigmelone
honeydew melon
[ˈhʌnidjuː ˌmelən]

die Wassermelone
watermelon
[ˈwɔːtəʳmelən]

die Blutorange
blood orange
[ˈblʌd ˌɒrɪnʤ]

kernlos	**seedless** [ˈsiːdləs]
saftig	**juicy** [ˈʤuːsi]
knackig	**crunchy** [ˈkrʌntʃi]
das Kerngehäuse	**core** [kɔːʳ]
sauer	**sour** [ˈsaʊəʳ]
reif	**ripe** [raɪp]
frisch	**fresh** [freʃ]
faulig	**rotten** [ˈrɒtən]

die Kumquat
kumquat
[ˈkʌmkwɒt]

OBST – FRUIT

Nüsse und Trockenobst – Nuts and dried fruit

der Cashewkern
cashew nut
[ˈkæʃuː nʌt]

die Mandel
almond
[ˈɑːmənd]

die Kastanie
chestnut
[ˈtʃestnʌt]

die Walnuss
walnut
[ˈwɔːlnʌt]

die Haselnuss
hazelnut
[ˈheɪzəlnʌt]

die Erdnuss
peanut
[ˈpiːnʌt]

die Pekannuss
pecan nut
[ˈpiːkæn nʌt]

die Macadamianuss
macadamia nut
[ˌmækəˈdeɪmɪə nʌt]

der Pinienkern
pine kernel
[ˈpaɪn ˌkɜːnəl]

die Rosine
raisin
[ˈreɪzɪn]

die Sultanine
sultana
[səlˈtɑːnə]

die Backpflaume
prune
[pruːn]

die Dattel
date
[deɪt]

die Paranuss	**Brazil nut** [brəˈzɪl nʌt]
die Pistazie	**pistachio** [pɪˈstɑːʃiəʊ]
geröstet	**roasted** [ˈrəʊstɪd]
gesalzen	**salted** [ˈsɔːltɪd]
das Studentenfutter	**nuts and raisins** [ˌnʌts ənd ˈreɪzɪns]
der Nussknacker	**nutcracker** [ˈnʌtkrækəʳ]
die Nussschale	**nutshell** [ˈnʌtʃel]
eine Nuss knacken	**to crack a nut** [kræk ə ˈnʌt]

KRÄUTER UND GEWÜRZE – HERBS AND SPICES

Kräuter – Herbs

der Lavendel
lavender
[ˈlævəndəʳ]

der Estragon
tarragon
[ˈtærəgən]

der Oregano
oregano
[ˌɒrɪˈgɑːnəʊ]

das/der Liebstöckel
lovage
[ˈlʌvɪʤ]

der Salbei
sage
[seɪʤ]

die Minze
mint
[mɪnt]

der Majoran
marjoram
[ˈmɑːʤərəm]

der Rosmarin
rosemary
[ˈrəʊzməri]

das Basilikum
basil
[ˈbæzəl]

die Petersilie
parsley
[ˈpɑːsli]

der Thymian
thyme
[taɪm]

der Koriander
coriander
[ˌkɒriˈændəʳ]

der Schnittlauch
chives
[tʃaɪvs]

der Fenchel
fennel
[ˈfenəl]

der Dill
dill
[dɪl]

die Zitronenmelisse
lemon balm
[ˈlemən ˌbɑːm]

KRÄUTER UND GEWÜRZE – HERBS AND SPICES

Gewürze – Spices

der Sternanis
star aniseed
[ˈstɑːʳ ˌænɪsiːd]

das Lorbeerblatt
bay leaf
[ˈbeɪ liːf]

der Koriander
coriander
[ˌkɒriˈændəʳ]

die Zimtrinde
cinnamon bark
[ˈsɪnəmən bɑːk]

die Kurkuma
turmeric
[ˈtɜːmərɪk]

das Currypulver
curry powder
[ˈkʌri paʊdəʳ]

der Paprika
paprika
[pæpˈriːkə]

der Pfeffer
pepper
[ˈpepəʳ]

die Muskatnuss
nutmeg
[ˈnʌtmeg]

der/das Kardamom
cardamom
[ˈkɑːdəməm]

die Nelken
cloves
[kləʊvs]

der Ingwer
ginger
[ˈʤɪnʤəʳ]

die Chiliflocken
crushed chillies
[krʌʃt ˈtʃɪliz]

die Chilischote
chilli
[ˈtʃɪli]

der Fenchel
fennel
[ˈfenəl]

das Garam masala
garam masala
[ˌgɑːrəm məˈsɑːlə]]

KRÄUTER UND GEWÜRZE – HERBS AND SPICES

Würzmittel und Soßen – Seasoning and sauces

der Essig
vinegar
[ˈvɪnɪgəʳ]

das Olivenöl
olive oil
[ɒlɪv ˈɔɪl]

der Pfeffer
pepper
[ˈpepəʳ]

das Salz
salt
[sɔːlt]

die Pfeffermühle
pepper mill
[ˈpepəʳ mɪl]

die Salsa
salsa
[ˈsælsə]

der/das Ketchup
tomato ketchup
[təˌmɑːtəʊ ˈketʃʌp]

der Senf
mustard
[ˈmʌstəd]

die Mayonnaise
mayonnaise
[ˌmeɪəˈneɪz]

zerstoßen	**crushed** [krʌʃt]
gemahlen	**ground** [graʊnd]
geraspelt	**grated** [ˈgreɪtɪd]
der Salzstreuer	**salt cellar** [ˈsɔːlt ˌseləʳ]
die Salatsoße	**salad dressing** [ˈsæləd ˌdresɪŋ]
würzen	**to season** [ˈsiːzən]
anmachen	**to dress a salad** [dres ə ˈsæləd]
marinieren	**to marinate** [ˈmærɪneɪt]

die Sojasoße
soy sauce
[sɔɪ ˈsɔːs]

GETREIDE UND MEHL – GRAINS AND FLOUR

der Dinkel
spelt
[spelt]

die Kürbiskerne
pumpkin seeds
[ˈpʌmpkɪn siːds]

die Sonnenblumenkerne
sunflower seeds
[ˈsʌnflaʊəʳ siːds]

die Quinoa
quinoa
[kiːˈnəʊə]

der Wildreis
wild rice
[waɪld ˈraɪs]

der Hafer
oats
[əʊts]

die Gerste
barley
[ˈbɑːli]

der Naturreis
brown rice
[braʊn ˈraɪs]

der Mais
maize
[meɪz]

die Hirse
millet
[ˈmɪlɪt]

der Weizen
wheat
[wiːt]

der/das Couscous
couscous
[ˈkuːskuːs]

der Buchweizen
buckwheat
[ˈbʌkwiːt]

der Basmatireis
basmati rice
[bæsˌmɑːti ˈraɪs]

der Bulgur
bulgur
[ˈbʌlgəʳ]

der Reis
rice
[raɪs]

GETREIDE UND MEHL – GRAINS AND FLOUR

die Penne
penne
[ˈpeneɪ]

die Spaghetti
spaghetti
[spəˈgeti]

die Tagliatelle
tagliatelle
[ˌtæljəˈteli]

die Ravioli
ravioli
[ræviˈəʊli]

die Fusilli
fusilli
[fʊˈsiːli]

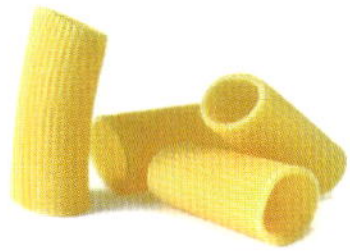

die Rigatoni
rigatoni
[rɪgəˈtəʊni]

die Tortellini
tortellini
[ˌtɔːtəˈliːni]

das Weizenmehl
wheat flour
[ˈwiːt flaʊəʳ]

das Maismehl
cornflour
[ˈkɔːnflaʊəʳ]

die Hefe
yeast
[jiːst]

der Teig
dough
[dəʊ]

das Backpulver	**baking powder** [ˈbeɪkɪŋ ˌpaʊdəʳ]
das glutenfreie Mehl	**gluten-free flour** [gluːtənˈfriː ˌflaʊəʳ]
das Roggenmehl	**rye flour** [ˈraɪ flaʊəʳ]
das Vollkornmehl	**wholemeal flour** [ˈhəʊlmiːl ˌflaʊəʳ]
sieben	to **sift** [sɪft]
kneten	to **knead** [niːd]
verrühren	to **stir** [stɜːʳ]
backen	to **bake** [beɪk]

die Reisnudeln
rice noodles
[ˈraɪs nuːdl̩s]

GETREIDE UND MEHL – GRAINS AND FLOUR

Brot – Bread

die Brezel
pretzel
[ˈpretsəl]

das Croissant
croissant
[ˈkrwæsɑ̃ŋ]

das/die Baguette
baguette
[bæˈɡət]

das Schwarzbrot
brown bread
[braʊn ˈbred]

das Weißbrot
white bread
[waɪt ˈbred]

das Vollkornbrot
dark wholemeal bread
[ˈdɑːk ˌhəʊlmiːl ˈbred]

das Mehrkornbrot
granary bread
[ˈɡrænəri bred]

das Graubrot
rye bread
[raɪ ˈbred]

das Fladenbrot
flatbread
[ˈflætbred]

die Tortilla
tortilla
[tɔːˈtiːə]

das Toastbrot
toast
[təʊst]

das Sauerteigbrot
sourdough bread
[ˈsaʊədəʊ ˌbred]

das Brötchen
roll
[rəʊl]

der Bagel
bagel
[ˈbeɪɡəl]

das belegte Brötchen
filled roll
[fɪld ˈrəʊl]

das Knäckebrot
crispbread
[ˈkrɪspbred]

GETREIDE UND MEHL – GRAINS AND FLOUR

Brotaufstriche – Spreads

das Glas
jar
[ʤɑːʳ]

der Honig
honey
[ˈhʌni]

der Waldhonig
honeydew honey
[ˈhʌnidjuː ˌhʌni]

der flüssige Honig
clear honey
[ˈklɪəʳ ˌhʌni]

der Zitronenaufstrich
lemon curd
[lemən ˈkɜːd]

die Konfitüre
preserve
[prɪˈzɜːv]

die Marmelade
jam
[ʤæm]

der Ahornsirup
maple syrup
[meɪpl̩ ˈsɪrəp]

die Erdnussbutter
peanut butter
[piːnʌt ˈbʌtəʳ]

der Schokoladen aufstrich
chocolate spread
[ˈtʃɒkələt ˌspred]

die Margarine
margarine
[ˌmɑːʤəˈriːn]

der Laib
loaf
[ləʊf]

die Scheibe
slice
[slaɪs]

das Paniermehl
breadcrumbs
[ˈbredkrʌms]

das Sandwich
sandwich
[ˈsænwɪʤ]

GETREIDE UND MEHL – GRAINS AND FLOUR

Kuchen und Gebäck – Cakes and pastries

der Käsekuchen
cheesecake
[ˈtʃiːzkeɪk]

die Schokoladentorte
chocolate gateau
[ˈtʃɒkələt ˌgætəʊ]

der Muffin
American muffin
[əˈmerɪkən ˌmʌfɪn]

die Makrone
macaroon
[ˌmækəˈruːn]

der Lebkuchen
gingerbread
[ˈʤɪnʤəʳˌbred]

das Biskuit
trifle sponge
[ˈtraɪfl̩ spʌnʤ]

der Berliner
doughnut
[ˈdəʊnʌt]

der Gugelhupf
Bundt cake
[ˈbʊnd keɪk]

die Obsttorte
fruit tart
[fruːt ˈtɑːt]

die Schwarzwälder Kirschtorte
Black Forest gateau
[ˌblækˈfɒrɪst ˈgætəʊ]

der Zwetschgenkuchen
damson tart
[ˌdæmzən ˈtɑːt]

die Linzer Torte
Linzer tart
[ˌlintsə ˈtɑːt]

das Marmeladen-törtchen
jam tart
[ʤæm ˈtɑːt]

der Zuckerguss	**icing** [ˈaɪsɪŋ]
das Marzipan	**marzipan** [ˈmɑːzɪpæn]
der Geburtstagskuchen	**birthday cake** [ˈbɜːθdeɪ ˌkeɪk]
die Geburtstagskerze	**birthday candle** [ˈbɜːθdeɪ ˌkændl̩]
die Kuchendekoration	**cake decoration** [ˈkeɪk ˌdekəˈreɪʃən]
das Gebäck	**pastry** [ˈpeɪstri]
das Eclair	**éclair** [eɪˈkleəʳ]
das Baiser	**meringue** [məˈræŋ]

DESSERTS UND SÜSSSPEISEN – DESSERTS AND PUDDINGS

der Apfelstrudel
apple strudel
[ˌæpl ˈstruːdl]

das Tiramisu
tiramisu
[ˌtirəmɪˈsuː]

die Eiscreme
ice cream
[aɪs ˈkriːm]

die Eiskugel
scoop of ice cream
[skuːp əv aɪs ˈkriːm]

die Eiswaffel
cone
[kəʊn]

der Pfannkuchen
pancake
[ˈpænkeɪk]

die Crêpe
crêpe
[kreɪp]

der Eisbecher
sundae
[ˈsʌndeɪ]

der Karamellpudding
crème caramel
[krem kærəˈmel]

die Mousse
mousse
[muːs]

die Schlagsahne
whipped cream
[wɪpt ˈkriːm]

die Crème brûlée
crème brûlée
[ˌkrem ˈbruːleɪ]

die Panna cotta
panna cotta
[ˌpænə ˈkɒtə]

der Wackelpudding
jelly
[ˈʤeli]

der Obstsalat
fruit salad
[fruːt ˈsæləd]

GETRÄNKE – DRINKS

Erfrischungsgetränke – Soft drinks

das Wasser
water
[ˈwɔːtəʳ]

das Tonicwater
tonic water
[ˈtɒnɪk ˌwɔːtəʳ]

der Orangensaft
orange juice
[ˈɒrɪnʤ ˌʤuːs]

der Tomatensaft
tomato juice
[təˈmɑːtəʊ ˌʤuːs]

das alkoholfreie Bier
non-alcoholic beer
[ˌnɒnælkəˈhɒlɪk ˈbɪər]

der Karottensaft
carrot juice
[ˈkærət ˌʤuːs]

die/das Cola
Coke®
[kəʊk]

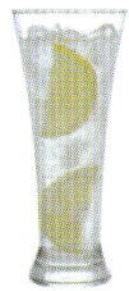

die Limonade
lemonade
[ˌleməˈneɪd]

der Eiskaffee
iced coffee
[ˌaɪst ˈkɒfi]

die Eisschokolade
iced chocolate
[ˌaɪst ˈtʃɒkələt]

der Eistee
iced tea
[aɪst ˈtiː]

die Apfelschorle
apple spritzer
[ˌæpl̩ ˈsprɪtsəʳ]

der Milchshake
milkshake
[ˈmɪlkʃeɪk]

die Saftpresse	**juice extractor** [ˈʤuːs ɪkˌstræktəʳ]
der frisch gepresste Grapefruitsaft	**freshly squeezed grapefruit juice** [ˈfreʃli skwiːzd ˈgreɪpfruːt ˌʤuːs]
das Tafelwasser	**bottled water** [ˈbɒtl̩d ˌwɔːtəʳ]
das Leitungswasser	**tap water** [ˈtæp ˌwɔːtəʳ]
das Mineralwasser mit Kohlensäure	**sparkling water** [ˈspɑːkl̩ɪŋ ˌwɔːtəʳ]
das stille Mineralwasser	**still mineral water** [stɪl ˈmɪnərəl ˌwɔːtəʳ]
der Apfelsaft	**apple juice** [ˈæpl̩ ˌʤuːs]
der Johannisbeersaft	**blackcurrant juice** [ˌblækˈkʌrənt ˌʤuːs]

GETRÄNKE – DRINKS

Heißgetränke – Hot drinks

der Espresso
espresso
[esˈpresəʊ]

die Kaffeebohnen
coffee beans
[ˈkɒfi ˌbiːnz]

der Amaretto
Amaretto
[ˌæməˈretəʊ]

der Kaffee zum Mitnehmen
coffee to go
[ˌkɒfi tə ˈɡəʊ]

der Deckel
lid
[lɪd]

der Becher
cup
[kʌp]

der Milchschaum
milk froth
[ˈmɪlk frɒθ]

der Teebeutel
tea bag
[ˈtiː bæɡ]

die Teeblätter
tea leaves
[ˈtiː liːvz]

die Teekanne
teapot
[ˈtiː pɒt]

der Schwarztee
black tea
[blæk ˈtiː]

der/die Latte macchiato
latte
[ˈlɑːteɪ]

der Kaffee
coffee
[ˈkɒfi]

der Cappuccino
cappuccino
[ˌkæpʊˈtʃiːnəʊ]

der Milchkaffee
white coffee
[ˌwaɪt ˈkɒfi]

der Minztee
mint tea
[ˈmɪnt tiː]

der Kamillentee
chamomile tea
[ˈkæməmail tiː]

der Kräutertee
herbal infusion
[ˌhɜːbəl ɪnˈfjuːʒən]

der Glühwein
mulled wine
[mʌld ˈwaɪn]

GETRÄNKE – DRINKS

Alkoholische Getränke – Alcoholic drinks

der Cocktail
cocktail
[ˈkɒkteɪl]

die Sangria
sangria
[zaŋˈgriːa]

mit Eis
on the rocks
[ɒn ðə ˈrɒks]

der Whisky
whisky
[ˈhwɪski]

der Gin Tonic
gin and tonic
[ʤɪn ənd ˈtɒnɪk]

der Rum
rum
[rʌm]

das Bier
beer
[bɪər]

das Pils
pilsner
[ˈpɪlznəʳ]

das dunkle Bier
dark beer
[ˈdɑːk bɪər]

der Wodka
vodka
[ˈvɒdkə]

der Roséwein
rosé wine
[ˌrəʊzeɪ ˈwaɪn]

der Weißwein
white wine
[waɪt ˈwaɪn]

der Rotwein
red wine
[red ˈwaɪn]

der Sekt
sparkling wine
[ˌspɑːkl̩ɪŋ ˈwaɪn]

der Tequila
tequila
[təˈkiːlə]

der Weinbrand	**brandy** [ˈbrændi]
der Schnaps	**schnapps** [ʃnæps]
der Sherry	**sherry** [ˈʃeri]
der Likör	**liqueur** [lɪˈkjʊəʳ]
der Cidre	**cider** [ˈsaɪdəʳ]
die Weinschorle	**spritzer** [ˈsprɪtsəʳ]
das Hefeweizen	**wheat beer** [ˈwiːt bɪər]
der Champagner	**champagne** [ʃæmˈpeɪn]

KOCHEN – COOKING

Zubereitung – Food preparation

schälen
to **peel**
[piːl]

schneiden
to **chop**
[tʃɒp]

schlagen
to **whisk**
[(h)wɪsk]

reiben
to **grate**
[greɪt]

zerstoßen
to **crush**
[krʌʃ]

glasieren
to **glaze**
[gleɪz]

sieben
to **sift**
[sɪft]

stampfen
to **mash**
[mæʃ]

klopfen
to **tenderize**
[ˈtendəraɪz]

ausrollen
to **roll**
[rəʊl]

salzen
to **add salt**
[æd ˈsɔːlt]

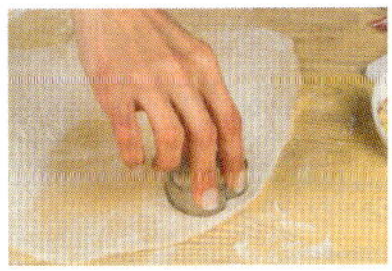

ausstechen
to **cut out**
[kʌt ˈaʊt]

rösten	to **roast** [rəʊst]
kochen	to **boil** [bɔɪl]
köcheln lassen	to **simmer** [ˈsɪməʳ]
grillen	to **grill** [grɪl]
anbraten	to **sauté** [ˈsəʊteɪ]
braten	to **fry** [fraɪ]
frittieren	to **deep fry** [diːp ˈfraɪ]
pochieren	to **poach** [pəʊtʃ]

streuen
to **sprinkle**
[ˈsprɪŋkl̩]

GERICHTE UND MAHLZEITEN – MEALS AND DISHES

Das Frühstück – Breakfast

die Butter
butter
[ˈbʌtəʳ]

die Frühstücksflocken
cereal
[ˈsɪəriəl]

das Croissant
croissant
[ˈkrwæsɑ̃ŋ]

die Cornflakes
cornflakes
[ˈkɔːnfleɪks]

der Früchtejoghurt
fruit yogurt
[fruːt ˈjəʊgət]

das frische Obst
fresh fruit
[freʃ ˈfruːt]

der Müsliriegel
muesli bar
[ˈmjuːzli ˌbɑːʳ]

die Weizenkeime
wheatgerm
[ˈwiːtdʒɜːm]

GERICHTE UND MAHLZEITEN – MEALS AND DISHES

Das Frühstück – Breakfast

das Toastbrot
toast
[təʊst]

die gegrillte Tomate
grilled tomato
[grɪld təˈmɑːtəʊ]

die gebackenen Bohnen
baked beans
[beɪkt ˈbiːnz]

die Rösti
hash brown
[hæʃ ˈbraʊn]

die Blutwurst
black pudding
[blæk ˈpʊdɪŋ]

der Speck
bacon
[ˈbeɪkn]

die Pilze
mushrooms
[ˈmʌʃrʊmz]

die Wurst
sausage
[ˈsɒsɪʤ]

das Spiegelei
fried egg
[fraɪd ˈeg]

das Rührei
scrambled egg
[skræmbḷd ˈeg]

das Omelett
omelette
[ˈɒmlət]

armer Ritter
French toast
[frenʃ ˈtəʊst]

die Waffel
waffle
[ˈwɒfḷ]

der Pfannkuchen
pancake
[ˈpænkeɪk]

der Haferbrei
porridge
[ˈpɒrɪʤ]

der Fruchtshake
smoothie
[ˈsmuːði]

die heiße Schokolade
hot chocolate
[hɒt ˈtʃɒkələt]

GERICHTE UND MAHLZEITEN – MEALS AND DISHES

Snacks und Knabbereien – Snacks and nibbles

die Chips
crisps
[ˈkrɪsps]

die Salzbrezel
pretzel
[ˈpretsəl]

das Popcorn
popcorn
[ˈpɔpkɔrn]

der/das Bonbon
boiled sweet
[bɔɪld ˈswiːt]

das Gummibärchen
gummy bear
[ˈɡʌmi ber]

die Lakritze
liquorice
[ˈlɪkrɪs]

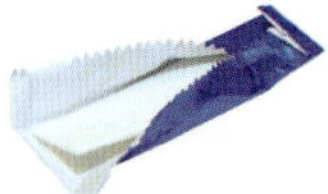

der/das Kaugummi
chewing gum
[ˈtʃuːɪŋ ˌɡʌm]

der Lutscher
lolly
[ˈlɒli]

die weiße Schokolade
white chocolate
[waɪt ˈtʃɒklət]

der Schokoriegel
chocolate bar
[ˈtʃɒklət bɑː]

die Zartbitter-schokolade
dark chocolate
[dɑːk ˈtʃɒklət]

die Milchschokolade
milk chocolate
[mɪlk ˈtʃɒklət]

der Eislutscher
ice lolly
[aɪs ˈlɒli]

der Frozen Yogurt
frozen yogurt
[ˌfrəʊzən ˈjəʊɡət]

der Keks
biscuit
[ˈbɪskɪt]

die Praline
chocolate
[ˈtʃɒklət]

GERICHTE UND MAHLZEITEN – MEALS AND DISHES

Das Fastfood – Fast food

das Stück Pizza
slice of pizza
[ˌslaɪs əv ˈpiːtsə]

die Pizza
pizza
[ˈpiːtsə]

der Hamburger
burger
[ˈbɜːgəʳ]

die Pommes frites
fries
[fraɪz]

die Tortilla-Chips
tortilla chips
[tɔːˈtiːə tʃɪp]

der Taco
taco
[ˈtækəʊ]

die gebratenen Nudeln
fried noodles
[fraɪd ˈnuːdl̩z]

das Sushi
sushi
[ˈsuːʃi]

der/das Hot Dog
hot dog
[ˈhɒt dɒg]

der Döner
doner kebab
[ˌdɒnə kɪˈbæb]

der Wrap
wrap
[ræp]

der Fisch mit Pommes
fish and chips
[fɪʃ ənd ˈtʃɪps]

Ich würde gerne etwas zum Mitnehmen bestellen.	**I would like to order takeaway, please.** [aɪ wʊd laɪk tə ɔːdəʳ ˈteɪkəweɪ pliːz]
Eine Portion Pommes rot-weiß, bitte.	**A portion of chips with ketchup and mayonnaise, please.** [ə ˈpɔːʃən əv tʃɪps wɪθ ˈketʃʌp ənd meɪəˈneɪz pliːz]
klein/mittelgroß/groß	**small/medium/large** [smɔːl/ˈmiːdiəm/lɑːʤ]
süß	**sweet** [swiːt]
salzig	**savoury** [ˈseɪvri]
der Lieferservice	**delivery service** [dɪˈlɪvəri ˌsɜːvɪs]
bestellen	**to order** [ˈɔːdəʳ]
liefern	**to deliver** [dɪˈlɪvəʳ]

das Nugget
nugget
[ˈnʌgɪt]

GERICHTE UND MAHLZEITEN – MEALS AND DISHES

Die Hauptmahlzeit – Main dishes

die Suppe
soup
[suːp]

die Frikadelle
rissole
[ˈrɪsəʊl]

das Steak
steak
[steɪk]

der Beilagensalat
side salad
[ˈsaɪd ˌsæləd]

die Kartoffelspalten
potato wedges
[pəˌteɪtəʊ ˈweʤɪz]

die Lasagne
lasagne
[ləˈzænjə]

die Spaghetti Bolognese
spaghetti bolognese
[spəˌgeti bɒləˈneɪz]

das Brathähnchen
roast chicken
[rəʊst ˈtʃɪkɪn]

das panierte Schnitzel
breaded escalope
[bredɪd ˈeskəlɒp]

die Bratkartoffeln
fried potatoes
[fraɪd pəˈteɪtəʊs]

der Eintopf
stew
[stjuː]

der Auflauf
bake
[beɪk]

die Pastete
pie
[paɪ]

die Quiche
quiche
[kiːʃ]

das Curry
curry
[ˈkʌri]

GERICHTE UND MAHLZEITEN – MEALS AND DISHES

Im Restaurant – In a restaurant

① *der Gast*
diner
[ˈdaɪnəʳ]

② *der Kellner*
waiter
[ˈweɪtəʳ]

③ *der Tisch für zwei Personen*
table for two
[ˌteɪbl̩ fə ˈtuː]

④ *das Rotweinglas*
red wine glass
[ˈred waɪn glɑːs]

⑤ *die Speisekarte*
menu
[ˈmenjuː]

⑥ *die Bestellung*
order
[ˈɔːdəʳ]

die Vorspeise
starter
[ˈstɑːtəʳ]

der Nachtisch
dessert
[dɪˈzɜːt]

die Beilage
side dish
[ˈsaɪd dɪʃ]

das Hauptgericht
main course
[ˈmeɪn kɔːs]

die Suppe
soup
[suːp]

der Aperitif
aperitif
[əˌperəˈtiːf]

der/das Sorbet
sorbet
[ˈsɔːbeɪ]

der Salat
salad
[ˈsæləd]

der Käseteller
cheese platter
[ˈtʃiːz ˌplætəʳ]

der Kaffee
coffee
[ˈkɒfiː]

der Likör
liqueur
[lɪˈkjʊəʳ]

das Käsemesser
cheese knife
[ˈtʃiːz naɪf]

das Stäbchen
chopstick
[ˈtʃɒpstɪk]

GERICHTE UND MAHLZEITEN – MEALS AND DISHES

Geschirr und Besteck – Crockery and cutlery

die Serviette
napkin
[ˈnæpkɪn]

der Brotteller
side plate
[ˈsaɪd pleɪt]

die Gabel
fork
[fɔːk]

die Tischdecke
table cloth
[ˈteɪbl ˌklɒθ]

der Essteller
dinner plate
[ˈdɪnəʳ pleɪt]

das Wasserglas
water glass
[ˈwɔːtəʳ glɑːs]

das Weinglas
wine glass
[ˈwaɪn glɑːs]

der Dessertlöffel
dessert spoon
[dɪˈzɜːt spuːn]

der Suppenlöffel
soup spoon
[ˈsuːp spuːn]

das Messer
knife
[naɪf]

die Schüssel
bowl
[bəʊl]

die Karaffe
carafe
[kəˈræf]

das Steakmesser
steak knife
[ˈsteɪk naɪf]

der Zahnstocher
toothpick
[ˈtuːθpɪk]

Könnten Sie uns bitte die Weinkarte bringen?	**Could we have the wine list, please?** [kʊd wiː hæv ðə ˈwaɪn lɪst pliːz]
Guten Appetit!	**Enjoy your meal!** [ɪnˈdʒɔɪ jɔː miːl]
Zum Wohl!	**Cheers!** [tʃɪərz]
Als Vorspeise/Hauptgericht/Nachtisch nehme ich ...	**I'll have ... as a starter/for the main course/for dessert** [aɪl hæv ... əz ə ˈstɑːtə/fɔː ðə ˈmeɪn kɔːs/fɔː dɪˈzɜːt]
die Spezialitäten	**speciality** [speʃiˈæləti]
Ich hätte gerne die Rechnung, bitte.	**The bill, please.** [ðə ˈbɪl pliːz]
die Bezahlung	**payment** [ˈpeɪmənt]
das Trinkgeld	**tip** [tɪp]

DIE ERNÄHRUNG – FOOD AND DIET

das Fett
fat
[fæt]

der Zucker
sugar
[ˈʃʊgəʳ]

das Kohlenhydrat
carbohydrate
[ˌkɑːbə(ʊ)ˈhaɪdreɪt]

das Eiweiß
protein
[ˈprəʊtiːn]

ohne Eier
egg-free
[egˈfriː]

zuckerfrei
sugar-free
[ˌʃʊgəʳˈfriː]

glutenfrei
gluten-free
[ˌgluːtənˈfriː]

laktosefrei
lactose-free
[ˌlæktəʊsˈfriː]

die Ballaststoffe
dietary fibre
[ˌdaɪətəri ˈfaɪbəʳ]

das Cholesterin
cholesterol
[kəˈlestərɒl]

vegetarisch
vegetarian
[ˌvedʒɪˈteəriən]

vegan
vegan
[ˈviːgən]

die Lebensmittelintoleranz	**food allergy** [ˈfuːd ˌælədʒi]
die Fruktose	**fructose** [ˈfrʌktəʊs]
die Glukose	**glucose** [ˈgluːkəʊs]
das Natrium	**sodium** [ˈsəʊdiəm]
die Kalorien	**calories** [ˈkæləriz]
der Geschmacksverstärker	**flavour enhancer** [ˈfleɪvəʳ ɪnˌhɑːn(t)səʳ]
die gesunde Ernährung	**healthy eating** [ˌhelθi ˈiːtɪŋ]
fasten	**to fast** [fɑːst]

die Diät
diet
[daɪət]

UNTERWEGS
ON THE GO

STRASSEN UND VERKEHR – ROADS AND TRAFFIC

① *die Straßenlaterne*
street light
[ˈstriːt laɪt]

② *die Einbahnstraße*
one-way street
[wʌnweɪ ˈstriːt]

③ *die Fußgängerampel*
pelican crossing
[pelɪkən ˈkrɒsɪŋ]

④ *der Bürgersteig*
pavement
[ˈpeɪvmənt]

⑤ *der Bordstein*
kerb
[kɜːb]

⑥ *die Ampel*
traffic lights
[ˈtræfɪk laɪts]

⑦ *das geparkte Auto*
parked car
[pɑːkt ˈkɑːʳ]

⑧ *die Fahrspur*
traffic lane
[ˈtræfɪk leɪn]

⑨ *die Straßen-markierung*
road marking
[ˈrəʊd ˌmɑːkɪŋ]

⑩ *der Rinnstein*
gutter
[ˈɡʌtəʳ]

der Tunnel
tunnel
[ˈtʌnəl]

der Parkschein-automat
ticket machine
[ˈtɪkɪt məˌʃiːn]

der Fahrradweg
bicycle path
[ˈbaɪsɪkl̩ pɑːθ]

der Behinderten-parkplatz
disabled parking space
[dɪˌseɪbl̩d ˈpɑːkɪŋ ˌspeɪs]

die Brücke
bridge
[brɪʤ]

der Kreisverkehr
roundabout
[ˈraʊndəˌbaʊt]

der Zebrastreifen
zebra crossing
[ˌzebrə ˈkrɒsɪŋ]

die Notrufsäule
emergency telephone
[ɪˌmɜːʤənsi ˈtelɪfəʊn]

STRASSEN UND VERKEHR – ROADS AND TRAFFIC

das Autobahnkreuz
motorway intersection
[ˈməʊtəʳweɪ ˌɪntəˈsekʃən]

die Autobahn
motorway
[ˈməʊtəʳweɪ]

der Berufsverkehr
rush-hour traffic
[rʌʃaʊəʳ ˈtræfɪk]

① *der Mittelstreifen*
central reservation
[sentrəl ˌrezəˈveɪʃən]

② *die Überholspur*
fast lane
[ˈfɑːst leɪn]

③ *die Überführung*
flyover
[ˈflaɪəʊvəʳ]

④ *die Kurve*
bend
[bend]

⑤ *die Unterführung*
underpass
[ˈʌndəʳpɑːs]

⑥ *die Einfahrt*
slip road
[ˈslɪp rəʊd]

⑦ *die Ausfahrt*
exit
[ˈeksɪt]

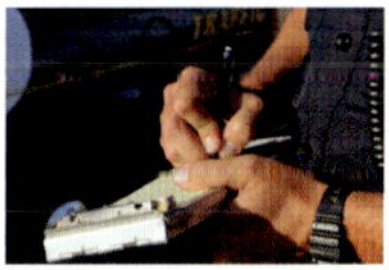

der Verkehrspolizist
traffic police officer
[ˌtræfɪk pəˈliːs ˌɒfɪsəʳ]

der Strafzettel
traffic ticket
[ˈtræfɪk ˌtɪkɪt]

die Mautstelle
tollgate
[ˈtəʊlgeɪt]

abschleppen
to **tow away**
[təʊ əˈweɪ]

die Kreuzung	**junction** [ˈʤʌŋkʃn]
die Vorfahrt	**right of way** [raɪt əv ˈweɪ]
die Geschwindigkeitsüberschreitung	**speeding** [ˈspiːdɪŋ]
anhalten	to **stop** [stɒp]
der Standstreifen	**hard shoulder** [hɑːd ˈʃəʊldəʳ]
die Raststätte	**service area** [ˈsɜːvɪs eəriə]
die Entfernungstafel	**indication of distance** [ˌɪndɪˈkeɪʃn əv ˈdɪstəns]
rückwärtsfahren	to **reverse** [rɪˈvɜːs]

der Stau
traffic jam
[ˈtræfɪk ʤæm]

STRASSEN UND VERKEHR – ROADS AND TRAFFIC

Verkehrsschilder – Road signs

Einfahrt verboten
no entry
[nəʊ ˈentri]

das Halteverbot
no stopping
[nəʊ ˈstɒpɪŋ]

die Baustelle
roadworks
[ˈrəʊdwɜːks]

der Tunnel
tunnel
[ˈtʌnəl]

das Parkverbot
no parking
[nəʊ ˈpɑːkɪŋ]

der Stau
traffic jam
[ˈtræfɪk ʤæm]

das Gefälle
steep gradient
[stiːp ˈgreɪdiənt]

der Kreisverkehr
roundabout
[ˈraʊndəˌbaʊt]

die Geschwindigkeitsbegrenzung
speed limit
[ˈspiːd lɪmɪt]

Vorfahrt gewähren!
Give way!
[gɪv ˈweɪ]

die Einbahnstraße
one-way street
[wʌnweɪ ˈstriːt]

der Gegenverkehr
oncoming traffic
[ɒnˌkʌmɪŋ ˈtræfɪk]

Einbiegen nach rechts verboten
no right turn
[nəʊ raɪt ˈtɜːn]

Einbiegen nach links verboten
no left turn
[nəʊ left ˈtɜːn]

Wenden verboten
no turning
[nəʊ ˈtɜːnɪŋ]

die Schnee- oder Eisglätte
black ice
[blæk ˈaɪs]

DAS AUTO – THE CAR

Autotypen – Types of car

die Stretchlimousine
stretch limo
[ˌstretʃ ˈlɪməʊ]

das Cabrio
convertible
[kənˈvɜːtɪbl̩]

die Fließhecklimousine
hatchback
[ˈhætʃbæk]

der Sportwagen
sports car
[ˈspɔːts kɑːʳ]

der Kleinstwagen
microcar
[ˈmaɪkrəkɑːʳ]

der Kleinwagen
small car
[ˈsmɔːl kɑːʳ]

der Oldtimer
vintage car
[ˈvɪntɪʤ kɑːʳ]

die Limousine
saloon
[səˈluːn]

der Kombiwagen
estate
[ɪˈsteɪt]

der Pick-up
pickup
[ˈpɪkʌp]

der Kleintransporter
van
[væn]

die Klimaanlage	**air conditioning** [eəʳ kənˈdɪʃənɪŋ]
die Sitzheizung	**heated seats** [ˌhiːtɪd ˈsiːts]
die Automatikschaltung	**automatic transmission** [ˌɔːtəˈmætɪk trænzˈmɪʃn]
die Handschaltung	**manual gear** [ˈmænjuəl gɪəʳ]
die Zündung	**ignition** [ɪgˈnɪʃən]
zweitürig	**two-door** [ˈtuːdɔːʳ]
dreitürig	**three-door** [ˈθriːdɔːʳ]
viertürig	**four-door** [ˈfɔːʳdɔːʳ]

der Geländewagen
all-terrain vehicle
[ɔːltəˈreɪn ˌvɪəkl̩]

DAS AUTO – THE CAR

Das Auto – Außenansicht – The car exterior

die Beifahrerseite
passenger side
[ˈpæsənʤəʳ saɪd]

das Dach
roof
[ruːf]

die Windschutzscheibe
windscreen
[ˈwɪndskriːn]

die Fahrerseite
driver's side
[ˈdraɪvəʳz saɪd]

die Begrenzungsleuchte
side light
[ˈsaɪd laɪt]

der Rückspiegel
rear-view mirror
[ˈrɪəʳvjuː ˌmɪrəʳ]

die Blinkleuchte
indicator
[ˈɪndɪkeɪtəʳ]

das Rad
wheel
[wiːl]

der Scheibenwischer
windscreen wiper
[ˈwɪndskriːn ˌwaɪpəʳ]

der Kühlergrill
radiator grille
[ˈreɪdieɪtəʳ grɪl]

die Stoßstange
bumper
[ˈbʌmpəʳ]

das Nummernschild
number plate
[ˈnʌmbəʳ pleɪt]

das Markenemblem
badge
[bæʤ]

der Nebelscheinwerfer
fog light
[ˈfɒg laɪt]

das Reifenprofil
tread
[tred]

der Ölmessstab	**dipstick** [ˈdɪpstɪk]
der Luftfilter	**air filter** [ˈeəʳ ˌfɪltəʳ]
der Bremsflüssigkeitsbehälter	**brake fluid reservoir** [ˈbreɪk ˌfluːɪd ˌrezəvwɑːʳ]
die Antenne	**aerial** [ˈeəriəl]
die Radaufhängung	**wheel suspension** [ˈwiːl səˌspenʃən]
das Abblendlicht	**dipped beam** [dɪpt ˈbiːm]
das Fernlicht	**high beam** [haɪ ˈbiːm]

DAS AUTO – THE CAR

Das Auto – Außenansicht – The car exterior

① *der Seitenspiegel*
wing mirror
[ˈwɪŋ ˌmɪrəʳ]

② *die B-Säule*
B-pillar
[ˈbiːˌpɪləʳ]

③ *der Kofferraum*
boot
[buːt]

④ *die Heckscheibe*
rear window
[rɪəʳ ˈwɪndəʊ]

⑤ *die Motorhaube*
bonnet
[ˈbɒnɪt]

⑥ *das Seitenfenster*
side window
[saɪd ˈwɪndəʊ]

⑦ *die Autotür*
car door
[kɑːʳ ˈdɔːʳ]

⑧ *die Radkappe*
hub cap
[ˈhʌb kæp]

⑨ *der Scheinwerfer*
headlight
[ˈhedlaɪt]

⑩ *der Türgriff*
door handle
[ˈdɔːʳ ˌhændl̩]

⑪ *die Bremsleuchte*
brake light
[ˈbreɪk laɪt]

⑫ *die Rückleuchte*
tail light
[ˈteɪl laɪt]

⑬ *der Reifen*
tyre
[ˈtaɪəʳ]

⑭ *die Seitenschutzleiste*
protective strip
[prəˈtektɪv ˌstrɪp]

⑮ *der Rückfahrscheinwerfer*
reversing light
[rɪˈvɜːsɪŋ laɪt]

der Motor	**engine** [ˈendʒɪn]
der Benzintank	**petrol tank** [ˈpetrəl tæŋk]
das Getriebe	**gearbox** [ˈgɪəʳbɒks]
der Kühler	**radiator** [ˈreɪdieɪtəʳ]
der Ventilator	**fan** [fæn]
die Batterie	**battery** [ˈbætəri]
der Auspufftopf	**silencer** [ˈsaɪlənsəʳ]
das Auspuffrohr	**exhaust pipe** [ɪgˈzɔːst paɪp]

die Felge
wheel rim
[ˈwiːl rɪm]

DAS AUTO – THE CAR

Das Auto - Innenausstattung – The car interior

① *der Seitenspiegel*
wing mirror
[ˈwɪŋ ˌmɪrəʳ]

② *das Lenkrad*
steering wheel
[ˈstɪəʳɪŋ wiːl]

③ *das Armaturenbrett*
dashboard
[ˈdæʃbɔːd]

④ *der Türöffner*
door opener
[ˈdɔːʳ ˌəupənəʳ]

⑤ *der Fahrersitz*
driver's seat
[ˈdraɪvəʳz siːt]

⑥ *die Mittelkonsole*
centre console
[ˈsentəʳ ˌkɒnsəul]

⑦ *die Handbremse*
handbrake
[ˈhændbreɪk]

⑧ *der Heizungsregler*
temperature controls
[ˈtemprətʃəʳ kənˌtrəulz]

⑨ *das Handschuhfach*
glovebox
[ˈglʌvbɒks]

⑩ *der Schalthebel*
gear stick
[ˈgɪəʳ stɪk]

⑪ *der Beifahrersitz*
passenger seat
[ˈpæsəndʒəʳ siːt]

der Warnblinkschalter
hazard warning light switch
[hæzəd ˈwɔːnɪŋ laɪt swɪtʃ]

die Stereoanlage
stereo
[ˈsteriəu]

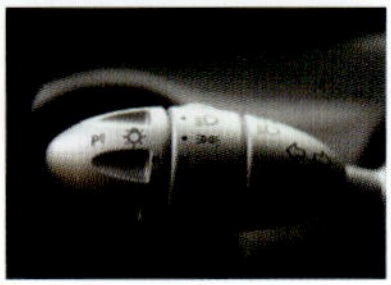

der Blinkerhebel
indicator switch
[ˈɪndɪkeɪtəʳ swɪtʃ]

der Zigaretten-anzünder
cigarette lighter
[ˌsɪgəˈret ˌlighter]

das Navigationsgerät
satnav
[ˈsætnæv]

die Fußstütze	**foot rest** [ˈfut rest]
das Kupplungspedal	**clutch pedal** [ˈklʌtʃ ˌpedəl]
das Bremspedal	**brake pedal** [ˈbreɪk ˌpedəl]
das Gaspedal	**accelerator pedal** [əkˈseləreɪtəʳ ˌpedəl]
der Sicherheitsgurt	**seat belt** [ˈsiːt belt]
die Kopfstütze	**headrest** [ˈhed rest]
der Airbag	**airbag** [ˈeəʳbæg]
die Hupe	**horn** [hɔːn]

DAS AUTO – THE CAR

Die Tankstelle – At the petrol station

die Preisanzeige
price display
[ˈpraɪs dɪˌspleɪ]

die Literanzeige
litre display
[ˈliːtəʳ dɪˌspleɪ]

der Feuerlöscher
fire extinguisher
[ˈfaɪəʳ ɪkˌstɪŋgwɪʃəʳ]

die Zapfsäule
petrol pump
[ˈpetrəl pʌmp]

das Reifenfüllgerät
tyre pressure gauge
[taɪəʳ ˈpreʃəʳ geɪʤ]

das Rauchverbot
smoking ban
[ˈsməʊkɪŋ bæn]

das Benzin
petrol
[ˈpetrəl]

der Diesel
diesel
[ˈdiːzəl]

bleifrei
unleaded
[ʌnˈledɪd]

verbleit
leaded
[ˈledɪd]

der Zapfschlauch
petrol pump hose
[ˈpetrəl pʌmp həʊz]

die Zapfpistole
pump nozzle
[ˈpʌmp ˌnɒzl]

der Tankdeckel
petrol cap
[ˈpetrəl kæp]

der Wagenheber
jack
[ʤæk]

(das) Öl wechseln	to **change the oil** [tʃeɪnʤ ðə ˈɔɪl]
der Reifendruck	**tyre pressure** [ˈtaɪəʳ ˌpreʃəʳ]
der Keilriemen	**fan belt** [ˈfæn belt]
die Lichtmaschine	**alternator** [ˈɔːltəneɪtəʳ]
der Sommerreifen	**summer tyre** [ˈsʌməʳ taɪəʳ]
der Winterreifen	**winter tyre** [ˈwɪntəʳ taɪəʳ]
der Allwetterreifen	**all-season tyre** [ɔːlˈsiːzən ˌtaɪəʳ]
die Schneekette	**snow chains** [ˈsnəʊ tʃeɪnz]

tanken
to **refuel**
[ˌriːˈfjuːəl]

DAS AUTO - THE CAR

Die Tankstelle - At the petrol station

① *die Tankanzeige*
petrol gauge
[ˈpetrəl geɪʤ]

② *die Tankleuchte*
low fuel warning light
[ləʊ fjuːəl ˈwɔːnɪŋ laɪt]

③ *der/das Tachometer*
speedometer [spiːˈdɒmɪtəʳ]

④ *die Geschwindigkeit*
speed [spiːd]

⑤ *der Kilometerstand*
mileage reading [ˈmaɪlɪʤ ˌriːdɪŋ]

⑥ *der Drehzahlmesser*
revolution counter
[ˌrevəlˈuːʃən ˌkaʊntəʳ]

⑦ *die Kühlmitteltemperaturanzeige*
temperature gauge
[ˈtemprətʃəʳ geɪʤ]

den Reifen wechseln
to change a tyre
[tʃeɪnʤ ə ˈtaɪəʳ]

der Radmutternschlüssel
wheel nut wrench
[ˈwiːl nʌt renʃ]

das Reserverad
spare wheel
[speəʳ ˈwiːl]

die Reifenpanne
puncture
[ˈpʌŋktʃəʳ]

der Verkehrsunfall	**road accident** [ˈrəʊd ˌæksɪdənt]
Ich habe eine Panne.	**I've broken down.** [aɪv ˌbrəʊkən ˈdaʊn]
Könnten Sie bitte den Pannendienst anrufen?	**Could you call the breakdown service, please?** [kʊd ju kɔːl ðə ˈbreɪkdaʊn ˌsɜːvɪs pliːz]
Der Motor springt nicht an.	**The car won't start.** [ðə ˈkɑːʳ wəʊnt ˌstɑːt]
das Starthilfekabel	**jump leads** [ˈʤʌmp liːdz]
Könnten Sie mir Starthilfe geben?	**Could you help me jump-start the car, please?** [ˈkʊd ju help miː ʤʌmp stɑːt ðə ˈkɑːʳ pliːz]
der Ersatzreifen	**spare tyre** [speəʳ ˈtaɪəʳ]
Könnten Sie mir beim Reifenwechseln helfen?	**Could you help me change the tyre, please?** [ˈkʊd ju help miː tʃeɪnʤ ðə ˈtaɪəʳ pliːz]

DER BUS – THE BUS

der Doppeldecker
double decker
[dʌbḷ ˈdekəʳ]

die Liniennummer
route number
[ˈruːt ˌnʌmbəʳ]

das Fahrziel
destination
[ˌdestɪˈneɪʃən]

der Reisebus
coach
[kəʊtʃ]

die Automatiktür
automatic door
[ˌɔːtəˈmætɪk dɔːʳ]

der Gepäckraum
luggage hold
[ˈlʌgɪdʒ həʊld]

die Bushaltestelle
bus stop
[ˈbʌs stɒp]

der Fahrplan
timetable
[ˈtaɪmˌteɪbḷ]

das Wartehäuschen
bus shelter
[ˈbʌs ˌʃəltəʳ]

der Schulbus
school bus
[skuːl ˈbʌs]

der Halteknopf
stop button
[ˈstɒp ˌbʌtən]

der Niederflurbus	**low-floor bus** [ləʊflɔːʳ ˈbʌs]
der Busbahnhof	**bus station** [ˈbʌs ˌsteɪʃən]
der Linienbus	**regular bus service** [ˌregjələʳ ˈbʌs sɜːvɪs]
der Kleinbus	**minibus** [ˈmɪnibʌs]
die Monatskarte	**monthly ticket** [ˈmʌnθli ˌtɪkɪt]
der Fahrpreis	**fare** [feəʳ]
die Fahrkarte	**ticket** [ˈtɪkɪt]
der Fahrkartenautomat	**ticket machine** [ˈtɪkɪt məˌʃiːn]

die Halteschlaufe
support handle
[səˈpɔːt ˌhændḷ]

DAS MOTORRAD – THE MOTORBIKE

die Rennmaschine
racing bike
[ˈreɪsɪŋ baɪk]

das Cockpit
cockpit
[ˈkɒkpɪt]

der Kupplungshebel
clutch lever
[ˈklʌtʃ ˌliːvəʳ]

der Lenkergriff
handgrip
[ˈhændgrɪp]

der Fahrersitz
driver's seat
[ˈdraɪvəʳz siːt]

der Rückspiegel
mirror
[ˈmɪrəʳ]

der Soziussitz
pillion
[ˈpɪliən]

das Schutzblech
mud guard
[ˈmʌd gɑːd]

der Seitenständer
kickstand
[ˈkɪkstænd]

die Fußraste
footrest
[ˈfʊtrest]

die Rückleuchte
tail light
[ˈteɪl laɪt]

das Getriebe
gearbox
[ˈgɪəʳbɒks]

der Fußschalthebel
pedal
[ˈpedəl]

die Radaufhängung
suspension
[səˈspenʃən]

der Motorroller
scooter
[ˈskuːtəʳ]

das Quad
quad bike
[ˈkwɒd baɪk]

das Geländemotorrad
dirt bike
[ˈdɜːt baɪk]

der Chopper
chopper
[ˈtʃɒpəʳ]

DAS MOTORRAD – THE MOTORBIKE

der Motorradhelm
motorcycle helmet
[ˈməʊtəʳsaɪkl̩ ˌhelmət]

die Lederjacke
leather jacket
[ˌleðəʳ ˈʤækɪt]

die Motorradkombi
leathers
[ˈleðəʳz]

der Lederhandschuh
leather glove
[ˌleðəʳ ˈglʌv]

das Visier
visor
[ˈvaɪzəʳ]

der Lufteinlass
air duct
[ˈeəʳ dʌkt]

der Reflektorstreifen
reflector strip
[rɪˈflektəʳ strɪp]

der/das Tachometer
speedometer
[spiːˈdɒmɪtəʳ]

der Lenker
handlebars
[ˈhændl̩bɑːʳs]

der Tankdeckel
tank cap
[ˈtæŋk kæp]

der Benzintank
petrol tank
[ˈpetrəl tæŋk]

der Blinker
indicator
[ˈɪndɪkeɪtəʳ]

der Bremshebel für die Vorderradbremse
front brake lever
[frʌnt ˈbreɪk ˌliːvəʳ]

der Gasdrehgriff
twist-grip throttle
[twɪstgrɪp ˈθrɒtl̩]

das Motorradgespann
motorcycle combination
[ˈməʊtəʳsaɪkl̩ ˌkɒmbɪˈneɪʃən]

der Tourer
tourer
[ˈtɔːrəʳ]

der Beiwagen
sidecar
[ˈsaɪdkɑːʳ]

DAS FAHRRAD – THE BICYCLE

der Schalthebel	**gear lever** [ˈɡɪəʳ ˌliːvəʳ]
der Bremshebel	**brake lever** [ˈbreɪk ˌliːvəʳ]
die Luftpumpe	**pump** [pʌmp]
der Fahrradhelm	**bike helmet** [ˈbaɪk helmət]
der Dynamo	**dynamo** [ˈdaɪnəməʊ]
in die Pedale treten	to **pedal** [ˈpedəl]
bremsen	to **brake** [breɪk]
in einen höheren/niedrigeren Gang schalten	to **change to a higher/lower gear** [tʃeɪndʒ tə ə ˈhaɪəʳ/ˈləʊəʳ ɡɪəʳ]
Radfahren lernen	to **learn to ride a bike** [lɜːn tə raɪd ə ˈbaɪk]
einen Fahrradschlauch flicken	to **patch an inner tube** [pætʃ ən ˈɪnəʳ tjuːb]

DAS FAHRRAD – THE BICYCLE

der Kindersitz
child seat
[ˈtʃaɪld siːt]

das Einrad
unicycle
[ˈjuːnɪˌsaɪkl̩]

das Tandem
tandem
[ˈtændəm]

das BMX-Rad
BMX bike
[ˌbiːemˈeks baɪk]

das Rennrad
racing bike
[ˈreɪsɪŋ baɪk]

das Tourenfahrrad
touring bike
[ˈtɔːrɪŋ baɪk]

das Mountainbike
mountain bike
[ˈmaʊntɪn baɪk]

das Elektrofahrrad
electric bike
[ɪˈlektrɪk baɪk]

das Liegerad
recumbent bicycle
[rɪˈkʌmbənt ˈbaɪsɪkl̩]

das Dreirad
tricycle
[ˈtraɪsɪkl̩]

das Fahrradschloss
bike lock
[ˈbaɪk lɒk]

das Flickzeug
repair kit
[rɪˈpeəʳ kɪt]

das Leihfahrrad
hired bicycle
[haɪəd ˈbaɪsɪkl̩]

der Kinderanhänger
child bike trailer
[tʃaɪld ˈbaɪk ˌtreɪləʳ]

die Satteltasche
pannier bag
[ˈpæniəʳ bæg]

der Fahrradständer
bicycle stand
[ˈbaɪsɪkl̩ stænd]

DAS LASTKRAFTFAHRZEUG – THE TRUCK

der Sattelschlepper
articulated lorry
[ɑːˌtɪkjələtɪd ˈlɒri]

die Kühlerhaube
bonnet
[ˈbɒnɪt]

der Kühlergrill
radiator grille
[ˈreɪdieɪtəʳ grɪl]

der Scheinwerfer
headlight
[ˈhedlaɪt]

das Auspuffrohr
exhaust stack
[ɪgˈzɔːst stæk]

die Schlafkabine
sleeper berth
[ˈsliːpəʳ ˌbɜːθ]

das Lufthorn
air horn
[ˈeəʳ hɔːn]

der Stauraum
storage compartment
[ˈstɔːrɪʤ kəmˌpɑːtmənt]

der Stoßfänger
bumper
[ˈbʌmpəʳ]

die Windschutzscheibe
windscreen
[ˈwɪndskriːn]

die Trittstufe
step
[step]

der Kraftstofftank
petrol tank
[ˈpetrəl tæŋk]

der Autotransporter
car transporter
[ˈkɑːʳ trænˌspɔːtəʳ]

die Schneefräse
snow blower
[ˈsnəʊ ˌbləʊəʳ]

die Straßenkehrmaschine
street sweeper
[ˈstriːt ˌswiːpəʳ]

der Müllwagen
dustbin lorry
[ˈdʌstbɪn ˌlɒri]

der Tankwagen
tanker
[ˈtæŋkəʳ]

der Sattelzug
articulated lorry
[ɑːˌtɪkjələtɪd ˈlɒri]

der Auflieger
trailer
[ˈtreɪləʳ]

der Flachbettauflieger
flatbed trailer
[ˌflætbed ˈtreɪləʳ]

WEITERE FAHRZEUGE – FURTHER VEHICLES

der Bagger
excavator
[ˈekskəveɪtəʳ]

der Radlader
front loader
[ˈfrʌnt ləʊdəʳ]

der Betonmischer
concrete mixer
[ˈkɒŋkriːt ˌmɪksəʳ]

der Kipper
dumper
[ˈdʌmpəʳ]

der Wohnwagen
caravan
[ˈkærəvæn]

das Wohnmobil
camper
[ˈkæmpəʳ]

der Gabelstapler
fork-lift truck
[ˌfɔːk lɪft ˈtrʌk]

das Feuerwehr fahrzeug
fire engine
[ˈfaɪəʳ ˌendʒɪn]

der Anhänger
trailer
[ˈtreɪləʳ]

der Traktor
tractor
[ˈtræktəʳ]

der Polizeiwagen
police car
[pəˈliːs kɑːʳ]

das Taxi
taxi
[ˈtæksi]

der Abschleppwagen
recovery vehicle
[rɪˈkʌvəri ˌvɪəkl̩]

der Fahrzeugkran
mobile crane
[ˈməʊbaɪl kreɪn]

der Taxistand
taxi rank
[ˈtæksi ræŋk]

ein Taxi herbeiwinken
to **hail a taxi**
[heɪl ə ˈtæksi]

DER ZUG – THE TRAIN

der Zug
train
[treɪn]

der Führerstand
driver's cab
[ˈdraɪvəʳz kæb]

das Kleinabteil
compartment
[kəmˈpɑːtmənt]

die Gepäckablage
overhead rack
[ˌəʊvəhed ˈræk]

die Schiene
rail
[reɪl]

der Waggon
carriage
[ˈkærɪʤ]

die Armlehne
armrest
[ˈɑːmrest]

der Sitz
seat
[siːt]

die Kopflehne
headrest
[ˈhedrest]

der Güterzug
goods train
[ˈgʊdz treɪn]

die Straßenbahn
tram
[træm]

die U-Bahn
underground
[ˈʌndəʳgraʊnd]

die Einschienenbahn
monorail
[ˈmɒnəʊreɪl]

die Dampflok
steam engine
[ˈstiːm ˌenʤɪn]

der Hochgeschwindigkeitszug	**high-speed train** [ˌhaɪspiːd ˈtreɪn]
das Großraumabteil	**open-plan carriage** [ˈəʊpənplæn ˌkærɪʤ]
die Oberleitung	**overhead wires** [ˌəʊvəhed ˈwaɪəʳz]
die erste Klasse	**first class** [fɜːst ˈklɑːs]
die zweite Klasse	**second class** [ˌsekənd ˈklɑːs]
der Klapptisch	**folding table** [ˌfəʊldɪŋ ˈteɪbl]
der Triebwagen	**railcar** [ˈreɪlkɑːʳ]
die Sitzplatzreservierung	**seat reservation** [ˈsiːt ˌrezəˈveɪʃən]

DER ZUG – THE TRAIN

Am Bahnhof – At the railway station

der Bahnsteig
platform
[ˈplætfɔːm]

einsteigen
to **get on**
[get ˈɒn]

aussteigen
to **get off**
[get ˈɒf]

das Geländer
railing
[ˈreɪlɪŋ]

die Gleisnummer
platform number
[ˈplætfɔːm ˌnʌmbəʳ]

der Wegweiser
sign
[saɪn]

der Reisende
passenger
[ˈpæsəndʒəʳ]

die Rolltreppe
escalator
[ˈeskəleɪtəʳ]

die Bahnhofshalle
station concourse
[ˌsteɪʃən ˈkɒnkɔːs]

der Fahrkartenschalter
ticket counter
[ˈtɪkɪt ˌkaʊntəʳ]

der Fahrkarten-automat
ticket machine
[ˈtɪkɪt məˌʃiːn]

die Schaffnerin
conductor
[kənˈdʌktəʳ]

die Verspätung	**delay** [dɪˈleɪ]
pünktlich	**on time** [ɒn ˈtaɪm]
umsteigen	to **change** [tʃeɪndʒ]
schwarzfahren	to **dodge the fare** [dɒdʒ ðə ˈfeəʳ]
das Schienennetz	**rail network** [ˈreɪl ˌnetwɜːk]
Eine einfache Fahrt nach ..., bitte.	**A single to ..., please.** [ə ˈsɪŋgl tə ... pliːz]
hin und zurück	**there and back** [ˌðeəʳ ənd ˈbæk]
Ist dieser Platz noch frei?	**Is this seat taken?** [ɪz ðɪs ˌsiːt ˈteɪkən]

der Kofferkuli
luggage trolley
[ˈlʌgɪdʒ ˌtrɒli]

DAS FLUGZEUG – THE AEROPLANE

das Verkehrsflugzeug
commercial aircraft
[kəˈmɜːʃəl ˌeəʳkrɑːft]

das Fenster
window
[ˈwɪndəʊ]

der Rumpf
fuselage
[ˈfjuːzəlɑːʒ]

der Bug
nose
[nəʊz]

das Heck
tail
[teɪl]

die Tragfläche
wing
[wɪŋ]

die Flugzeugtür
door
[dɔːʳ]

das Seitenleitwerk
vertical stabilizer
[ˈvɜːtɪkəl ˌsteɪbəlaɪzəʳ]

der Gepäckraum
cargo hold
[ˈkɑːgəʊ həʊld]

das Fahrwerk
landing gear
[ˈlændɪŋ gɪəʳ]

das Cockpit
flight deck
[ˈflaɪt dek]

das Höhenleitwerk
tailplane
[ˈteɪlpleɪn]

das Querruder
aileron
[ˈeɪlərɒn]

das Triebwerk
engine
[ˈenʤɪn]

das Bugfahrwerk
nose gear
[ˈnəʊz gɪəʳ]

der Windsack
windsock
[ˈwɪndsɒk]

Ihr Flug ist jetzt zum Einsteigen bereit.	**Your flight is ready for boarding.** [jɔːʳ ˈflaɪt redi fəʳ ˈbɔːdɪŋ]
die Fluggesellschaft	**airline** [ˈeəʳlaɪn]
der Flugsicherungsdienst	**air traffic control** [eəʳ ˌtræfɪk kənˈtrəʊl]
der Pilot	**pilot** [ˈpaɪlət]
die Pilotin	**pilot** [ˈpaɪlət]
die erste Klasse	**first class** [fɜːst ˈklɑːs]
die Businessklasse	**business class** [ˈbɪznɪs ˌklɑːs]
die Economyklasse	**economy class** [ɪˈkɒnəmi ˌklɑːs]

DAS FLUGZEUG – THE AEROPLANE

Im Flugzeug – Inside the plane

die Sicherheitsanweisung
safety instructions
[ˈseɪfti ɪnˌstrʌkʃnz]

die Flugbegleiterin
flight attendant
[ˈflaɪt əˌtendənt]

der Sitzplatz
seat
[siːt]

das Gepäckfach
overhead compartment
[ˌəʊvəhed kəmˈpɑːtmənt]

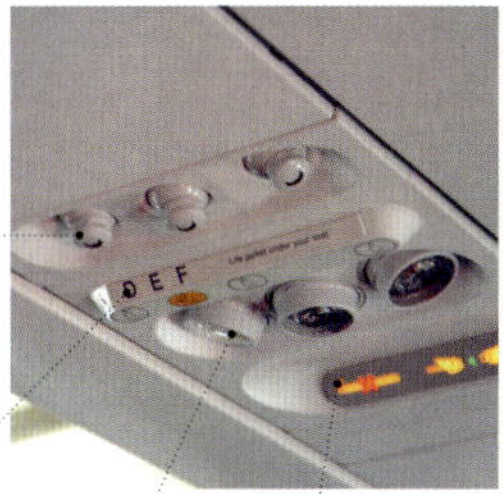

die Luftdüse
air vent
[ˈeəʳ ˌvent]

die Sitznummer
seat number
[ˈsiːt nʌmbəʳ]

der Nichtraucherflug
non-smoking flight
[ˌnɒnˈsməʊkɪŋ flaɪt]

die Leselampe
reading light
[ˈriːdɪŋ laɪt]

das Handgepäck
hand luggage
[ˈhænd ˌlʌɡɪʤ]

der Gang
aisle
[aɪl]

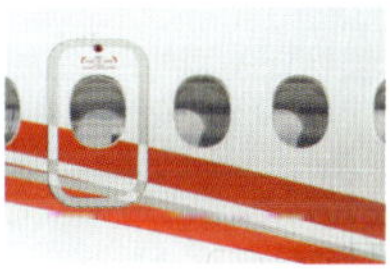

der Notausgang
emergency exit
[ɪˌmɜːʤənsi ˈeksɪt]

der Sitzabstand
seat spacing
[ˈsiːt speɪsɪŋ]

die Sitzreihe	**row** [rəʊ]
der Sicherheitsgurt	**seat belt** [ˈsiːt belt]
sich anschnallen	to **fasten one's seat belt** [fɑːsən wʌnz ˈsiːt belt]
die Start- und Landebahn	**runway** [ˈrʌnweɪ]
fliegen	to **fly** [flaɪ]
starten	to **take off** [teɪk ˈɒf]
landen	to **land** [lænd]
die Turbulenzen	**turbulence** [ˈtɜːbjələns]
die Notlandung	**emergency landing** [ɪˌmɜːʤən(t)si ˈlændɪŋ]
die Sauerstoffmaske	**oxygen mask** [ˈɒksɪʤən mɑːsk]

der Bildschirm für das Bordprogramm
in-flight entertainment system
[ɪnflaɪt ˌentəˈteɪnmənt ˌsɪstəm]

DAS FLUGZEUG - THE AEROPLANE

Am Flughafen - At the airport

der Check-in-Automat
self-service check-in
[selfˈsɜːvɪs ˌtʃekɪn]

der Check-in-Schalter
check-in counter
[ˈtʃekɪn ˌkaʊntəʳ]

die Bordkarte
boarding pass
[ˈbɔːdɪŋ pɑːs]

der Reisepass
passport
[ˈpɑːspɔːt]

die Ankunft
arrival
[əˈraɪvəl]

der Abflug
departure
[dɪˈpɑːtʃəʳ]

das Terminal
terminal
[ˈtɜːmɪnəl]

der Zoll
customs
[ˈkʌstəmz]

die Sicherheits-kontrolle
security check
[sɪˈkjʊərəti ˌtʃek]

die Ticketkontrolle
ticket check
[ˈtɪkɪt ˌtʃek]

der Duty-free-Laden
duty-free shop
[djuːtiˈfriː ʃɒp]

die Fluggasttreppe
airstairs
[ˈeəʳsteəʳz]

der Flugsteig
gate
[geɪt]

die Fluggastbrücke
air bridge
[ˈeəʳ brɪdʒ]

der Kontrollturm
control tower
[kənˈtrəʊl taʊəʳ]

der Fluglotse
air traffic controller
[eəʳ ˌtræfɪk kənˈtrəʊləʳ]

DAS FLUGZEUG – THE AEROPLANE

Am Flughafen – At the airport

① *die Anzeigetafel*
information screen
[ˌɪnfəˈmeɪʃən ˌskriːn]

② *das Reiseziel*
destination
[ˌdestɪˈneɪʃən]

der Langstreckenflug
long-distance flight
[lɒŋˈdɪstəns flaɪt]

der Auslandsflug
international flight
[ˌɪntəˈnæʃənəl flaɪt]

der Inlandsflug
domestic flight
[dəˈmestɪk flaɪt]

der Rollkoffer
trolley case
[ˈtrɒli keɪs]

das Übergepäck
excess luggage
[ɪkˈses ˌlʌgɪʤ]

das Gepäckband
baggage carousel
[ˈbægɪʤ ˌkærəˈsel]

der Fahrsteig
moving walkway
[ˈmuːvɪŋ ˌwɔːkweɪ]

die Zwischenlandung	**stopover** [ˈstɒpəʊvəʳ]
einen Flug buchen	**to book a flight** [bʊk ə ˈflaɪt]
der/das Online-Check-in	**online check-in** [ˌɒnˈlaɪn ˈtʃekɪn]
die Buchungsnummer	**booking reference** [ˈbʊkɪŋ ˌrefərən(t)s]
das Visum	**visa** [ˈviːzə]
die Gepäckkontrolle	**luggage check** [ˈlʌgɪʤ tʃek]
der Gepäckabschnitt	**luggage tag** [ˈlʌgɪʤ tæg]
der Währungsumtausch	**currency exchange** [ˈkʌrənsi ɪksˌtʃeɪnʤ]

der Rucksack
rucksack
[ˈrʌksæk]

DAS SCHIFF – THE SHIP

das Kreuzfahrtschiff
cruise ship
[ˈkruːz ʃɪp]

die Radarantenne
radar aerial
[ˈreɪdɑːʳ ˌeəriəl]

das Deck
deck
[dek]

die Kabine
cabin
[ˈkæbɪn]

der Schornstein
funnel
[ˈfʌnəl]

die Funkantenne
radio aerial
[ˈreɪdiəʊ ˌeəriəl]

die Backbordseite
port side
[ˈpɔːt saɪd]

der Rumpf
hull
[hʌl]

das Bullauge
porthole
[ˈpɔrthəʊl]

die Steuerbordseite
starboard side
[ˈstɑːbəd saɪd]

der Bug
bow
[baʊ]

das Rettungsboot
lifeboat
[ˈlaɪfbəʊt]

der Bugwulst
bulbous bow
[bʌlbəs ˈbaʊ]

das Segelboot
sailing boat
[ˈseɪlɪŋ bəʊt]

die Motorjacht
motor yacht
[ˈməʊtəʳ jɒt]

das Motorboot
motor boat
[ˈməʊtəʳ bəʊt]

der Katamaran
catamaran
[ˌkætəməˈræn]

DAS SCHIFF – THE SHIP

Der Hafen – At the port

der Containerhafen
maritime container terminal
[ˌmærɪtaɪm kənˈteɪnəʳ ˌtɜːmɪnəl]

das Containerlager
container depot
[kənˈteɪnəʳ ˌdepəʊ]

die Fracht
cargo
[ˈkɑːgəʊ]

der Kai
quay
[kiː]

der Kran
crane
[kreɪn]

das Containerschiff
container ship
[kənˈteɪnəʳ ʃɪp]

der Leuchtturm
lighthouse
[ˈlaɪthaʊs]

die Vertäuung
mooring
[ˈmɔːrɪŋ]

der Poller
bitt
[bɪt]

die Boje
buoy
[bɔɪ]

den Anker werfen/lichten	to **drop/weigh anchor** [drɒp/weɪ ˈæŋkəʳ]
die Küstenwache	**coastguard** [ˈkəʊstgɑːd]
anlegen	to **land** [lænd]
auslaufen	to **sail** [seɪl]
an Bord gehen	to **embark** [ɪmˈbɑːk]
von Bord gehen	to **disembark** [ˌdɪsɪmˈbɑːk]
der Landungssteg	**pier** [pɪəʳ]
das U-Boot	**submarine** [ˌsʌbmərˈiːn]

die Fähre
ferry
[ˈferi]

IN DER STADT

IN THE CITY

DIE INNENSTADT – THE CITY CENTRE

die Vorstadt **suburb** [ˈsʌbɜːb]

die Brücke **bridge** [brɪʤ]

der Fluss **river** [ˈrɪvəʳ]

die Straße **street** [striːt]

das Geschäftsviertel **business district** [ˈbɪznɪs ˌdɪstrɪkt]

der Fernsehturm **television tower** [ˈtelɪvɪʒən taʊəʳ]

der Wohnblock **block of flats** [blɒk əv ˈflæts]

der Dom **cathedral** [kəˈθiːdrəl]

der Gehweg **footpath** [ˈfʊtpɑːθ]

die Altstadt **old town** [ˈəʊld taʊn]

der Turm **tower** [taʊəʳ]

die Straßenbeleuchtung **street lighting** [ˈstriːt ˌlaɪtɪŋ]

die Seitenstraße **side street** [ˈsaɪd striːt]

der Boulevard **boulevard** [ˈbuːləvɑːd]

die Treppe **steps** [steps]

die Gasse **alley** [ˈæli]

DIE INNENSTADT – THE CITY CENTRE

der Park
park
[pɑːk]

der Kanal
canal
[kəˈnæl]

das Ausgehviertel
entertainment district
[ˌentəˈteɪnmənt ˌdɪstrɪkt]

der Platz
square
[skweəʳ]

das Einkaufsviertel
shopping precinct
[ˈʃɒpɪŋ ˌpriːsɪŋkt]

das Industriegebiet
industrial area
[ɪnˈdʌstriəl ˌeəriə]

das Wohngebiet
residential area
[ˌrezɪˈden(t)ʃəl ˌeəriə]

das Rathaus
town hall
[taʊn ˈhɔːl]

die Universität
university
[ˌjuːnɪˈvɜːsəti]

die Schule
school
[skuːl]

die Post
post office
[ˈpəʊst ˌɒfɪs]

die Feuerwache
fire station
[ˈfaɪəʳ ˌsteɪʃən]

die Polizeiwache
police station
[pəˈliːs ˌsteɪʃən]

das Krankenhaus
hospital
[ˈhɒspɪtəl]

die Bibliothek
library
[ˈlaɪbrəri]

das Gerichtsgebäude
court house
[ˈkɔːt haʊs]

DIE INNENSTADT – THE CITY CENTRE

Gebäude in der Innenstadt – Buildings in the city centre

der Wolkenkratzer
skyscraper
[ˈskaɪskreɪpəʳ]

die Burg
castle
[ˈkɑːsl̩]

das Schloss
palace
[ˈpælɪs]

die Kirche
church
[tʃɜːtʃ]

die Moschee
mosque
[mɒsk]

die Synagoge
synagogue
[ˈsɪnəgɒg]

der Tempel
temple
[ˈtempl̩]

die Ruine
ruin
[ˈruːɪn]

das Bürogebäude
office block
[ˈɒfɪs blɒk]

das Theater
theatre
[ˈθɪətəʳ]

das Kino
cinema
[ˈsɪnəmə]

die Fabrik
factory
[ˈfæktəri]

die Botschaft
embassy
[ˈembəsi]

das Opernhaus
opera house
[ˈɒpərə haʊs]

das Museum
museum
[mjuːˈziːəm]

die Kunsthalle
art gallery
[ˈɑːt ˌgæləri]

DIE INNENSTADT – THE CITY CENTRE

Auf der Straße – On the streets

die Straßenlaterne
street light
[ˈstriːt laɪt]

die Fußgängerampel
pelican crossing
[ˌpelɪkən ˈkrɒsɪŋ]

die Ampel
traffic lights
[ˈtræfɪk laɪts]

das Denkmal
monument
[ˈmɒnjəmənt]

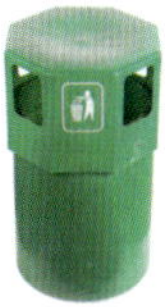

der Abfalleimer
bin
[bɪn]

der Kanaldeckel
manhole cover
[ˈmænhəʊl ˌkʌvəʳ]

der Hydrant
hydrant
[ˈhaɪdrənt]

der Friedhof
cemetery
[ˈsemətəri]

die Bushaltestelle
bus stop
[ˈbʌs stɒp]

der Kiosk
kiosk
[ˈkiːɒsk]

die Tiefgarage
underground car park
[ˌʌndəʳgraʊnd ˈkɑːʳ pɑːk]

die Fußgängerzone
pedestrian zone
[pɪˈdestriən zəʊn]

Entschuldigen Sie bitte, wie komme ich nach ...?	**Can you tell me the way to ..., please?** [kən ju tel mɪ ðə ˈweɪ tə ... pliːz]
Könnten Sie mir bitte sagen, wo ... ist?	**Can you tell me where to find ..., please?** [kən ju tel mɪ ˈweəʳ tə faɪnd ... pliːz]
Könnten Sie mir das bitte auf der Karte zeigen?	**Can you show me on the map, please?** [kən ju ʃəʊ mɪ ɒn ðə ˈmæp pliːz]
an der Ecke	**at the corner** [ət ðə ˈkɔːnəʳ]
rechts/links abbiegen	**turn right/left** [tɜːn raɪt/left]
auf der rechten/linken Seite	**on the right/left** [ɒn ðə raɪt/left]
(schräg) gegenüber	**(diagonally) across** [(daɪˈægənəli) əˈkrɒs]
in der Nähe (von)	**close (to)** [ˈkləʊs (tuː)]

DIE INNENSTADT – THE CITY CENTRE

Das Hotel – The hotel

die Rezeption
reception
[rɪˈsepʃən]

die Empfangsdame
receptionist
[rɪˈsepʃənɪst]

die Schlüsselkarte
key card
[ˈki: kɑ:d]

die Klingel
bell
[bel]

die Lobby
lobby
[ˈlɒbi]

die Bar
bar
[bɑ:ʳ]

das Restaurant
restaurant
[ˈrestərɔ̃(ŋ)]

die Hotelanlage
resort
[rɪˈzɔ:t]

das Doppelzimmer
double room
[ˈdʌbl̩ ru:m]

das Zweibettzimmer
twin room
[ˈtwɪn ru:m]

das Einzelzimmer
single room
[ˈsɪŋgl̩ ru:m]

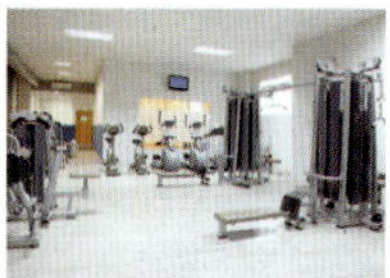

der Fitnessraum
gym
[dʒɪm]

der Pool
pool
[pu:l]

Ich habe ein Zimmer unter dem Namen ... gebucht.	**I have booked a room for ....** [aɪ hæv bʊkt ə ru:m fɔ:ʳ]
Was kostet das Zimmer, bitte?	**How much is the room, please?** [haʊ mʌtʃ ɪz ðə ˈru:m pli:z]
Ich hätte gerne ein Doppelzimmer für eine Nacht.	**I'd like a double room for one night, please.** [aɪd laɪk ə ˈdʌbl̩ ru:m fɔ:ʳ wʌn naɪt pli:z]
Haben Sie ein Zimmer frei?	**Are there any vacancies?** [ɑ:ʳ ðeəʳ əni ˈveɪkənsi:z]

DIE INNENSTADT – THE CITY CENTRE

Das Hotel – The hotel

der/die Concierge
concierge
[ˌkɒnsiˈeəʒ]

der Kofferwagen
luggage trolley
[ˈlʌgɪdʒ ˌtrɒli]

der Türanhänger „Bitte nicht stören“
'Please don't disturb' door hanger
[pliːz dəʊnt dɪˈstɜːb dɔːʳˈhæŋəʳ]

die Gepäckablage
luggage rack
[ˈlʌgɪdʒ ræk]

der Zimmerservice
room service
[ˈruːm ˌsɜːvɪs]

das Zimmermädchen
chambermaid
[ˈtʃeɪmbəʳmeɪd]

die Suite
suite
[swiːt]

die Toilettenartikel
hotel amenities
[həʊˌtel əˈmiːnətiz]

die Minibar
minibar
[ˈmɪnibɑːʳ]

die Zimmernummer
room number
[ˈruːm ˌnʌmbəʳ]

das Frühstücksbuffet
breakfast buffet
[ˈbrekfəst bʊfeɪ]

das Drei-/Vier-Sterne-Hotel	**three/four star hotel** [θri/fɔːʳ stɑːʳ hə(ʊ)ˈtel]
das Familienzimmer	**family room** [ˈfæməli ruːm]
ein-/auschecken	**to check in/out** [tʃek ˈɪn/ˈaʊt]
die Halbpension	**half board** [hɑːf ˈbɔːd]
die Vollpension	**full board** [fʊl ˈbɔːd]
das Zimmer mit Frühstück	**bed and breakfast** [bed ənd ˈbrekfəst]
das Zustellbett	**extra bed** [ˈekstrə bed]
der Weckanruf	**wake-up call** [ˈweɪkʌp kɔːl]

der Tresor
safe
[seɪf]

DIE INNENSTADT – THE CITY CENTRE

Die Bank – The bank

das Chipkartenterminal
payment terminal
[ˈpeɪmənt ˌtɜːmɪnəl]

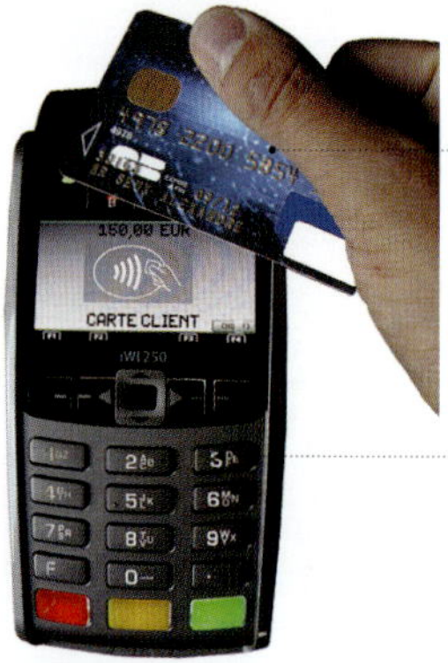

die EC-Karte
cash card
[ˈkæʃ kɑːd]

das Tastenfeld
keyboard
[ˈkiːbɔːd]

der Schalter
counter
[ˈkaʊntəʳ]

die Kassiererin
cashier
[kæʃˈɪəʳ]

das Onlinebanking
online banking
[ɒnˌlaɪn ˈbæŋkɪŋ]

der Geldautomat
cash machine
[ˈkæʃ məˌʃiːn]

Geld abheben
to **withdraw money**
[wɪðˈdrɔː ˌmʌni]

Geld einzahlen
to **deposit money**
[dɪˈpɒzɪt ˌmʌni]

einen Scheck ausstellen
to **write a cheque**
[raɪt ə ˈtʃek]

die Kontoüberziehung	**overdraft** [ˈəʊvəʳdrɑːft]
das Girokonto	**current account** [ˌkʌrənt əˈkaʊnt]
das Sparkonto	**savings account** [ˌseɪvɪŋz əˈkaʊnt]
die PIN-Nummer	**PIN code** [ˈpɪn kəʊd]
der Zinssatz	**interest rate** [ˈɪntrəst reɪt]
das Darlehen	**loan** [ləʊn]
die Hypothek	**mortgage** [ˈmɔːɡɪdʒ]
die Kontonummer	**account number** [əˈkaʊnt ˌnʌmbəʳ]

DIE INNENSTADT – THE CITY CENTRE

Die Bank – The bank

der Geldschein
banknote
[ˈbæŋknəʊt]

die Münze
coin
[kɔɪn]

die Währung
currency
[ˈkʌrənsi]

das Wertpapier
bond
[bɒnd]

der Wechselkurs
exchange rate
[ɪksˈtʃeɪndʒ reɪt]

das Bankschließfach
safe deposit box
[ˌseɪfdɪˈpɒzɪt bɔks]

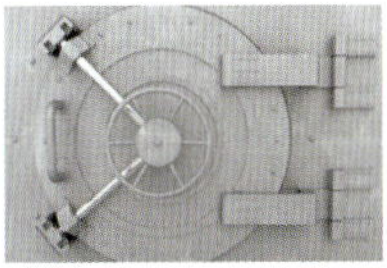

der Tresor
safe
[seɪf]

die Kreditkarte
credit card
[ˈkredɪt kɑːd]

die Börse
stock market
[ˈstɒk ˌmɑːkɪt]

der Börsenkurs
market price
[ˌmɑːkɪt ˈpraɪs]

der Finanzberater
financial consultant
[faɪˌnænʃəl kənˈsʌltənt]

die Rechnung
invoice
[ˈɪnvɔɪs]

Könnten Sie mir das bitte wechseln?	**Could I change this, please?** [kʊd aɪ tʃeɪndʒ ˈðɪs pliːz]
Wie ist der aktuelle Wechselkurs?	**What's the current exchange rate?** [wɒts ðə ˈkʌrənt ɪksˈtʃeɪndʒ reɪt]
Ich möchte gerne ein Konto eröffnen.	**I'd like to open an account, please.** [aɪd laɪk tə ˈəʊpən æn əˈkaʊnt pliːz]
der Betrag	**amount** [əˈmaʊnt]
der Reisescheck	**traveller's cheque** [ˈtrævələʳz tʃek]
das Eigenkapital	**equity** [ˈekwɪti]
die Provision	**commission** [kəˈmɪʃən]
die Wechselstube	**exchange booth** [ɪksˈtʃeɪndʒ buːð]

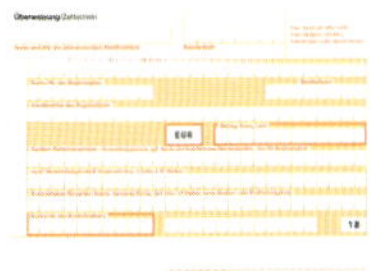

der Überweisungs-schein
transfer order
[ˈtræn(t)sfɜːʳ ˌɔːdəʳ]

EINKAUFEN – SHOPPING

Läden und Geschäfte – At the shops

der Markt
market
[ˈmɑ:kɪt]

der Marktstand
market stall
[ˈmɑ:kɪt stɔ:l]

das Schaufenster
shop window
[ʃɒp ˈwɪndəʊ]

die Tierhandlung
pet shop
[ˈpet ʃɒp]

der Gemüseladen
greengrocer's
[ˈgri:ngrəʊsəz]

die Metzgerei
butcher's
[ˈbʊtʃəʳz]

die Bäckerei
bakery
[ˈbeɪkəri]

die Konditorei
cake shop
[ˈkeɪk ʃɒp]

der Supermarkt
supermarket
[ˈsu:pəˌmɑ:kɪt]

das Fischgeschäft
fishmonger's
[ˈfɪʃmʌŋgəʳz]

die Weinhandlung
wine merchant's
[ˈwaɪn ˌmɜ:tʃənts]

der Blumenladen
florist's
[ˈflɒrɪsts]

das Lebensmittel-geschäft
grocery shop
[ˈgrəʊsəri ʃɒp]

der Bioladen
organic grocery shop
[ɔ:ˌgænɪk ˈgrəʊsəri ʃɒp]

das Schreibwaren-geschäft
stationery shop
[ˈsteɪʃənəri ʃɒp]

der Tante-Emma-Laden
corner shop
[ˈkɔ:nəʳ ʃɒp]

EINKAUFEN – SHOPPING

Läden und Geschäfte – At the shops

der Buchladen
bookshop
[ˈbʊkʃɒp]

die Drogerie
chemist's
[ˈkemɪsts]

die Boutique
boutique
[buːˈtiːk]

der Antiquitätenladen
antique shop
[ænˈtiːk ʃɒp]

der Spielzeugladen
toy shop
[ˈtɔɪ ʃɒp]

das Juweliergeschäft
jeweller's
[ˈʤuːələz]

das Möbelgeschäft
furniture shop
[ˈfɜːnɪtʃəʳ ʃɒp]

der Elektrofachmarkt
electrical shop
[ɪˈlektrɪkəl ʃɒp]

das Schuhgeschäft
shoe shop
[ˈʃuː ʃɒp]

der Friseursalon
hairdresser's
[ˈheəʳdresəʳz]

die Schneiderei
tailor's
[ˈteɪləʳz]

die Parfümerie
perfumery
[pəˈfjuːməri]

der Baumarkt
DIY warehouse
[ˌdiːaɪˈwaɪ ˈweəhaʊs]

der Geschenkeladen
gift shop
[ˈgɪft ʃɒp]

die Apotheke
pharmacy
[ˈfɑːməsi]

der Optiker
optician's
[ɒpˈtɪʃənz]

EINKAUFEN – SHOPPING

Das Einkaufszentrum – The shopping centre

die Verkäuferin
shop assistant
[ˈʃɒp əˌsɪstənt]

der Food Court
food court
[ˈfuːd kɔːt]

die Umkleidekabine
changing room
[ˈtʃeɪndʒɪŋ ruːm]

der Parkplatz
car park
[ˈkɑːʳ pɑːk]

der Wickelraum
babies' changing room
[ˌbeɪbiz ˈtʃeɪndʒɪŋ ruːm]

der Kundendienst	**customer service** [ˌkʌstəməʳ ˈsɜːvɪs]
der Lageplan	**map** [mæp]
der Sicherheitsdienst	**security service** [sɪˈkjʊərəti ˌsɜːvɪs]
Könnten Sie mir bitte ... zeigen?	**Could I look at ..., please?** [kʊd aɪ lʊk æt ... pliːz]
Wie viel kostet es?	**How much is it?** [haʊ ˈmʌtʃ ɪz ɪt]
Kann ich das bitte umtauschen?	**Can I exchange this, please?** [kæn aɪ ɪksˈtʃeɪndʒ ðɪs pliːz]
Könnten Sie das bitte als Geschenk einpacken?	**Could you wrap it as a present, please?** [kʊd juː ræp ɪt æz ə ˈprezənt pliːz]
der Ausverkauf	**sale** [seɪl]

EINKAUFEN – SHOPPING

Das Kaufhaus – The department store

die Schaufensterpuppe
shop dummy
[ʃɒp ˈdʌmi]

die Einkaufstüte
shopping bag
[ˈʃɔpɪŋ bæg]

die Taschenabteilung
luggage department
[ˈlʌgɪʤ dɪˌpɑːtmənt]

der Imbissbereich
cafeteria
[ˌkæfəˈtɪəriə]

die Sportabteilung
sports department
[ˈʃpɔrts dɪˌpɑːtmənt]

die Kurzwaren
haberdashery
[ˈhæbədæʃəri]

die Unterwäsche
lingerie
[ˈlɛ̃(n)ʒəri]

die Kosmetikabteilung
cosmetics department
[kɒzˈmetɪks dɪˌpɑːtmənt]

die Herrenabteilung
menswear
[ˈmenzweəʳ]

die Damenabteilung
ladies' fashion
[ˈleɪdiːz ˌfæʃən]

die Kinderabteilung
children's department
[ˈtʃɪldrənz dɪˌpɑːtmənt]

die Schuhabteilung
shoe department
[ˈʃuː dɪˌpɑːtmənt]

die Lebensmittel-abteilung
grocery department
[ˈgrəʊsəri dɪˌpɑːtmənt]

die Multimedia-Abteilung
electronics department
[ˌelekˈtrɒnɪks dɪˌpɑːtmənt]

die Heimtextilien-abteilung
soft furnishings department
[sɒft ˈfɜːnɪʃɪŋz dɪˌpɑːtmənt]

die Schreibwaren-abteilung
stationery department
[ˈsteɪʃənəri dɪˌpɑːtmənt]

EINKAUFEN - SHOPPING

Der Supermarkt - The supermarket

der Kassierer
cashier
[kæʃˈɪəʳ]

die Kundin
customer
[ˈkʌstəməʳ]

die Ware
goods
[gʊdz]

das Warentransport-band
conveyer belt
[kənˈveɪəʳ ˌbelt]

das Warenregal
shelf
[ʃelf]

der Einkaufswagen
shopping trolley
[ˈʃɔpɪŋ ˌtrɔli]

die Kasse
till
[tɪl]

der Scanner
scanner
[ˈskænəʳ]

die Käsetheke
cheese counter
[ˈtʃiːz ˌkaʊntəʳ]

die Fleischtheke
meat counter
[ˈmiːt ˌkaʊntəʳ]

die Einkaufsliste
shopping list
[ˈʃɔpɪŋ ˌlɪst]

der Gang
aisle
[aɪl]

der Einkaufskorb
shopping basket
[ˈʃɔpɪŋ ˌbaːskɪt]

der Strichcode
bar code
[ˈbaːʳ kəʊd]

das Sonderangebot
special offer
[ˌspeʃəl ˈɒfəʳ]

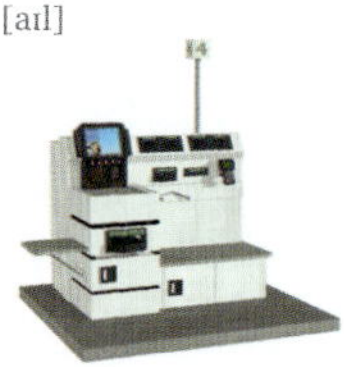

die Selbstbedienungs-kasse
self-service checkout
[selfˌsɜːvɪs ˈtʃekaʊt]

EINKAUFEN - SHOPPING

Der Supermarkt - The supermarket

das Kühlregal
chiller
[ˈtʃɪləʳ]

die Milchprodukte
dairy produce
[ˈdeəri ˌprɒdjuːs]

die Tiefkühlkost
frozen foods
[ˈfrəʊzən fuːdz]

das Obst und Gemüse
fruit and vegetables
[fruːt ənd ˈveʤtəbl̩z]

das Fleisch und Geflügel
meat and poultry
[miːt ənd ˈpəʊltri]

die Konserven
preserved foods
[prɪˈzɜːvd fuːdz]

die Feinkost
delicacies
[ˈdelɪkəsiːz]

der Kassenzettel
receipt
[rɪˈsiːt]

die Babyartikel
baby products
[ˈbeɪbi ˌprɒdʌkts]

die Frühstücksflocken
breakfast cereal
[ˈbrekfəst sɪəriəl]

die Backwaren
baked goods
[ˈbeɪkt gʊdz]

die Fischtheke
fish counter
[ˈfɪʃ ˌkaʊntəʳ]

die Getränke	**drinks** [ˈdrɪŋks]
die Süßigkeiten	**confectionery** [kənˈfekʃənəʳi]
das Tierfutter	**pet food** [ˈpet fuːd]
die Bioprodukte	**organic products** [ɔːˈgænɪk ˌprɒdʌkts]
bezahlen	**to pay** [peɪ]
das Kleingeld	**loose change** [luːs ˈtʃeɪnʤ]
der Preis	**price** [praɪs]
das Preisschild	**price tag** [ˈpraɪs tæg]

die Reinigungsmittel
detergents
[dɪˈtɜːʤənts]

EINKAUFEN – SHOPPING

Der Kiosk – The newsagent

die Zeitung
newspaper
[ˈnjuːzpeɪpəʳ]

die Zeitschrift
magazine
[ˌmægəˈziːn]

das Notizbuch
notebook
[ˈnəʊtbʊk]

der/das Comic
comic
[ˈkɒmɪk]

das Zeitschriftenregal
magazine shelf
[ˌmægəˈziːn ˌʃelf]

die Grußkarte
greetings card
[ˈgriːtɪŋz kaːd]

der Lottoschein
lottery ticket
[ˈlɒtəri ˌtɪkɪt]

das Buch
book
[bʊk]

der/das Kaugummi
chewing gum
[ˈtʃuːɪŋ gʌm]

der/das Pfefferminz-bonbon
mint
[mɪnt]

der Schokoriegel
chocolate bar
[ˈtʃɒkələt baːʳ]

der Tabak
tobacco
[təˈbækəʊ]

die Zigarette
cigarette
[ˌsɪgəˈret]

die Pfeife
pipe
[paɪp]

das Feuerzeug
lighter
[ˈlaɪtəʳ]

die Zigarre
cigar
[sɪˈgaːʳ]

CAFÉS UND BARS – CAFÉS AND BARS

das Straßencafé
street café
[ˈstriːt ˌkæfeɪ]

die Sonnenterrasse
terrace
[ˈterɪs]

die Theke
counter
[ˈkaʊntəʳ]

die Kaffeemaschine
coffee machine
[ˈkɒfiː məˌʃiːn]

das Tablett
tray
[treɪ]

der Zapfhahn
tap
[tæp]

der Barkeeper
bartender
[ˈbɑːˌtendəʳ]

der Barista
barista
[beəˈrɪstə]

der Barhocker
bar stool
[ˈbɑːʳ stuːl]

der Korkenzieher
corkscrew
[ˈkɔːkskruː]

der Cocktailshaker
cocktail shaker
[ˈkɒkteɪl ˌʃeɪkəʳ]

der Weinkühler
wine cooler
[ˈwaɪn ˌkuːləʳ]

etwas auf Rechnung setzen	to **put something on the tab** [pʊt sʌmθɪŋ ɒn ðə ˈtæb]
die Rechnung übernehmen	to **pick up the tab** [pɪk ʌp ðə ˈtæb]
sich auf einen Kaffee treffen	to **meet for a coffee** [miːt fəʳ ə ˈkɒfiː]
Wo sind bitte die Toiletten?	**Where are the toilets, please?** [(h)weəʳ ɑːʳ ðə ˈtɔɪlɪts pliːz]
Ich hätte gern ...	**I'd like ...** [aɪd laɪk ...]
Bitte ein Glas ...	**A glass of ..., please** [ə ˈglɑːs əv ... pliːz]
Bitte eine Tasse ...	**A cup of ..., please** [ə ˈkʌp əv ... pliːz]
Das Gleiche noch einmal.	**Same again, please** [seɪm əˈgen pliːz]

der Aschenbecher
ashtray
[ˈæʃtreɪ]

SEHENSWÜRDIGKEITEN – THE SIGHTS

der Stadtplan
map
[mæp]

die Touristen-information
tourist information
[ˈtɔ:rɪst ˌɪnfəˈmeɪʃn]

der Reiseführer
tour guide
[ˈtɔ:ʳ gaɪd]

das Souvenir
souvenir
[ˌsu:vəˈnɪəʳ]

die Stadtbesichtigung
guided tour
[ˈgaɪdɪd ˌtɔ:ʳ]

die Stadtrundfahrt
sightseeing tour
[ˈsaɪtsi:ɪŋ ˌtɔ:ʳ]

die Flussfahrt
river cruise
[ˈrɪvəʳ ˌkru:z]

das Aquarium
aquarium
[əˈkweəriəm]

die Aussichtsplattform
viewing platform
[ˈvju:ɪŋ ˌplætfɔ:m]

die Ausstellung
exhibition
[ˌeksɪˈbɪʃən]

der Straßenmusiker
busker
[ˈbʌskəʳ]

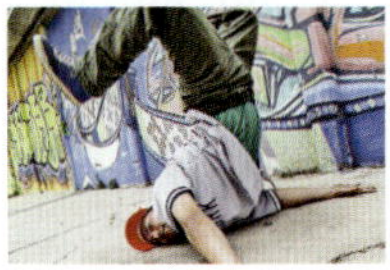

der Straßenkünstler
street performer
[ˈstri:t pəˌfɔ:məʳ]

die Warteschlange
queue
[kju:]

der Fremdenführer	**guide** [gaɪd]
die Fremdenführerin	**guide** [gaɪd]
der Ausflug	**excursion** [ɪkˈskɜ:ʃən]
die Öffnungszeiten	**opening hours** [ˈəʊpənɪŋ aʊəʳz]
geöffnet	**opened** [ˈəʊpənd]
geschlossen	**closed** [kləʊzd]
das Eintrittsgeld	**admission fee** [ədˈmɪʃən fi:]
die Ermäßigung	**concession** [kənˈseʃən]

DIE ARCHITEKTUR – ARCHITECTURE

klassizistisch
classical
[ˈklæsɪkəl]

gotisch
Gothic
[ˈgɒθɪk]

barock
baroque
[bəˈrɒk]

romanisch
Romanesque
[ˌrəʊmənˈesk]

die Renaissance
Renaissance
[rəˈneɪsənts]

der/das Art déco
art deco
[ˌɑːt ˈdekəʊ]

der Jugendstil
art nouveau
[ˌɑːt nuːˈvəʊ]

das Rokoko
rococo
[rəˈkəʊkəʊ]

das Bauhaus
Bauhaus
[ˈbaʊhaʊs]

die Säule
column
[ˈkɒləm]

der Bogen
arch
[ɑːtʃ]

die Kuppel
dome
[dəʊm]

die Fassade	**front** [frʌnt]
der Flügel	**wing** [wɪŋ]
das Gewölbe	**vault** [vɔːlt]
das Grabmal	**tomb** [tuːm]
der Innenhof	**inner courtyard** [ˌɪnəʳ ˈkɔːtjɑːd]
die Stadtmauer	**town wall** [taʊn ˈwɔːl]
die Katakomben	**catacombs** [ˈkætəkuːmz]
die Gedenkstätte	**memorial** [məˈmɔːriəl]

das Wahrzeichen
landmark
[ˈlændmɑːk]

PARK UND SPIELPLATZ – PARKS AND PLAYGROUNDS

der Kurpark
spa town park
[spɑː taʊn ˈpɑːk]

① *der Pavillon*
pavilion
[pəˈvɪljən]

② *der Fußweg*
footpath
[ˈfʊtpɑːθ]

③ *die Liegewiese*
lawn for sunbathing
[lɔːn fə ˈsʌnbeɪðɪŋ]

die Gartenanlage
gardens
[ˈgɑːdənz]

④ *der Brunnen*
fountain
[ˈfaʊntɪn]

⑤ *die Parkbank*
park bench
[pɑːk ˈbentʃ]

der botanische Garten
botanical garden
[bəˈtænɪkəl ˌgɑːdən]

der Schlosspark
estate
[ɪˈsteɪt]

der Landschaftspark
landscape garden
[ˈlændskeɪp ˌgɑːdən]

der See
lake
[leɪk]

der Nationalpark
national park
[ˌnæʃənəl ˈpɑːk]

der Bergpark
mountain park
[ˈmaʊntɪn pɑːk]

der Zoo
zoo
[zuː]

der Wildpark
safari park
[səˈfɑːri pɑːk]

PARK UND SPIELPLATZ – PARKS AND PLAYGROUNDS

der Spielplatz
playground
[ˈpleɪgraʊnd]

① *das Klettergerüst*
climbing frame
[ˈklaɪmɪŋ freɪm]

② *die Rutsche*
slide
[slaɪd]

③ *die Schaukel*
swing
[swɪŋ]

④ *die Wippe*
seesaw
[ˈsiːsɔː]

der Sandkasten
sandpit
[ˈsændpɪt]

das Hangelgerüst
monkey bars
[ˈmʌŋki bɑːʳz]

der Irrgarten
maze
[meɪz]

der Vergnügungspark
amusement park
[əˈmjuːzmənt pɑːk]

der Grillplatz
barbecue area
[ˈbɑːbɪkjuː ˌeəriə]

das Picknick
picnic
[ˈpɪknɪk]

spazieren gehen
to **go for a walk**
[gəʊ fɔːʳ ə ˈwɔːk]

das Slacklining
slacklining
[ˈslækˌlaɪnɪŋ]

joggen
to **jog**
[ʤɒg]

das Planschbecken
paddling pool
[ˈpædlɪŋ puːl]

BILDUNG UND BERUF

EDUCATION AND WORK

DIE SCHULE – AT SCHOOL

der Kindergarten
kindergarten
[ˈkɪndəˌgɑːtən]

die Vorschule
preschool
[ˈpriːskuːl]

die Grundschule
primary school
[ˈpraɪməri skuːl]

die weiterführende Schule
secondary school
[ˈsekəndəri skuːl]

das Gymnasium
grammar school
[ˈgræməʳ skuːl]

die Klasse
class
[klɑːs]

die Prüfung
exam
[ɪgˈzæm]

die Aula
assembly hall
[əˈsembli hɔːl]

der Computerraum
computer room
[kəmˈpjuːtəʳ ruːm]

die Schulleiterin
head teacher
[hed ˈtiːtʃəʳ]

die Lehrerin
teacher
[ˈtiːtʃəʳ]

der Sportplatz
sports field
[ˈspɔːts fiːld]

die Schuluniform
school uniform
[skuːl ˈjuːnɪfɔːm]

der Aufsatz	**essay** [ˈeseɪ]
die Klassenarbeit	**class test** [klɑːs ˈtest]
die Note	**grade** [greɪd]
seinen/ihren Abschluss machen	to **graduate** [ˈgrædʒueɪt]
der mittlere Schulabschluss	**certificate of secondary education** [səˈtɪfɪkət əv ˌsekəndəri ˌedʒʊˈkeɪʃən]
die Privatschule	**private school** [ˈpraɪvɪt skuːl]
das Abitur	**advanced level exams** [ədˈvɑːn(t)st ˌlevəl ɪgˈzæmz]
das Internat	**boarding school** [ˈbɔːdɪŋ skuːl]

DIE SCHULE – AT SCHOOL

Das Klassenzimmer – In the classroom

das Lehrerpult
teacher's desk
['ti:tʃəʳs desk]

die Tafel
blackboard
['blækbɔ:d]

der Schüler
pupil
['pju:pəl]

die Schülerin
pupil
['pju:pəl]

der Winkelmesser
protractor
[prəʊ'træktəʳ]

der Bleistift
pencil
['pensəl]

das Schulheft
exercise book
['eksəsaɪz bʊk]

das Federmäppchen
pencil case
['pensəl keɪs]

das Zeichendreieck
set square
['set skweəʳ]

das Lineal
ruler
['ru:ləʳ]

die Schultasche	**school bag** ['sku:l bæg]
das Wörterbuch	**dictionary** ['dɪkʃənəri]
die Nachhilfe	**private tuition** [ˌpraɪvɪt tju'ɪʃən]
die Kreide	**chalk** [tʃɔ:k]
das Schulbuch	**textbook** ['tekstbʊk]
der Füller	**fountain pen** ['faʊntɪn pen]
die Tintenpatrone	**ink cartridge** ['ɪŋk ˌkɑ:trɪdʒ]
der Marker	**marker** ['mɑ:kəʳ]

der Taschenrechner
pocket calculator
[ˌpɒkɪt 'kælkjəleɪtəʳ]

DIE SCHULE – AT SCHOOL

Die Schulfächer – School subjects

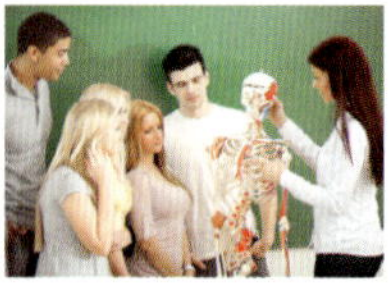

die Biologie
biology
[baɪˈɒlədʒi]

die Mathematik
maths
[mæθs]

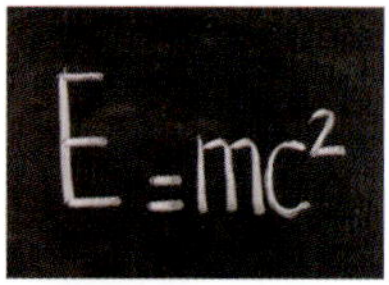

die Physik
physics
[ˈfɪzɪks]

die Chemie
chemistry
[ˈkemɪstri]

der Religionsunterricht
religious education
[rɪˈlɪdʒəs ˌedʒʊˈkeɪʃən]

der Ethikunterricht
ethics
[ˈeθɪks]

die Kunst
art
[ɑːt]

die Erdkunde
geography
[dʒiːˈɒgrəfi]

die Fremdsprachen
languages
[ˈlæŋgwɪdʒɪz]

die Geschichte
history
[ˈhɪstəri]

der Sport
physical education
[fɪzɪkəl ˌedʒʊˈkeɪʃən]

die Musik
music
[ˈmjuːzɪk]

das Drama
drama
[ˈdrɑːmə]

die Informatik
computer science
[kəmˈpjuːtəʳ ˌsaɪəns]

der Werkunterricht
woodwork and metalwork
[ˈwʊdwɜːk ənd ˈmetəlwɜːk]

die Gemeinschaftskunde
social studies
[ˌsəʊʃəl ˈstʌdiz]

DIE SCHULE – AT SCHOOL

Die Schulfächer – School subjects

das Technische Zeichnen
technical drawing
[ˌteknɪkəl ˈdrɔːɪŋ]

die Hauswirtschaft
home economics
[həʊm ˌiːkəˈnɒmɪks]

schreiben
to **write**
[raɪt]

rechnen
to **do sums**
[duː ˈsʌmz]

buchstabieren
to **spell**
[spel]

lesen
to **read**
[riːd]

sich melden
to **put up one's hand**
[pʊt ʌp wʌnz ˈhænd]

die Klassenfahrt
class trip
[klɑːs ˈtrɪp]

der Stundenplan
timetable
[ˈtaɪmteɪbl]

der Abschlussball
prom
[prɒm]

die Hausaufgabe
homework
[ˈhəʊmwɜːk]

das Sportfest
sports day
[ˈspɔːts deɪ]

zeichnen	to **draw** [drɔː]
zählen	to **count** [kaʊnt]
die Übung	**exercise** [ˈeksəsaɪz]
der Elternabend	**parents' evening** [ˈpeərənts iːvnɪŋ]
das Zeugnis	**report** [rɪˈpɔːt]
der Schüleraustausch	**school exchange** [skuːl ɪksˈtʃeɪndʒ]
der Lehrplan	**curriculum** [kəˈrɪkjələm]
das Schulfach	**subject** [ˈsʌbdʒɪkt]

die Ferien
holidays
[ˈhɒlədeɪz]

DIE SCHULE – AT SCHOOL

Im Labor – In the laboratory

der Versuch
experiment
[ɪkˈsperɪmənt]

die Schutzbrille
safety goggles
[ˈseɪfti ˌɡɒɡl̩s]

der Kittel
lab coat
[ˈlæb kəʊt]

das Reagenzglas
test tube
[ˈtest tjuːb]

der Chemikalienhandschuh
safety glove
[ˈseɪfti ɡlʌv]

die Laborausrüstung
lab equipment
[ˈlæb ɪˌkwɪpmənt]

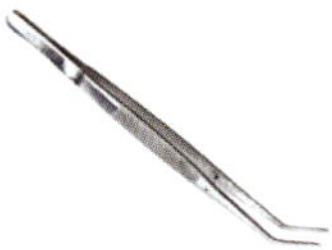

die Pinzette
tweezers
[ˈtwiːzəz]

das Skalpell
scalpel
[ˈskælpəl]

die Lupe
magnifying glass
[ˈmæɡnɪfaɪɪŋ ɡlɑːs]

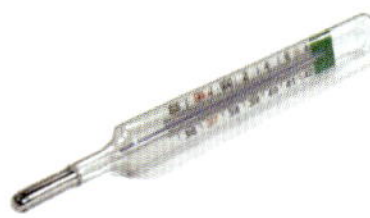

das Thermometer
thermometer
[ˈθɜːmɒmɪtəʳ]

die Laborwaage
scales
[skeɪls]

die Stoppuhr
timer
[ˈtaɪməʳ]

der Magnet
magnet
[ˈmæɡnət]

die Batterie
battery
[ˈbætəri]

DIE SCHULE – AT SCHOOL

Im Labor – In the laboratory

das Mikroskop
microscope
[ˈmaɪkrəskəʊp]

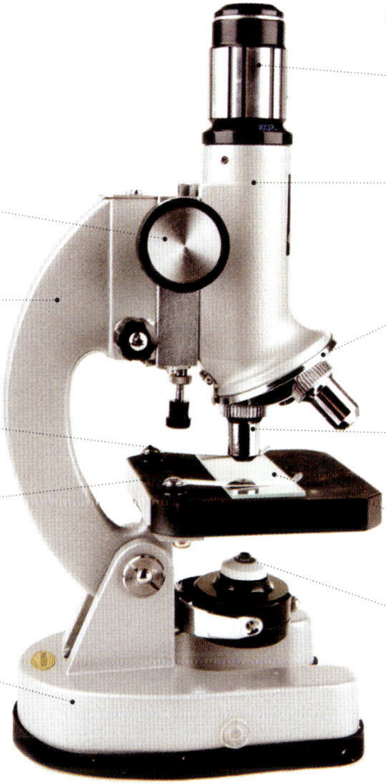

das Einstellrad
focusing knob
[ˈfəʊkəsɪŋ nɒb]

das Stativ
arm
[ɑːm]

die Objektklemme
stage clip
[ˈsteɪʤ klɪp]

der Objekttisch
stage
[steɪʤ]

der Fuß
base
[beɪs]

das Okular
eyepiece
[ˈaɪpiːs]

der Tubus
body tube
[ˈbɒdi tjuːb]

der Objektivrevolver
(revolving) nosepiece
[(rɪˌvɒlvɪŋ) ˈnəʊzpiːs]

das Objektiv
lens
[lenz]

der Objektträger
slide
[slaɪd]

die Lampe
lamp
[læmp]

die Pipette
pipette
[pɪˈpet]

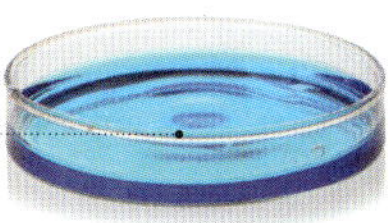

die Petrischale
Petri dish
[ˈpetri dɪʃ]

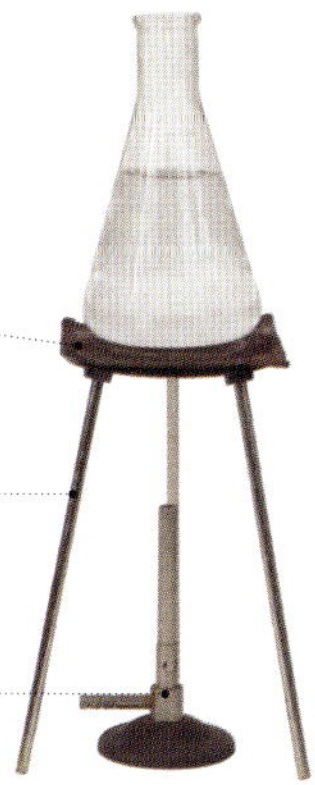

das Drahtnetz
wire gauze
[ˈwaɪə gɔːz]

der Dreifuß
tripod
[ˈtraɪpɒd]

der Bunsenbrenner
Bunsen burner
[ˈbʌnsən ˌbɜːnəʳ]

DIE SCHULE – AT SCHOOL

In der Pause – At breaktime

die Mittagspause
lunch break
[ˈlʌnʃ breɪk]

das Tablett
tray
[treɪ]

die Butterbrotdose
lunch box
[ˈlʌnʃ bɒks]

das Pausenbrot
sandwich
[ˈsænwɪʤ]

die Schulglocke
school bell
[sku:l ˈbel]

der Spind
locker
[ˈlɒkəʳ]

die Pause
break
[breɪk]

der Schulhof
playground
[ˈpleɪgraʊnd]

Himmel und Hölle spielen
to **play hopscotch**
[pleɪ ˈhɒpskɒtʃ]

der Speisesaal
canteen
[kænˈti:n]

das Lunchpaket
packed lunch
[pækt ˈlʌnʃ]

die Essensausgabe
serving counter
[ˈsɜ:vɪŋ ˌkaʊntəʳ]

DIE SCHULE – AT SCHOOL

Die Sporthalle – The sports hall

der Volleyball
volleyball
[ˈvɒlibɔːl]

der Basketball
basketball
[ˈbɑːskɪtbɔːl]

der Handball
handball
[ˈhændbɔːl]

der Fußball
football
[ˈfʊtbɔːl]

der Baseball
baseball
[ˈbeɪsbɔːl]

der Federball
shuttlecock
[ˈʃʌtl̩kɒk]

der Tennisball
tennis ball
[ˈtenɪs bɔːl]

der Football
American football
[əˌmerɪkən ˈfʊtbɔːl]

der Puck
puck
[pʌk]

der Basketballkorb
basketball basket
[ˈbɑːskɪtbɔːl ˌbɑːskɪt]

die Sprossenwand
wall bars
[ˈwɔːl bɑːʳs]

das Korbbrett
backboard
[ˈbækbɔːd]

die Strickleiter
rope ladder
[ˈrəʊp ˌlædəʳ]

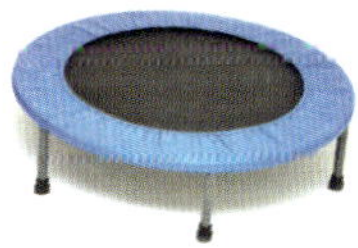

das Trampolin
trampoline
[ˈtræmpəliːn]

die Ringe
rings
[rɪŋs]

das Springseil
skipping rope
[ˈskɪpɪŋ rəʊp]

DIE UNIVERSITÄT – AT UNIVERSITY

der Campus
campus
[ˈkæmpəs]

der Hörsaal
lecture hall
[ˈlektʃəʳ hɔːl]

die Politikwissenschaft
political sciences
[pəˈlɪtɪkəl ˌsaɪəns]

die Kunstgeschichte
art history
[ɑːt ˈhɪstəri]

die Rechtswissenschaft
law
[lɔː]

die Betriebswirtschaftslehre
economics
[ˌiːkəˈnɒmɪks]

die Geisteswissenschaften
humanities
[hjuːˈmænətiːz]

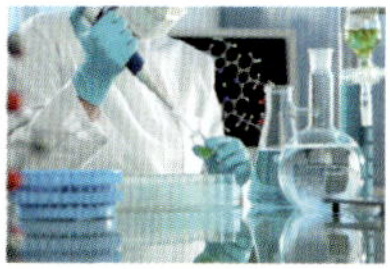

die Naturwissenschaften
natural sciences
[ˈnætʃərəl ˌsaɪənsɪz]

das Ingenieurwesen
engineering
[ˌendʒɪˈnɪərɪŋ]

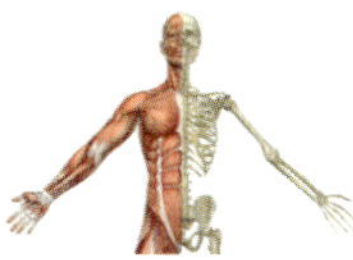

die Medizin
medicine
[ˈmedsən]

die Pädagogik
educational sciences
[edʒʊˈkeɪʃənəl ˌsaɪənsɪz]

der Professor
professor
[prəˈfesəʳ]

die Dozentin
lecturer
[ˈlektʃərəʳ]

das Diplom	**diploma** [dɪˈpləʊmə]
der Bachelor	**bachelor** [ˈbætʃələʳ]
der Master	**master's** [ˈmɑːstəʳz]
die Dissertation	**dissertation** [ˌdɪsəˈteɪʃən]
die Promotion	**PhD** [ˌpiːeɪtʃˈdiː]
die Habilitation	**postdoctoral lecturer qualification** [ˈpəʊstˌdɒktərəl ˈlektʃərəʳ ˌkwɒlɪfɪˈkeɪʃən]
die Forschung	**research** [rɪˈsɜːtʃ]
das Forschungsinstitut	**research institute** [rɪˈsɜːtʃ ˌɪnstɪtjuːt]

DIE UNIVERSITÄT – AT UNIVERSITY

ein Referat halten
to **present a paper**
[prɪˌzent ə ˈpeɪpəʳ]

das Seminar
seminar
[ˈsemɪnɑːʳ]

die Vorlesung
lecture
[ˈlektʃəʳ]

die Klausur
exam
[ɪgˈzæm]

der Lesesaal
reading room
[ˈriːdɪŋ ruːm]

die Ausleihe
issuing desk
[ˈɪʃuːɪŋ desk]

das Bücherregal
bookshelf
[ˈbʊkʃelf]

die mündliche Prüfung
oral exam
[ˈɔːrəl ɪgˌzæm]

sein Studium abschließen
to **graduate**
[ˈgrædʒueɪt]

das Studentenwohnheim
hall of residence
[hɔːl əv ˈrezɪdəns]

die Mensa
refectory
[rɪˈfektərɪ]

die Bibliothek
library
[ˈlaɪbrəri]

der Student
student
[ˈstjuːdənt]

der Bibliothekar	**librarian** [laɪˈbreəriən]
die Bibliothekarin	**librarian** [laɪˈbreəriən]
der Bibliotheksausweis	**library card** [ˈlaɪbrəri kɑːd]
ausleihen	to **borrow** [ˈbɒrəʊ]
verlängern	to **extend** [ɪkˈstend]
vorbestellen	to **reserve** [rɪˈzɜːv]
das Rückgabedatum	**return date** [rɪˈtɜːn deɪt]
das Periodikum	**periodical** [ˌpɪəriˈɒdɪkəl]

DIE UNIVERSITÄT – AT UNIVERSITY

die Lerngruppe
study group
[ˈstʌdi gruːp]

lernen
to **study**
[ˈstʌdi]

das Praxissemester
practical semester
[ˈpræktɪkəl sɪˌmestəʳ]

das Praktikum
internship
[ˈɪntɜːrnʃɪp]

das Volontariat
trainee position
[ˌtreɪˈniː pəˌzɪʃən]

das freie Jahr
gap year
[ˈgæp jɪəʳ]

jobben
to **do casual work**
[duː ˈkæʒjuəl wɜːk]

das schwarze Brett
notice board
[ˈnəʊtɪs bɔːd]

die Ausbildung
vocational training
[vəˈkeɪʃənəl ˌtreɪnɪŋ]

die Berufsfachschule
vocational college
[vəˈkeɪʃənəl ˌkɒlɪʤ]

die Kunsthochschule
art college
[ˈɑːt ˌkɒlɪʤ]

die Musikhochschule
college of music
[ˈkɒlɪʤ əv ˈmjuːzɪk]

die Akademie für darstellende Künste
academy of performing arts
[əˈkædəmi əv pəˌfɔːmɪŋ ˈɑːts]

der Studentenausweis	**student ID** [ˈstjuːdənt ˌaɪˈdiː]
der Kurs	**course** [kɔːs]
das Semester	**semester** [sɪˈmestəʳ]
die Semesterferien	**university vacation** [ˌjuːnɪˈvɜːsəti vəˈkeɪʃən]
der Fachbereich	**faculty** [ˈfækəlti]
die Hausarbeit	**assignment** [əˈsaɪnmənt]
der Hochschulabschluss	**university degree** [ˌjuːnɪˈvɜːsəti dɪˌgriː]
das Stipendium	**scholarship** [ˈskɒləʃɪp]

DIE ARBEITSWELT – THE WORLD OF WORK

Die Bewerbung – Job applications

das Bewerbungsgespräch
job interview
[ˈʤɒb ˌɪntəvjuː]

die Personalreferentin
personnel officer
[ˌpɜːsənˈel ˌɒfɪsəʳ]

der Lebenslauf
CV
[ˌsiːˈviː]

die Bewerbungsunterlagen
application documents
[ˌæplɪˈkeɪʃən ˌdɒkjəments]

die Bewerberin
applicant
[ˈæplɪkənt]

die Stellenanzeige
job advertisement
[ˈʤɒb ədˌvɜːtɪsmənt]

die Zeitarbeit
temp work
[ˈtemp wɜːk]

die Festanstellung
permanent position
[ˌpɜːmənənt pəˈzɪʃən]

die Karriere
career
[kəˈrɪəʳ]

sich um eine Stelle bewerben	to **apply for a position** [əˌplaɪ fəʳ ə pəˈzɪʃən]
die Arbeitsbedingungen	**working conditions** [ˈwɜːkɪŋ kənˌdɪʃənz]
die Schichtarbeit	**shift work** [ˈʃɪft wɜːk]
die Teilzeit	**part-time work** [pɑːtˈtaɪm wɜːk]
die Vollzeit	**full-time work** [fʊlˈtaɪm wɜːk]
die Qualifikation	**qualification** [ˌkwɒlɪfɪˈkeɪʃən]
die Berufserfahrung	**professional experience** [prəˌfeʃənəl ɪkˈspɪəriəns]

jemanden einstellen
to **hire somebody**
[ˈhaɪəʳ ˌsʌmbədi]

DIE ARBEITSWELT – THE WORLD OF WORK

Berufe – Occupations

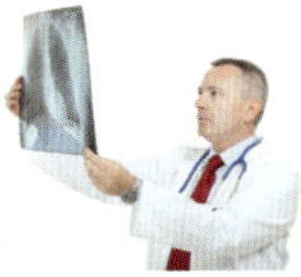

der Arzt
doctor
[ˈdɒktəʳ]

der Chirurg
surgeon
[ˈsɜːdʒən]

der Krankenpfleger
nurse
[nɜːs]

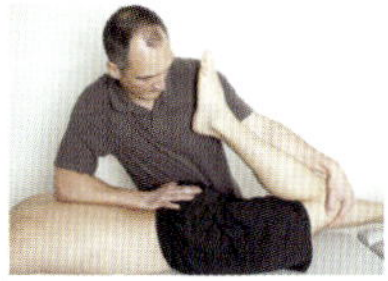

der Physiotherapeut
physiotherapist
[ˌfɪziə(ʊ)ˈθerəpɪst]

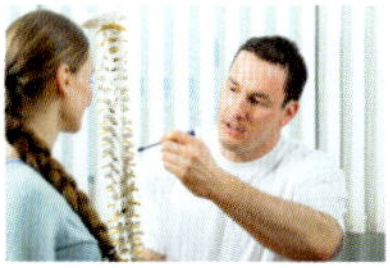

der Orthopäde
orthopaedist
[ˌɔːθə(ʊ)ˈpiːdɪst]

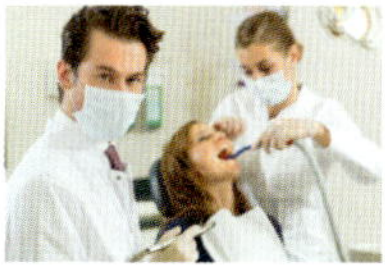

der Zahnarzt
dentist
[ˈdentɪst]

die Psychologin
psychologist
[saɪˈkɒlədʒɪst]

die Apothekerin
chemist
[ˈkemɪst]

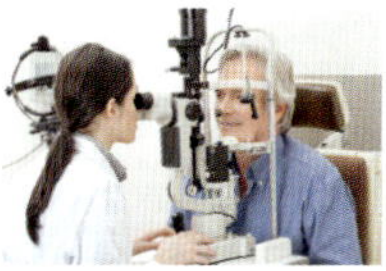

die Optikerin
optician
[ɒpˈtɪʃən]

der Tierarzt
vet
[vet]

die Empfangsdame
receptionist
[rɪˈsepʃənɪst]

der Rechtsanwalt
lawyer
[ˈlɔɪəʳ]

die Richterin
judge
[dʒʌdʒ]

der Wirtschaftsprüfer
accountant
[əˈkaʊntənt]

die Unternehmens-beraterin
consultant
[kənˈsʌltənt]

der Informatiker
computer specialist
[kəmˈpjuːtəʳ ˌspeʃəlɪst]

DIE ARBEITSWELT – THE WORLD OF WORK

Berufe – Occupations

der Architekt
architect
[ˈɑːkɪtekt]

die Ingenieurin
engineer
[ˌenʤɪˈnɪəʳ]

der Schreiner
carpenter
[ˈkɑːpəntəʳ]

der Elektriker
electrician
[ˌelɪkˈtrɪʃən]

der Klempner
plumber
[ˈplʌməʳ]

der Dachdecker
roofer
[ˈruːfəʳ]

der Maler
decorator
[ˈdekəreɪtəʳ]

der Müllmann
refuse collector
[ˈrefjuːs kəˌlektəʳ]

die Kfz-Mechanikerin
car mechanic
[ˈkɑːʳ mɪˌkænɪk]

der Landwirt
farmer
[ˈfɑːməʳ]

die Soldatin
soldier
[ˈsəʊlʤəʳ]

die Briefträgerin
postal worker
[ˈpəʊstəl ˌwɜːkəʳ]

der Bauarbeiter
construction worker
[kənˈstrʌkʃən ˌwɜːkəʳ]

der Gebäudereiniger
cleaner
[ˈkliːnəʳ]

der Landschafts-gärtner
landscape gardener
[ˌlændskeɪp ˈɡɑːdənəʳ]

der Fischer
fisherman
[ˈfɪʃəʳmən]

DIE ARBEITSWELT – THE WORLD OF WORK

Berufe – Occupations

der Pilot
pilot
[ˈpaɪlət]

die Flugbegleiterin
flight attendant
[ˈflaɪt əˌtendənt]

der Koch
chef
[ʃef]

der Kellner
waiter
[ˈweɪtəʳ]

der Bäcker
baker
[ˈbeɪkəʳ]

die Metzgerin
butcher
[ˈbʊtʃəʳ]

der Verkäufer
sales assistant
[ˈseɪls əˌsɪstənt]

die Friseurin
hairdresser
[ˈheəʳˌdresəʳ]

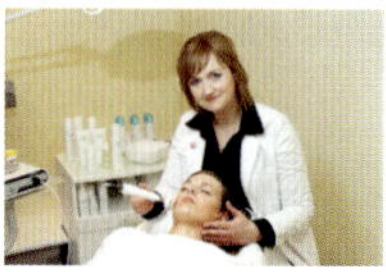

die Kosmetikerin
beautician
[bjuːˈtɪʃən]

der Gärtner
gardener
[ˈgɑːdənəʳ]

die Immobilien-maklerin
estate agent
[ɪˈsteɪt ˌeɪdʒənt]

die Bürokauffrau
office administrator
[ˌɒfɪs ədˈmɪnɪstreɪtəʳ]

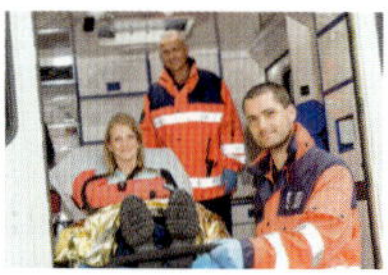

der Sanitäter
paramedic
[ˌpærəˈmedɪk]

der Busfahrer
bus driver
[ˈbʌs ˌdraɪvəʳ]

der Taxifahrer
taxi driver
[ˈtæksi ˌdraɪvəʳ]

der Paketzusteller
parcel deliverer
[ˈpɑːsəl dɪˌlɪvərəʳ]

DIE ARBEITSWELT – THE WORLD OF WORK

Berufe – Occupations

die Journalistin
journalist
[ˈʤɜːnəlɪst]

der Wissenschaftler
scientist
[ˈsaɪəntɪst]

die Grafikerin
graphic designer
[ˌgræfɪk dɪˈzaɪnəʳ]

der Profisportler
professional athlete
[prəˌfeʃənəl ˈæθliːt]

die Moderatorin
presenter
[prɪˈzentəʳ]

die Schauspielerin
actor
[ˈæktəʳ]

die Sängerin
singer
[ˈsɪŋəʳ]

der Tänzer
dancer
[ˈdɑːnsəʳ]

die Kunstmalerin
artist
[ˈɑːtɪst]

der Fotograf
photographer
[fəˈtɒgrəfəʳ]

die Musikerin
musician
[mjuːˈzɪʃən]

die Schneiderin
dressmaker
[ˈdresmeɪkəʳ]

der Bildhauer
sculptor
[ˈskʌlptəʳ]

die Bankkauffrau
bank clerk
[ˈbæŋk klɑːk]

der Bibliothekar
librarian
[laɪˈbreəriən]

der Lehrer
teacher
[ˈtiːtʃəʳ]

DIE ARBEITSWELT – THE WORLD OF WORK

Das Organigramm – Organizational structure

das Sekretariat
office administration
[ˈɒfɪs ədˌmɪnɪˈstreɪʃən]

der kaufmännische Bereich
department for business administration
[dɪˌpɑːtmənt fɔːʳ ˈbɪznɪs ədˌmɪnɪˈstreɪʃən]

die kaufmännische Leitung
business administration management
[ˈbɪznɪs ədˌmɪnɪˈstreɪʃən ˈmænɪʤmənt]

die IT-Leitung
IT management
[ˌaɪˈtiː ˌmænɪʤmənt]

die Buchhaltung
accounting [əˈkaʊntɪŋ]

das Controlling
controlling [kənˈtrəʊlɪŋ]

das sekundäre Geschäftsfeld
secondary business segment
[ˌsekəndəri ˈbɪznɪs ˌsegmənt]

die Geschäftsführung
general manager
[ˌʤenərəl ˈmænɪʤəʳ]

das primäre Geschäftsfeld
primary business segment
[ˌpraɪməri ˈbɪznɪs ˌsegmənt]

die Geschäftsführung
general manager
[ˌʤenərəl ˈmænɪʤəʳ]

das Team
team [tiːm]

die Teamleitung
team leader
[tiːm ˈliːdəʳ]

der Angestellte
employee [ɪmˈplɔɪiː]

die Zweigstelle
branch office
[ˈbrɑːnʃ ˌɒfɪs]

der Manager
manager
[ˈmænɪʤəʳ]

die Aktiengesellschaft (AG)	**public limited company** [ˌpʌblɪk ˈlɪmɪtɪd ˌkʌmpəni]
der Aktionär/die Aktionärin	**shareholder** [ˈʃeəʳhəʊldəʳ]
die Gesellschaft mit beschränkter Haftung (GmbH)	**limited liability company** [ˈlɪmɪtɪd ˌlaɪəˈbɪləti ˌkʌmpəni]
die GmbH & Co. KG	**limited commercial partnership consisting of a general partner and a limited partner** [ˈlɪmɪtɪd kəˈmɜːʃəl ˌpɑːtnəʃɪp kənˈsɪstɪŋ əv ə ˈʤenərəl ˌpɑːtnəʳ ənd ə ˈlɪmɪtɪd ˌpɑːtnəʳ]
die Kommanditgesellschaft (KG)	**limited partnership** [ˈlɪmɪtɪd ˌpɑːtnəʃɪp]
die offene Handelsgesellschaft (OHG)	**general commercial partnership** [ˌʤenərəl kəˈmɜːʃəl ˌpɑːtnəʃɪp]
der Konzern	**corporation** [ˌkɔːpərˈeɪʃən]

der Vorstand
board
[bɔːd]

der Gesellschafter
associate
[əˈsəʊʃiət]

die Geschäftsführung
general manager
[ˌdʒenərəl ˈmænɪdʒəʳ]

die stellvertretende Geschäftsführung
deputy
[ˈdepjəti]

der Prokurist
authorized signatory
[ˌɔːθəraɪzd ˈsɪgnətəri]

die Personalabteilung
personnel department
[ˌpɜːsənˈel dɪˌpɑːtmənt]

die Personalleitung
personnel management
[ˌpɜːsənˈel ˌmænɪdʒmənt]

die Rechtsabteilung
legal department
[ˈliːgəl dɪˌpɑːtmənt]

die Marketingabteilung
marketing department
[ˈmɑːkɪtɪŋ dɪˌpɑːtmənt]

die Marketingleitung
marketing management
[ˈmɑːkɪtɪŋ ˌmænɪdʒmənt]

die PR-Abteilung
PR department
[ˌpiːˈɑːʳ dɪˌpɑːtmənt]

die Produktion
production
[prəˈdʌkʃən]

die Produktionsleitung
production management
[prəˈdʌkʃən ˌmænɪdʒmənt]

der Betriebsrat
works council
[wɜːks ˈkaʊnsəl]

der Vertrieb
sales department
[ˈseɪls dɪˌpɑːtmənt]

die Vertriebsleitung
sales management
[ˈseɪls ˌmænɪdʒmənt]

das Key-Account-Management
key account management
[ˈkiː əˌkaʊnt ˌmænɪdʒmənt]

der Außendienst
sales representative
[ˈseɪls ˌreprɪˈzentətɪv]

der Innendienst
office work
[ˈɒfɪs wɜːk]

der Kundendienst
customer service
[ˌkʌstəməʳ ˈsɜːvɪs]

die Kundenakquise
customer acquisition
[ˌkʌstəməʳ ˌækwɪˈzɪʃən]

DAS BÜRO – THE OFFICE

Büromöbel – Office furniture

der Arbeitsplatz
workspace
[ˈwɜːkspeɪs]

die Ablage
letter tray
[ˈletəʳ treɪ]

die Schublade
drawer
[ˈdrɔːʳ]

die Büromöbel
office furniture
[ˈɒfɪs ˌfɜːnɪtʃəʳ]

der Schreibtisch
desk
[desk]

die Schreibunterlage
desk mat
[ˈdesk mæt]

der Bürostuhl
office chair
[ˈɒfɪs tʃeəʳ]

der Safe
safe
[seɪf]

der Aktenschrank
filing cabinet
[ˈfaɪlɪŋ ˌkæbɪnət]

der Wasserspender
water dispenser
[ˈwɔːtəʳ dɪˌspensəʳ]

die Schreibtischlampe
desk lamp
[ˈdesk læmp]

die Pinnwand
pin board
[ˈpɪn bɔːd]

der Papierkorb
wastepaper basket
[weɪstˈpeɪpəʳ ˌbɑːskɪt]

der Terminkalender	**diary** [ˈdaɪəriː]
die Akte	**file** [faɪl]
der Aktenvernichter	**shredder** [ˈʃredəʳ]
das Postfach	**pigeonhole** [ˈpɪdʒənˌhəʊl]
der Termin	**appointment** [əˈpɔɪntmənt]
die Hauspost	**internal post** [ɪnˈtɜːnəl pɔst]
die Ablage für Eingänge	**in-tray** [ˈɪntreɪ]
die Teeküche	**kitchen** [ˈkɪtʃɪn]

DAS BÜRO – THE OFFICE

Der Bürobedarf – Office supplies

die Schere
scissors
[ˈsɪzəz]

der Textmarker
highlighter
[ˈhaɪlaɪtəʳ]

der Stiftehalter
desk tidy
[ˈdesk ˌtaɪdi]

das Notizbuch
notebook
[ˈnəʊtbʊk]

die Haftnotiz
self-adhesive note
[selfədˌhiːsɪv ˈnəʊt]

der Haftstreifen
self-adhesive strip
[selfədˌhiːsɪv ˈstrɪp]

der Bleistift
pencil
[ˈpensəl]

der Bleistiftspitzer
pencil sharpener
[ˈpen(t)səl ˌʃɑːpənəʳ]

der Radiergummi
eraser
[ɪˈreɪzəʳ]

der Kugelschreiber
ballpoint
[ˈbɔːlpɔɪnt]

die Büroklammer
paper clip
[ˈpeɪpəʳ klɪp]

die Reißzwecke
drawing pin
[ˈdrɔːɪŋ pɪn]

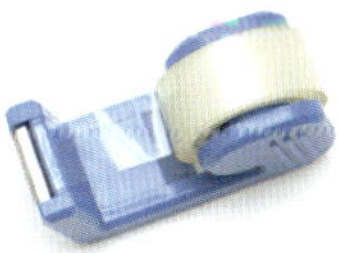

der Tesafilm®
Sellotape®
[ˈseləteɪp]

der Tacker
stapler
[ˈsteɪpləʳ]

der Locher
hole punch
[ˈhəʊl pʌntʃ]

das Hängeregister
suspension file
[səˈspen(t)ʃən] faɪl]

der Briefumschlag
envelope
[ˈenvələʊp]

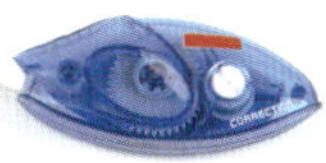

das Tipp-Ex®
Tipp-Ex®
[ˈtɪpeks]

der Ordner
folder
[ˈfəʊldəʳ]

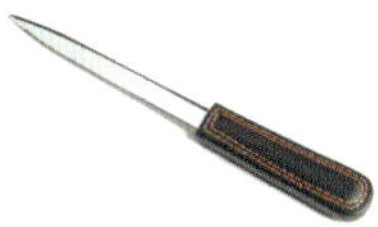

der Brieföffner
letter opener
[ˈletəʳ ˌəʊpənəʳ]

DAS BÜRO – THE OFFICE

Der Besprechungsraum – Conference room

die Sitzung
meeting
[ˈmiːtɪŋ]

der Teamleiter
team leader
[tiːm ˈliːdəʳ]

der Teilnehmer
participant
[pɑːˈtɪsɪpənt]

die Tagesordnung
agenda
[əˈdʒendə]

protokollieren
to **take the minutes**
[teɪk ðə ˈmɪnɪts]

der Besprechungstisch
conference table
[ˈkɒnfərəns teɪbl̩]

die Präsentation
presentation
[ˌprezənˈteɪʃən]

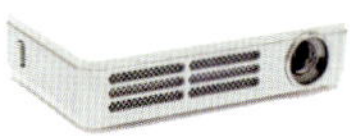

der Beamer
projector
[prəˈdʒektəʳ]

das Balkendiagramm
bar chart
[ˈbɑːʳ tʃɑːt]

das Tortendiagramm
pie chart
[ˈpaɪ tʃɑːt]

die Folie
slide
[slaɪd]

organisieren	to **organize** [ˈɔːgənaɪz]
die Besprechung	**meeting** [ˈmiːtɪŋ]
der Bericht	**report** [rɪˈpɔːt]
das Protokoll	**minutes** [ˈmɪnɪts]
der Vertrag	**contract** [ˈkɒntrækt]
der Geschäftsmann	**business executive** [ˈbɪznɪs ɪgˌzekjətɪv]
die Geschäftsfrau	**business executive** [ˈbɪznɪs ɪgˌzekjətɪv]
die Geschäftsreise	**business trip** [ˈbɪznɪs trɪp]

DAS BÜRO – THE OFFICE

Der Büroalltag – Office life

der Arbeitgeber
employer
[ɪmˈplɔɪəʳ]

① *die Assistentin*
assistant
[əˈsɪstənt]

② *der Kollege*
colleague
[ˈkɒliːg]

③ *der Arbeitnehmer*
employee
[ɪmˈplɔɪiː]

④ *die Kollegin*
colleague
[ˈkɒliːg]

⑤ *die Managerin*
manager
[ˈmænɪʤəʳ]

⑥ *der Chef*
boss
[bɒs]

die Visitenkarte
business card
[ˈbɪznɪs kɑːd]

entlassen werden
to **be made redundant**
[bi meɪd rɪˈdʌndənt]

das Personal
personnel
[ˌpɜːsənˈel]

die Elternzeit
parental leave
[pəˈrentəl liːv]

die Vertretung	**stand-in** [ˈstændɪn]
der Jahresurlaub	**annual leave** [ˈænjuəl liːv]
das Gehalt	**salary** [ˈsæləri]
die Beförderung	**promotion** [prəˈməʊʃən]
jemandem kündigen	to **dismiss somebody** [dɪsˈmɪs ˌsʌmbədi]
seine Stelle kündigen	to **resign from one's job** [rɪˈzaɪn frəm wʌnz ˈʤɒb]
verdienen	to **earn** [ɜːn]
in Rente gehen	to **retire** [rɪˈtaɪəʳ]

der Mutterschafts-urlaub
maternity leave
[məˈtɜːnəti liːv]

KOMMUNI-KATION

COMMUNI-CATION

DER COMPUTER – THE COMPUTER

Der Desktop-Computer – The desktop computer

der Desktop-Computer
desktop computer
[ˌdesktɒp kəmˈpjuːtəʳ]

der Ein/Aus-Schalter
on/off switch
[ˈɒn/ˈɒf swɪtʃ]

die USB-Schnittstelle
USB-interface
[ˌjuːesˈbiː ˈɪntəfeɪs]

das CD/DVD-Laufwerk
CD/DVD drive
[ˌsiːˈdiː/ˌdiːviːˈdiː draɪv]

das Computergehäuse
case
[keɪs]

die Tastatur
keyboard
[ˈkiːbɔːd]

der Bildschirm
screen
[skriːn]

die Maus
mouse
[maʊs]

das Scrollrad
scroll wheel
[ˈskrəʊl wiːl]

die Tastatur
keyboard
[ˈkiːbɔːd]

die Escapetaste
escape key
[ɪˈskeɪp kiː]

die Tabulatortaste
tabulator key
[ˈtæbjəleɪtəʳ kiː]

die Feststelltaste
caps lock key
[ˈkæps lɒk kiː]

die Rücklöschtaste
backspace key
[ˈbækspeɪs kiː]

die Eingabetaste
enter key
[ˈentəʳ kiː]

die Umschalttaste
shift key
[ˈʃɪft kiː]

die Steuerungstaste
control key
[kənˈtrəʊl kiː]

die Leertaste
space bar
[ˈspeɪs bɑːʳ]

DER COMPUTER – THE COMPUTER

Hardware und Zubehör – Hardware and equipment

der Lautsprecher
loudspeaker
[laʊdˈspiːkəʳ]

der/das Laptop
laptop
[ˈlæptɒp]

das Stromkabel
electric cable
[ɪˈlektrɪk ˌkeɪbl̩]

die Laptoptasche
laptop case
[ˈlæptɒp keɪs]

der Prozessor
processor
[ˈprəʊsesəʳ]

die (externe) Festplatte
external hard disk
[ɪkˈstɜːnəl ˌhɑːd dɪsk]

der Arbeitsspeicher
main memory
[meɪn ˈmeməri]

die Webcam
webcam
[ˈwebkæm]

die CD-ROM
CD-ROM
[ˌsiːdiːˈrɒm]

der USB-Stick
USB flash drive
[ˌjuːesˈbiː ˈflæʃ draɪv]

der Scanner
scanner
[ˈskænəʳ]

der Tintenstrahldrucker
ink-jet printer
[ˈɪŋkʤet ˌprɪntəʳ]

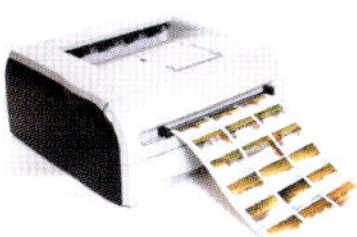

der Laserdrucker
laser printer
[ˈleɪzəʳ ˌprɪntəʳ]

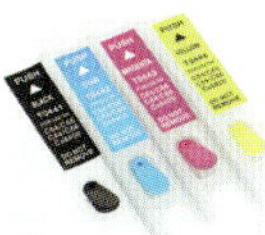

die Tintenpatrone
ink cartridge
[ˈɪŋk ˌkɑːtrɪʤ]

die Tonerkartusche
toner cartridge
[ˈtəʊnəʳ ˌkɑːtrɪʤ]

das Mauspad
mouse mat
[ˈmaʊs mæt]

DER COMPUTER – THE COMPUTER

Am Computer arbeiten – Working on a computer

tippen
to **type**
[taɪp]

klicken
to **click**
[klɪk]

scrollen
to **scroll**
[skrəʊl]

ausschneiden
to **cut**
[kʌt]

kopieren
to **copy**
[ˈkɒpi]

einfügen
to **paste**
[peɪst]

eine Datei ausdrucken
to **print a file**
[ˈprɪnt ə faɪl]

speichern
to **save**
[seɪv]

eine Datei öffnen
to **open a file**
[ˈəʊpən ə faɪl]

löschen
to **delete**
[dɪˈliːt]

der Ordner
folder
[ˈfəʊldəʳ]

der Papierkorb
trash can
[ˈtræʃ kæn]

suchen
search
[sɜːtʃ]

eingeben	to **enter** [ˈentəʳ]
eine Datei verschieben	to **move a file** [ˈmuːv ə faɪl]
eine Sicherungskopie erstellen	to **create a back-up** [kriˌeɪt ə ˈbækʌp]
markieren	to **select** [sɪˈlekt]
sich einloggen	to **log on** [lɒg ˈɒn]
sich ausloggen	to **log off** [lɒg ˈɒf]
der Neustart	**reboot** [ˌriːˈbuːt]
(die) Bytes	**bytes** [baɪts]

DER COMPUTER – THE COMPUTER

Am Computer arbeiten – Working on a computer

rückgängig machen
undo
[ʌnˈduː]

wiederherstellen
restore
[rɪˈstɔːʳ]

die Einstellungen
settings
[ˈsetɪŋz]

die Schriftart
font
[fɒnt]

die Fehlermeldung
error message
[ˈerəʳ ˌmesɪʤ]

der Mauszeiger
cursor
[ˈkɜːsəʳ]

die Sanduhr
hourglass
[ˈaʊəʳglɑːs]

der Lautstärkeregler
volume control
[ˈvɒljuːm kənˌtrəʊl]

ein Fenster minimieren
to minimize a window
[ˌmɪnɪmaɪz ə ˈwɪndəʊ]

eine CD/DVD auswerfen
to eject a CD
[ɪˈʤekt ə ˌsiːˈdiː]

den Rechner hochfahren
to boot the computer
[ˈbuːt ðə kəmˈpjuːtəʳ]

den Rechner herunterfahren
to shut down the computer
[ˈʃʌt daʊn ðə kəmˈpjuːtəʳ]

die Datei	**file** [faɪl]
das Programm	**program** [ˈprəʊgræm]
der Scrollbalken	**scroll bar** [ˈskrəʊl bɑːʳ]
ein Programm installieren	**to install a program** [ɪnˈstɔːl ə ˈprəʊgræm]
ein Programm deinstallieren	**to uninstall a program** [ˈʌnɪnˌstɔːl ə ˈprəʊgræm]
das Betriebssystem	**operating system** [ˈɒpəreɪtɪŋ ˌsɪstəm]
die Taskleiste	**task bar** [ˈtɑːsk bɑːʳ]
der Fortschrittsbalken	**progress bar** [ˈprəʊgres bɑːʳ]

das Fenster
window
[ˈwɪndəʊ]

DER COMPUTER – THE COMPUTER

Das Internet – The Internet

das WLAN
Wi-Fi
[ˈwaɪfaɪ]

der Router
router
[ˈruːtəʳ]

das LAN-Kabel
LAN cable
[ˈlæn ˌkeɪbl̩]

der Browser
browser
[ˈbraʊzəʳ]

das Lesezeichen
bookmark
[ˈbʊkmɑːk]

der Download
download
[ˈdaʊnləʊd]

die Nachricht
message
[ˈmesɪʤ]

die Social Media
social media
[ˌsəʊʃəl ˈmiːdiə]

der Online-Einkauf
online purchase
[ˈɒnlaɪn ˌpɜːtʃəs]

die Verschlüsselung
encryption
[ɪnˈkrɪpʃən]

die E-Mail-Adresse
email address
[ˈiːmeɪl əˌdres]

der Anhang
attachment
[əˈtætʃmənt]

eine Mail weiterleiten
to **forward a mail**
[ˈfɔːwəd ə ˌmeɪl]

senden	to **send** [send]
empfangen	to **receive** [rɪˈsiːv]
das Benutzerkonto	**account** [əˈkaʊnt]
der Posteingang	**incoming mail** [ˌɪŋˈkʌmɪŋ meɪl]
der Postausgang	**outgoing mail** [ˌaʊtˈgəʊɪŋ meɪl]
die Abwesenheitsnotiz	**out-of-office reply** [aʊtəvˈɒfɪs rɪˌplaɪ]
die Spammail	**spam** [spæm]
im Internet surfen	to **surf the Internet** [ˌsɜːf ðə ˈɪntənet]

DER COMPUTER – THE COMPUTER

Mobile Endgeräte – Mobile devices

der Tablet-Computer
tablet
[ˈtæblət]

der E-Book-Reader
e-book reader
[ˈiːbʊk ˌriːdəʳ]

der MP3-Player
MP3 player
[ˌempiːˈθriː ˌpleɪəʳ]

das Bluetooth®-Headset
Bluetooth® headset
[ˈbluːtuːθ ˌhedset]

die App
app
[æp]

die SIM-Karte
SIM card
[ˈsɪm kɑːd]

die Handytasche
mobile cover
[ˈməʊbaɪl ˌkʌvəʳ]

das Handy
mobile phone
[ˌməʊbaɪl ˈfəʊn]

der Surfstick
mobile dongle
[ˌməʊbaɪl ˈdɒŋgl]

wischen
to swipe
[swaɪp]

die SMS
text message
[ˈtekst ˌmesɪʤ]

das Smartphone
smartphone
[ˈsmɑːtfəʊn]

der Touchscreen
touchscreen
[ˈtʌtʃˌskriːn]

der Datenspeicher	**data storage** [ˈdeɪtə ˌstɔːrɪʤ]
die Software	**software** [ˈsɒftweəʳ]
das Funkloch	**dead zone** [ˈded zəʊn]
die Flatrate	**flat rate** [ˈflæt reɪt]
die Prepaidkarte	**pay-as-you-go card** [ˌpeɪəzjəˈgəʊ kɑːd]
das Guthaben	**credit** [ˈkredɪt]
der Klingelton	**ringtone** [ˈrɪŋtəʊn]
der Akku	**battery** [ˈbætəri]

DAS TELEFON – THE TELEPHONE

das Display
display
[dɪˈspleɪ]

das Telefonbuch
telephone directory
[ˈtelɪfəʊn dɪˌrektəri]

der Anrufbeantworter
answering machine
[ˈɑːntsəʳɪŋ məˌʃiːn]

das Tastenfeld
telephone keypad
[ˈtelɪfəʊn ˌkiːpæd]

der Telefonhörer
receiver
[rɪˈsiːvəʳ]

das Kabel
cable
[ˈkeɪbl̩]

das schnurlose Telefon
cordless phone
[ˌkɔːdləs ˈfəʊn]

der Hörer
receiver
[rɪˈsiːvəʳ]

abheben
to **answer**
[ˈɑːntsəʳ]

auflegen
to **hang up**
[hæŋ ˈʌp]

die Basisstation
base
[beɪs]

der Kopfhörer
headphones
[ˈhedfəʊns]

das Mikrofon
microphone
[ˈmaɪkrəfəʊn]

das Faxgerät
fax machine
[ˈfæks məˌʃiːn]

jemanden anrufen	to **call somebody** [ˈkɔːl ˌsʌmbədi]
wählen	to **dial** [daɪəl]
klingeln	to **ring** [rɪŋ]
Ich möchte bitte ... sprechen.	**I'd like to speak to ..., please.** [aɪd laɪk tə spiːk tə ... pliːz]
Entschuldigung, ich habe mich verwählt.	**Sorry, I've dialled the wrong number.** [ˈsɒri aɪv daɪld ðə rɒŋ ˈnʌmbəʳ]
Ich stelle Sie durch.	**I'll put you through.** [aɪl pʊt ju ˈθruː]
Bitte hinterlassen Sie eine Nachricht nach dem Signalton.	**Please leave a message after the tone.** [pliːz liːv ə ˈmesɪʤ ɑːftəʳ ðə ˈtəʊn]
Können Sie mich bitte zurückrufen?	**Could you ring me back please?** [kʊd ju rɪŋ miː ˈbæk pliːz]

DIE MEDIEN – THE MEDIA

Das Fernsehen – Television

die Fernbedienung
remote control
[rɪˌməʊt kənˈtrəʊl]

die Lautstärke
volume
[ˈvɒljuːm]

stumm schalten
to **change to mute mode**
[tʃeɪndʒ tə ˈmjuːt məʊd]

zurückspulen
to **rewind**
[riːˈwaɪnd]

abspielen
to **play**
[pleɪ]

aufnehmen
to **record**
[reˈkɔːd]

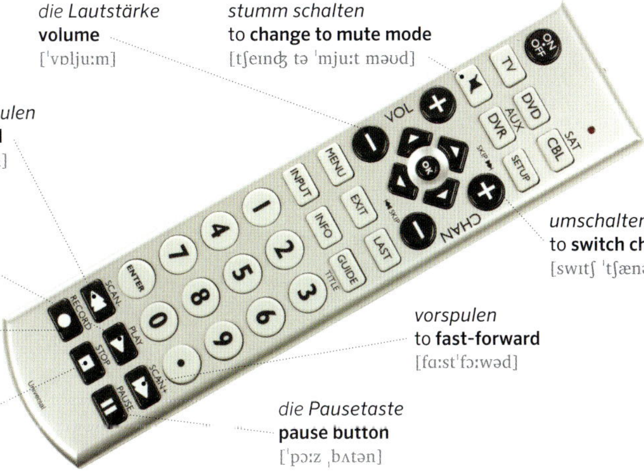

umschalten
to **switch channels**
[swɪtʃ ˈtʃænəlz]

vorspulen
to **fast-forward**
[fɑːstˈfɔːwəd]

die Stopptaste
stop button
[ˈstɒp ˌbʌtən]

die Pausetaste
pause button
[ˈpɔːz ˌbʌtən]

das Videospiel
video game
[ˈvɪdiəʊ geɪm]

der Fernseher
TV
[ˌtiːˈviː]

der Digitalempfänger
digital receiver
[ˌdɪdʒɪtəl rɪˈsiːvəʳ]

der DVD-Player
DVD player
[ˌdiːviːˈdiː ˌpleɪəʳ]

die DVD
DVD
[ˌdiːviːˈdiː]

das Kabelfernsehen	**cable TV** [ˈkeɪbl ˌtiːˈviː]
das Free-TV	**free TV** [ˈfriː ˌtiːˈviː]
das Bezahlfernsehen	**pay TV** [ˈpeɪ ˌtiːˈviː]
fernsehen	**to watch TV** [wɒtʃ ˌtiːˈviː]
die Fernsehserie	**TV series** [ˌtiːˈviː ˌsɪəriːs]
zappen	to **channel-hop** [ˈtʃænəl hɒp]
die Folge	**episode** [ˈepɪsəʊd]
der Raumklang	**surround sound** [səˈraʊnd saʊnd]

die Satellitenschüssel
satellite dish
[ˈsætəlaɪt dɪʃ]

DIE MEDIEN – THE MEDIA

Das Fernsehen – Television

das Set
set
[set]

der Teleprompter®
autocue®
[ˈɔːtə(ʊ)kjuː]

die Nachrichtensprecherin
newsreader
[ˈnjuːziːdəʳ]

die Nachrichten
the news
[ðə ˈnjuːz]

das Interview
interview
[ˈɪntəvjuː]

der Interviewpartner
interviewee
[ˌɪntəvjuˈiː]

die Reporterin
reporter
[rɪˈpɔːtəʳ]

das Mikrofon
microphone
[ˈmaɪkrəfəʊn]

die Szene
scene
[siːn]

der Schauspieler
actor
[ˈæktəʳ]

die Klappe
clapperboard
[ˈklæpəʳbɔːd]

die Livesendung
live broadcast
[laɪv ˈbrɔːdkɑːst]

das Publikum
audience
[ˈɔːdiəns]

der Dokumentarfilm	**documentary** [ˌdɒkjəˈmentəri]
die Talkshow	**talk show** [ˈtɔːk ʃəʊ]
die Reportage	**feature** [ˈfiːtʃəʳ]
die Quizshow	**game show** [ˈgeɪm ʃəʊ]
der Moderator	**presenter** [prɪˈzentəʳ]
die Moderatorin	**presenter** [prɪˈzentəʳ]
der Teilnehmer	**contestant** [kənˈtestənt]
die Teilnehmerin	**contestant** [kənˈtestənt]

DIE MEDIEN – THE MEDIA

Das Radio – Radio

der DJ
DJ
[ˈdi:ˌdʒeɪ]

die Tonaufnahme
recording
[rɪˈkɔ:dɪŋ]

das Radio
radio
[ˈreɪdiəʊ]

die Antenne
aerial
[ˈeəriəl]

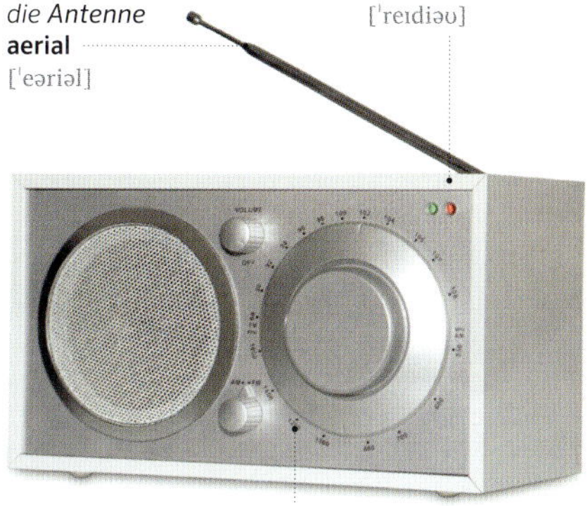

die Frequenz
frequency
[ˈfri:kwənsi]

der Radiosender
radio station
[ˈreɪdiəʊ ˌsteɪʃən]

der Wetterbericht
weather forecast
[ˈweðəʳ ˌfɔ:ʳkɑ:st]

die Verkehrsnachrichten
travel news
[ˈtrævəl nju:z]

die Hitparade
chart show
[ˈtʃɑ:t ʃəʊ]

das Hörspiel
drama
[ˈdrɑ:mə]

die Liveaufzeichnung
live recording
[laɪv rɪˈkɔ:dɪŋ]

die Sendung	**programme** [ˈprəʊgræm]
der Berichterstatter	**reporter** [rɪˈpɔ:təʳ]
die Berichterstatterin	**reporter** [rɪˈpɔ:təʳ]
die Erkennungsmelodie	**jingle** [ˈdʒɪŋgl]
der Werbespot	**advert** [ˈædvɜ:t]
senden	to **broadcast** [ˈbrɔ:dkɑ:st]
die Langwelle	**long wave** [ˈlɒŋ weɪv]
die Kurzwelle	**short wave** [ˈʃɔ:t weɪv]

DIE MEDIEN – THE MEDIA

Die Printmedien – Print

die Zeitung
newspaper
[ˈnjuːzˌpeɪpəʳ]

das Tabloidformat
tabloid format
[ˈtæblɔɪd ˌfɔːmæt]

das Bild
picture
[ˈpɪktʃəʳ]

der Artikel
article
[ˈɑːtɪkl̩]

die Titelseite
front page
[frʌnt ˈpeɪdʒ]

die Schlagzeile
headline
[ˈhedlaɪn]

der Vorspann
lead paragraph
[ˈliːd ˌpærəgrɑːf]

die Zeitungsspalte
column
[ˈkɒləm]

die großformatige Zeitung
broadsheet
[ˈbrɔːdʃiːt]

der Stellenmarkt
vacancies
[ˈveɪkənsiːs]

der Werbeprospekt
pamphlet
[ˈpæmflɪt]

die Anzeige
advertisement
[ədˈvɜːtɪsmənt]

das Abonnement
subscription
[səbˈskrɪpʃən]

der Leitartikel	**leader** [ˈliːdəʳ]
die Todesanzeige	**obituary** [əˈbɪtʃʊəri]
die Qualitätszeitung	**quality paper** [ˈkwɒləti ˌpeɪpəʳ]
die Boulevardzeitung	**tabloid** [ˈtæblɔɪd]
die Wochenzeitung	**weekly paper** [ˈwiːkli ˌpeɪpəʳ]
die Tageszeitung	**daily paper** [ˈdeɪli ˌpeɪpəʳ]
die Kolumne	**column** [ˈkɒləm]
die Beilage	**supplement** [ˈsʌplɪmənt]

DIE MEDIEN – THE MEDIA

Die Printmedien – Print

das gebundene Buch
hardback book
[ˈhɑːdbæk bʊk]

der Einband
cover
[ˈkʌvəʳ]

der Buchdeckel
cover board
[ˈkʌvəʳ ˌbɔːd]

der Buchrücken
spine
[spaɪn]

der Schutzumschlag
dust jacket
[ˈdʌst ˌʤækɪt]

das Taschenbuch
paperback
[ˈpeɪpəʳbæk]

die Seite
page
[peɪʤ]

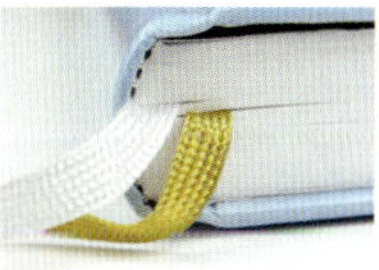

das Lesebändchen
bookmark
[ˈbʊkmɑːk]

in einem Buch blättern
to **flick through a book**
[ˈflɪk θruː ə ˈbʊk]

das Sachbuch
non-fiction book
[ˌnɒnˈfɪkʃən bʊk]

der Roman
novel
[ˈnɒvəl]

die Seitenzahl	**page number** [ˈpeɪʤ ˌnʌmbəʳ]
der Index	**index** [ˈɪndeks]
eine Seite überfliegen	**to skim a page** [skɪm ə ˈpeɪʤ]
das Kinderbuch	**children's book** [ˈtʃɪldrəns bʊk]
die Erzählliteratur	**fiction** [ˈfɪkʃən]
die Sachliteratur	**non-fiction** [ˌnɒnˈfɪkʃən]
das Inhaltsverzeichnis	**table of contents** [ˌteɪbl̩ əv ˈkɒntents]
das Kapitel	**chapter** [ˈtʃæptəʳ]

der Bildband
coffee-table book
[ˈkɒfiːˌteɪbl̩ bʊk]

DIE POST – POST

der Briefumschlag
envelope
[ˈenvələʊp]

die Briefmarke
stamp
[stæmp]

der Empfänger
addressee
[ˌædresˈiː]

die Adresse
address
[əˈdres]

der Absender
sender
[ˈsendəʳ]

die Postleitzahl
postcode
[ˈpəʊstkəʊd]

der Poststempel
postmark
[ˈpəʊstmɑːk]

das Postfach
PO box
[ˌpiːˈəʊ bɒks]

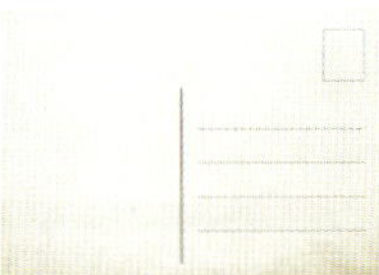

die Postkarte
postcard
[ˈpəʊstkɑːd]

die Empfangsbestätigung unterschreiben
to **sign a receipt**
[ˌsaɪn ə rɪˈsiːt]

der Briefkasten
postbox
[ˈpəʊstbɒks]

einen Brief einwerfen
to **post a letter**
[ˌpəʊst ə ˈletəʳ]

das Paket
parcel
[ˈpɑːsəl]

der Brief	**letter** [ˈletəʳ]
der Eilbrief	**express letter** [ɪkˈspres ˌletəʳ]
portofrei	**postage paid** [ˌpəʊstɪdʒ ˈpeɪd]
einen Brief erhalten	to **receive a letter** [rɪˈsiːv ə ˌletəʳ]
einen Brief beantworten	to **reply to a letter** [rɪˈplaɪ tuː ə ˌletəʳ]
jemandem einen Brief schicken	to **send somebody a letter** [ˈsend ˌsʌmbədi ə ˈletəʳ]
das Einschreiben	**registered letter** [ˈredʒɪstəd ˌletəʳ]
die Schneckenpost	**snail mail** [ˈsneɪl meɪl]

DIE POST – POST

das Klebeband
parcel tape
[ˈpɑːsəl teɪp]

die Styroporflocken
polystyrene chips
[ˌpɒlɪˈstaɪriːn tʃɪps]

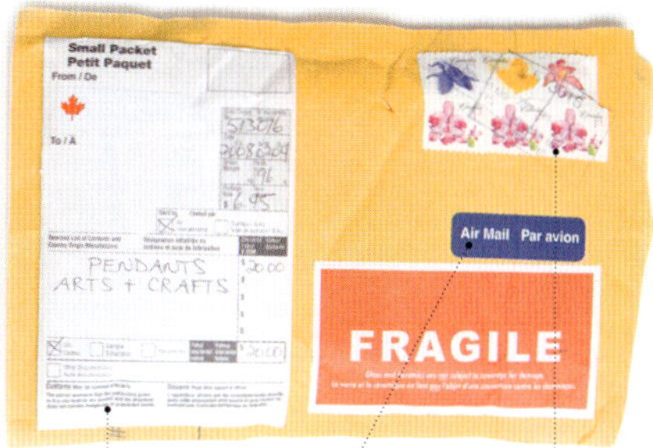

das Päckchen
small package
[smɔːl ˈpækɪdʒ]

per Luftpost
via airmail
[ˌvaɪə ˈeəʳmeɪl]

das Porto
postage
[ˈpəʊstɪdʒ]

zerbrechlich
fragile
[ˈfrædʒaɪl]

vor Nässe schützen
keep dry
[kiːp ˈdraɪ]

oben
this end up
[ðɪs end ˈʌp]

die Zustellung
delivery
[dɪˈlɪvəri]

liefern	**to deliver** [dɪˈlɪvəʳ]
die Leerungszeiten	**collection times** [kəˈlekʃən taɪmz]
versandkostenfrei	**postage paid** [ˌpəʊstɪdʒ ˈpeɪd]
das Gewicht	**weight** [weɪt]
die Waage	**scales** [skeɪls]
der Hausbriefkasten	**letterbox** [ˈletəʳbɒks]
die Postanweisung	**postal order** [ˈpəʊstəl ˌɔːdəʳ]
Nicht knicken!	**Do not bend!** [duː nɒt ˈbend]

der Kurierdienst
courier service
[ˈkʊriəʳ ˌsɜːvɪs]

SPORT UND FITNESS

SPORT AND FITNESS

BALLSPORTARTEN – BALL SPORTS

Der Fußball – Football

das Spielfeld
football pitch
[ˈfʊtbɔːl pɪtʃ]

der Mittelkreis
centre circle
[ˌsentəʳ ˈsɜːkḷ]

der Anstoßpunkt
centre spot
[ˌsentəʳ ˈspɒt]

der Strafraum
penalty area
[ˈpenəlti ˌeəriə]

der Eckbogen
corner arc
[ˈkɔːnəʳ ɑːk]

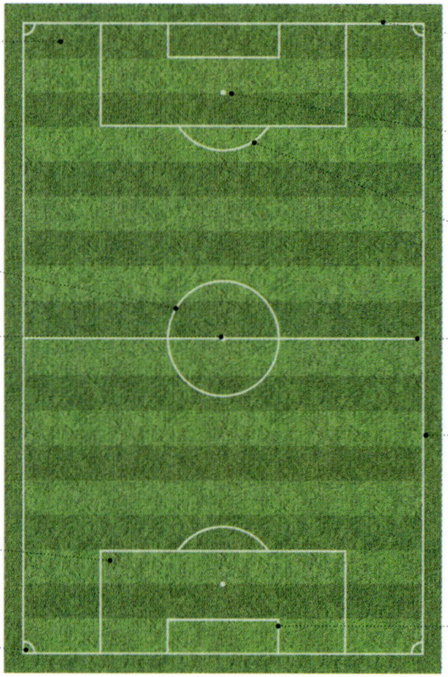

die Torlinie
goal line
[ˈgəʊl laɪn]

der Elfmeterpunkt
penalty spot
[ˈpenəlti spɒt]

der Teilkreis am Strafraum
penalty arc
[ˈpenəlti ɑːk]

die Mittellinie
halfway line
[ˌhɑːfˈweɪ laɪn]

die Seitenlinie
touchline
[ˈtʌtʃlaɪn]

der Torraum
goal area
[ˈgəʊl ˌeəriə]

das Stadion
stadium
[ˈsteɪdiəm]

die Zuschauertribüne
stand
[stænd]

die Zuschauer
spectators
[spekˈteɪtəʳs]

der Platzverweis
sending-off
[ˌsendɪŋˈɒf]

die rote Karte
red card
[red ˈkɑːd]

der Schiedsrichter
referee
[ˌrefərˈiː]

BALLSPORTARTEN – BALL SPORTS

Der Fußball – Football

die Mannschaftsaufstellung
line-up
[ˈlaɪnʌp]

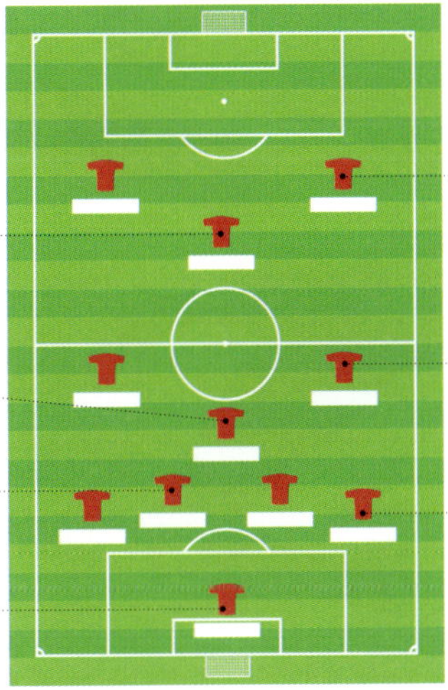

der Mittelstürmer
centre forward
[ˌsentəʳ ˈfɔːwəd]

der Libero
sweeper
[ˈswiːpəʳ]

der Innenverteidiger
centre half
[ˌsentəʳ ˈhɑːf]

der Torwart
goalkeeper
[ˈgəʊlˌkiːpəʳ]

der Außenstürmer
wing
[wɪŋ]

der Mittelfeldspieler
midfielder
[mɪdˈfiːldəʳ]

der Außenverteidiger
wingback
[ˈwɪŋbæk]

angreifen
to **tackle**
[ˈtækl]

der Eckstoß
corner
[ˈkɔːnəʳ]

der Freistoß
free kick
[friː ˈkɪk]

der Einwurf
throw-in
[ˈθrəʊɪn]

die Liga	**league** [liːg]
die erste Liga	**first division** [ˈfɜːst dɪˌvɪʒən]
die Meisterschaft	**Championship** [ˈtʃæmpiːənʃɪp]
der Pokal	**cup** [kʌp]
die gelbe Karte	**yellow card** [ˌjeləʊ ˈkɑːd]
einen Spieler sperren	to **suspend a player** [səˌspend ə ˈpleɪəʳ]
das Foul	**foul** [faʊl]
die Verteidigung	**defence** [diːˈfens]

das Tor
goal
[gəʊl]

BALLSPORTARTEN – BALL SPORTS

Der Fußball – Football

der Fußball
football
[ˈfʊtbɔːl]

der Fußballschuh
football boot
[ˈfʊtbɔːl buːt]

der Stollen
stud
[stʌd]

das Trikot
jersey
[ˈdʒɜːzi]

die Hose
shorts
[ʃɔːts]

der Schienbeinschoner
shin guard
[ˈʃɪn gɑːd]

der Stutzen
sock
[sɒk]

den Ball halten
to **save the ball**
[ˈseɪv ðə bɔːl]

das Tornetz
net
[net]

der Torpfosten
goal post
[ˈgəʊl pəʊst]

der Torwarthandschuh
goalkeeper's glove
[ˈgəʊlkiːpəʳs glʌv]

schießen
to **shoot**
[ʃuːt]

die Querlatte	**crossbar** [ˈkrɒsbɑːʳ]
die Halbzeit	**half-time** [hɑːfˈtaɪm]
das Unentschieden	**draw** [drɔː]
die Verlängerung	**extra time** [ˌekstrə ˈtaɪm]
der Elfmeter	**penalty** [ˈpenəlti]
das Abseits	**offside** [ɒfˈsaɪd]
köpfen	to **head** [hed]
kicken	to **kick** [kɪk]

BALLSPORTARTEN – BALL SPORTS

Der Handball – Handball

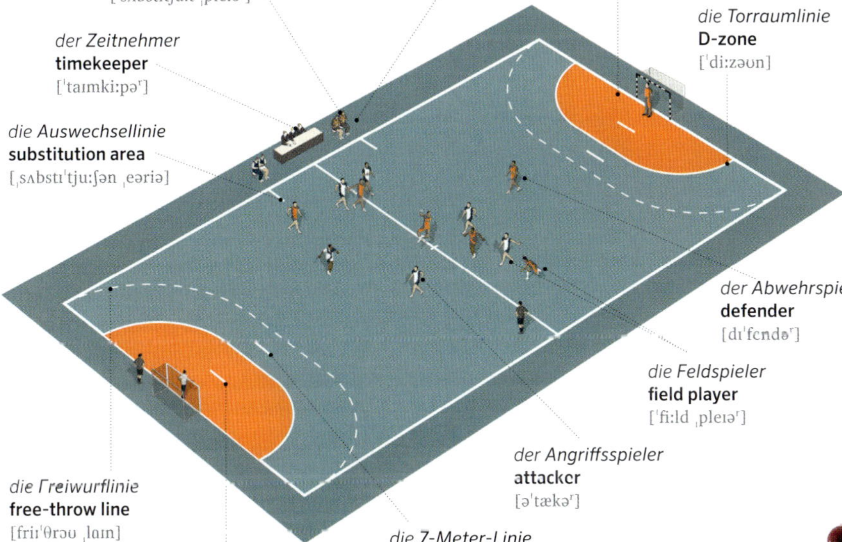

der linke Flügel	**left wing** [ˈleft wɪŋ]
der rechte Flügel	**right wing** [ˈraɪt wɪŋ]
der Schlagwurf	**one-handed pass** [wʌnˌhændɪd ˈpɑːs]
die Zeitstrafe	**time penalty** [ˈtaɪm ˌpenəlti]
die Disqualifikation	**disqualification** [dɪˌskwɒlɪfɪˈkeɪʃən]
die Auszeit	**time out** [ˈtaɪm aʊt]
die Verwarnung	**warning** [ˈwɔːnɪŋ]
der Siebenmeter	**7-metre throw** [ˌsevənˈmiːtəʳ θrəʊ]

BALLSPORTARTEN – BALL SPORTS

Der Volleyball – Volleyball

die Angriffszone
attack zone
[əˈtæk zəʊn]

der Außenangreifer
left/right attacker
[ˈleft/ˈraɪt əˌtækəʳ]

der Mittelangreifer
middle attacker
[ˈmɪdḷ əˌtækəʳ]

die Verteidigungszone
back zone
[ˈbæk zəʊn]

die Netzkante
white tape
[waɪt ˈteɪp]

das Netz
net
[net]

die Angriffslinie
attack line
[əˈtæk laɪn]

der Freiraum
clear space
[ˈklɪəʳ speɪs]

der Libero
sweeper
[ˈswiːpəʳ]

die Grundlinie
baseline
[ˈbeɪslaɪn]

der Abwehrspieler
back
[bæk]

die Seitenlinie
side line
[ˈsaɪd laɪn]

der Linienrichter
line judge
[ˈlaɪn ʤʌʤ]

die Reservebank
substitutes' bench
[ˈsʌbstɪtjuːts ˌbentʃ]

der Beachvolleyball
beach volleyball
[ˈbiːtʃ ˌvɒlibɔːl]

schmettern
to **smash**
[smæʃ]

blocken
to **block**
[blɒk]

der Aufschlag
serve
[sɜːv]

baggern
to **bump**
[bʌmp]

pritschen
to **set**
[set]

die Hechtabwehr
dig
[dɪg]

BALLSPORTARTEN – BALL SPORTS

Der Basketball – Basketball

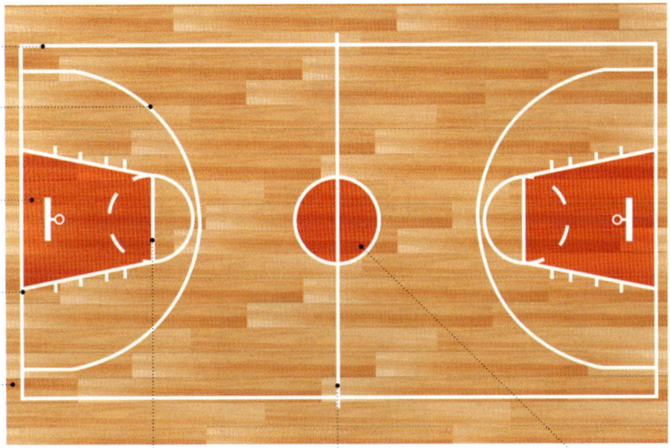

die Seitenlinie
sideline
[ˈsaɪdlaɪn]

die Drei-Punkte-Linie
three-point line
[θriːˈpɔɪnt laɪn]

die begrenzte Zone
restricted area
[rɪˈstrɪktɪd ˌeəriə]

die Grundlinie
baseline
[ˈbeɪslaɪn]

im Aus sein
to **be out**
[biː ˈaʊt]

die Freiwurflinie
free throw line
[friːˈθrəʊ laɪn]

die Mittellinie
midcourt line
[ˈmɪdkɔːt laɪn]

der Mittelkreis
centre circle
[ˌsentəʳ ˈsɜːkl̩]

der Dunk
dunk
[dʌŋk]

das Korbbrett
backboard
[ˈbækbɔːd]

der Korbring
hoop
[huːp]

das Netz
net
[net]

der Korb
basket
[ˈbɑːskɪt]

der Korbleger	**layup** [leɪʌp]
das Doppeldribbling	**bounce** [baʊns]
der Rebound	**rebound** [ˈriːbaʊnd]
der Sprungball	**jump shot** [ˈʤʌmp ʃɒt]
fangen	to **catch** [kætʃ]
werfen	to **throw** [θrəʊ]
zielen	to **shoot** [ʃuːt]
decken	to **mark** [mɑːk]

WEITERE BALLSPORTARTEN – OTHER BALL SPORTS

das Hockey
field hockey
[ˈfi:ld ˌhɒki]

das Eishockey
ice hockey
[ˈaɪs ˌhɒki]

der Hockeyschläger
hockey stick
[ˈhɒki stɪk]

der Puck
puck
[pʌk]

der Softball
softball
[ˈsɒftbɔ:l]

der Baseball
baseball
[ˈbeɪsbɔ:l]

der Baseballschläger
baseball bat
[ˈbeɪsbɔ:l bæt]

der Baseballhandschuh
baseball glove
[ˈbeɪsbɔ:l glʌv]

der American Football
American football
[əˌmerɪkən ˈfʊtbɔ:l]

das Rugby
rugby
[ˈrʌgbi]

das Kricket
cricket
[ˈkrɪkɪt]

das Schlagholz
bat
[bæt]

die Trillerpfeife
whistle
[ˈwɪsl̩]

die Mannschaft	**team** [ti:m]
der Sieger	**winner** [ˈwɪnəʳ]
der Verlierer	**loser** [ˈlu:zəʳ]
der Weltmeister	**world champion** [wɜ:ld ˈtʃæmpi:ən]
das Turnier	**tournament** [ˈtɔ:nəmənt]
der Spielstand	**score** [skɔ:ʳ]
der Trainer	**coach** [kəʊtʃ]
die Trainerin	**coach** [kəʊtʃ]
die Anzeigetafel	**scoreboard** [ˈskɔ:ʳbɔ:d]

BALLSPORTARTEN MIT SCHLÄGERN – RACKET SPORTS

Das Badminton – Badminton

der Badmintonplatz
badminton court
[ˈbædmɪntən ˌkɔːt]

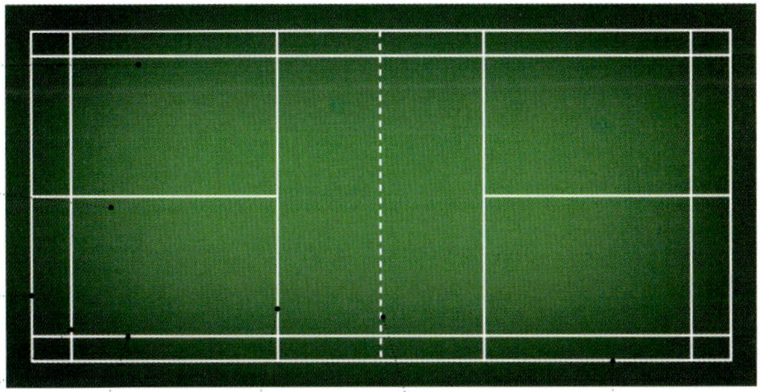

das linke Aufschlagfeld
left service court
[ˈleft ˌsɜːvɪs kɔːt]

das rechte Aufschlagfeld
right service court
[ˈraɪt ˌsɜːvɪs kɔːt]

die hintere Aufschlaglinie Einzel
service line
[ˈsɜːvɪs laɪn]

die hintere Aufschlaglinie Doppel
long service line for doubles
[ˈlɒŋ ˌsɜːvɪs laɪn fəʳ ˈdʌbl̩z]

die vordere Aufschlaglinie
short service line
[ˈʃɔːt ˌsɜːvɪs laɪn]

die Seitenlinie Doppel
double sideline
[ˈdʌbl̩ ˌsaɪdlaɪn]

die Seitenlinie Einzel
single sideline
[ˈsɪŋgl̩ ˌsaɪdlaɪn]

die Mittellinie
centre line
[ˈsentəʳ ˌlaɪn]

das Squash
squash
[skwɒʃ]

der Racquetball
racquetball
[ˈrækɪtˌbɔːl]

der Badmintonschläger
badminton racket
[ˈbædmɪntən ˌrækɪt]

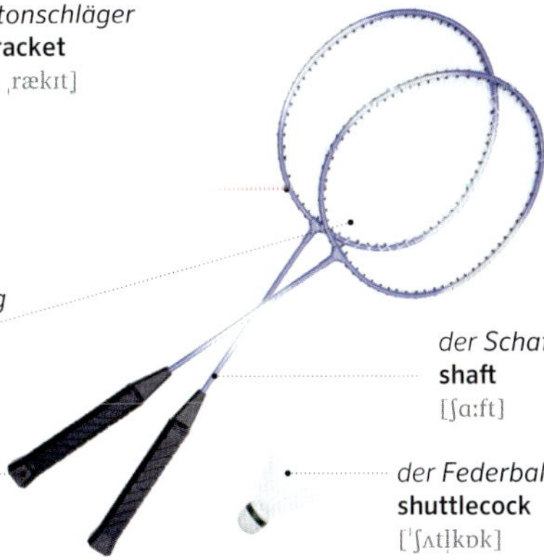

der Rahmen
frame
[freɪm]

die Bespannung
stringing
[ˈstrɪŋɪŋ]

der Schaft
shaft
[ʃɑːft]

der Griff
handle
[ˈhændl̩]

der Federball
shuttlecock
[ˈʃʌtl̩kɒk]

BALLSPORTARTEN MIT SCHLÄGERN – RACKET SPORTS

Das Tennis – Tennis

der Balljunge
ball boy
[ˈbɔːl bɔɪ]

die Grundlinie
baseline
[ˈbeɪslaɪn]

die Aufschlaglinie
service line
[ˈsɜːvɪs laɪn]

das Halbfeld
forecourt
[ˈfɔːʳkɔːt]

die Seitenlinie für das Einzelspiel
singles sideline
[ˈsɪŋgl̩z ˌsaɪdlaɪn]

die Seitenlinie für das Doppelspiel
doubles sideline
[ˈdʌbl̩z ˌsaɪdlaɪn]

die Aufschlagmittellinie
centre service line
[ˈsentəʳ ˌsɜːvɪs laɪn]

das Netz
net
[net]

der Tennisball
tennis ball
[ˈtenɪs ˌbɔːl]

der Tennisschläger
tennis racket
[ˈtenɪs ˌrækɪt]

die Vorhand
forehand
[ˈfɔːʳhænd]

die Rückhand	**backhand** [ˈbækhænd]
das Einzel	**singles** [ˈsɪŋgl̩z]
das Doppel	**doubles** [ˈdʌbl̩s]
der/das Tiebreak	**tiebreak** [ˈtaibreɪk]
der Einstand	**deuce** [djuːs]
der Fehler	**fault** [fɔːlt]
das Ass	**ace** [eɪs]
der Satz	**set** [set]
der Schiedsrichter	**umpire** [ˈʌmpaɪəʳ]
die Schiedsrichterin	**umpire** [ˈʌmpaɪəʳ]
der Linienrichter	**line judge** [ˈlaɪn ʤʌʤ]
die Linienrichterin	**line judge** [ˈlaɪn ʤʌʤ]

BALLSPORTARTEN MIT SCHLÄGERN – RACKET SPORTS

Das Tischtennis – Table tennis

der Tischtennistisch
table tennis table
[ˈteɪbl̩ ˌtenɪs ˌteɪbl̩]

die Netzoberkante
top of the net
[tɒp əv ðə ˈnet]

der Netzhalter
net support
[ˈnet səˌpɔːt]

die Seitenlinie
side line
[ˈsaɪdlaɪn]

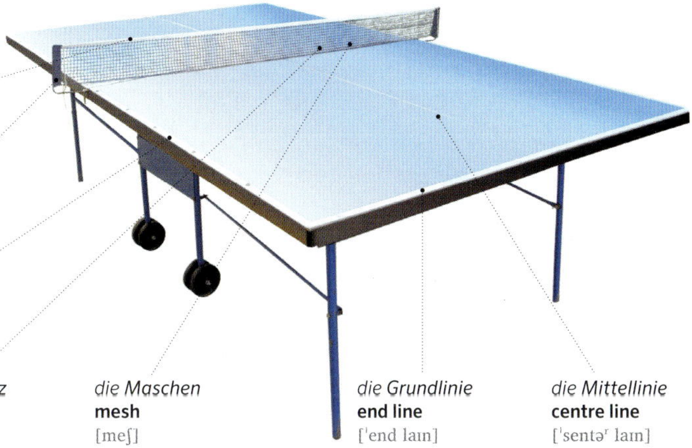

das Netz
net
[net]

die Maschen
mesh
[meʃ]

die Grundlinie
end line
[ˈend laɪn]

die Mittellinie
centre line
[ˈsentəʳ laɪn]

der Tischtennisschläger
table tennis bat
[ˈteɪbl̩ ˌtenɪs bæt]

die Schlagfläche
blade
[bleɪd]

der Belag
covering
[ˈkʌvərɪŋ]

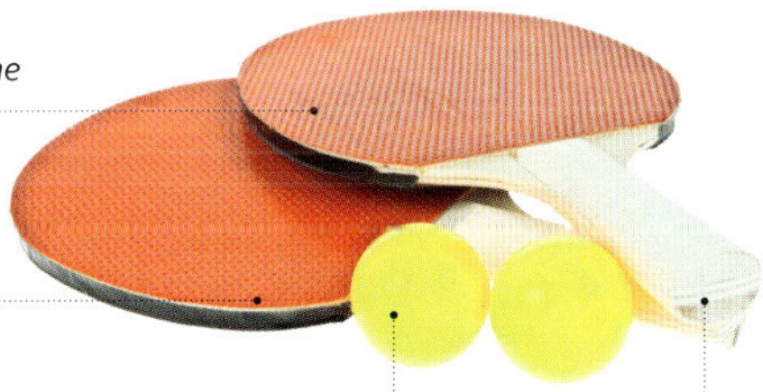

der Tischtennisball
table tennis ball
[ˈteɪbl̩ ˌtenɪs bɔːl]

der Griff
handle
[ˈhændl̩]

der Penholdergriff
penholder grip
[ˈpenhəʊldəʳ ˌgrɪp]

der Shakehandgriff
shake hands grip
[ˈʃeɪk hænds ˌgrɪp]

DAS GOLF – GOLF

der Golfplatz
golf course
[ˈgɒlf kɔːs]

das Wasserhindernis
water hazard
[ˈwɔːtəʳ ˌhæzəd]

der Bunker
bunker
[ˈbʌŋkəʳ]

das Fairway
fairway
[ˈfeəʳweɪ]

das Rough
rough
[rʌf]

der Abschlag
tee-off
[ˈtiːɒf]

die Haltung
stance
[stɑːns]

das Tee
tee
[tiː]

der Golfball
golf ball
[ˈgɒlf bɔːl]

einlochen
to **putt**
[pʌt]

die Fahne
flag
[flæg]

das Loch
hole
[həʊl]

das Grün
green
[griːn]

DAS GOLF – GOLF

die Golfschläger
golf clubs
[ˈgɒlf klʌbz]

das Holz
wood
[wʊd]

das Eisen
iron
[ˈaɪən]

der Wedge
wedge
[wedʒ]

der Putter
putter
[ˈpʌtəʳ]

die Golftasche
golf bag
[ˈgɒlf bæg]

driven
to **drive**
[draɪv]

der Golfspieler
golf player
[ˈgɒlf ˌpleɪəʳ]

der Caddie
caddie
[ˈkædɪ]

der Golftrolley
golf trolley
[ˈgɒlf ˌtrɒlɪ]

der Durchschwung
follow-through
[ˈfɒləʊθruː]

schwingen	to **swing** [swɪŋ]
chippen	to **chip** [tʃɪp]
den Ball vom Abschlag spielen	to **tee off** [tiː ˈɒf]
das Par	**par** [pɑːʳ]
das Birdie	**birdie** [ˈbɜːdi]
das Bogey	**bogey** [ˈbəʊgi]
das Handicap	**handicap** [ˈhændɪkæp]
das Hole-in-one	**hole-in-one** [ˌhəʊlɪnˈwʌn]

das Golfcart
golf cart
[ˈgɒlf kɑːt]

DIE LEICHTATHLETIK – ATHLETICS

die Sprunggrube
landing pit
[ˈlændɪŋ pɪt]

der Weit- und Dreisprung
long jump and triple jump
[ˈlɒŋ ʤʌmp ənd ˈtrɪpl̩ ʤʌmp]

die Anlaufbahn
runway
[ˈrʌnweɪ]

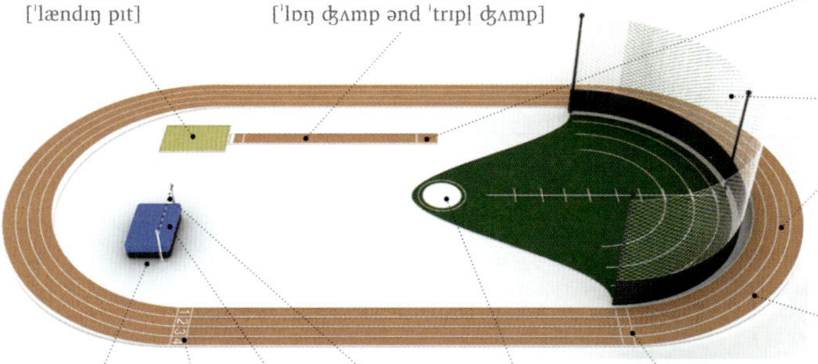

das Schutznetz
safety cage
[ˈseɪfti keɪʤ]

die Bahn
lane
[leɪn]

die Aschenbahn
track
[træk]

der Hochsprung
high jump
[ˈhaɪ ʤʌmp]

die Latte
bar
[bɑːʳ]

die Ziellinie
finishing line
[ˈfɪnɪʃɪŋ laɪn]

der Diskus- und Hammerwurf
discus throw and hammer throw
[ˈdɪskəs θrəʊ ənd ˈhæməʳ θrəʊ]

die Startlinie
starting line
[ˈstɑːtɪŋ laɪn]

die Matte
landing pad
[ˈlændɪŋ pæd]

der Wurfkreis
throwing circle
[ˈθrəʊɪŋ sɜːkl̩]

der Sprint
sprint
[sprɪnt]

der Startblock
starting block
[ˈstɑːtɪŋ blɒk]

der Hürdenlauf
hurdles
[ˈhɜːdl̩s]

die Hürde
hurdle
[ˈhɜːdl̩]

der Stabhochsprung
pole vault
[ˈpəʊl vɔːlt]

der Staffellauf	**relay race** [ˈriːleɪ reɪs]
der Stab	**baton** [ˈbætən]
einen Rekord brechen	**to break a record** [breɪk ə ˈrekɔːd]
der Marathon	**marathon** [ˈmærəθən]
der Speerwurf	**javelin** [ˈʤævəlɪn]
die persönliche Bestleistung	**personal best** [ˌpɜːsənəl ˈbest]
die Stoppuhr	**stop watch** [ˈstɒp wɒtʃ]
die Startpistole	**starting pistol** [ˈstɑːtɪŋ ˌpɪstəl]

DAS TURNEN – GYMNASTICS

der Sprungtisch
vaulting table
[ˈvɔːltɪŋ ˌteɪbl̩]

der Handstand
handstand
[ˈhændstænd]

der/das Spagat
the **splits**
[ðə ˈsplɪts]

das Reck
horizontal bar
[ˌhɒrɪˈzɒntəl bɑːʳ]

der Barren
parallel bars
[ˈpærəlel bɑːʳs]

das Pauschenpferd
pommel horse
[ˈpɒməl hɔːs]

die Ringe
rings
[rɪŋz]

der Schwebebalken
beam
[biːm]

das Bodenturnen
floor exercise
[ˈflɔːʳ ˌeksəsaɪz]

der Stufenbarren
uneven bars
[ʌnˌiːvən ˈbɑːʳs]

der Turnanzug
leotard
[ˈliːətɑːd]

die Turnhalle
gymnasium
[dʒɪmˈneɪziəm]

die Turnerin
gymnast
[ˈdʒɪmnæst]

die Magnesia
chalk
[tʃɔːk]

das Gold	**gold** [gəʊld]
das Silber	**silver** [ˈsɪlvəʳ]
die Bronze	**bronze** [brɒnz]
die Medaille	**medal** [ˈmedəl]
der Wettkampf	**competition** [ˌkɒmpəˈtɪʃən]
der Salto	**somersault** [ˈsʌməsɔːlt]
der Aufgang	**mount** [maʊnt]
der Abgang	**dismount** [ˈdɪsmaʊnt]

DER WASSERSPORT – WATER SPORTS

Das Schwimmen – Swimming

das Wettkampfbecken
competition pool
[ˌkɒmpəˈtɪʃən puːl]

① *der Wendehinweis für Rückenschwimmer*
backstroke turn indicator
[ˈbækstrəʊk tɜːn ˌɪndɪkeɪtəʳ]

② *die Bahn*
lane
[leɪn]

③ *das Ziel*
finish wall
[ˈfɪnɪʃ wɔːl]

④ *die Linie*
line
[laɪn]

⑤ *das Wasser*
water
[ˈwɔːtəʳ]

⑥ *der Startblock*
starting block
[ˈstɑːtɪŋ blɒk]

⑦ *die Schwimmleine*
lane marker
[ˈleɪn ˌmɑːkəʳ]

die Wende
turn
[tɜːn]

der Armzug
stroke
[strəʊk]

das Rückenschwimmen
backstroke
[ˈbækstrəʊk]

das Brustschwimmen
breaststroke
[ˈbreststrəʊk]

kraulen
to swim the crawl
[swɪm ðə ˈkrɔːl]

das Schmetterlings-schwimmen
butterfly
[ˈbʌtəflaɪ]

der Startsprung
racing dive
[ˈreɪsɪŋ ˌdaɪv]

der Fehlstart
false start
[fɔːls ˈstɑːt]

DER WASSERSPORT – WATER SPORTS

Das Schwimmen – Swimming

der Wasserball
water polo
[ˈwɔːtəʳ ˌpəʊləʊ]

springen
to **dive**
[daɪv]

das Kunstspringen
diving
[ˈdaɪvɪŋ]

das Synchronschwimmen
synchronized swimming
[ˌsɪŋkrənaɪzd ˈswɪmɪŋ]

der Schwimmflügel
water wing
[ˈwɔːtəʳ ˌwɪŋ]

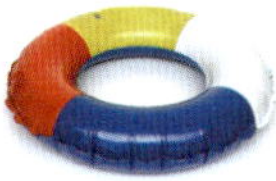

der Schwimmring
rubber ring
[ˌrʌbəʳ ˈrɪŋ]

das Schwimmerbecken
swimming pool
[ˈswɪmɪŋ puːl]

das Nichtschwimmer-becken
non-swimmer's pool
[ˈnɒnˌswɪməʳz puːl]

die Schwimmweste
life jacket
[ˈlaɪf ˌdʒækɪt]

die Schwimmnudel
pool noodle
[ˈpuːl ˌnuːdl̩]

die Schwimmerin
swimmer
[ˈswɪməʳ]

die Badekappe
swimming cap
[ˈswɪmɪŋ ˌkæp]

der Schwimmanzug
swimming costume
[ˈswɪmɪŋ ˌkɒstjuːm]

die Schwimmbrille
goggles
[ˈgɒgl̩z]

schwimmen	to **swim** [swɪm]
das Sprungbrett	**diving board** [ˈdaɪvɪŋ ˌbɔːd]
der Sprungturm	**diving platform** [ˈdaɪvɪŋ ˌplætfɔːm]
das Schwimmbrett	**float** [fləʊt]
plantschen	to **paddle** [ˈpædl̩]
der Bademeister	**pool attendant** [ˈpuːl əˌtendənt]
die Bademeisterin	**pool attendant** [ˈpuːl əˌtendənt]
der Wasserpark	**aquatic park** [əˈkwætɪk pɑːk]

DER WASSERSPORT – WATER SPORTS

Das Segeln – Sailing

der Mast
mast
[mɑːst]

die Takelage
rigging
[ˈrɪgɪŋ]

das Großsegel
mainsail
[ˈmeɪnseɪl]

die Fock
foresail
[ˈfɔːˈseɪl]

der Bug
bow
[baʊ]

der Rumpf
hull
[hʌl]

das Heck
stern
[stɜːn]

der Rettungsring
lifebelt
[ˈlaɪfbelt]

die Leuchtrakete
rocket flare
[ˈrɒkɪt ˌfleəʳ]

der Segler
yachtsman
[ˈjɒtsmən]

der Baum
boom
[buːm]

das Cockpit
cockpit
[ˈkɒkpɪt]

die Pinne
tiller
[ˈtɪləʳ]

der Seegang	**swell** [swel]
der Wind	**wind** [wɪnd]
die Meeresströmung	**ocean current** [ˈəʊʃn ˌkʌrənt]
der Anker	**anchor** [ˈæŋkəʳ]
die Crew	**crew** [kruː]
das Ruder	**rudder** [ˈrʌdəʳ]
kentern	to **capsize** [kæpˈsaɪz]
kreuzen	to **cruise** [kruːz]
der Jachthafen	**marina** [məˈriːnə]
das Rettungsboot	**lifeboat** [ˈlaɪfbəʊt]
der Katamaran	**catamaran** [ˌkætəməˈræn]

DER WASSERSPORT – WATER SPORTS

Das Tauchen – Diving

der Tauchanzug
wetsuit
[ˈwetsuːt]

die Druckluftflasche
diving cylinder
[ˈdaɪvɪŋ ˌsɪlɪndəʳ]

der Lungenautomat
diving regulator
[ˈdaɪvɪŋ ˌregjəleɪtəʳ]

die Taschenlampe
torch
[tɔːtʃ]

der Tiefenmesser
depth gauge
[ˈdepθ geɪʤ]

die Schwimmflosse
flipper
[ˈflɪpəʳ]

der Tauchstiefel
diving boot
[ˈdaɪvɪŋ ˌbuːt]

der Schnorchel
snorkel
[ˈsnɔːkəl]

die Tauchmaske
diving mask
[ˈdaɪvɪŋ ˌmɑːsk]

das Finimeter
contents gauge
[ˈkɒntents geɪʤ]

der/das Kajak
kayak
[ˈkaɪæk]

das Doppelpaddel
double-bladed paddle
[ˈdʌbl̩ˌbleɪdɪd ˈpædl̩]

der Kanadier
Canadian canoe
[kəˈneɪdiən kəˌnuː]

das Stechpaddel
single-bladed paddle
[ˈsɪŋgl̩ˌbleɪdɪd ˌpædl̩]

der Sitz
seat
[siːt]

der Vordersteven
stem
[stem]

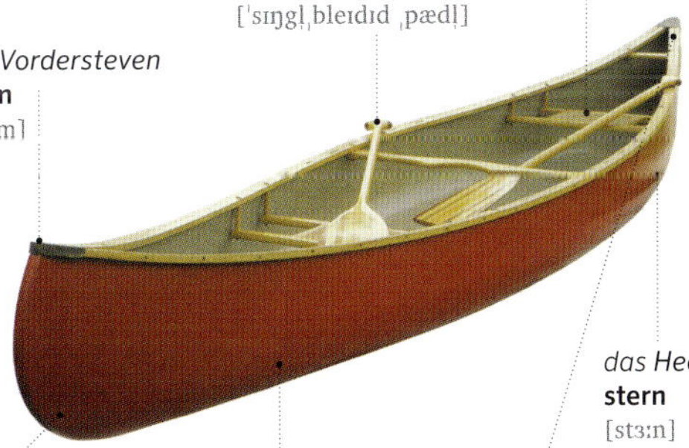

das Heck
stern
[stɜːn]

der Bug
bow
[baʊ]

der Bootsrumpf
hull
[hʌl]

der Achtersteven
sternpost
[ˈstɜːnpəʊst]

DER WASSERSPORT – WATER SPORTS

Das Surfen – Surfing

surfen
to surf
[sɜːf]

das Surfbrett
surfboard
[ˈsɜːfbɔːd]

der Surfer
surfer
[ˈsɜːfəʳ]

die Welle
wave
[weɪv]

das Windsurfen
windsurfing
[ˈwɪndˌsɜːfɪŋ]

das Schothorn
clew
[kluː]

der Mast
mast
[mɑːst]

das Segel
sail
[seɪl]

der Windsurfer
windsurfer
[ˈwɪndˌsɜːfəʳ]

das Paddelbrett
paddleboard
[ˈpædl̩bɔːd]

das Kitesurfen
kite-surfing
[ˈkaɪtˌsɜːfɪŋ]

das Bodyboarden
bodyboarding
[ˈbɒdiˌbɔːdɪŋ]

das Wakeboarden
wakeboarding
[ˈweɪkˌbɔːdɪŋ]

der Jetski®
jet-ski®
[ˈʤetskiː]

das Wasserski
water-ski
[ˈwɔːtəʳˌskiː]

das Rudern
rowing
[ˈrəʊɪŋ]

das Rafting
rafting
[ˈrɑːftɪŋ]

DER KAMPFSPORT – MARTIAL ARTS

das Karate
karate
[kəˈrɑːti]

das Aikido
aikido
[aiˈkiːdəʊ]

das Kendo
kendo
[ˈkendəʊ]

das Taekwondo
taekwondo
[ˌtaɪkwɒnˈdəʊ]

der schwarze Gürtel
black belt
[blæk ˈbelt]

das Judo
judo
[ˈʤuːdəʊ]

das Kung-Fu
kung fu
[ˌkʊŋ ˈfuː]

das Kickboxen
kickboxing
[ˈkɪkˌbɒksɪŋ]

das Ringen
wrestling
[ˈreslɪŋ]

das Boxen
boxing
[ˈbɒksɪŋ]

der Sandsack
punchbag
[ˈpʌnʃbæg]

der Boxball
punching ball
[ˈpʌnʃɪŋ bɔːl]

der Kopfschutz
headgear
[ˈhedgɪər]

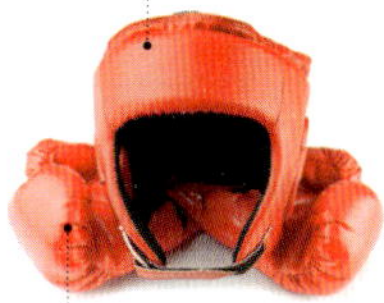

der Boxhandschuh
boxing glove
[ˈbɒksɪŋ ˌglʌv]

der Mundschutz	**gumshield** [ˈgʌmʃiːld]
das Sparring	**sparring** [ˈspɑːrɪŋ]
der Knock-out	**knock-out** [ˈnɒkaʊt]
die Selbstverteidigung	**self-defence** [ˌselfdiːˈfens]
das Tai-Chi	**t'ai chi** [tai ˈtʃiː]
das Jiu-Jitsu	**jujitsu** [ʤuːˈʤɪtsuː]
die Capoeira	**capoeira** [ˈkʌpeərə]
das Wing Chun	**wing chun** [ˈwɪŋ tʃʌn]

DER REITSPORT – EQUESTRIANISM

der Reithelm
riding hat
[ˈraɪdɪŋ ˌhæt]

die Reiterin
rider
[ˈraɪdəʳ]

der Sattel
saddle
[ˈsædl̩]

die Reithose
jodhpurs
[ˈʤɒdpəz]

die Mähne
mane
[meɪn]

das Pferd
horse
[hɔːs]

der Stirnriemen
brow band
[ˈbraʊ bænd]

das Zaumzeug
bridle
[ˈbraɪdl̩]

der Nasenriemen
nose band
[ˈnəʊz bænd]

die Kandare
bit
[bɪt]

der Zügel
rein
[reɪn]

der Steigbügel
stirrup
[ˈstɪrəp]

der Sattelgurt
girth
[gɜːθ]

der Huf
hoof
[huːf]

der Sprung
jump
[ʤʌmp]

der Hinterzwiesel
cantle
[ˈkæntl̩]

der Reitstiefel
riding boot
[ˈraɪdɪŋ ˌbuːt]

der Vorderzwiesel
pommel
[ˈpɒməl]

DER REITSPORT - EQUESTRIANISM

das Pferderennen
horse racing
[ˈhɔːs ˌreɪsɪŋ]

das Rennpferd
racehorse
[ˈreɪshɔːs]

der Jockey
jockey
[ˈʤɒki]

das Dressurreiten
dressage
[ˈdresɑːʒ]

der Ausritt
hack
[hæk]

der Trabrennsport
harness racing
[ˈhɑːnɪs ˌreɪsɪŋ]

das Jagdrennen
steeplechase
[ˈstiːpl̩tʃeɪs]

ohne Sattel reiten
to ride bareback
[raɪd ˈbeəʳbæk]

der Stall
stable
[ˈsteɪbl̩]

der/das Rodeo
rodeo
[rəʊˈdeɪəʊ]

das Polo
polo
[ˈpəʊləʊ]

das Springreiten
show jumping
[ˈʃəʊ ˌʤʌmpɪŋ]

das Hufeisen	**horseshoe** [ˈhɔːsʃuː]
die Reitgerte	**riding crop** [ˈraɪdɪŋ krɒp]
die Koppel	**paddock** [ˈpædək]
der Kanter	**canter** [ˈkæntəʳ]
der Galopp	**gallop** [ˈgæləp]
der Schritt	**walk** [wɔːk]
das Trabrennen	**trotting race** [ˈtrɒtɪŋ reɪs]
das Flachrennen	**flat race** [ˈflæt reɪs]

der Pferdepfleger
groom
[gruːm]

DAS ANGELN – FISHING

der Angler
angler
[ˈæŋgləʳ]

die Angel
fishing rod and line
[ˈfɪʃɪŋ rɒd ənd ˈlaɪn]

die Angelrute
fishing rod
[ˈfɪʃɪŋ rɒd]

die Anglerweste
fishing jacket
[ˈfɪʃɪŋ ˌʤækɪt]

einen Fisch fangen
to catch a fish
[kætʃ ə ˈfɪʃ]

der Unterfangkescher
landing net
[ˈlændɪŋ net]

der Watstiefel
waders
[ˈweɪdəʳz]

die Angelausrüstung
fishing equipment
[ˈfɪʃɪŋ ɪˌkwɪpmənt]

die Angelschnur
fishing line
[ˈfɪʃɪŋ laɪn]

die Kunstfliege
artificial fly
[ˌɑːtɪˈfɪʃəl flaɪ]

die Pose
float
[fləʊt]

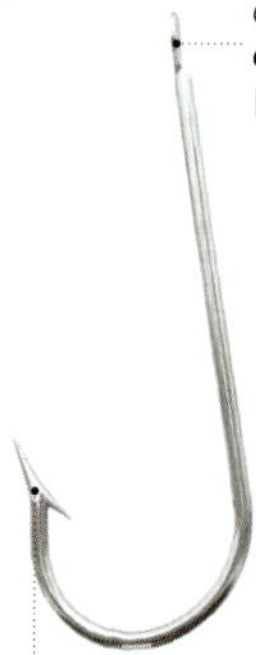

der Angelhaken
fish hook
[ˈfɪʃ hʊk]

die Öse
eye
[aɪ]

der Widerhaken
barb
[bɑːb]

die Spule
spool
[spuːl]

die Angelrolle
fishing reel
[ˈfɪʃɪŋ riːl]

die Kurbel
crank
[kræŋk]

DAS ANGELN – FISHING

das Brandungsangeln
surfcasting
[ˈsɜːfˌkɑːstɪŋ]

mit dem Netz fangen
to **net**
[net]

das Hochseeangeln
deep sea fishing
[ˈdiːp siː ˌfɪʃɪŋ]

das Süßwasserangeln
fresh water fishing
[ˈfreʃ ˌwɔːtəʳ ˈfɪʃɪŋ]

das Speerfischen
spear fishing
[ˈspɪəʳ ˌfɪʃɪŋ]

einholen
to **reel in**
[riːl ˈɪn]

das Fliegenfischen
fly fishing
[ˈflaɪ ˌfɪʃɪŋ]

fangen
to **catch**
[kætʃ]

freilassen
to **release**
[rɪˈliːs]

der Köder
bait
[beɪt]

der Fang
catch
[kætʃ]

die Hummerfalle
lobster pot
[ˈlɒbstəʳ pɒt]

der Angelschein	**fishing licence** [ˈfɪʃɪŋ ˌlaɪsəns]
anbeißen	to **bite** [baɪt]
der Fischkorb	**creel** [kriːl]
der Erdspeer	**support (for fishing tackle)** [səˈpɔːt (fɔː ˈfɪʃɪŋ tækl̩)]
der Wobbler	**lure** [lʊəʳ]
die Harpune	**harpoon** [ˌhɑːˈpuːn]
die Angel auswerfen	to **cast the line** [ˌkɑːst ðə ˈlaɪn]
einen Fisch einholen	to **reel in a fish** [ˌriːl ɪn ə ˈfɪʃ]

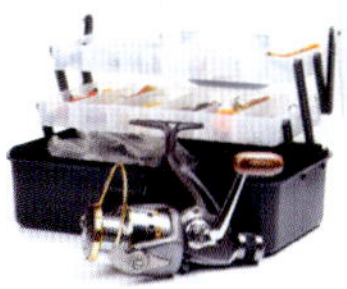

der Spinnerkasten
tackle box
[ˈtækl̩ bɒks]

DER WINTERSPORT – WINTER SPORTS

der Sturzhelm
helmet
[ˈhelmət]

der Pulverschnee
powder
[ˈpaʊdəʳ]

der Stockteller
basket
[ˈbɑːskɪt]

der Skistock
ski stick
[ˈskiː stɪk]

die Seilbahn
cable car
[ˈkeɪbl̩ kɑːʳ]

die Spitze
tip
[tɪp]

der Ski
ski
[ˈskiː]

der Skistiefel
ski boot
[ˈskiː buːt]

der Skianzug
ski suit
[ˈskiː suːt]

die Skipiste
piste
[piːst]

die Kante
edge
[edʒ]

der Skiläufer
skier
[ˈskiːəʳ]

der Slalom
slalom
[ˈslɑːləm]

der Abfahrtslauf
downhill skiing
[ˈdaʊnhɪl ˌskiːɪŋ]

das Skispringen
ski jumping
[ˈskiː ˌdʒʌmpɪŋ]

abseits der Piste
off-piste
[ˈɒfpiːst]

der Skihang
ski slope
[ˈskiː sləʊp]

das Biathlon
biathlon
[baɪˈæθlən]

der Langlauf
cross-country skiing
[krɒsˌkʌntri ˈskiːɪŋ]

die Langlaufloipe
cross-country ski run
[krɒsˌkʌntri ˈskiː rʌn]

DER WINTERSPORT – WINTER SPORTS

die Skibrille
ski goggles
[ˈskiː ˌɡɒɡlz]

der Snowboardfahrer
snowboarder
[ˈsnəʊbɔːdəʳ]

das Snowboard
snowboard
[ˈsnəʊbɔːd]

die Bindung
safety binding
[ˈseɪfti ˌbaɪndɪŋ]

die Halfpipe
half pipe
[ˈhɑːfpaɪp]

das Rail
rail
[reɪl]

Schlitten fahren
sledging
[ˈsledʒɪŋ]

das Rennrodeln
luge
[luːʒ]

der Bobsport
bobsleighing
[ˈbɒbsleɪŋ]

das Curling
curling
[ˈkɜːlɪŋ]

Schlittschuh laufen
to **ice skate**
[ˈaɪs skeɪt]

der Eisschnelllauf
speed skating
[ˈspiːd ˌskeɪtɪŋ]

das Skifahren	**skiing** [ˈskiːɪŋ]
das Snowboarding	**snowboarding** [ˈsnəʊbɔːdɪŋ]
der Winter-Fünfkampf	**winter pentathlon** [ˌwɪntəʳ penˈtæθlɒn]
der Freistil	**freestyle** [ˈfriːstaɪl]
das Schneeschuhwandern	**snow shoeing** [ˈsnəʊ ˌʃuːɪŋ]
das Hundeschlittenfahren	**dog sleighing** [ˈdɒɡ ˌsleɪŋ]
das Après-Ski	**après ski** [ˌæpreɪ ˈskiː]
die Skihütte	**ski lodge** [ˈskiː lɒdʒ]

der Eiskunstlauf
figure skating
[ˈfɪɡəʳ ˌskeɪtɪŋ]

SONSTIGE SPORTARTEN – OTHER SPORTS

das Klettern
climbing
[ˈklaɪmɪŋ]

das Wandern
hiking
[ˈhaɪkɪŋ]

der Radsport
biking
[ˈbaɪkɪŋ]

das Mountainbiken
downhill biking
[ˈdaʊnhɪl ˌbaɪkɪŋ]

das Abseilen
abseiling
[ˈæbseɪlɪŋ]

das Bungeespringen
bungee jumping
[ˈbʌnʤiː ˌʤʌmpɪŋ]

das Drachenfliegen
hang-gliding
[ˈhæŋˌglaɪdɪŋ]

das Fallschirmspringen
parachuting
[ˈpærəʃuːtɪŋ]

das Rallyefahren
rally driving
[ˈræli ˌdraɪvɪŋ]

die Formel 1®
Formula One®
[ˌfɔːmjələ ˈwʌn]

das Motocross
motocross
[ˈməʊtəkrɒs]

das Motorradrennen
motorbike racing
[ˈməʊtəʳbaɪk ˌreɪsɪŋ]

das Skateboardfahren
skateboarding
[ˈskeɪtˌbɔːdɪŋ]

das Longboardfahren
longboarding
[ˈlɒŋˌbɔːdɪŋ]

das Inlineskaten
in-line skating
[ˈɪnlaɪn ˌskeɪtɪŋ]

das Offroadfahren
off-roading
[ɒfˈrəʊdɪŋ]

SONSTIGE SPORTARTEN – OTHER SPORTS

das Fechten
fencing
[ˈfensɪŋ]

das Bowling
tenpin bowling
[ˌtenpɪn ˈbəʊlɪŋ]

das Bogenschießen
archery
[ˈɑːtʃəri]

die Jagd
hunting
[ˈhʌntɪŋ]

das Darts
darts
[dɑːts]

das Poolbillard
pool
[puːl]

das Snooker
snooker
[ˈsnuːkə^r]

das Lacrosse
lacrosse
[ləˈkrɒs]

die rhythmische Sportgymnastik
rhythmic gymnastics
[ˌrɪðmɪk dʒɪmˈnæstɪks]

das Frisbee®
Frisbee®
[ˈfrɪzbi]

das Triathlon
triathlon
[traɪˈæθlɒn]

der Australian Football
Australian Rules Football
[ɒsˌtreɪliən ruːlz ˈfʊtbɔːl]

die/das Boule
boules
[buːl]

das Ballett
ballet
[ˈbæleɪ]

das Krocket
croquet
[ˈkrəʊkeɪ]

der/das Parkour
parkour
[pɑːˈkɔː^r]

DIE FITNESS – KEEPING FIT

das Fitnessstudio
gym
[ʤɪm]

die Langhantel
barbell
[ˈbɑːbel]

die Gewichtsscheibe
weight
[weɪt]

die Bank
bench
[bentʃ]

das Krafttraining
weight training
[ˈweɪt ˌtreɪnɪŋ]

die Bizepsübung
biceps curl
[ˌbaɪseps ˈkɜːl]

die Kurzhantel
dumbbell
[ˈdʌmbel]

das Bankdrücken
bench press
[ˈbentʃ pres]

trainieren
to **train**
[treɪn]

das Ergometer
ergometer
[ˈɜːgəʊˌmiːtəʳ]

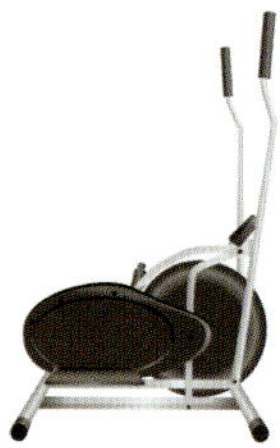

der Crosstrainer
elliptical trainer
[ɪˈlɪptɪkəl ˌtreɪnəʳ]

der Fitnessball
exercise ball
[ˈeksəsaɪz ˌbɔːl]

die Matte
mat
[mæt]

das Laufband
treadmill
[ˈtredmɪl]

das Rudergerät
rowing machine
[ˈrəʊɪŋ məˌʃiːn]

DIE FITNESS – KEEPING FIT

der Ausfallschritt
lunge
[lʌnʤ]

die Rumpfbeuge
forward bend
[ˈfɔːwəd ˌbend]

der Liegestütz
press-up
[ˈpres ʌp]

der Sit-up
sit-up
[ˈsɪt ʌp]

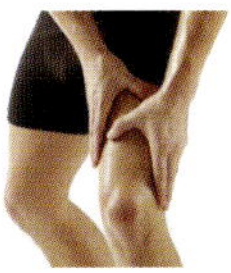

der Muskelkater
muscle ache
[ˈmʌsl̩ eɪk]

der Klimmzug
pull-up
[ˈpʊlʌp]

die Kniebeuge
knee bend
[ˈniː bend]

das Pilates
Pilates
[pɪˈlɑːtiːz]

das Spinning®
spinning®
[ˈspɪnɪŋ]

die Pulsuhr
heart rate monitor
[ˈhɑːt reɪt ˌmɒnɪtəʳ]

das Aerobic
aerobics
[eəˈrəʊbɪks]

das Steppbrett
step
[step]

der Turnschuh
trainer
[ˈtreɪnəʳ]

sich aufwärmen	to **warm up** [wɔːm ˈʌp]
sich abkühlen	to **cool down** [kuːl ˈdaʊn]
das Zirkeltraining	**circuit training** [ˈsɜːkɪt ˌtreɪnɪŋ]
das Bodypump	**bodypump** [ˈbɒdiˌpʌmp]
die Sauna	**sauna** [ˈsɔːnə]
die Umkleidekabine	**changing cubicle** [ˈtʃeɪnʤɪŋ ˌkjuːbɪkl̩]
die Dehnung	**stretch** [stretʃ]
Kalorien verbrennen	to **burn calories** [bɜːn ˈkæləris]

FREIZEIT

FREE TIME

DAS THEATER – THEATRE

① *der Balkon*
balcony
[ˈbælkəni]

② *der zweite Rang*
upper circle
[ˈʌpəʳ ˌsɜːkl̩]

③ *die Loge*
box
[bɒks]

④ *der erste Rang*
circle
[ˈsɜːkl̩]

⑤ *die Sitzreihe*
tier
[tɪəʳ]

⑥ *die Kulisse*
wings
[wɪŋs]

⑦ *die Bühne*
stage
[steɪʤ]

⑧ *das Foyer*
foyer
[ˈfɔɪeɪ]

⑨ *das Parkett*
stalls
[stɔːls]

⑩ *der Sitzplatz*
seat
[siːt]

⑪ *der Vorhang*
curtain
[ˈkɜːtən]

das Varieté
variety show
[vəˈraɪəti ˌʃəʊ]

das Freilufttheater
open-air theatre
[ˈəʊpənˌeəʳ ˈθɪətəʳ]

das Ballett
ballet
[ˈbæleɪ]

die Aufführung
performance
[pəˈfɔːməns]

der Zauberkünstler
magician
[məˈʤɪʃən]

der Komiker
comedian
[kəˈmiːdiən]

die Tragödie
tragedy
[ˈtræʤədi]

die Komödie
comedy
[ˈkɒmədi]

DAS THEATER – THEATRE

das Theaterstück
play
[pleɪ]

① *das Bühnenbild*
set
[set]

② *die Besetzung*
cast
[kɑːst]

③ *das Theaterkostüm*
costume
[ˈkɒstjuːm]

④ *der Applaus*
applause [əˈplɔːz]

⑤ *das Publikum*
audience [ˈɔːdiəns]

die Probe
rehearsal
[rɪˈhɜːsəl]

⑥ *der Schauspieler*
actor
[ˈæktəʳ]

⑦ *die Schauspielerin*
actor
[ˈæktəʳ]

⑧ *der Regisseur*
director
[dɪˈrektəʳ]

die Premiere	**première** [ˈpremieəʳ]
die Pause	**interval** [ˈɪntəvəl]
das Programm	**programme** [ˈprəʊgræm]
die Generalprobe	**dress rehearsal** [ˌdres rɪˈhɜːsəl]
der Platzanweiser	**usher** [ˈʌʃəʳ]
die Platzanweiserin	**usher** [ˌʌʃəʳ]
die Theaterkasse	**box office** [ˈbɒks ˌɒfɪs]
die Eintrittskarte	**ticket** [ˈtɪkɪt]

die Künstlergarderobe
dressing room
[ˈdresɪŋ ruːm]

DIE MUSIK – MUSIC

Das Orchester – The orchestra

das Sinfonieorchester
symphony orchestra
[ˈsɪm(p)fəni ˌɔ:kɪstrə]

der Gong
gong
[gɒŋ]

die kleine Trommel
snare
[sneəʳ]

die große Trommel
bass drum
[ˈbeɪs drʌm]

die Pauke
kettle drum
[ˈketl drʌm]

das Xylophon
xylophone
[ˈzaɪləfəʊn]

die Röhrenglocken
tubular bells
[ˈtju:bjələʳ bels]

das Dirigentenpult
conductor's podium
[kənˈdʌktəʳz ˌpəʊdiəm]

der Notenständer
music stand
[ˈmju:zɪk stænd]

der Dirigent
conductor
[kənˈdʌktəʳ]

der Taktstock
baton
[ˈbætən]

die Solistin
soloist
[ˈsəʊləʊɪst]

die Opernsängerin
opera singer
[ˈɒpərə ˌsɪŋəʳ]

die Noten
musical score
[ˈmju:zikəl skɔ:ʳ]

die Ouvertüre	**overture** [ˈəʊvətjʊəʳ]
das Quartett	**quartet** [kwɔ:ˈtet]
die Sonate	**sonata** [səˈnɑ:tə]
die Tonhöhe	**pitch** [pɪtʃ]
ein Instrument stimmen	**to tune an instrument** [ˌtju:n ən ˈɪnstrəmənt]
der Orchestergraben	**orchestra pit** [ˈɔ:kɪstrə pɪt]
der Chor	**chorus** [ˈkɔ:rəs]
die Oper	**opera** [ˈɒpərə]

DIE MUSIK – MUSIC

Die Musikinstrumente – Musical instruments

das Cello
cello
[ˈtʃeləʊ]

der Bogen
bow
[bəʊ]

die Geige
violin
[ˌvaɪəˈlɪn]

die akustische Gitarre
acoustic guitar
[əˌkuːstɪk ɡɪˈtɑːʳ]

die Harfe
harp
[hɑːp]

die elektrische Gitarre
electric guitar
[ɪˌlektrɪk ɡɪˈtɑːʳ]

die Bassgitarre
bass guitar
[beɪs ɡɪˈtɑːʳ]

die Tuba
tuba
[ˈtjuːbə]

die Posaune
trombone
[trɒmˈbəʊn]

das Fagott
bassoon
[bəˈsuːn]

die Oboe
oboe
[ˈəʊbəʊ]

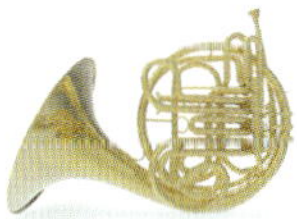

das Horn
French horn
[frenʃ ˈhɔːn]

die Trompete
trumpet
[ˈtrʌmpɪt]

die Pikkoloflöte
piccolo
[ˈpɪkələʊ]

das Saxofon
saxophone
[ˈsæksəfəʊn]

die Klarinette
clarinet
[ˌklærɪˈnet]

die Querflöte
flute
[fluːt]

DIE MUSIK – MUSIC

Die Musikinstrumente – Musical instruments

das Tamburin
tambourine
[ˌtæmbərˈiːn]

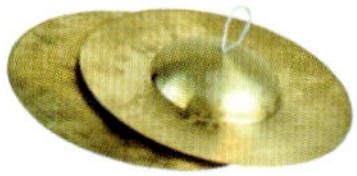

das Becken
cymbal
[ˈsɪmbəl]

die/das Hi-Hat
hi-hat
[ˈhaɪhæt]

das Schlagzeug
drum kit
[ˈdrʌm kɪt]

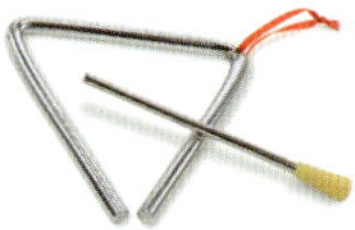

die/der/das Triangel
triangle
[ˈtraɪæŋgl̩]

die Rassel
maracas
[məˈrækəz]

die Bongos
bongo drums
[ˈbɒŋgəʊ drʌmz]

die Kesselpauke
kettle drum
[ˈketl drʌm]

die Kastagnetten
castanets
[ˌkæstəˈnets]

die Schellenrassel
sleigh bells
[ˈsleɪ belz]

die Panflöte
pan pipes
[ˈpæn paɪps]

der Schlagzeugstock
drumstick
[ˈdrʌmstɪk]

die Mundharmonika
harmonica
[hɑːˈmɒnɪkə]

der Dudelsack
bagpipes
[ˈbægpaɪps]

das Akkordeon
accordion
[əˈkɔːdiən]

der Flügel
grand piano
[grænd piˈænəʊ]

DIE MUSIK – MUSIC

die Notation
notation
[nəʊˈteɪʃən]

der Violinschlüssel
treble clef
[ˌtrebl ˈklef]

die Notenlinie
stave line
[ˈsteɪv laɪn]

der Bassschlüssel
bass clef
[ˌbeɪs ˈklef]

das Vorzeichen
key signature
[ˈkiː ˌsɪgnətʃəʳ]

die Taktangabe
time signature
[ˈtaɪm ˌsɪgnətʃəʳ]

die Note
note
[nəʊt]

das Kreuz
sharp
[ʃɑːp]

der Taktstrich
bar line
[ˈbɑːʳ laɪn]

die klassische Musik
classical music
[ˌklæsɪkəl ˈmjuːzɪk]

das Heavy Metal
heavy metal
[ˌhevl ˈmetəl]

der Rap
rap
[ræp]

der Hip-Hop
hip-hop
[ˈhɪphɒp]

der Reggae	**reggae** [ˈregeɪ]
die Popmusik	**pop** [pɒp]
die Countrymusik	**country music** [ˈkʌntri ˌmjuːzɪk]
die Indie-Musik	**indie music** [ˈɪndɪ ˌmjuːzɪk]
der Blues	**blues** [bluːz]
der/das Techno	**techno** [ˈteknəʊ]
der Soul	**soul** [səʊl]
die Disko	**disco** [ˈdɪskəʊ]

der Jazz
jazz
[dʒæz]

der Rock
rock
[ˈrɒk]

DIE MUSIK – MUSIC

Das Konzert – Concerts

das Rockkonzert
rock concert
[ˈrɒk ˌkɒnsət]

① *der Scheinwerfer*
spotlight
[ˈspɒtlaɪt]

② *das Mikrofon*
microphone
[ˈmaɪkrəfəʊn]

③ *die Band*
band
[bænd]

④ *der Bassist*
bass guitarist
[ˈbeɪs gɪˌtɑːrɪst]

⑤ *der Verstärker*
amplifier
[ˈæmplɪfaɪəʳ]

⑥ *der Gitarrist*
guitarist
[gɪˈtɑːrɪst]

⑦ *der Schlagzeuger*
drummer
[ˈdrʌməʳ]

⑧ *der Frontmann*
lead singer
[liːd ˈsɪŋəʳ]

die Konzerthalle
concert venue
[ˈkɒnsət ˌvenjuː]

die Fans
fans
[fænz]

das Musikfestival
music festival
[ˈmjuːzɪk ˌfestɪvəl]

der DJ
DJ
[ˈdiːˌʤeɪ]

das Mischpult
mixing desk
[ˈmɪksɪŋ desk]

singen	**to sing** [sɪŋ]
mitsingen	**to sing along** [sɪŋ əˈlɒŋ]
pfeifen	**to whistle** [ˈwɪsl̩]
die Zugabe	**encore** [ˈɒŋkɔːʳ]
das Crowdsurfing	**crowd-surfing** [ˈkraʊdˌsɜːfɪŋ]
der/das Rave	**rave** [reɪv]
das Lied	**song** [sɒŋ]
der Liedtext	**lyrics** [ˈlɪrɪks]

DIE MUSIK – MUSIC

Musik hören – Listening to music

die Stereoanlage
stereo system
[ˈsteriəʊ ˌsɪstəm]

der MP3-Player
MP3 player
[ˌempiːˈθriː ˌpleɪəʳ]

der CD-Spieler
CD player
[ˌsiːˈdiː ˌpleɪəʳ]

der Lautstärkeregler
volume control
[ˈvɒljuːm kənˌtrəʊl]

die Lautsprecherbox
speaker
[ˈspiːkəʳ]

die Schallplatte
record
[ˈrekɔːd]

der Plattenspieler
record player
[ˈrekɔːd ˌpleɪəʳ]

die USB-Schnittstelle
USB port
[ˌjuːesˈbiː pɔːt]

das Radio
radio
[ˈreɪdiəʊ]

das Gesangstück	**vocal piece** [ˈvəʊkəl piːs]
die Komposition	**composition** [ˌkɒmpəˈzɪʃən]
das Instrumentalstück	**instrumental piece** [ˌɪnstrəˈmentəl piːs]
akustisch	**acoustic** [əˈkuːstɪk]
der Refrain	**chorus** [ˈkɔːrəs]
die Melodie	**tune** [tjuːn]
der Beat	**beat** [biːt]
die Kassette	**cassette** [kəˈset]

der Kopfhörer
headphones
[ˈhedfəʊnz]

HOBBYS – HOBBIES

gravieren
to **engrave**
[ɪnˈgreɪv]

schnitzen
to **carve**
[kɑːv]

Briefmarken sammeln
to **collect stamps**
[kɒˌlekt ˈstæmps]

die Modelleisenbahn
model railway
[ˌmɒdəl ˈreɪlweɪ]

modellieren
to **sculpt**
[skʌlpt]

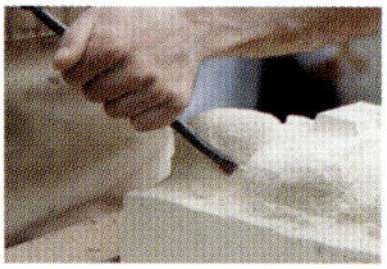

die Bildhauerei
sculpture
[ˈskʌlptʃəʳ]

töpfern
to **do pottery**
[duː ˈpɒtəri]

Mosaik legen
to **make mosaics**
[ˌmeɪk mə(ʊ)ˈzeɪɪks]

der Modellbau
model making
[ˈmɒdəl ˌmeɪkɪŋ]

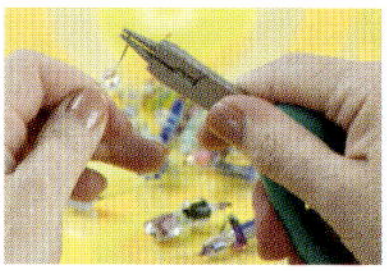

Schmuck herstellen
to **make jewellery**
[meɪk ˈdʒuːəlri]

lesen
to **read**
[riːd]

kochen
to **cook**
[kʊk]

gärtnern
to **garden**
[ˈgɑːdən]

das Origami	**origami** [ˌɒrɪˈgɑːmi]
das Pappmaschee	**papier-mâché** [ˌpæpieɪˈmæʃeɪ]
das Scrapbooking	**scrapbooking** [ˈskræpbʊkɪŋ]
Möbel restaurieren	to **restore furniture** [rɪˌstɔːʳ ˈfɜːnɪtʃəʳ]
im Chor singen	to **sing in a choir** [ˌsɪŋ ɪn ə ˈkwaɪəʳ]
Filme drehen	to **make films** [meɪk ˈfɪlmz]
Vögel beobachten	to **watch birds** [wɒtʃ ˈbɜːds]
das kreative Schreiben	**creative writing** [kriˌeɪtɪv ˈraɪtɪŋ]

HOBBYS – HOBBIES

Kunst und Basteln – Arts and crafts

der Buntstift
pencil
[ˈpensəl]

die Wasserfarbe
watercolour
[ˈwɔːtəʳˌkʌləʳ]

der Wachsmalstift
wax crayon
[wæks ˈkreɪɒn]

die Lackfarbe
gloss paint
[ˈglɒs peɪnt]

die Ölkreide
oil pastel
[ˈɔɪl ˌpæstəl]

die Kreide
crayon
[ˈkreɪɒn]

die Ölfarbe
oil paint
[ˈɔɪl peɪnt]

die Acrylfarbe
acrylic paint
[əˈkrɪlɪk peɪnt]

die Pastellkreide
pastel
[ˈpæstəl]

der Filzstift
felt tip
[felt ˈtɪp]

die Tusche
Indian ink
[ˌɪndiən ˈɪŋk]

die Zeichenkohle
charcoal
[ˈtʃɑːkəʊl]

die Gouache
gouache
[guˈɑːʃ]

der Klebstoff
glue
[gluː]

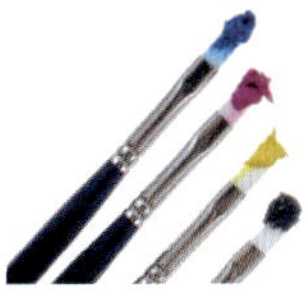

der Pinsel
brush
[brʌʃ]

die Palette
palette
[ˈpælət]

HOBBYS – HOBBIES

Kunst und Basteln – Arts and crafts

die Aquarellmalerei
watercolour painting
[ˈwɔ:təʳˌkʌləʳ ˌpeɪntɪŋ]

die Ölmalerei
oil painting
[ˈɔɪl ˌpeɪntɪŋ]

die Collage
collage
[ˈkɒlɑ:ʒ]

die Wandmalerei
mural art
[ˈmjuərəl ɑ:t]

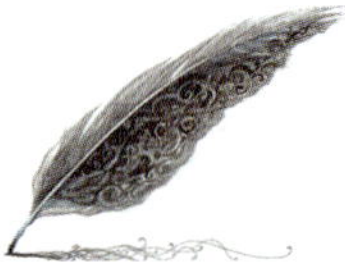

die Tuschezeichnung
pen-and-ink drawing
[ˌpenənˈɪŋk ˌdrɔ:ɪŋ]

die abstrakte Malerei
abstract painting
[ˈæbstrækt ˌpeɪntɪŋ]

die Landschaftsmalerei
landscape painting
[ˈlændskeɪp ˌpeɪntɪŋ]

die Porträtmalerei
portrait painting
[ˈpɔ:trɪt ˌpeɪntɪŋ]

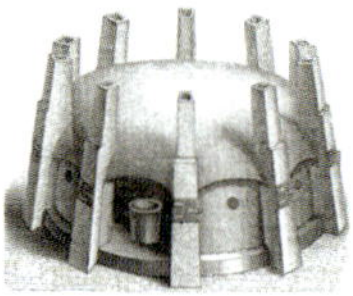

die Bleistiftzeichnung
pencil drawing
[ˈpensəl ˌdrɔ:ɪŋ]

das Stillleben
still life
[stɪl ˈlaɪf]

das Graffiti
graffiti
[grəˈfi:ti]

der Siebdruck
screen printing
[ˈskri:n ˌprɪntɪŋ]

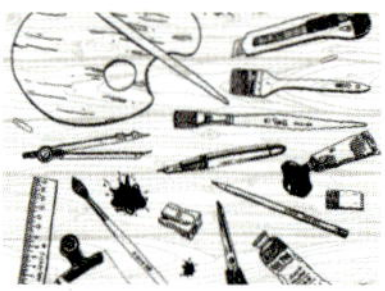

die Skizze
sketch
[sketʃ]

die Aktmalerei
nude painting
[nju:d]

die Leinwand
canvas
[ˈkænvəs]

der Karton
cardboard
[ˈkɑ:dbɔ:d]

HOBBYS – HOBBIES

Kunst und Basteln – Arts and crafts

die Farbe
colour
[ˈkʌləʳ]

das Schwarz
black [blæk]

das Schwarzbraun
blackish brown [ˌblækɪʃ ˈbraʊn]

das Hellbraun
tan [tæn]

das Smaragdgrün
emerald [ˈemərəld]

das Gelbgrün
yellowish green [ˌjeləʊɪʃ ˈgriːn]

das Blau
blue [bluː]

das Violett
purple [ˈpɜːpl̩]

das Blutrot
crimson [ˈkrɪmzən]

das Rosa
pale pink [ˌpeɪl ˈpɪŋk]

das Gelborange
orange yellow [ˌɒrɪnʤ ˈjeləʊ]

das Orange
orange [ˈɒrɪnʤ]

das Hellgelb
lemon yellow [ˌlemən ˈjeləʊ]

das Grau
grey [greɪ]

das Braun
brown [braʊn]

das Olivgrün
olive [ˈɒlɪv]

das Grün
green [griːn]

das Cyan
cyan [ˈsaɪæn]

das Dunkelblau
dark blue [ˈdɑːk bluː]

das Lila
lilac [ˈlaɪlək]

das Pink
pink [pɪŋk]

das Rot
red [red]

das Ocker
ochre [ˈəʊkəʳ]

das Gelb
yellow [ˈjeləʊ]

das Weiß
white [(h)waɪt]

HOBBYS – HOBBIES

Nähen und Stricken – Sewing and knitting

der Kopf
head
[hed]

der Fadenhebel
thread lever
[ˈθred ˌliːvəʳ]

die Fadenführung
thread guide
[ˈθred gaɪd]

der Garnrollenstift
spool pin
[ˈspuːl pɪn]

die Nähmaschine
sewing machine
[ˈsəʊɪŋ məˌʃiːn]

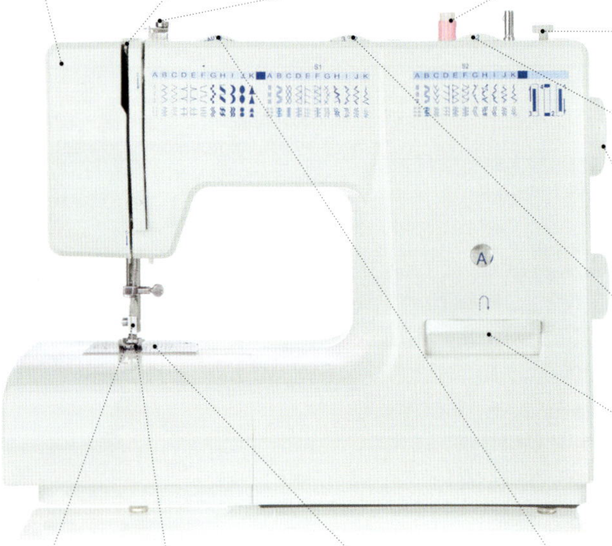

der Spuler
thread reel
[ˈθred riːl]

der Stichbreitenwähler
stitch width regulator
[ˈstɪtʃ wɪtθ ˌregjəleɪtəʳ]

das Handrad
wheel
[wiːl]

der Stichwähler
stitch selector
[ˈstɪtʃ sɪˌlektəʳ]

die Rückwärtsnähtaste
reverse
[rɪˈvɜːs]

die Nadel
needle
[ˈniːdl]

der Nähfuß
presser foot
[ˈpresəʳ fʊt]

die Stichplatte
needle plate
[ˈniːdl pleɪt]

der Nähfußdruckregler
presser foot regulator
[ˈpresəʳ fʊt ˌregjəleɪtəʳ]

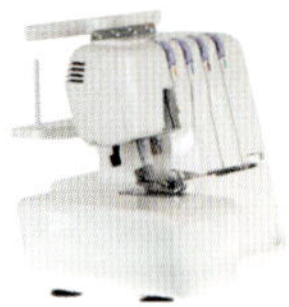

die Overlock
overlock
[ˈəʊvəˌlɒk]

das Maßband
tape measure
[ˈteɪp ˌmeʒəʳ]

die Spule
bobbin
[ˈbɒbɪn]

das Nähgarn
thread
[θred]

HOBBYS – HOBBIES

Nähen und Stricken – Sewing and knitting

die Schneiderpuppe
tailor's dummy
[ˌteɪlərs ˈdʌmi]

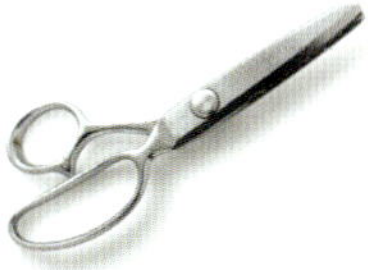

die Schere
scissors
[ˈsɪzəz]

das Nähkästchen
sewing basket
[ˈsəʊɪŋ ˌbɑːskɪt]

das Nadelkissen
pincushion
[ˈpɪnˌkʊʃən]

das Schnittmuster
pattern
[ˈpætən]

die Nähnadel
needle
[ˈniːdl̩]

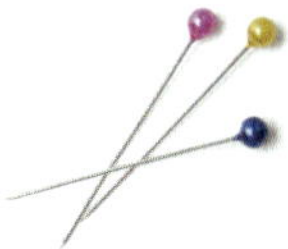

die Stecknadel
pin
[pɪn]

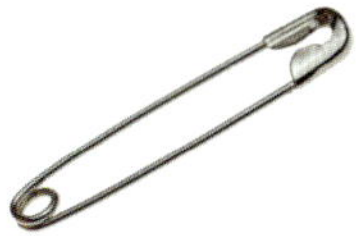

die Sicherheitsnadel
safety pin
[ˈseɪfti pɪn]

der Stoff
fabric
[ˈfæbrɪk]

der Knopf
button
[ˈbʌtən]

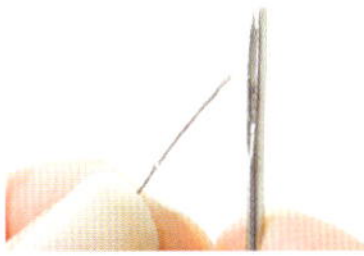

einen Faden einfädeln
to **thread**
[θred]

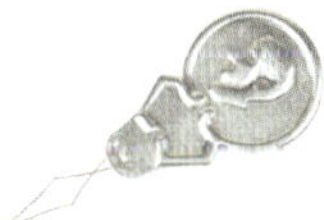

der Einfädler
needle threader
[ˈniːdl̩ ˌθredəʳ]

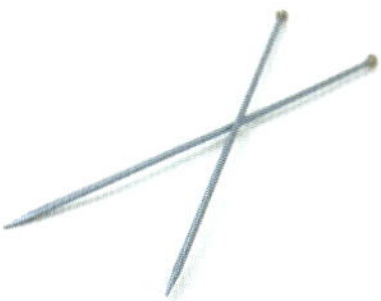

die Stricknadel
knitting needles
[ˈnɪtɪŋ ˌniːdl̩z]

die Wolle
wool
[wʊl]

der Fingerhut
thimble
[ˈθɪmbl̩]

der Nahtauftrenner
quick-unpick
[ˈkwɪkˌʌnpɪk]

HOBBYS – HOBBIES

Nähen und Stricken – Sewing and knitting

nähen
to **sew**
[səʊ]

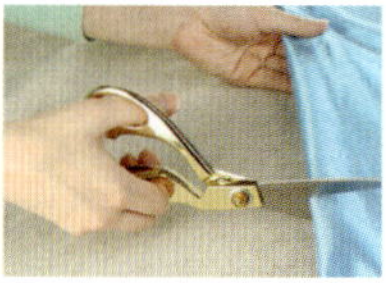

schneiden
to **cut**
[kʌt]

das Patchwork
patchwork
[ˈpætʃwɜːk]

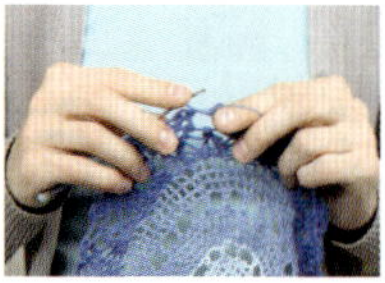

häkeln
to **crochet**
[ˈkrəʊʃeɪ]

der Kreuzstich
cross stitch
[ˈkrɒs stɪtʃ]

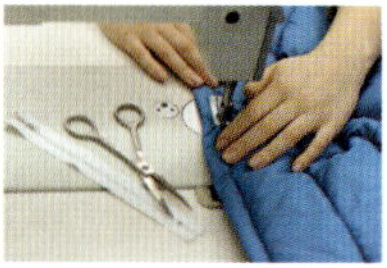

wattieren
to **quilt**
[kwɪlt]

stricken
to **knit**
[nɪt]

stopfen
to **darn**
[dɑːn]

weben
to **weave**
[wiːv]

Spitze klöppeln
to **make lace**
[meɪk ˈleɪs]

einen Teppich knüpfen
to **knot a carpet**
[nɒt ə ˈkɑːpɪt]

der Reißverschluss
zip
[zɪp]

auftrennen
to **unpick**
[ʌnˈpɪk]

sticken	to **embroider** [ɪmˈbrɔɪdəʳ]
das Leinen	**linen** [ˈlɪnɪn]
die Seide	**silk** [sɪlk]
das Nylon®	**nylon®** [ˈnaɪlɒn]
die Baumwolle	**cotton** [ˈkɒtən]
der Polyester	**polyester** [ˌpɒliˈestəʳ]
der Stich	**stitch** [stɪtʃ]
heften	to **tack** [tæk]

HOBBYS – HOBBIES

Das Kino – Cinema

der Kinosaal
cinema auditorium
[ˈsɪnəmə ˌɔːdɪˈtɔːriəm]

① *die Kinoleinwand*
big screen
[bɪg ˈskriːn]

② *die Sitzreihe*
row
[rəʊ]

die Snackbar
snack bar
[ˈsnæk bɑːʳ]

das Getränk
drink
[drɪŋk]

das Popcorn
popcorn
[ˈpɒpkɔːn]

die Kinokasse
box office
[ˈbɒks ˌɒfɪs]

die Komödie
comedy
[ˈkɒmədi]

der Horrorfilm
horror film
[ˈhɒrəˈ fɪlm]

der Liebesfilm
romance
[rəʊˈmæns]

der Zeichentrickfilm	**animated film** [ˈænɪmeɪtɪd fɪlm]
der Western	**western** [ˈwestən]
die Voraufführung	**preview** [ˈpriːvjuː]
das Filmplakat	**film poster** [ˈfɪlm ˌpəʊstəʳ]
die Premiere	**premiere** [ˈpremieəʳ]
der Thriller	**thriller** [ˈθrɪləʳ]
der Sciencefictionfilm	**science-fiction film** [ˌsaɪənsˈfɪkʃən fɪlm]
jugendfrei	**U-certificate** [ˈjuːsəˌtɪfɪkət]

der 3D-Film
3D film
[θriːˈdiː fɪlm]

HOBBYS – HOBBIES

Fotografieren – Photography

die Programmwählscheibe
program selector
[ˈprəʊgræm sɪˌlektəʳ]

die Spiegelreflexkamera
reflex camera
[ˈriːfleks ˌkæmərə]

der Blitzschuh
hot shoe
[ˈhɒt ʃuː]

der (ausklappbare) Blitz
(pop-up) flash
[(ˈpɒpʌp) flæʃ]

der/das Zoom
zoom lens
[ˈzuːm lenz]

das Objektiv
lens
[lenz]

der Auslöser
shutter release
[ˈʃʌtəʳ rɪˌliːs]

das Kameragehäuse
camera body
[ˈkæmərə ˌbɒdi]

der Blendenregler
aperture dial
[ˈæpətʃəʳ daɪəl]

das Selbstauslöser-Lichtsignal
self-timer light
[selfˈtaɪməʳ laɪt]

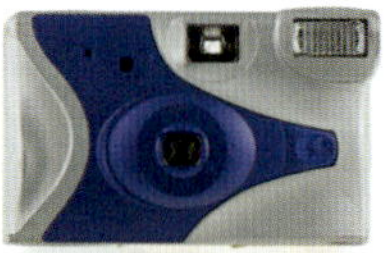

die Einwegkamera
disposable camera
[dɪˈspəʊzəbl̩ ˌkæmərə]

die Sofortbildkamera
instant camera
[ˈɪnstənt ˌkæmərə]

die Analogkamera
film camera
[ˈfɪlm ˌkæmərə]

die Digitalkamera
digital camera
[ˌdɪdʒɪtəl ˈkæmərə]

das Stativ
tripod
[ˈtraɪpɒd]

der Aufsteckblitz
flashgun
[ˈflæʃgʌn]

der Filter
filter
[ˈfɪltəʳ]

der Objektivdeckel
lens cap
[ˈlenz kæp]

HOBBYS – HOBBIES

Fotografieren – Photography

der Film
film
[fɪlm]

das Fotostudio
photo studio
[ˈfəʊtəʊ ˌstju:diəʊ]

ein Foto machen
to take a photo
[teɪk ə ˈfəʊtəʊ]

die Bildbearbeitung
image editing
[ˈɪmɪʤ ˌedɪtɪŋ]

die Compact-Flash-Karte
compact flash memory card
[kəmˌpækt flæʃ ˈmeməri kɑ:d]

sich fotografieren lassen
to **pose for a photo**
[ˌpəʊz fəʳ ə ˈfəʊtəʊ]

die Kameratasche
camera case
[ˈkæmərə ˌkeɪs]

die Dunkelkammer
dark room
[ˈdɑ:k ru:m]

die Speicherkarte
memory card
[ˈmeməri kɑ:d]

unscharf
out of focus
[aʊt əv ˈfəʊkəs]

überbelichtet
overexposed
[ˌəʊvəˈɪkˈspəʊzd]

unterbelichtet
underexposed
[ˌʌndəˈɪkˈspəʊzd]

das Hochformat	**portrait format** [ˈpɔ:trɪt ˌfɔ:mæt]
das Querformat	**landscape format** [ˈlændskeɪp ˌfɔ:mæt]
die Vergrößerung	**enlargement** [ɪnˈlɑ:ʤmənt]
der Rote-Augen-Effekt	**red-eye effect** [ˈredaɪ ɪˌfekt]
matt	**matt** [mæt]
glänzend	**glossy** [ˈglɒsi]
das Fotoalbum	**photo album** [ˈfəʊtəʊ ˌælbəm]
das Negativ	**negative** [ˈnegətɪv]

der digitale Bilderrahmen
digital frame
[ˈdɪʤɪtəl ˌfreɪm]

HOBBYS – HOBBIES

Spiele – Games

die Spielkarte
playing card
[ˈpleɪɪŋ ˌkɑːd]

das Karo
diamonds
[ˈdaɪəməndz]

das Pik
spades
[speɪdz]

das Herz
hearts
[hɑːts]

das Kreuz
clubs
[klʌbz]

das Ass
ace
[eɪs]

der Joker
joker
[ˈʤəʊkəʳ]

der König
king
[kɪŋ]

die Dame
queen
[kwiːn]

der Bube
jack
[ʤæk]

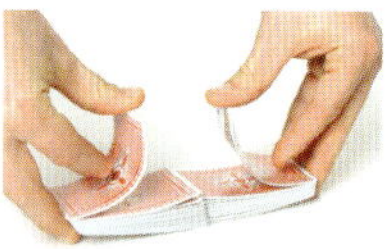

die Karten mischen
to **shuffle**
[ˈʃʌfl]

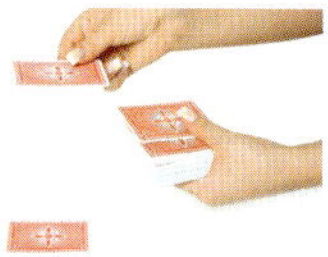

geben
to **deal**
[diːl]

das Blatt
hand
[hænd]

Poker spielen
to **play poker**
[pleɪ ˈpəʊkəʳ]

der Dominostein
domino
[ˈdɒmɪnəʊ]

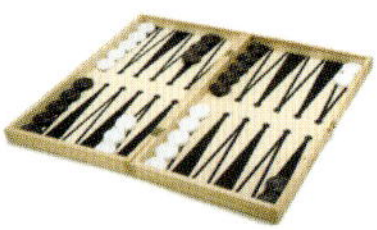

das Backgammon
backgammon
[ˈbækgæmən]

das Damespiel
draughts
[drɑːfts]

das Puzzle
jigsaw puzzle
[ˈʤɪgsɔː ˌpʌzl]

HOBBYS – HOBBIES

Spiele – Games

das Schach
chess
[tʃes]

der König
king
[kɪŋ]

die Dame
queen
[kwi:n]

der Läufer
bishop
[ˈbɪʃəp]

der Springer
knight
[naɪt]

der Turm
rook
[rʊk]

der Bauer
pawn
[pɔ:n]

das weiße Feld
white square
[ˈwaɪt skweəʳ]

das Schachbrett
chessboard
[ˈtʃesbɔ:d]

das schwarze Feld
black square
[ˈblæk skweəʳ]

der Zug
move
[mu:v]

das Brettspiel
board game
[ˈbɔ:d geɪm]

das Monopoly®
Monopoly®
[məˈnɒpəli]

das Mensch ärgere dich nicht®
ludo
[ˈlu:dəʊ]

würfeln	to **roll the dice** [rəʊl ðə ˈdaɪs]
mogeln	to **cheat** [tʃi:t]
das Glück	**luck** [lʌk]
das Pech	**bad luck** [ˈbæd lʌk]
Wer ist dran?	**Whose turn is it?** [hu:s ˈtɜ:n ɪz ɪt]
Du bist dran.	**It's your turn.** [ɪts ˈjɔ:ʳ tɜ:n]
gewinnen	to **win** [wɪn]
verlieren	to **lose** [lu:z]

das Jenga®
Jenga®
[ˈdʒeŋə]

der Würfel
dice
[daɪs]

FERIEN – HOLIDAYS

Am Strand – At the beach

der Strand
beach
[biːtʃ]

die Stranddüne
sand dune
[ˈsænd djuːn]

der Sonnenuntergang
sunset
[ˈsʌnset]

das Meer
sea
[siː]

der Strandkorb
beach chair
[ˈbiːtʃ tʃeəʳ]

der Sand
sand
[sænd]

die Küste
coast
[kəʊst]

die Strandpromenade
promenade
[ˌprɒməˈnɑːd]

der Liegestuhl
deckchair
[ˈdektʃeəʳ]

der Wasserball
beach ball
[ˈbiːtʃ bɔːl]

das Strandtuch
beach towel
[ˈbiːtʃ taʊəl]

die Kinderschaufel
spade
[speɪd]

der Flip-Flop®
flip-flop
[ˈflɪpflɒp]

der Eimer
bucket
[ˈbʌkɪt]

FERIEN – HOLIDAYS

Am Strand – At the beach

der Sonnenschirm
sunshade
[ˈsʌnʃeɪd]

der Steinstrand
pebble beach
[ˈpebl̩ biːtʃ]

die Strandmuschel
beach shelter
[ˈbiːtʃ ˌʃəltəʳ]

die Sandburg
sandcastle
[ˈsændkæsl̩]

der Seetang
seaweed
[ˈsiːwiːd]

die Sonnencreme
suncream
[ˈsʌnkriːm]

das Strandresort
beach resort
[ˈbiːtʃ rɪˌzɔːt]

der Steg
jetty
[ˈʤeti]

das Kreuzworträtsel
crossword
[ˈkrɒswɜːd]

das Sudoku
sudoku
[suːˈdəʊkuː]

das Strandhäuschen
beach hut
[ˈbiːtʃ hʌt]

die Strandbar
beach bar
[ˈbiːtʃ bɑːʳ]

die Ebbe	**low tide** [ləʊ ˈtaɪd]
die Flut	**high tide** [hai ˈtaɪd]
die Strömung	**current** [ˈkʌrənt]
der FKK-Strand	**nudist beach** [ˈnjuːdɪst biːtʃ]
das Strandgut	**flotsam** [ˈflɒtsəm]
schnorcheln	**to snorkel** [ˈsnɔːkəl]
der Sonnenbrand	**sunburn** [ˈsʌnbɜːn]
die Brandung	**surf** [sɜːf]

sich sonnen
to **sunbathe**
[ˈsʌnbeɪð]

FERIEN – HOLIDAYS

Das Zelten – Camping

das Wohnmobil
motor home
[ˈməʊtəʳ həʊm]

der Wohnwagen
caravan
[ˈkærəvæn]

der Campingbus
camper van
[ˈkæmpəʳ væn]

das Indianerzelt
tepee
[ˈti:pi:]

der Campingstuhl
folding chair
[ˌfəʊldɪŋ ˈtʃeəʳ]

der Gasbrenner
gas burner
[ˈgæs ˌbɜ:nəʳ]

der Grillrost
barbecue grill
[ˈbɑ:bɪkju: grɪl]

die Lagerfeuerstelle
campfire
[ˈkæmpfaɪəʳ]

der Campingplatz
campsite
[ˈkæmpsaɪt]

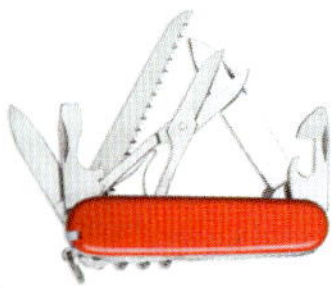

das Taschenmesser
pocket knife
[ˈpɒkɪt naɪf]

die Hängematte
hammock
[ˈhæmək]

das Zelt
tent
[tent]

der Zeltplatz
pitch
[pɪtʃ]

die Gasflasche	**gas cylinder** [ˈgæs ˌsɪlɪndəʳ]
das Propangas	**Calor® gas** [ˈkæləʳ ˌgæs]
die Stirnlampe	**headtorch** [ˈhedtɔ:tʃ]
der Stromanschluss	**power connector** [ˈpaʊəʳ kəˌnektəʳ]
die Duschen und Toiletten	**shower and toilet block** [ˌʃaʊəʳ ənd ˈtɔɪlɪt blɒk]
der Feueranzünder	**firelighter** [ˈfaɪəʳˌlaɪtəʳ]
die Holzkohle	**charcoal** [ˈtʃɑ:kəʊl]
der/das Insektenspray	**insect repellent** [ˈɪnsekt rɪˌpelənt]

FERIEN – HOLIDAYS

Das Zelten – Camping

der Schlafsack
sleeping bag
[ˈsliːpɪŋ bæg]

das Außenzelt
fly-sheet
[ˈflaɪ ʃiːt]

das Innenzelt
inner tent
[ˈɪnəʳ tent]

der Zelteingang
tent flap
[ˈtent flæp]

die Zeltstange
frame
[freɪm]

der Zeltboden
ground sheet
[ˈgraʊnd ʃiːt]

der Reißverschluss
zip
[zɪp]

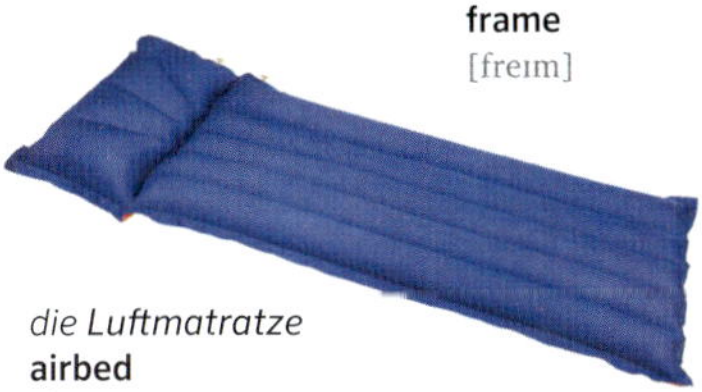

die Luftmatratze
airbed
[ˈeəʳbed]

der Rucksack
rucksack
[ˈrʌksæk]

die Isomatte
roll mat
[ˈrəʊl mæt]

der Trekkingstock
hiking pole
[ˈhaɪkɪŋ pəʊl]

der Wanderschuh
walking boot
[ˈwɔːkɪŋ buːt]

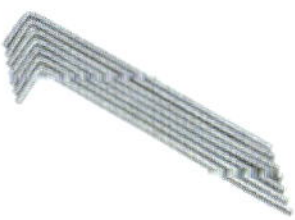

der Hering
tent peg
[ˈtent peg]

die Taschenlampe
torch
[tɔːtʃ]

die Petroleumlampe	**paraffin lamp** [ˈpærəfɪn læmp]
die Luftpumpe	**pump** [pʌmp]
die Campingtoilette	**chemical toilet** [ˌkemɪkəl ˈtɔɪlɪt]
die Entsorgungsstation	**chemical toilet disposal point** [kemɪkəl ˌtɔɪlɪt dɪˈspəʊzəl pɔɪnt]
die Regenhaut®	**waterproof** [ˈwɔːtəʳpruːf]
die Thermowäsche	**thermal underwear** [ˌθɜːməl ˈʌndəʳweəʳ]
das Moskitonetz	**mosquito net** [mɒsˈkiːtəʊ net]
ein Zelt aufschlagen	**to pitch a tent** [pɪtʃ ə ˈtent]
Kann ich hier mein Zelt aufschlagen?	**Can I pitch my tent here?** [kən ˈaɪ pɪtʃ maɪ ˈtent hɪəʳ]

der Wasserkanister
water canister
[ˈwɔːtəʳ ˌkænɪstəʳ]

KÖRPER UND GESUNDHEIT

BODY AND HEALTH

DER KÖRPER – THE BODY

der Mann
man
[mæn]

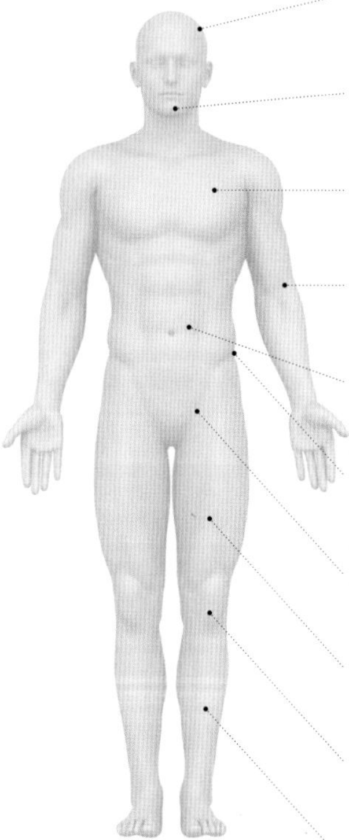

die Frau
woman
[ˈwʊmən]

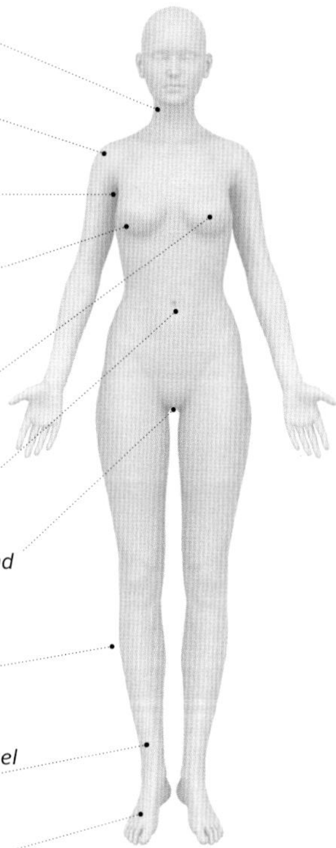

der Kopf
head
[hed]

das Kinn
chin
[tʃɪn]

der Brustkorb
chest
[tʃest]

der Arm
arm
[ɑːm]

der Bauch
abdomen
[ˈæbdəmən]

die Hüfte
hip
[hɪp]

die Leiste
groin
[grɔɪn]

der Oberschenkel
thigh
[θaɪ]

das Knie
knee
[niː]

das Schienbein
shin
[ʃɪn]

der Hals
neck
[nek]

die Schulter
shoulder
[ˈʃəʊldəʳ]

die Achselhöhle
armpit
[ˈɑːmpɪt]

die Brust
breast
[brest]

die Brustwarze
nipple
[ˈnɪpl̩]

der Bauchnabel
navel
[ˈneɪvəl]

die Schamgegend
pubic region
[ˈpjuːbɪk ˌriːdʒən]

das Bein
leg
[leg]

der Unterschenkel
lower leg
[ˌləʊəʳ ˈleg]

der Fuß
foot
[fʊt]

DER KÖRPER – THE BODY

die Frau
woman
[ˈwʊmən]

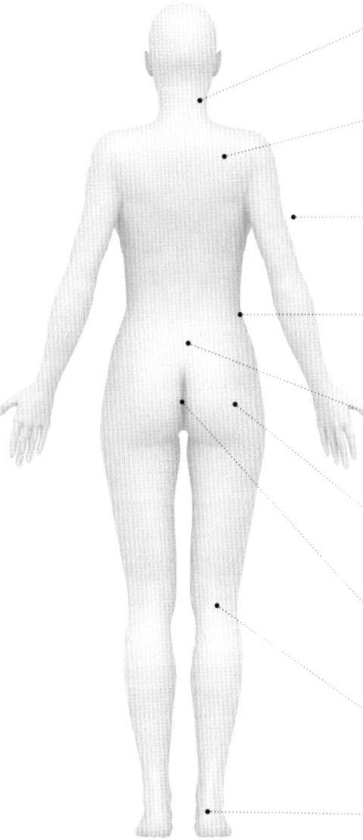

der Mann
man
[mæn]

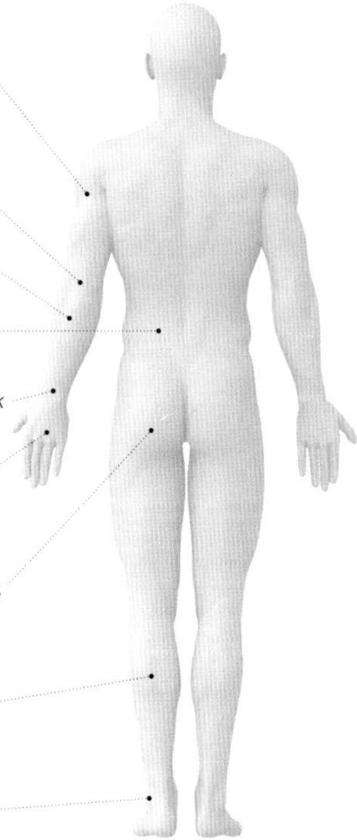

der Nacken
nape
[neɪp]

das Schulterblatt
shoulder blade
[ˈʃəʊldəʳ ˌbleɪd]

der Arm
arm
[ɑːm]

die Taille
waist
[weɪst]

die Lende
lower back
[ˌləʊəʳ ˈbæk]

das Gesäß
buttocks
[ˈbʌtəks]

die Gesäßspalte
buttock crease
[ˈbʌtəkriːs]

die Kniekehle
back of the knee
[ˌbæk əv ðə ˈniː]

die Ferse
heel
[hiːl]

der Oberarm
upper arm
[ˌʌpəʳ ˈɑːm]

der Ellbogen
elbow
[ˈelbəʊ]

der Unterarm
forearm
[ˈfɔːʳɑːm]

der Rücken
back
[bæk]

das Handgelenk
wrist
[rɪst]

die Hand
hand
[hænd]

die Gesäßbacke
buttock
[ˈbʌtək]

die Wade
calf
[kɑːf]

der Knöchel
ankle
[ˈæŋkl̩]

DER KÖRPER – THE BODY

Die Hand und der Fuß – Hand and foot

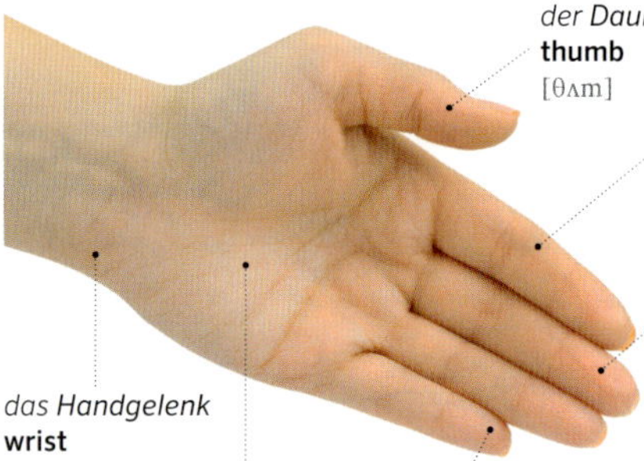

der Daumen
thumb
[θʌm]

der Zeigefinger
index finger
[ˈɪndeks ˌfɪŋgəʳ]

der Mittelfinger
middle finger
[ˈmɪdl̩ ˌfɪŋgəʳ]

das Handgelenk
wrist
[rɪst]

die Handfläche
palm
[pɑːm]

die Fingerkuppe
fingertip
[ˈfɪŋgəʳˌtɪp]

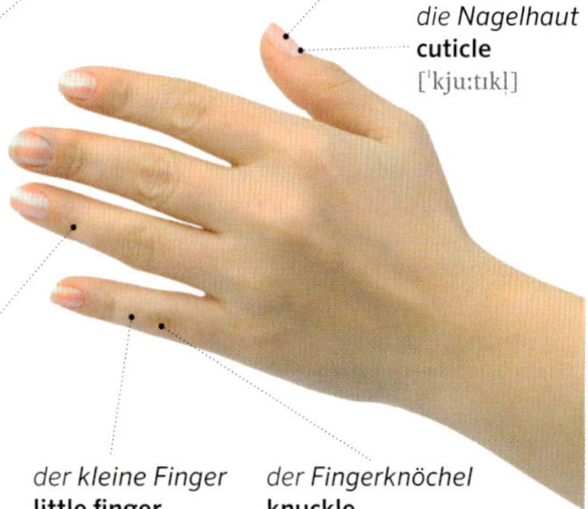

der Fingernagel
fingernail
[ˈfɪŋgəʳˌneɪl]

die Nagelhaut
cuticle
[ˈkjuːtɪkl̩]

der Ringfinger
ring finger
[ˈrɪŋ ˌfɪŋgəʳ]

der kleine Finger
little finger
[ˈlɪtl̩ ˌfɪŋgəʳ]

der Fingerknöchel
knuckle
[ˈnʌkl̩]

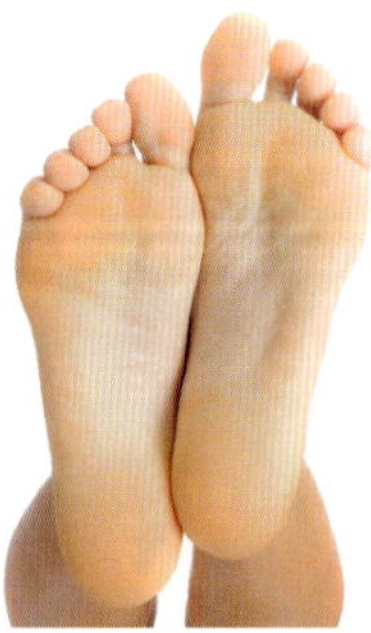

die Fußsohle
sole
[səʊl]

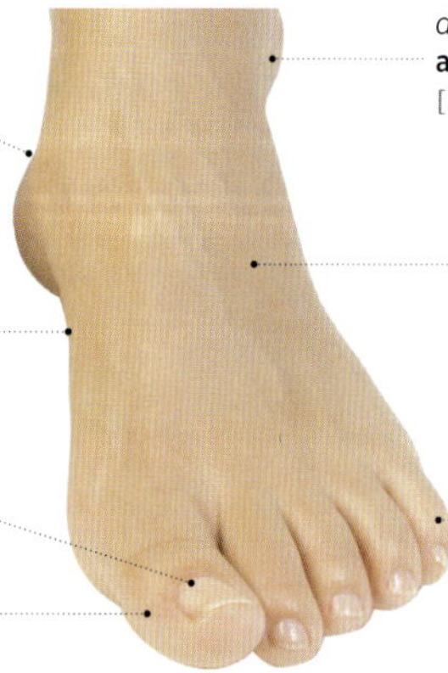

die Ferse
heel
[hiːl]

das Fußgelenk
ankle
[ˈæŋkl̩]

der Fußrücken
bridge of the foot
[ˌbrɪʤ əv ðə ˈfʊt]

das Fußgewölbe
arch
[ɑːtʃ]

der Zehennagel
toenail
[ˈtəʊneɪl]

der kleine Zeh
little toe
[ˌlɪtl̩ ˈtəʊ]

der große Zeh
big toe
[ˌbɪg ˈtəʊ]

DER KÖRPER – THE BODY

Der Kopf – The head

das Gehirn
brain
[breɪn]

das Großhirn
cerebrum
[ˌsəˈriːbrəm]

das Kleinhirn
cerebellum
[ˌserɪˈbeləm]

der Hirnstamm
brainstem
[ˈbreɪnstem]

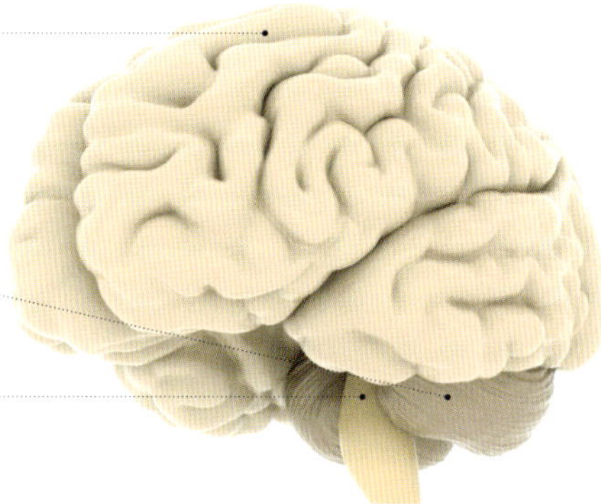

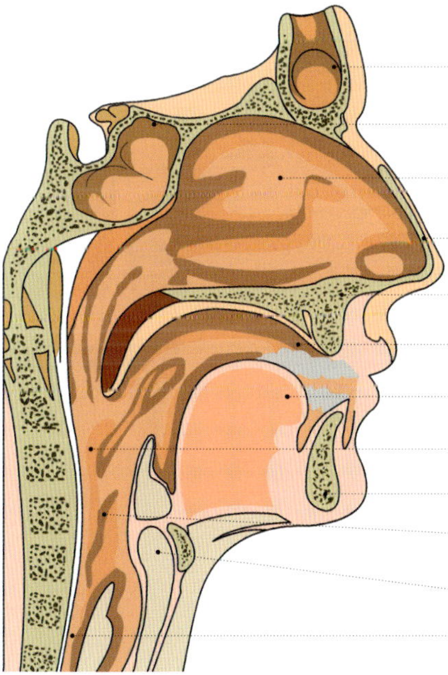

die Stirnhöhle
frontal sinus
[ˌfrʌntəl ˈsaɪnəs]

die Nasenhöhle
nasal cavity
[ˈneɪzəl ˌkævəti]

der Oberkiefer
upper jaw
[ˈʌpəʳ ˌʤɔː]

die Zunge
tongue
[tʌŋ]

der Unterkiefer
lower jaw
[ˈləʊəʳ ˌʤɔː]

der Kehlkopf
larynx
[ˈlærɪŋks]

die Keilbeinhöhle
sinus
[ˈsaɪnəs]

das Nasenbein
nasal bone
[ˈneɪzəl ˌbəʊn]

der Gaumen
palate
[ˈpælət]

der Rachen
pharynx
[ˈfærɪŋks]

die Kehle
throat
[θrəʊt]

die Speiseröhre
gullet
[ˈgʌlɪt]

DER KÖRPER – THE BODY

Die Muskeln – Muscles

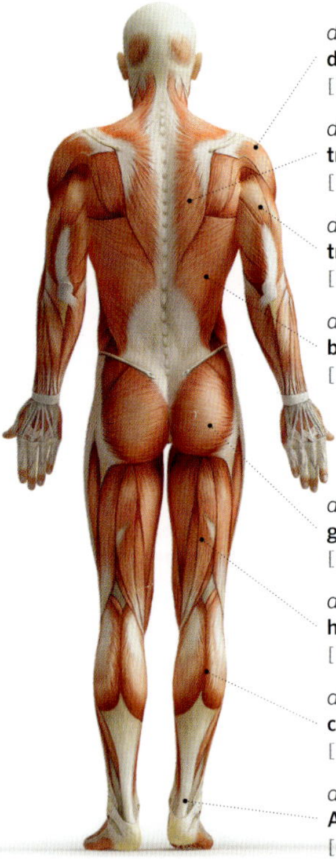

der Deltamuskel
deltoid muscle
[ˈdeltɔɪd ˌmʌsl̩]

der Kapuzenmuskel
trapezoid muscle
[ˈtræpɪzɔɪd ˌmʌsl̩]

der Trizeps
triceps
[ˈtraɪseps]

der Rückenmuskel
back muscle
[ˈbæk ˌmʌsl̩]

der Gesäßmuskel
gluteal muscle
[ˈgluːtiəl ˌmʌsl̩]

die ischiocruralen Muskeln
hamstring
[ˈhæmstrɪŋ]

der Wadenmuskel
calf muscle
[ˈkɑːf ˌmʌsl̩]

die Achillessehne
Achilles tendon
[əˌkɪliːz ˈtendən]

der Stirnmuskel
frontal muscle
[ˈfrʌntəl ˌmʌsl̩]

der Brustmuskel
pectoral muscle
[ˈpektərəl ˌmʌsl̩]

der Bizeps
biceps
[ˈbaɪseps]

der Bauchmuskel
stomach muscle
[ˈstʌmək ˌmʌsl̩]

der Oberschenkelmuskel
femoral muscle
[ˈfemɔːrəl ˌmʌsl̩]

der vordere Schienbeinmuskel
tibialis anterior muscle
[ˌtɪbiəlɪs ænˈtɪəriəʳ ˌmʌsl̩]

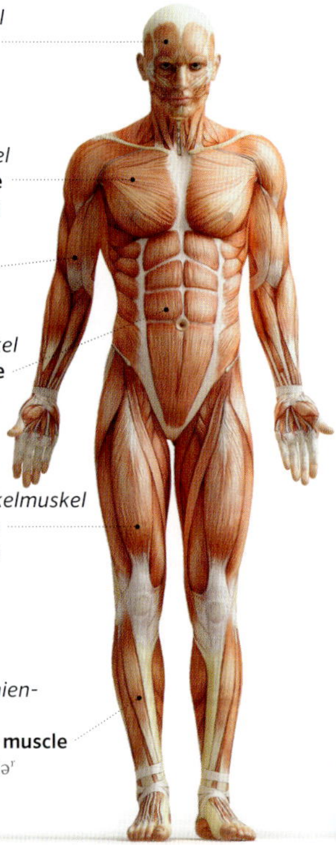

DER KÖRPER – THE BODY

Das Skelett – The skeleton

das Jochbein
cheek bone
[ˈtʃiːk ˌbəʊn]

das Schlüsselbein
collarbone
[ˈkɒləʳˌbəʊn]

der Brustkorb
thorax
[ˈθɔːræks]

die freie Rippe
floating rib
[ˈfləʊtɪŋ ˌrɪb]

die Wirbelsäule
spinal column
[ˌspaɪnəl ˈkɒləm]

die Elle
ulna
[ˈʌlnə]

das Becken
pelvis
[ˈpelvɪs]

das Sitzbein
ischium
[ˈɪski̯əm]

die Kniescheibe
kneecap
[ˈniːkæp]

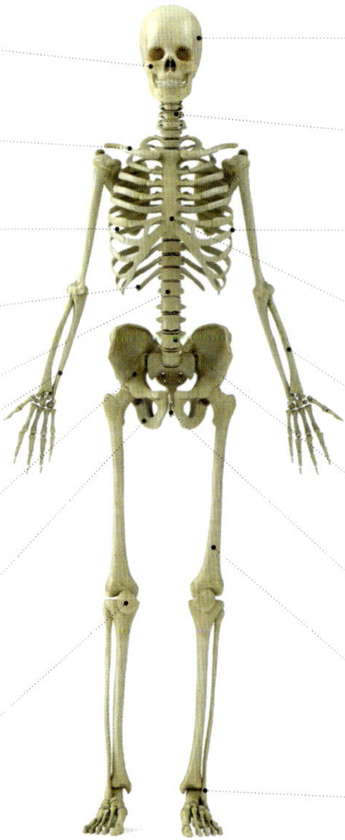

der Schädel
skull
[skʌl]

der Halswirbel
cervical vertebra
[ˌsɜːvɪkəl ˈvɜːtɪbrə]

die Rippe
rib
[rɪb]

das Brustbein
sternum
[ˈstɜːnəm]

die Speiche
radius
[ˈreɪdiəs]

der Lendenwirbel
lumbar vertebra
[ˌlʌmbəʳ ˈvɜːtɪbrə]

das Steißbein
coccyx
[ˈkɒksɪks]

der Oberschenkelknochen
femur
[ˈfiːməʳ]

das Fersenbein
heel bone
[ˈhiːl ˌbəʊn]

DER KÖRPER – THE BODY

Die inneren Organe – Internal organs

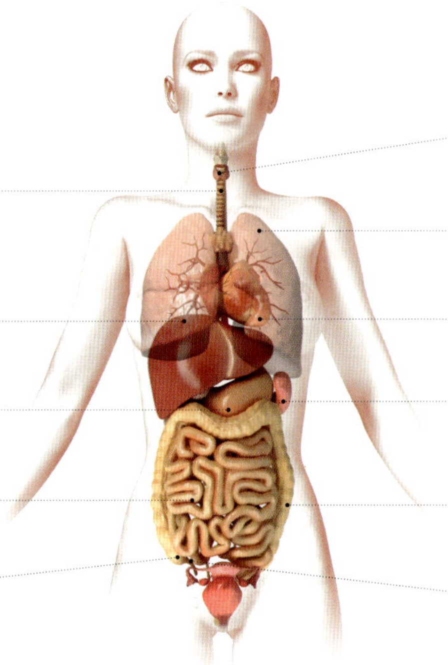

die Niere	**kidney** [ˈkɪdni]
die Bauchspeicheldrüse	**pancreas** [ˈpæŋkriəs]
der Zwölffingerdarm	**duodenum** [ˌdjuːəʊˈdiːnəm]
die Gallenblase	**gall bladder** [ˈgɔːl ˌblædəʳ]
das Zwerchfell	**diaphragm** [ˈdaɪəfræm]
das Gewebe	**tissue** [ˈtɪʃuː]
die Sehne	**tendon** [ˈtendən]
die Drüse	**gland** [glænd]
der Knorpel	**cartilage** [ˈkɑːtɪlɪʤ]

DER KÖRPER – THE BODY

Die Körpersysteme – The body's systems

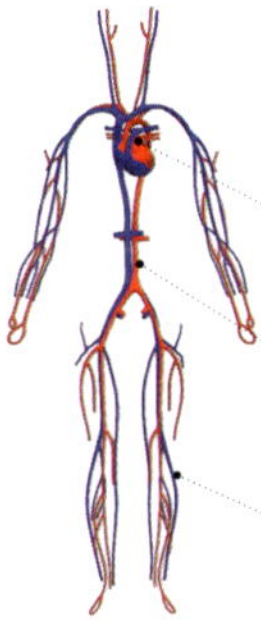

das Herz-Kreislauf-System
cardiovascular system
[ˌkɑ:diəˈvæskjʊləʳ ˌsɪstəm]

das Herz
heart
[hɑ:t]

die Arterie
artery
[ˈɑ:təri]

die Vene
vein
[veɪn]

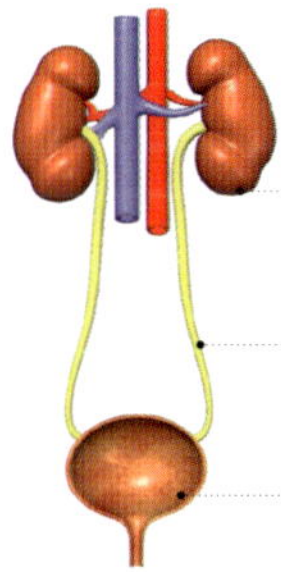

das Harnsystem
urinary tract
[ˈjʊərɪnəri ˌtrækt]

die Niere
kidney
[ˈkɪdni]

der Harnleiter
ureter
[jʊəˈri:tə]

die Harnblase
bladder
[ˈblædəʳ]

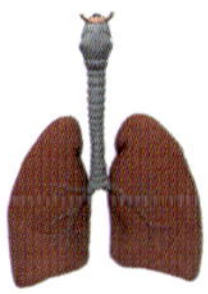

das Atmungssystem
respiratory system
[rɪˈspɪrətəri ˌsɪstəm]

das Verdauungssystem
digestive system
[daɪˈdʒestɪv ˌsɪstəm]

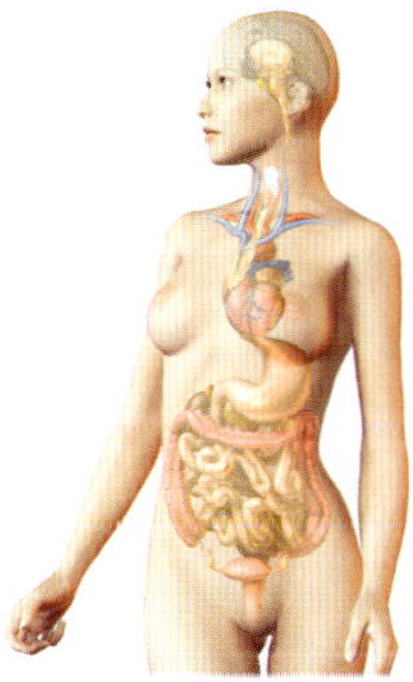

das endokrine System
endocrine system
[ˈendəʊkraɪn ˌsɪstəm]

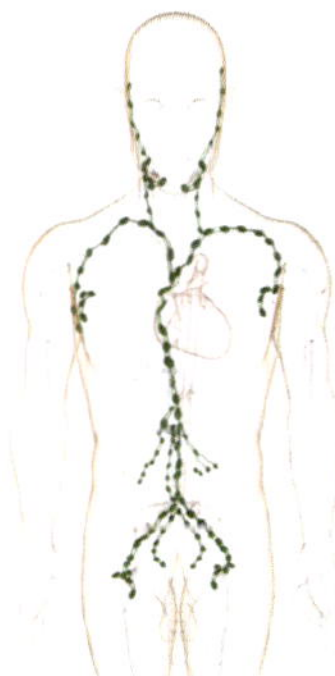

das lymphatische System
lymphatic system
[lɪmˈfætɪk ˌsɪstəm]

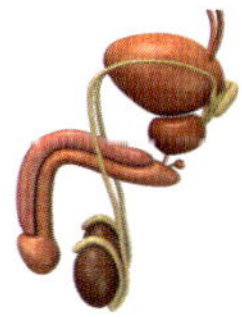

das männliche Fortpflanzungssystem
male reproductive system
[ˌmeɪl ri:prəˈdʌktɪv ˌsɪstəm]

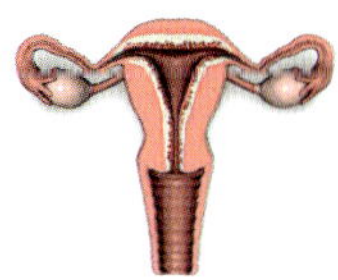

das weibliche Fortpflanzungssystem
female reproductive system
[ˌfi:meɪl ri:prəˈdʌktɪv ˌsɪstəm]

das Nervensystem	**nervous system** [ˈnɜ:vəs ˌsɪstəm]
der Blutkreislauf	**circulation** [ˌsɜ:kjəˈleɪʃən]
der Tastsinn	**sense of touch** [ˌsens əv ˈtʌtʃ]
der Sehsinn	**sense of vision** [ˌsens əv ˈvɪʒən]
der Hörsinn	**sense of hearing** [ˌsens əv ˈhɪərɪŋ]
der Geruchssinn	**sense of smell** [ˌsens əv ˈsmell]
der Geschmackssinn	**sense of taste** [ˌsens əv ˈteɪst]
der Gleichgewichtssinn	**sense of balance** [ˌsens əv ˈbæləns]

DER KÖRPER – THE BODY

Die Geschlechtsorgane – Sexual organs

die männlichen Geschlechtsorgane
male sexual organs
[ˌmeɪl ˈsekʃʊəl ˌɔːgənz]

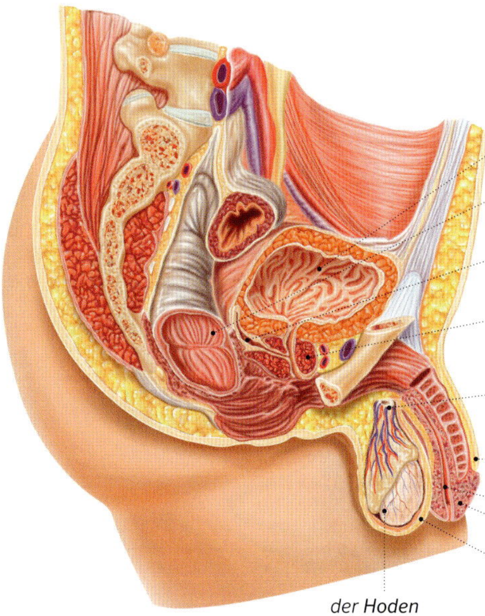

die Erektion	**erection** [ɪˈrekʃən]
die Vorhaut	**foreskin** [ˈfɔːʳskɪn]
die Beschneidung	**circumcision** [ˌsɜːkəmˈsɪʒən]
der Samenerguss	**ejaculation** [ɪˌʤækjəˈleɪʃən]
potent/impotent	**potent/impotent** [ˈpəʊtənt/ˈɪmpətənt]
das Hormon	**hormone** [ˈhɔːməʊn]
der Geschlechtsverkehr	**sexual intercourse** [ˌsekʃʊəl ˈɪntəkɔːs]
die Geschlechtskrankheit	**sexually transmitted infection** [ˌsekʃʊəli trænzˌmɪtɪd ɪnˈfekʃən]

DER KÖRPER • THE BODY

Die Geschlechtsorgane • Sexual organs

die weiblichen Geschlechtsorgane
female sexual organs
[ˌfiːmeɪl ˈsekʃʊəl ˌɔːgənz]

der Eileiter
fallopian tube
[fəˌləʊpiən ˈtjuːb]

der Eierstock
ovary
[ˈəʊvəri]

die Gebärmutter
uterus
[ˈjuːtərəs]

die Harnblase
bladder
[ˈjʊərɪnəri ˈblædəʳ]

der Gebärmutterhals
cervix
[ˈsɜːvɪks]

die Harnröhre
urethra
[jʊəˈriːθrə]

die Schamlippe
labium
[ˈleɪbiəm]

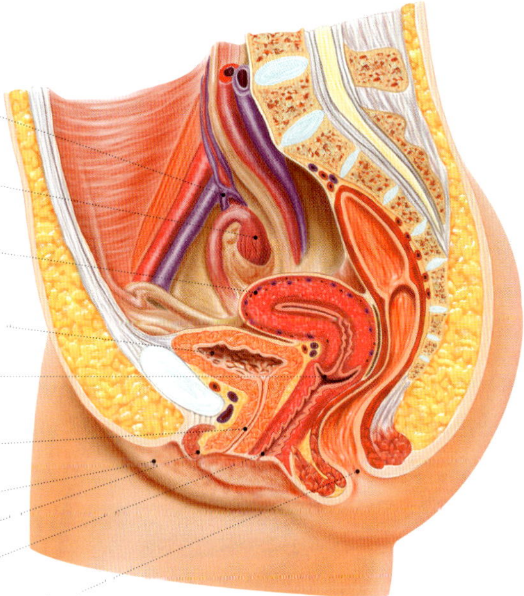

die Klitoris
clitoris
[ˈklɪtərɪs]

die Scheide
vagina
[vəˈdʒaɪnə]

der Anus
anus
[ˈeɪnəs]

das Kondom
condom
[ˈkɒndɒm]

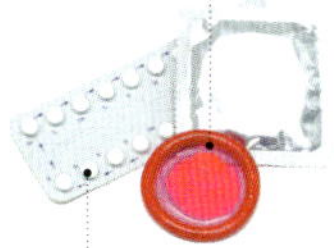

die Pille
the pill
[ðə ˈpɪl]

die Spirale	**IUD** [ˌaɪjuːˈdiː]
das Pessar	**cap** [kæp]
das Diaphragma	**diaphragm** [ˈdaɪəfræm]
die Empfängnisverhütung	**contraception** [ˌkɒntrəˈsepʃən]
der Eisprung	**ovulation** [ˌɒvjəˈleɪʃən]
die Menstruation	**menstruation** [ˌmenstruˈeɪʃən]
steril/fruchtbar	**infertile/fertile** [ɪnˈfɜːtaɪl/ˈfɜːtaɪl]
der Schwangerschaftsabbruch	**abortion** [əˈbɔːʃən]

SCHWANGERSCHAFT UND GEBURT – PREGNANCY AND BIRTH

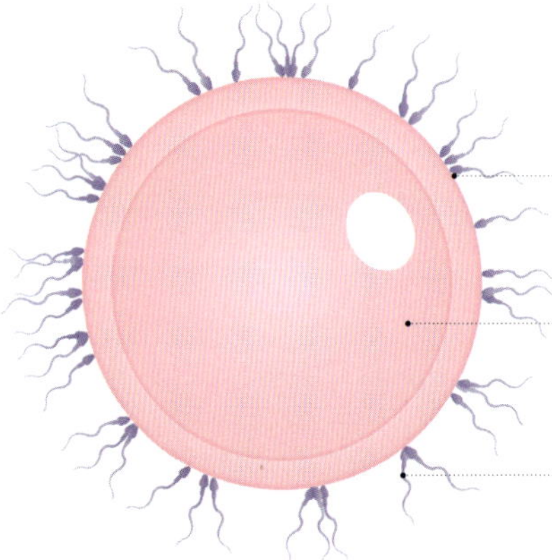

die Empfängnis
conception
[kən'sepʃən]

die Befruchtung
fertilization
[ˌfɜːtɪlaɪ'zeɪʃən]

die Eizelle
ovum
['əʊvəm]

das Spermium
sperm
[spɜːm]

die Ultraschall-aufnahme
scan
[skæn]

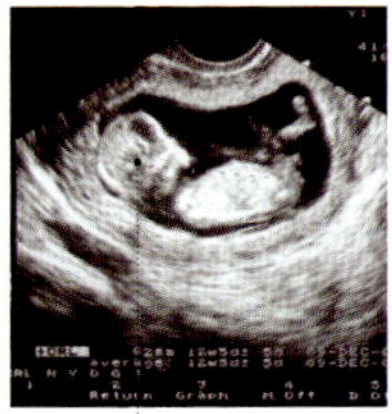

der/das Embryo
embryo
['embriəʊ]

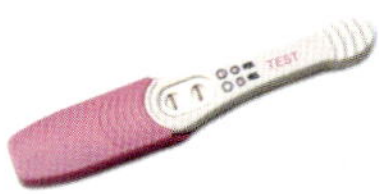

der Schwangerschafts-test
pregnancy test
['pregnənsi test]

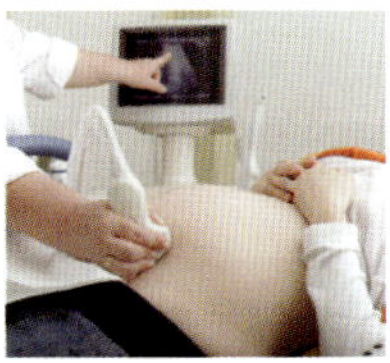

die Ultraschall-untersuchung
ultrasound
['ʌltrəˌsaʊnd]

die Hebamme
midwife
['mɪdwaɪf]

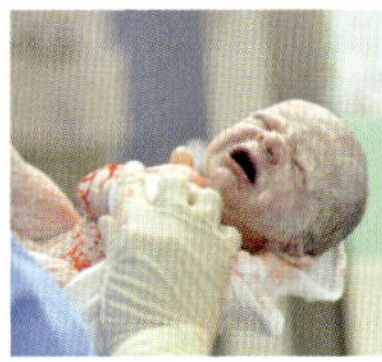

die Geburt
birth
[bɜːθ]

schwanger	**pregnant** ['pregnənt]
die Wehen	**labour pains** ['leɪbəʳ ˌpeɪns]
die Geburt einleiten	**to induce labour** [ɪnˌdjuːs 'leɪbəʳ]
pressen	**to push** [pʊʃ]
die Nabelschnur	**umbilical cord** [ʌm'bɪlɪkl ˌkɔːd]
die Plazenta	**placenta** [plə'sentə]
das Fruchtwasser	**amniotic fluid** [ˌæmnɪɒtik 'fluːɪd]
die Fruchtblase	**amniotic sac** [ˌæmnɪɒtik 'sæk]

SCHWANGERSCHAFT UND GEBURT – PREGNANCY AND BIRTH

das Fläschchen
bottle
['bɒtl]

der Messlöffel
measuring scoop
['meʒərɪŋ ˌsku:p]

das Milchpulver
formula
['fɔ:mjələ]

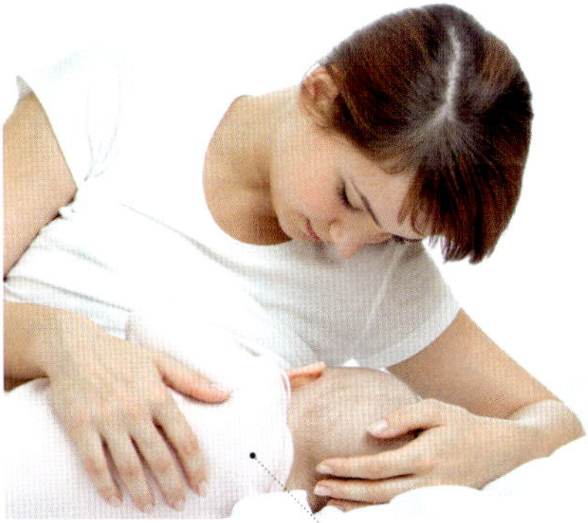

stillen
to **breast-feed**
['brestfi:d]

der Säugling
baby
['beɪbi]

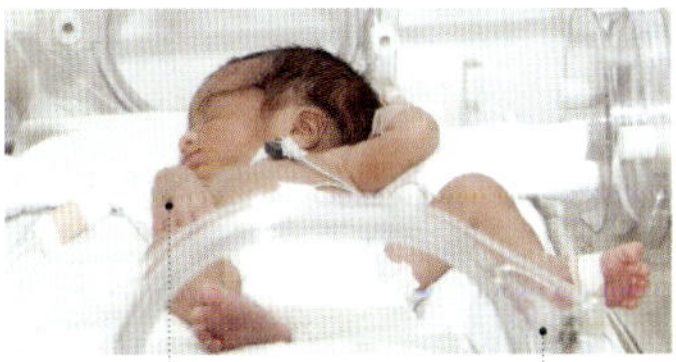

das Frühchen
premature baby
[ˌpremətʃəʳ 'beɪbi]

der Brutkasten
incubator
['ɪŋkjʊbeɪtəʳ]

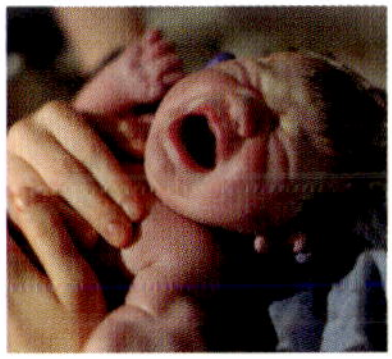

das Neugeborene
newborn baby
[ˌnju:bɔ:n 'beɪbi]

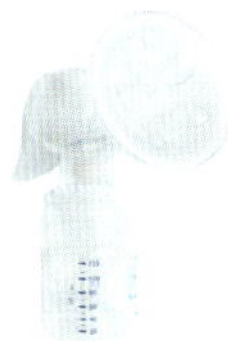

die Milchpumpe
breast pump
['brest pʌmp]

der Kreißsaal	**delivery suite** [dɪ'lɪvəri ˌswi:t]
der Kaiserschnitt	**Caesarean section** [sɪˌzeəriən 'sekʃən]
die Frühgeburt	**premature birth** [ˌpremətʃəʳ 'bɜ:θ]
die Fehlgeburt	**miscarriage** [mɪ'skærɪdʒ]
die eineiigen Zwillinge	**identical twins** [aɪˌdentɪkəl 'twɪns]
die zweieiigen Zwillinge	**non-identical twins** ['nɒnaɪˌdentɪkəl 'twɪns]
das Geburtsgewicht	**birth weight** ['bɜ:θ weɪt]
die Impfung	**vaccination** [ˌvæksɪ'neɪʃən]

mit der Flasche füttern
to **bottle-feed**
['bɒtlˌfi:d]

DER ARZTBESUCH – AT THE DOCTOR'S

den Blutdruck messen
to **measure blood pressure**
[ˌmeʒəʳ ˈblʌd ˌpreʃəʳ]

das Wartezimmer
waiting room
[ˈweɪtɪŋ ˌruːm]

das Rezept
prescription
[prɪˈskrɪpʃən]

die Ärztin
doctor
[ˈdɒktəʳ]

die Patientin
patient
[ˈpeɪʃənt]

die Manschette
cuff
[kʌf]

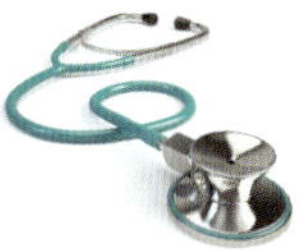

das Stethoskop
stethoscope
[ˈsteθəskəʊp]

das Sprechzimmer
consultation room
[ˌkɒnsəlˈteɪʃən ruːm]

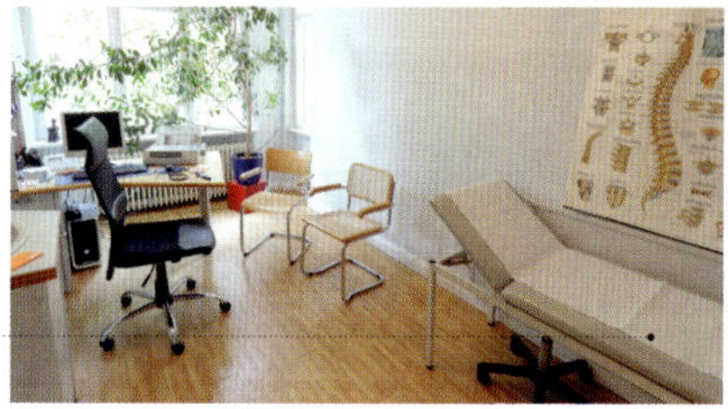

die Untersuchungsliege
examination table
[ɪgˌzæmɪˈneɪʃən ˌteɪbl̩]

das Blutdruckmessgerät
blood pressure monitor
[ˈblʌd ˌpreʃəʳ ˌmɒnɪtəʳ]

die Sprechstunde	**surgery hours** [ˈsɜːdʒəri aʊəʳs]
jemandem Blut abnehmen	**to take a blood sample** [ˌteɪk ə ˈblʌd ˌsɑːmpl̩]
der Termin	**appointment** [əˈpɔɪntmənt]
die Behandlung	**treatment** [ˈtriːtmənt]
die Diagnose	**diagnosis** [daɪəgˈnəʊsɪs]
die Überweisung	**referral** [rɪˈfɜːrəl]
die Ergebnisse	**results** [rɪˈzʌlts]
die Krankenkasse	**health insurance** [ˈhelθ ɪnˌʃʊərəns]

SYMPTOME UND KRANKHEITEN – SYMPTOMS AND ILLNESSES

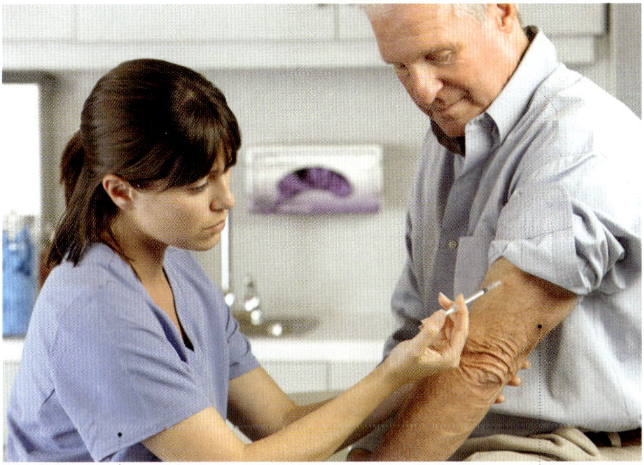

jemandem eine Spritze geben
to **give somebody an injection**
[ˈgɪv ˌsʌmbədi ən ɪnˈʤekʃən]

eine Spritze bekommen
to **have an injection**
[ˌhæv ən ɪnˈʤekʃən]

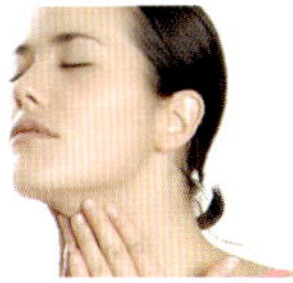

die Halsschmerzen
sore throat
[sɔːʳ ˈθrəʊt]

die Kopfschmerzen
headache
[ˈhedeɪk]

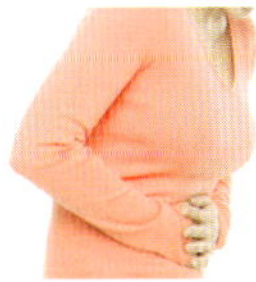

die Magenschmerzen
stomach ache
[ˈɜtʌmək ˌcɪk]

die Zahnschmerzen
toothache
[ˈtuːθeɪk]

das Virus	**virus** [ˈvaɪrəs]
der Infekt	**infection** [ɪnˈfekʃən]
die Allergie	**allergy** [ˈæləʤi]
der Hautausschlag	**rash** [ræʃ]
das Ekzem	**eczema** [ˈeksɪmə]
die Migräne	**migraine** [ˈmiːgreɪn]
das Nasenbluten	**nosebleed** [ˈnəʊzbliːd]
die Bindehautentzündung	**conjunctivitis** [kənˌʤʊŋtɪˈvaɪtɪs]
die Mittelohrentzündung	**inflammation of the middle ear** [ˌɪnfləˈmeɪʃən əv ðə ˌmɪdl ˈɪəʳ]
der Durchfall	**diarrhoea** [ˌdaɪəˈrɪə]
die Darmgrippe	**gastric flu** [ˌgæstrɪk ˈfluː]
der Schwindel	**dizziness** [ˈdɪzɪnəs]
die Übelkeit	**nausea** [ˈnɔːsiə]
der Krampf	**cramp** [kræmp]
die Bronchitis	**bronchitis** [brɒŋˈkaɪtɪs]
die Blasenentzündung	**bladder infection** [ˈblædəʳ ɪnˌfekʃən]

SYMPTOME UND KRANKHEITEN – SYMPTOMS AND ILLNESSES

krank
ill
[ɪl]

der Schnupfen
cold
[kəʊld]

der Husten
cough
[kɒf]

gesund
healthy
[ˈhelθi]

die Erkältung
cold
[kəʊld]

die Grippe
influenza
[ɪnfluˈenzə]

das Niesen
sneezing
[ˈsni:zɪŋ]

das Fieber
fever
[ˈfi:vəʳ]

der Heuschnupfen
hay fever
[ˈheɪ ˌfi:vəʳ]

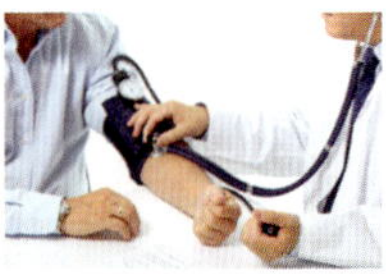

der hohe/niedrige Blutdruck
high/low blood pressure
[haɪ/ləʊ ˈblʌd ˌpreʃəʳ]

die Entzündung	**inflammation** [ˌɪnfləˈmeɪʃən]
die Gürtelrose	**shingles** [ˈʃɪŋglz]
die Mangelerscheinung	**deficiency symptom** [dɪˈfɪʃnsi ˌsɪmtəm]
die Blutvergiftung	**blood poisoning** [ˈblʌd ˌpɔɪzənɪŋ]
die Schuppenflechte	**psoriasis** [səˈraɪəsɪs]
die Kinderkrankheit	**childhood illness** [ˌtʃaɪldhʊd ˈɪlnəs]
die Röteln	**rubella** [ru:ˈbelə]
der/das Scharlach	**scarlet fever** [ˌskɑ:lət ˈfi:vəʳ]
die Windpocken	**chickenpox** [ˈtʃɪkɪnˌpɒks]
der Mumps	**mumps** [mʌmps]
der Keuchhusten	**whooping cough** [ˈwu:pɪŋ ˌkɒf]
die Masern	**measles** [ˈmi:zlz]
die Kinderlähmung	**polio** [ˈpəʊliəʊ]
der Wundstarrkrampf	**tetanus** [ˈtetənəs]
die Tuberkulose	**tuberculosis** [tju:ˌbɜ:kjəˈləʊsɪs]
die Rachitis	**rickets** [ˈrɪkɪts]
die Hirnhautentzündung	**meningitis** [ˌmenɪnˈdʒaɪtɪs]
die Diphtherie	**diphtheria** [dɪfˈθɪəriə]
die Tollwut	**rabies** [ˈreɪbi:z]

SYMPTOME UND KRANKHEITEN – SYMPTOMS AND ILLNESSES

das Asthma
asthma
[ˈæsθmə]

der Inhalator
inhaler
[ɪnˈheɪləʳ]

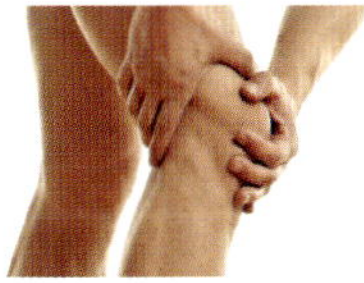

das Rheuma
rheumatism
[ˈruːmətɪzəm]

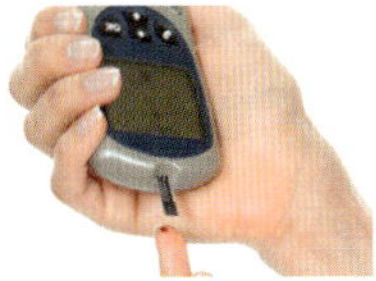

der Diabetes
diabetes
[ˌdaɪəˈbiːtiːz]

die Schlafstörung
sleeping disorder
[ˈsliːpɪŋ dɪˌsɔːdəʳ]

das Aids
AIDS
[eɪdz]

die Atemnot	**breathing difficulty** [ˈbriːðɪŋ ˌdɪfɪkəlti]
der Alzheimer	**Alzheimer's disease** [ˈæltshaɪməʳz dɪˌziːz]
die Demenz	**dementia** [dɪˈmenʃə]
die Parkinsonkrankheit	**Parkinson's disease** [ˈpɑːkɪnsənz dɪˌziːz]
der Krebs	**cancer** [ˈkænsəʳ]
das Geschwür	**abscess** [ˈæbses]
die Schilddrüsenkrankheit	**thyroid disorder** [ˈθaɪrɔɪd dɪˌsɔːdəʳ]
der Herzinfarkt	**heart attack** [ˈhɑːt əˌtæk]
der Schlaganfall	**stroke** [strəʊk]
HIV-positiv/negativ	**HIV positive/negative** [eɪtʃaɪˌviː ˈpɒzətɪv/ˈnegətɪv]
die multiple Sklerose	**multiple sclerosis** [ˌmʌltɪpl skləˈrəʊsɪs]
die Epilepsie	**epilepsy** [ˈepɪlepsi]
die Depression	**depression** [dɪˈpreʃən]
die Essstörung	**eating disorder** [ˈiːtɪŋ dɪˌsɔːdəʳ]
die Sucht	**addiction** [əˈdɪkʃən]

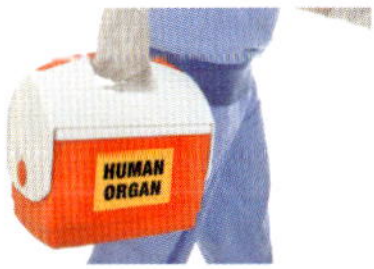

die Transplantation
transplant
[ˈtræn(t)splɑːnt]

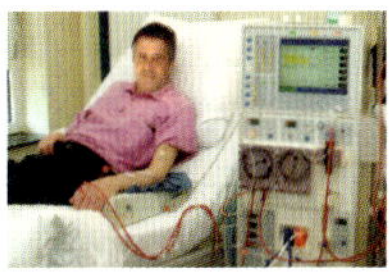

die Dialyse
dialysis
[daɪˈæləsɪs]

BEHINDERUNGEN – DISABILITIES

der Blindenhund
guide dog
[ˈgaɪd dɒg]

der Rollstuhl
wheelchair
[ˈwiːltʃeəʳ]

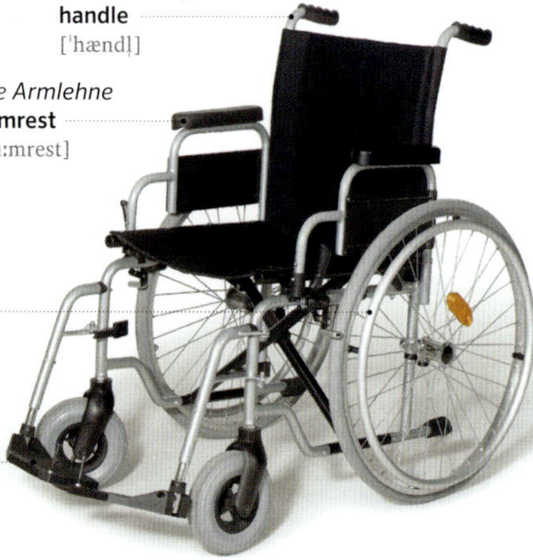

der Schiebegriff
handle
[ˈhændl̩]

die Armlehne
armrest
[ˈɑːmrest]

der Greifreifen
hand-rimmed wheel
[ˈhændrɪmd ˌwiːl]

die Fußstütze
foot rest
[ˈfʊt rest]

der Blindenstock
white stick
[waɪt ˈstɪk]

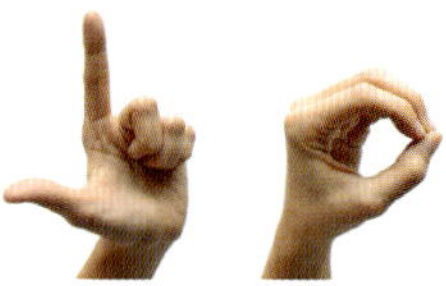

die Gebärdensprache
sign language
[ˈsaɪn ˌlæŋgwɪdʒ]

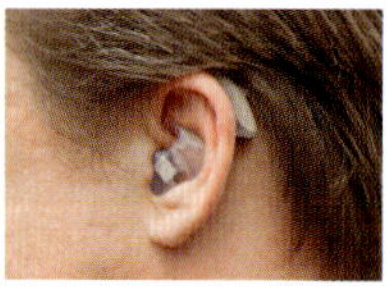

das Hörgerät
hearing aid
[ˈhɪərɪŋ ˌeɪd]

der Rollator
wheeled walker
[ˌwiːld ˈwɔːkəʳ]

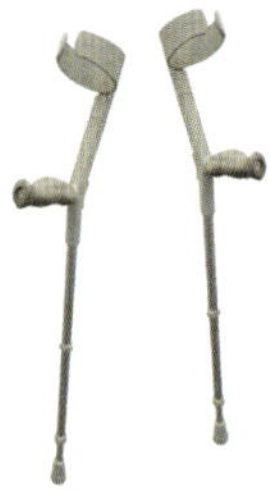

die Krücke
crutch
[krʌtʃ]

die Prothese
artificial limb
[ɑːtɪˌfɪʃəl ˈlɪm]

gelähmt	**paralysed** [ˈpærəlaɪzd]
die spastische Lähmung	**spastic paralysis** [ˌspæstɪk pəˈræləsɪs]
hinken	to **limp** [lɪmp]
blind	**blind** [blaɪnd]
schwerhörig	**hard of hearing** [hɑːd əv ˈhɪərɪŋ]
gehörlos	**deaf** [def]
behindert	**disabled** [dɪˈseɪbl̩d]
schwerbehindert	**severely disabled** [səˈvɪəli dɪˌseɪbl̩d]

VERLETZUNGEN – INJURIES

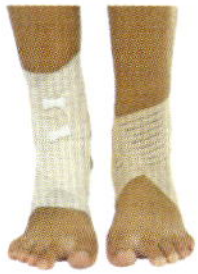

die Verstauchung
sprain
[spreɪn]

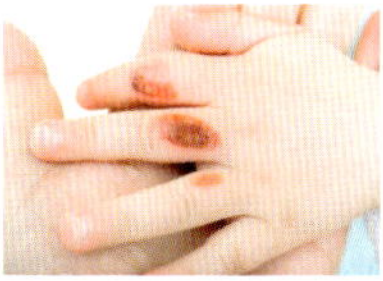

die Verbrennung
burn
[bɜ:n]

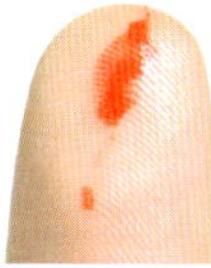

die Schnittwunde
cut
[kʌt]

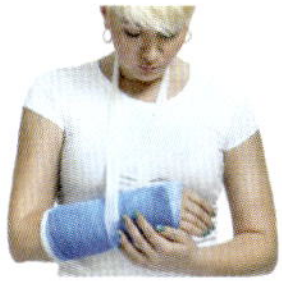

der Knochenbruch
fracture
[ˈfrækʃəʳ]

die Vergiftung
poisoning
[ˈpɔɪzənɪŋ]

der Insektenstich
insect sting
[ˈɪnsekt stɪŋ]

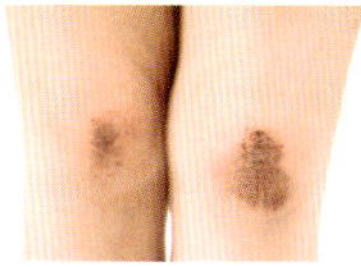

die Schürfwunde
graze
[greɪz]

in Ohnmacht fallen
to **faint**
[feɪnt]

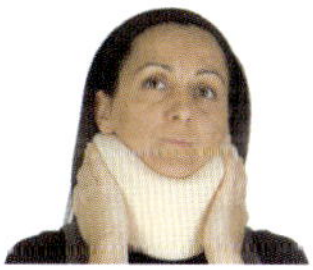

das Schleudertrauma
whiplash
[ˈwɪplæʃ]

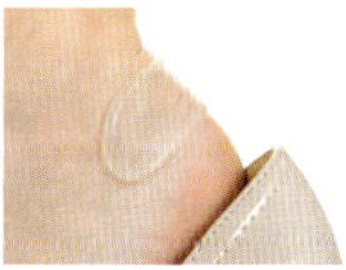

die Blase
blister
[ˈblɪstəʳ]

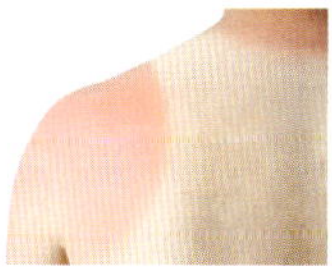

der Sonnenbrand
sunburn
[ˈsʌnbɜ:n]

der Bandscheiben-vorfall
slipped disc
[slɪpt ˈdɪsk]

die Wunde	**wound** [wu:nd]
die Brandwunde	**burn** [bɜ:n]
das Blut	**blood** [blʌd]
bluten	to **bleed** [bli:d]
die Blutung	**haemorrhage** [ˈhemərɪdʒ]
die Gehirnerschütterung	**concussion** [kənˈkʌʃən]
sich den Arm/einen Wirbel ausrenken	to **dislocate an arm/a vertebra** [ˌdɪsləʊkeɪt ən ˈɑ:m/ə ˈvɜ:tɪbrə]
sich den Fuß verstauchen/brechen	to **sprain/fracture one's foot** [ˌspreɪn/ˌfræk(t)ʃəʳ wʌnz ˈfʊt]

der elektrische Schlag
electric shock
[ɪˌlektrɪk ˈʃɒk]

BEIM ZAHNARZT – AT THE DENTIST'S

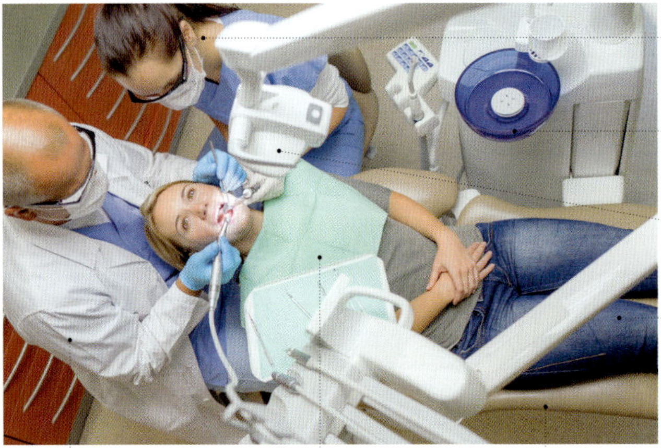

die Zahnarzthelferin
dental nurse
[ˈdentəl nɜːs]

das Mundspülbecken
basin
[ˈbeɪsən]

die Behandlungslampe
reflector
[rɪˈflektəʳ]

die Patientin
patient
[ˈpeɪʃənt]

der Zahnarzt
dentist
[ˈdentɪst]

der Patientenumhang
apron
[ˈeɪprən]

der Zahnarztstuhl
dentist's chair
[ˈdentɪsts ˌtʃeəʳ]

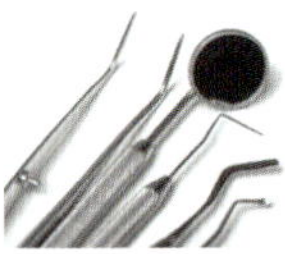

das Zahnarztbesteck
dental instruments
[ˈdentəl ˌɪnstrəmənts]

der Mundschutz
surgical mask
[ˌsɜːʤɪkəl ˈmɑːsk]

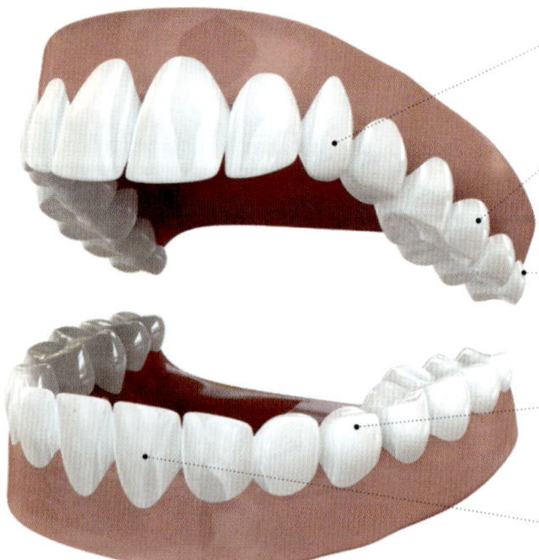

der Eckzahn
eye tooth
[ˈaɪ tuːθ]

der hintere Backenzahn
molar
[ˈməʊləʳ]

der Weisheitszahn
wisdom tooth
[ˈwɪzdəm tuːθ]

der vordere Backenzahn
premolar
[ˈpriːˌməʊləʳ]

der Schneidezahn
incisor
[ɪnˈsaɪzəʳ]

BEIM ZAHNARZT – AT THE DENTIST'S

der Zahn
tooth
[tu:θ]

der Zahnschmelz
enamel
[ɪˈnæməl]

das Zahnfleisch
gum
[gum]

die Zahnwurzel
root
[ru:t]

der Nerv
nerve
[nɜ:v]

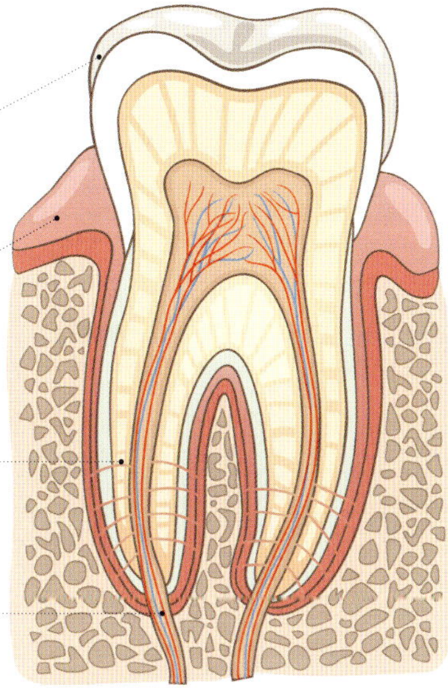

die Zahnprothese
dentures
[ˈden(t)ʃəz]

die Knirscherschiene
bite splint
[ˈbaɪt splɪnt]

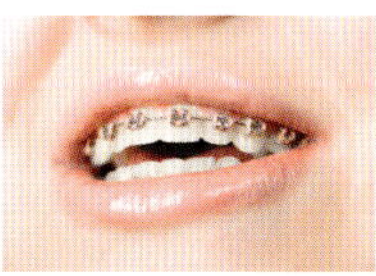

die Zahnspange
braces
[ˈbreɪsɪz]

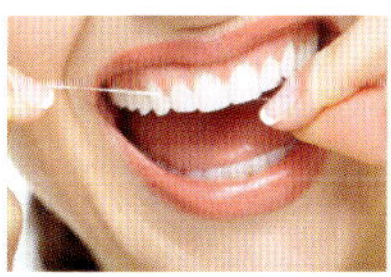

mit Zahnseide reinigen
to **floss one's teeth**
[flɒs wʌnz ˈti:θ]

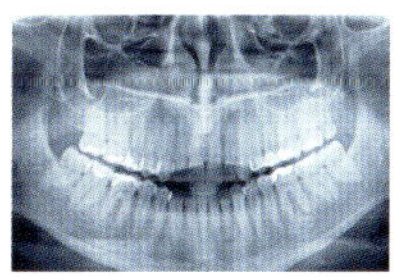

die Röntgenaufnahme
X-ray
[ˈeksreɪ]

die Krone
crown
[kraʊn]

das Implantat	**implant** [ˈɪmplɑ:nt]
einen Zahn ziehen	**to extract a tooth** [ɪkˌstrækt ə ˈtu:θ]
die örtliche Betäubung	**local anaesthetic** [ˈləʊkəl ˌænəsˈθetɪk]
die Mundhygiene	**oral hygiene** [ˌɔ:rəl ˈhaɪʤi:n]
der Zahnbelag	**plaque** [plɑ:k]
die Karies	**tooth decay** [ˈtu:θ dɪˌkeɪ]
die Zahnfüllung	**filling** [ˈfɪlɪŋ]
die Wurzelbehandlung	**root treatment** [ˈru:t ˌtri:tmənt]

das Mundwasser
mouthwash
[ˈmaʊθwɒʃ]

BEIM AUGENOPTIKER – AT THE OPTICIAN'S

das Auge
eye
[aɪ]

die Pupille
pupil
[ˈpjuːpəl]

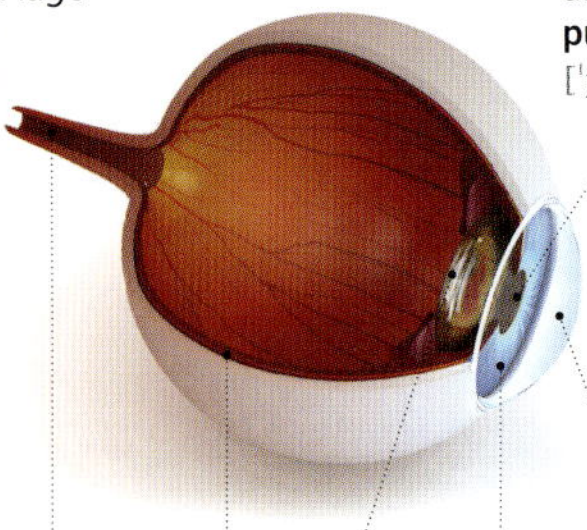

der Sehnerv
optic nerve
[ˌɒptɪk ˈnɜːv]

die Linse
lens
[lenz]

die Hornhaut
cornea
[ˈkɔːniə]

die Netzhaut
retina
[ˈretɪnə]

die Iris
iris
[ˈaɪrɪs]

die Brille
glasses
[ˈglɑːsɪz]

das Brillengestell
frame
[freɪm]

das Brillenglas
lens
[lenz]

die Optikerin
optician
[ɒpˈtɪʃən]

der Sehtest
eye test
[ˈaɪ test]

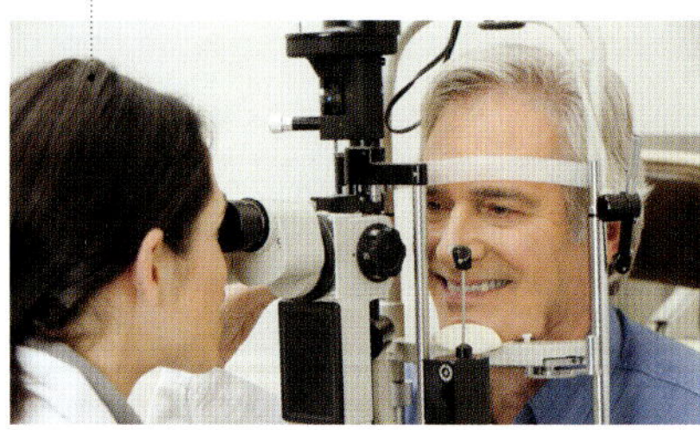

der Kontaktlinsenbehälter
lens case
[ˈlenz keɪs]

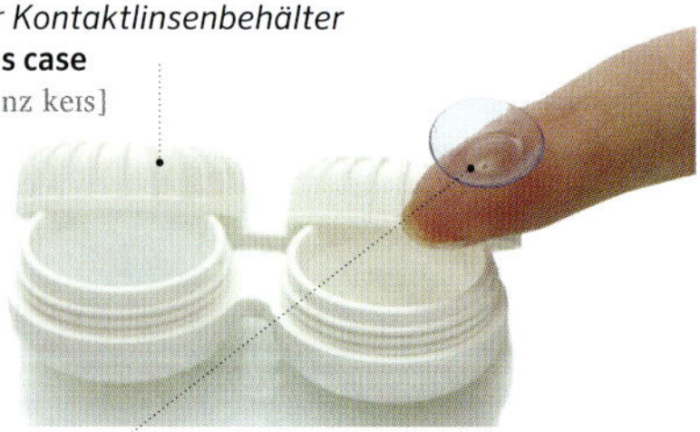

die Kontaktlinse
contact lens
[ˈkɒntækt ˌlenz]

das Brillenputztuch	**glasses cloth** [ˈglɑːsɪz ˌklɒθ]
die Augentropfen	**eye drops** [ˈaɪ drɒps]
die Lesebrille	**reading glasses** [ˈriːdɪŋ ˌglɑːsɪz]
weitsichtig	**long-sighted** [lɒŋˈsaɪtɪd]
kurzsichtig	**short-sighted** [ʃɔːtˈsaɪtɪd]
die Gleitsichtbrille	**varifocal glasses** [ˈveərɪfəʊkəl ˌglɑːsɪz]
der graue Star	**cataract** [ˈkætərækt]
der grüne Star	**glaucoma** [glɔːˈkəʊmə]

IM KRANKENHAUS – IN HOSPITAL

das Krankenzimmer
hospital room
[ˈhɒspɪtəl ruːm]

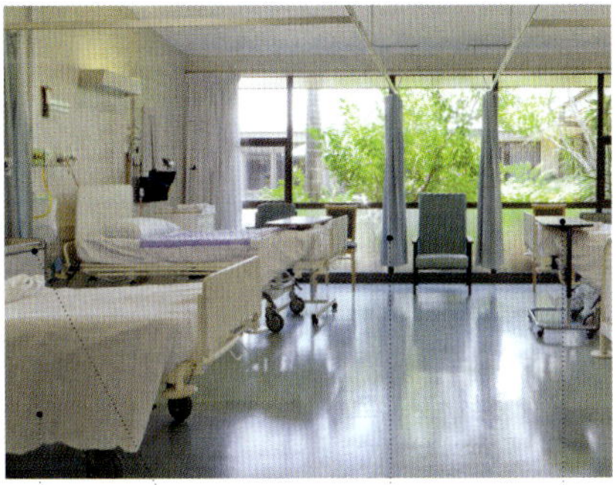

der Nachttisch
bedside table
[ˌbedsaɪd ˈteɪbl̩]

der Krankentisch
overbed table
[ˌəʊvəˈbed ˈteɪbl̩]

das Krankenhausbett
hospital bed
[ˈhɒspɪtəl bed]

der Trennvorhang
privacy curtain
[ˈprɪvəsi ˌkɜːtən]

das Einzelzimmer
single room
[ˈsɪŋgl̩ ruːm]

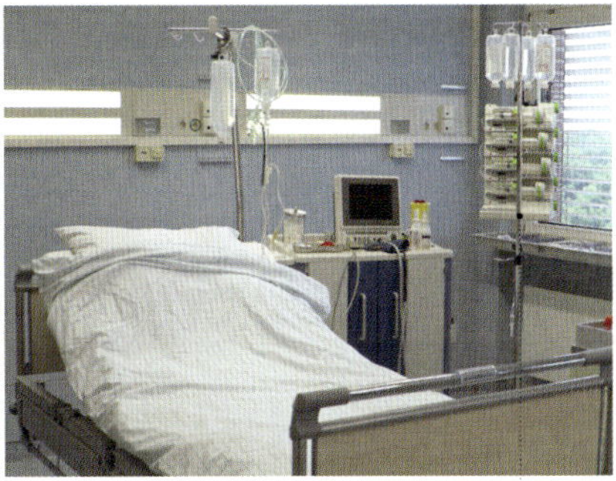

der Infusionsständer
IV pole
[ˌaɪˈviː pəʊl]

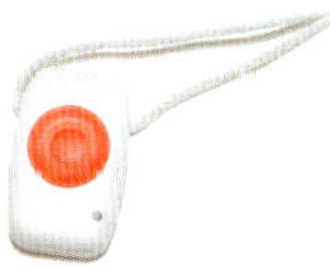

der Notrufknopf
emergency call button
[ɪˌmɜːʤən(t)si ˈkɔːl ˌbʌtən]

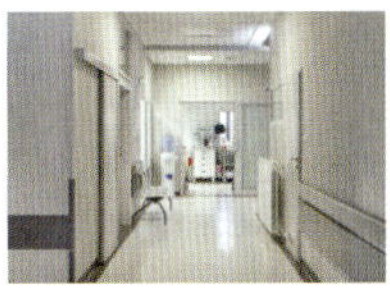

die Station
ward
[wɔːd]

aufgenommen werden	to **be admitted** [bi ədˈmɪtɪd]
entlassen werden	to **be discharged** [bi dɪsˈtʃɑːʤd]
der ambulante Patient	**out-patient** [ˈaʊtˌpeɪʃənt]
der stationäre Patient	**in-patient** [ˈɪnˌpeɪʃənt]
die Besuchszeiten	**visiting hours** [ˈvɪzɪtɪŋ ˌaʊəˈz]
die Kinderstation	**children's ward** [ˈtʃɪldrənz ˌwɔːd]
die Neurologie	**neurology** [njʊəˈrɒləʤi]
die Onkologie	**oncology** [ɒŋˈkɒləʤi]
die Orthopädie	**orthopaedics** [ˌɔːθə(ʊ)ˈpiːdɪks]
die Kardiologie	**cardiology** [ˌkɑːdiˈɒləʤi]
die Gastroenterologie	**gastroenterology** [ˌgæstrəʊˌentəˈrɒləʤi]
die Gynäkologie	**gynaecology** [ˌgaɪnəˈkɒləʤi]
die Abteilung für Hals-Nasen-Ohrenheilkunde	**ear nose and throat department** [ˈɪəʳ ˌnəʊz ənd ˈθrəʊt dɪˌpɑːtmənt]
die Quarantäne	**quarantine** [ˈkwɒrəntiːn]

IM KRANKENHAUS – IN HOSPITAL

Die Chirurgie – Surgery

die Operation
operation
[ˌɒpəˈreɪʃən]

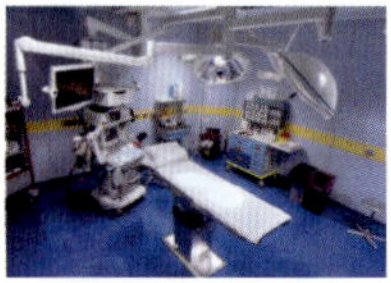

der Operationssaal
operating theatre
[ˈɒpəreɪtɪŋ ˌθɪətəʳ]

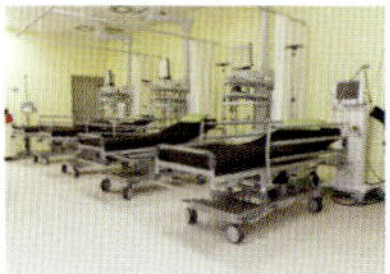

der Aufwachraum
recovery room
[rɪˈkʌvəri ruːm]

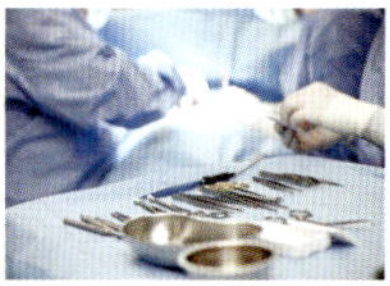

das Operationsbesteck
surgical tools
[ˌsɜːdʒɪkəl ˈtuːlz]

die Operationsleuchte
surgical lighting
[ˌsɜːdʒɪkəl ˈlaɪtɪŋ]

der Chirurg
surgeon
[ˈsɜːdʒən]

der Mundschutz
surgical mask
[ˌsɜːdʒɪkəl ˈmɑːsk]

die OP-Schwester
theatre nurse
[ˈθɪətəʳ nɜːs]

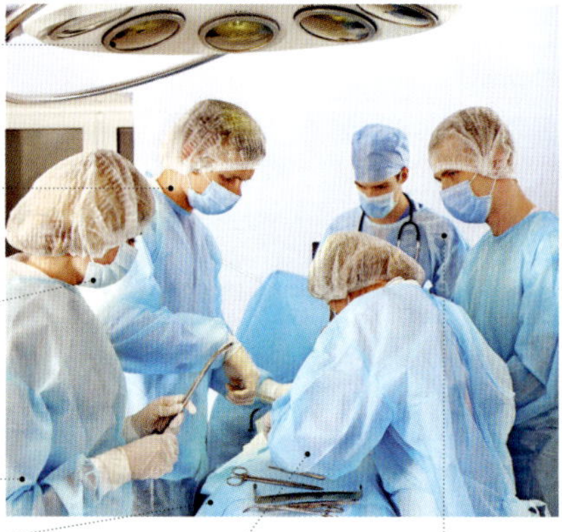

der Operationstisch
operating table
[ˈɒpəreɪtɪŋ ˌteɪbl̩]

der OP-Mantel
scrubs
[skrʌbz]

der Anästhesist
anaesthetist
[əˈniːsθətɪst]

die Narbe
scar
[skɑːʳ]

die Fäden
stitches
[ˈstɪtʃəs]

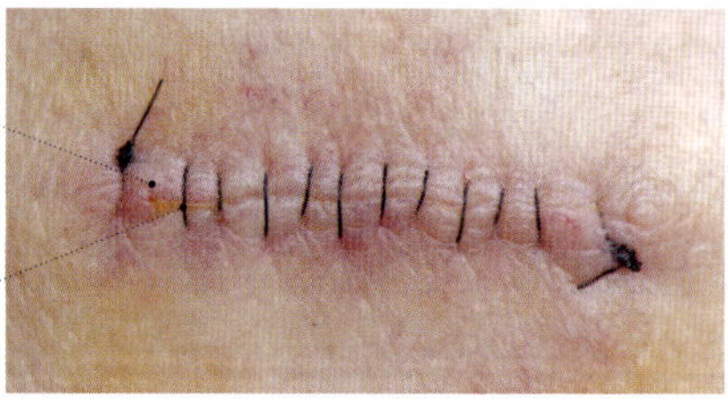

die Lokalanästhesie	**local anaesthetic** [ˌləʊkəl ˌænəsˈθetɪk]
die Vollnarkose	**general anaesthetic** [ˌdʒenərəl ˌænəsˈθetɪk]
die Rehabilitation	**rehabilitation** [ˌriːhəˌbɪlɪˈteɪʃən]
die medizinische Nachversorgung	**post-operative care** [pəʊstˌɒpərətɪv ˈkeəʳ]
die Bettruhe	**bed rest** [ˈbed ˌrest]
die Genesung	**convalescence** [ˌkɒnvəˈlesəns]
tot	**dead** [ded]
der Tod	**death** [deθ]

IM KRANKENHAUS – IN HOSPITAL

Die Unfallstation – Casualty

die Intensivstation
intensive care unit
[ɪnˌten(t)sɪv ˈkeəʳ ˌjuːnɪt]

die Notaufnahme
emergency admission
[ɪˌmɜːʤənsi ədˈmɪʃən]

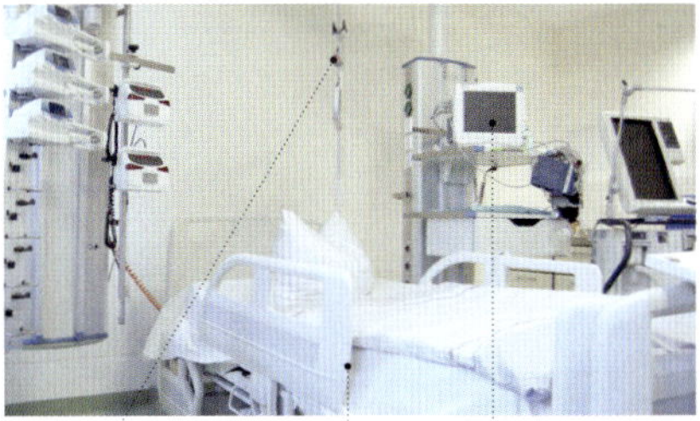

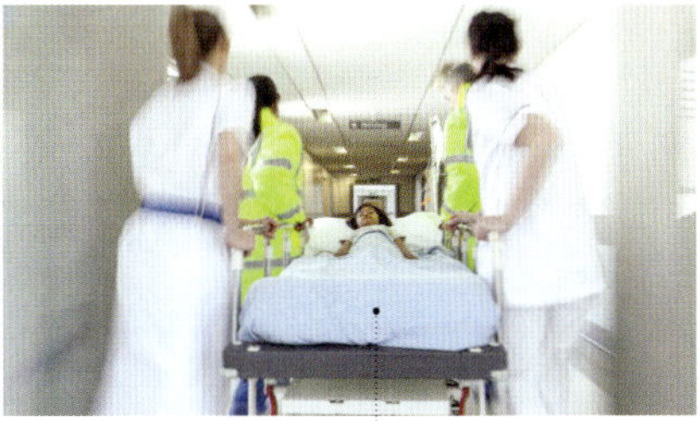

der Rufknopf
call button
[ˈkɔːl ˌbʌtən]

der Herzmonitor
cardiac monitor
[ˌkɑːdiæk ˈmɒnɪtəʳ]

die Fahrtrage
trolley
[ˈtrɒli]

das Krankenhausbett
hospital bed
[ˈhɒspɪtəl ˌbed]

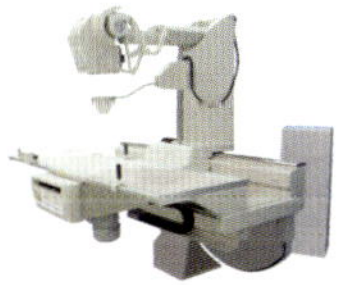

das Röntgengerät
X-ray apparatus
[ˈeksreɪ ˌæpəˈreɪtəs]

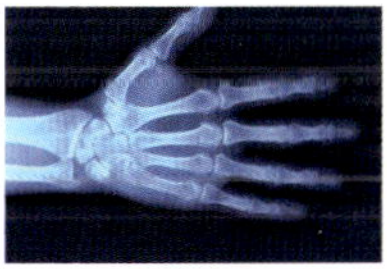

das Röntgenbild
X-ray
[ˈeksreɪ]

der Warteraum
waiting room
[ˈweɪtɪŋ ˌruːm]

die Oberärztin
consultant
[kənˈsʌltənt]

die Computertomografie	**CT scan** [ˌsiːˈtiː ˌskæn]
die Strahlung	**radiation** [ˌreɪdiˈeɪʃən]
eine Diagnose stellen	to **make a diagnosis** [meɪk ə ˌdaɪəgˈnəʊsɪs]
das Koma	**coma** [ˈkəʊmə]
bewusstlos	**unconscious** [ʌnˈkɒnʃəs]
die Beatmung	**ventilation** [ˌventɪˈleɪʃən]
wieder zu Bewusstsein kommen	to **regain consciousness** [rɪˌgeɪn ˈkɒntʃəsnəs]
wieder gesund werden	to **recuperate** [rɪˈkjuːpəreɪt]

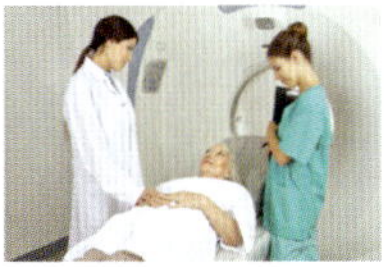

die Kernspintomografie
MRI scan
[ˌemɑːˈaɪ skæn]

DIE APOTHEKE – THE PHARMACY

das Medikament
medication
[ˌmedɪˈkeɪʃən]

die Kapsel
capsule
[ˈkæpsjuːl]

der Hustensaft
cough mixture
[ˈkɒf ˌmɪkstʃəʳ]

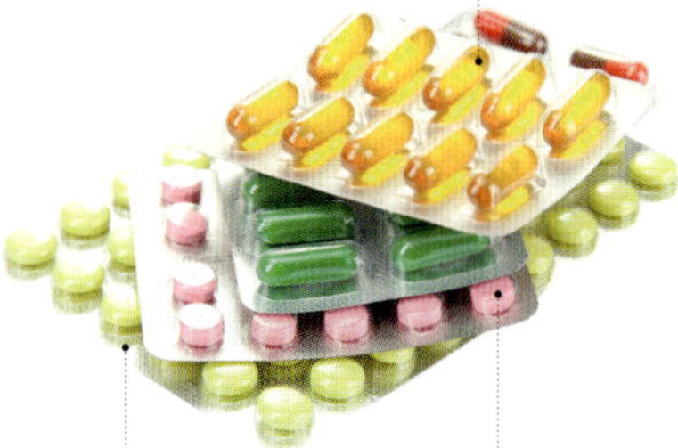

die Sichtverpackung
blister pack
[ˈblɪstəʳ ˌpæk]

die Tablette
tablet
[ˈtæblət]

die Dosierung
dosage
[ˈdəʊsɪʤ]

der Messbecher
measuring cup
[ˈmeʒərɪŋ ˌkʌp]

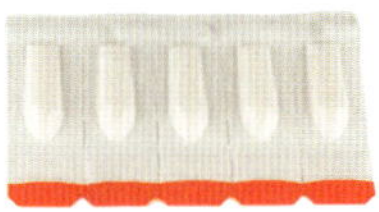

das Zäpfchen
suppository
[səˈpɒzɪtəri]

die Salbe
ointment
[ˈɔɪntmənt]

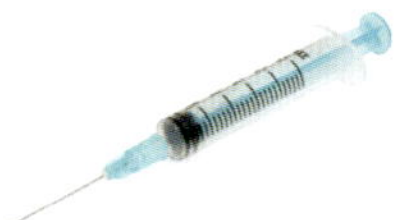

die Spritze
syringe
[sɪˈrɪnʤ]

die Apothekerin
pharmacist
[ˈfɑːməsɪst]

die Tropfen
drops
[drɒps]

der/das Spray
spray
[spreɪ]

die Vitamintablette
vitamin pill
[ˈvɪtəmɪn pɪl]

die Brausetablette
effervescent tablet
[efəˌvesənt ˈtæblət]

DIE APOTHEKE – THE PHARMACY

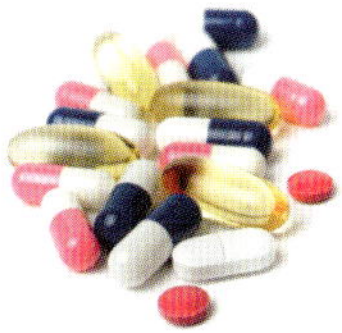

das Nahrungs-ergänzungsmittel
supplement
[ˈsʌplɪmənt]

das Sonnenschutz-mittel
sun cream
[ˈsʌn kriːm]

der/das Mückenspray
insect repellent
[ˈɪnsekt rɪˌpelənt]

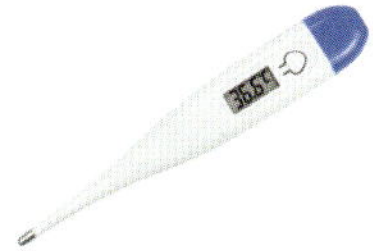

das/der Fieberthermometer
thermometer
[θɜːˈmɒmɪtəʳ]

die Nagelfeile
nail file
[ˈneɪl faɪl]

der Tampon
tampon
[ˈtæmpɒn]

die Slipeinlage
panty liner
[ˈpænti ˌlaɪnəʳ]

das Feuchttuch
wet wipe
[ˈwet waɪp]

der Lippenpflegestift
lip balm
[ˈlɪp bɑːm]

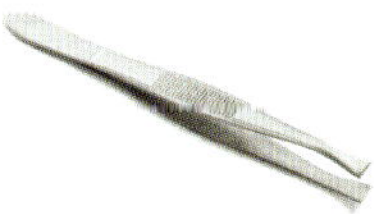

die Pinzette
tweezers
[ˈtwiːzəz]

das Deodorant
deodorant
[diˈəʊdərənt]

das/der Hustenbonbon
throat lozenge
[ˈθrəʊt ˌlɒzɪndʒ]

das Symptom	**symptom** [ˈsɪmtəm]
die Nebenwirkung	**side effect** [ˈsaɪd ɪˌfekt]
der Beipackzettel	**instruction leaflet** [ɪnˈstrʌkʃən ˌliːflət]
die Hautpflege	**skin care** [ˈskɪn keəʳ]
das Schmerzmittel	**painkiller** [ˈpeɪnˌkɪləʳ]
das Beruhigungsmittel	**sedative** [ˈsedətɪv]
die Schlaftablette	**sleeping pill** [ˈsliːpɪŋ pɪl]
das Verfallsdatum	**expiry date** [ɪkˈspaɪ(ə)ri deɪt]

der Ohrstöpsel
ear plug
[ˈɪəʳ plʌg]

DIE ALTERNATIVMEDIZIN – ALTERNATIVE THERAPY

die Meditation
meditation
[ˌmedɪˈteɪʃən]

das Yoga
yoga
[ˈjəʊgə]

das Tai-Chi
tai chi
[tai ˈtʃi:]

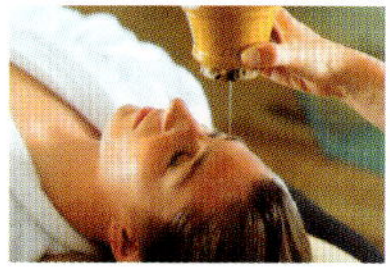

das Ayurveda
Ayurveda
[aɪʊəˈveɪdə]

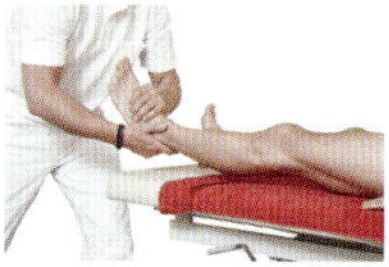

die Osteopathie
osteopathy
[ˌɒstiˈɒpəθi]

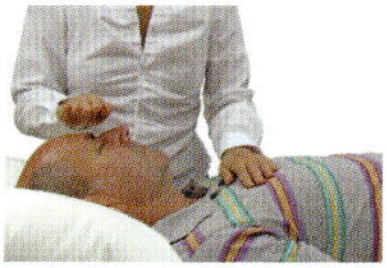

das Reiki
reiki
[ˈreɪki:]

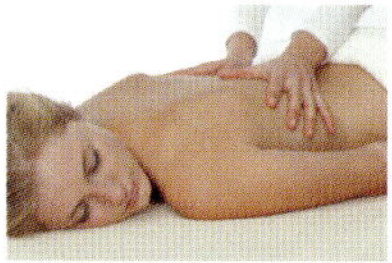

die Massage
massage
[ˈmæsɑ:ʒ]

die Hypnose
hypnosis
[hɪpˈnəʊsɪs]

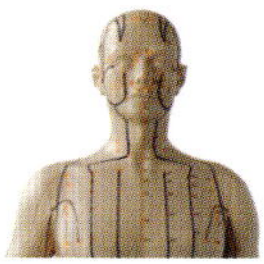

die traditionelle chinesische Medizin
traditional Chinese medicine
[trəˈdɪʃənəl tʃaɪˌni:z ˈmedsən]

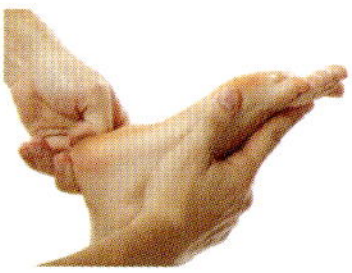

die Fußreflexzonen-massage
reflexology massage
[ˌri:flekˈsɒləʤi ˌmæsɑ:ʒ]

das homöopathische Heilmittel
homeopathic remedy
[ˌhəʊmiəpæθɪk ˈremədi]

die Kräuterheilkunde
herbalism
[ˈhɜ:bəlɪzəm]

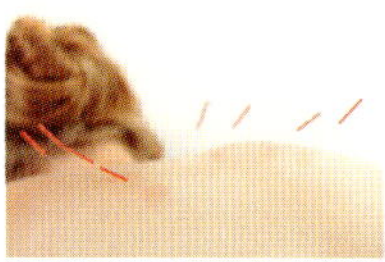

die Akupunktur
acupuncture
[ˈækjʊpʌŋtʃəʳ]

die Kur	**course of treatment** [ˌkɔ:s əv ˈtri:tmənt]
die Palliativmedizin	**palliative care** [ˈpæliətɪv keəʳ]
die Entspannung	**relaxation** [ˌri:lækˈseɪʃən]
die Entgiftung	**detoxification** [di:ˌtɒksɪfɪˈkeɪʃən]
die Entziehungskur	**detoxification programme** [di:ˌtɒksɪfɪˈkeɪʃən ˌprəʊgræm]
einen Entzug machen	**to be in detox** [bi ɪn ˈdi:ˌtɒks]
die Therapie	**therapy** [ˈθerəpi]
die Lichttherapie	**light therapy** [ˈlaɪt ˌθerəpi]

WELLNESS – WELLNESS

die Gesichtsbehandlung
facial
[ˈfeɪʃəl]

die Kosmetikerin
beautician
[bjuːˈtɪʃən]

die Gesichtsmaske
face mask
[ˈfeɪs mɑːsk]

die Sauna
sauna
[ˈsɔːnə]

der Ofen
heating stove
[ˈhiːtɪŋ ˌstəʊv]

die Bank
bench
[bentʃ]

der Kopfkeil
head rest
[ˈhed rest]

der Aufgusskübel
infusion bucket
[ɪnˈfjuːʒən ˌbʌkɪt]

der Ruheraum
rest room
[ˈrest ruːm]

das Mineralbad
spa
[spɑː]

die Maniküre
manicure
[ˈmænɪkjʊəʳ]

die Pediküre
pedicure
[ˈpedɪkjʊəʳ]

die Wachsenthaarung	**waxing** [ˈwæksɪŋ]
das Dampfbad	**steam room** [ˈstiːm ruːm]
der Aufguss	**herbal preparation** [ˌhɜːbəl ˌprepərˈeɪʃən]
das Peeling	**exfoliation** [eksˌfəʊliˈeɪʃən]
der Teint	**complexion** [kəmˈplekʃən]
reinigen	**to cleanse** [klenz]
Ich habe empfindliche/trockene Haut.	**I have sensitive/dry skin.** [aɪ həv ˈsensɪtɪv/ˈdraɪ skɪn]
Ich habe fettige/normale Haut.	**I have oily/normal skin.** [aɪ həv ˈɔɪli/ˈnɔːməl skɪn]

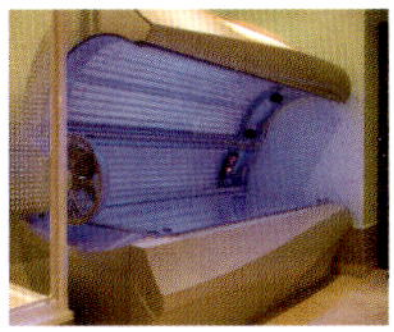

das Solarium
solarium
[səʊˈleəriəm]

NOTFÄLLE

EMERGENCIES

ERSTE HILFE - FIRST AID

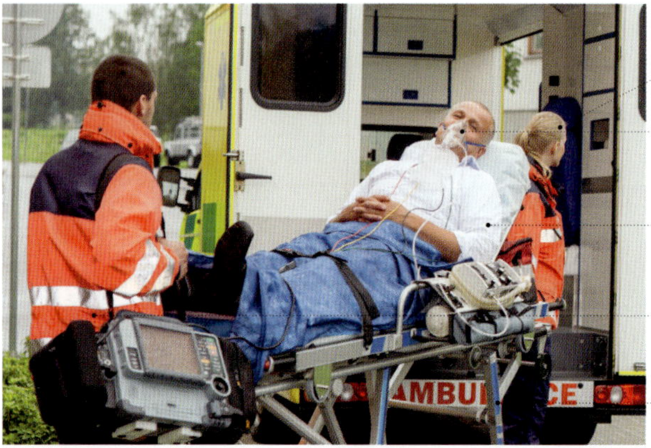

der Rettungswagen
ambulance
[ˈæmbjələns]

die Sanitäterin
paramedic
[ˌpærəˈmedɪk]

die Sauerstoffmaske
oxygen mask
[ˈɒksɪʤən ˌmɑːsk]

das Unfallopfer
accident victim
[ˈæksɪdənt ˌvɪktɪm]

der Sanitäter
paramedic
[ˌpærəˈmedɪk]

die Trage
stretcher
[ˈstretʃəʳ]

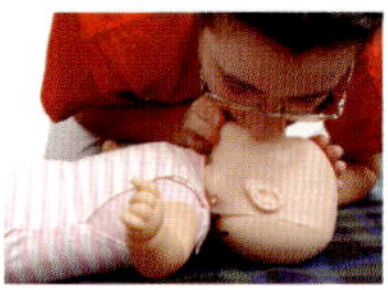

die Mund-zu-Mund-Beatmung
mouth-to-mouth resuscitation
[maʊθ tə ˈmaʊθ rɪˌsʌsɪˈteɪʃən]

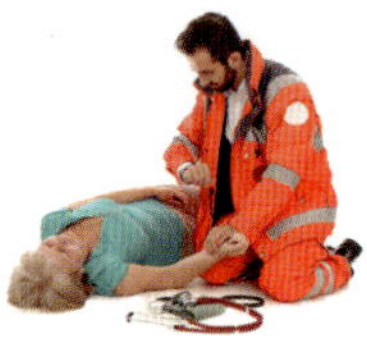

die Pulsmessung
pulse measurement
[ˈpʌls ˌmeʒəmənt]

die stabile Seitenlage
recovery position
[rɪˈkʌvəri pəˌzɪʃən]

der Unfallort
accident scene
[ˈæksɪdənt siːn]

der Rettungsdienst
ambulance service
[ˈæmbjələns ˌsɜːvɪs]

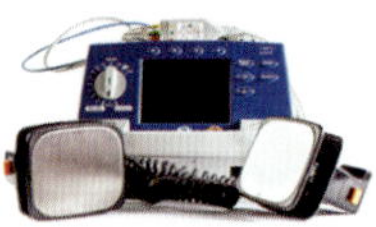

der Defibrillator
defibrillator
[diːˈfɪbrɪleɪtəʳ]

der Unfall	**accident** [ˈæksɪdənt]
die Wiederbelebung	**resuscitation** [rɪˌsʌsɪˈteɪʃən]
die Herzdruckmassage	**cardiac pressure massage** [ˌkɑːdiæk ˈpreʃəʳ ˌmæsɑːʒ]
der Puls	**pulse** [pʌls]
bewusstlos	**unconscious** [ʌnˈkɒnʃəs]
erste Hilfe leisten	to **apply first aid** [əˌplaɪ fɜːst ˈeɪd]
der Notarzt	**emergency doctor** [ɪˈmɜːʤənsi ˌdɒktəʳ]
die Notärztin	**emergency doctor** [ɪˈmɜːʤənsi ˌdɒktəʳ]

ERSTE HILFE – FIRST AID

das Verbandszeug
dressing material
[ˈdresɪŋ məˌtɪəriəl]

der Verband
dressing
[ˈdresɪŋ]

das Leukoplast®
sticking plaster
[ˈstɪkɪŋ ˌplɑːstəʳ]

das Pflaster
plaster
[ˈplɑːstəʳ]

die Verbandschere
bandage scissors
[ˈbændɪʤ ˌsɪzəz]

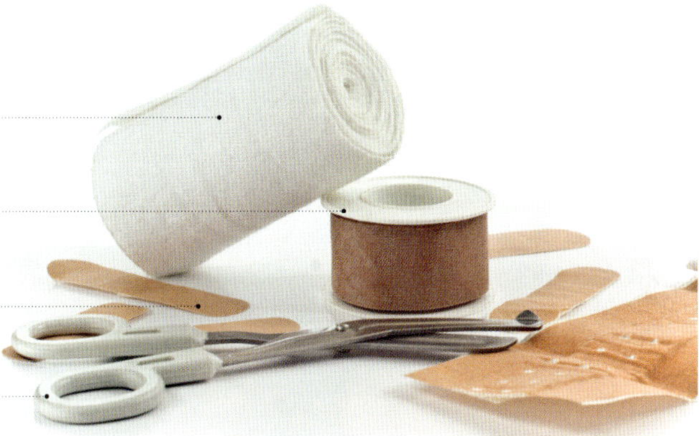

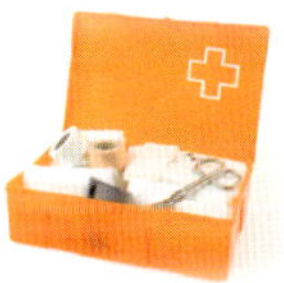

der Erste-Hilfe-Kasten
first-aid kit
[ˌfɜːstˈeɪd kɪt]

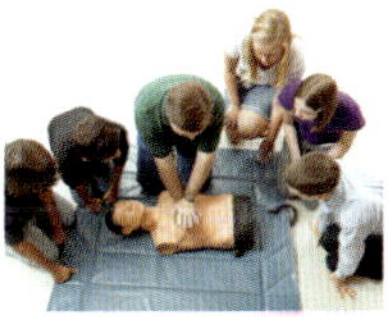

der Erste-Hilfe-Kurs
first-aid course
[ˌfɜːstˈeɪd kɔːs]

das Desinfektionsmittel
disinfectant
[ˌdɪsɪnˈfektənt]

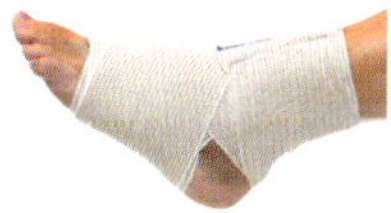

die Bandage
bandage
[ˈbændɪʤ]

steril	**sterile** [ˈsteraɪl]
überleben	to **survive** [səˈvaɪv]
traumatisiert	**traumatised** [ˈtrɔːmətaɪzd]
unter Schock stehen	to **be in shock** [ˌbiː ɪn ˈʃɒk]
der Schock	**shock** [ʃɒk]
die Blutspende	**blood donation** [ˈblʌd dəʊˌneɪʃən]
die Organspende	**organ donation** [ˈɔːgən dəʊˌneɪʃən]
das Adrenalin	**adrenaline** [əˈdrenəlɪn]

die Mullbinde
gauze bandage
[ˌgɔːz ˈbændɪʤ]

DIE POLIZEI – THE POLICE

der Dienstgürtel
duty belt
[ˈdjuːti belt]

das Handfunkgerät
walkie-talkie
[ˌwɔːkiˈtɔːki]

die Pistole
service weapon
[ˈsɜːvɪs ˌwepən]

der Schlagstock
truncheon
[ˈtrʌn(t)ʃən]

die Handschellen
handcuffs
[ˈhændkʌfz]

die Uniform
uniform
[ˈjuːnɪfɔːm]

der Fingerabdruck
fingerprint
[ˈfɪŋgəʳˌprɪnt]

der Tatort
crime scene
[ˈkraɪm siːn]

die Polizistin
police officer
[pəˈliːs ˌɒfɪsəʳ]

der Polizist
police officer
[pəˈliːs ˌɒfɪsəʳ]

das Polizeiabzeichen
badge
[bædʒ]

der Zeuge	**witness** [ˈwɪtnəs]
die Zeugin	**witness** [ˈwɪtnəs]
der Verbrecher	**criminal** [ˈkrɪmɪnəl]
die Verbrecherin	**criminal** [ˈkrɪmɪnəl]
der Kriminalbeamte	**criminal detective** [ˌkrɪmɪnəl dɪˈtektɪv]
die Kriminalbeamtin	**criminal detective** [ˌkrɪmɪnəl dɪˈtektɪv]
der/die Verdächtige	**suspect** [ˈsʌspekt]
die Ermittlung	**investigation** [ɪnˌvestɪˈgeɪʃən]

DIE POLIZEI – THE POLICE

das Polizeiauto
police car
[pəˈliːs kɑːʳ]

die Lichtleiste
light bar
[ˈlaɪtbɑːʳ]

das Martinshorn
police siren
[pəˈliːs ˌsaɪrən]

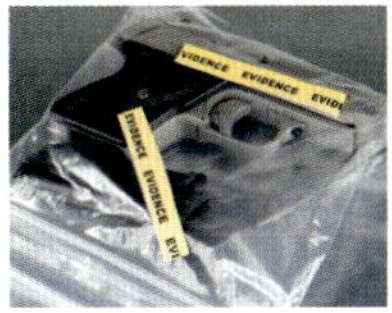

das Beweisstück
piece of evidence
[ˌpiːs əv ˈevɪdən(t)s]

das Gefängnis
jail
[ʤeɪl]

der Einbruch
break-in
[ˈbreɪkɪn]

der Diebstahl
theft
[θeft]

die Festnahme
arrest
[əˈrest]

die Gewalt
violence
[ˈvaɪələns]

der Raubüberfall
mugging
[ˈmʌgɪŋ]

der Taschendiebstahl
pickpocketing
[ˈpɪkˌpɒkɪtɪŋ]

die Entführung
abduction
[əbˈdʌkʃən]

die Straftat	**criminal offence** [ˌkrɪmɪnəl əˈfens]
die Körperverletzung	**bodily harm** [ˌbɒdɪli ˈhɑːm]
die Vergewaltigung	**rape** [reɪp]
der Mord	**murder** [ˈmɜːdəʳ]
der Überfall	**assault** [əˈsɔːlt]
fliehen	**to escape** [ɪˈskeɪp]
belästigen	**to molest** [məˈlest]
die Schuld	**guilt** [gɪlt]

die Polizeiabsperrung
police cordon
[pəˌliːs ˈkɔːdən]

DIE FEUERWEHR – THE FIRE BRIGADE

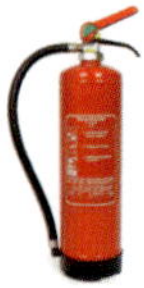

der Feuerlöscher
fire extinguisher
[ˈfaɪəʳ ɪkˌstɪŋgwɪʃəʳ]

der Hydrant
hydrant
[ˈhaɪdrənt]

der Feuerwehrmann
firefighter
[ˈfaɪəʳˌfaɪtəʳ]

das Visier
visor
[ˈvaɪzəʳ]

der Feuerwehrhelm
fire helmet
[ˈfaɪəʳ ˌhelmət]

die Feuerwehrschutzjacke
turnout coat
[ˈtɜːnaʊt kəʊt]

der Reflexstreifen
reflective stripe
[rɪˌflektɪv ˈstraɪp]

der Feuerwehrschlauch
hose
[həʊz]

die Brandbekämpfung
firefighting
[ˈfaɪəʳˌfaɪtɪŋ]

der Notausgang
emergency exit
[ɪˌmɜːʤənsi ˈeksɪt]

die Axt
axe
[æks]

der Rauchmelder
smoke detector
[ˈsməʊk dɪˌtektəʳ]

die Feuerwache
fire station
[ˈfaɪəʳ ˌsteɪʃən]

das Löschfahrzeug
fire engine
[ˈfaɪəʳ ˌenʤɪn]

IN DEN BERGEN – IN THE MOUNTAINS

der Helm
helmet
[ˈhelmət]

der Karabiner
snap link
[ˈsnæp lɪŋk]

das Seil
rope
[rəʊp]

die Bergwacht
mountain rescue service
[ˌmaʊntɪn ˈreskjuː ˌsɜːvɪs]

der Rettungseinsatz
rescue mission
[ˈreskjuː ˌmɪʃən]

die Einsatzkraft
rescue worker
[ˈreskjuː ˌwɜːkəʳ]

der Rettungsschlitten
rescue sledge
[ˈreskjuː ˌsleʤ]

das Schneemobil
snowmobile
[ˈsnəʊməˌbiːl]

das Fangnetz
net
[net]

die Lawine
avalanche
[ˈævəlɑːnʃ]

das LVS-Gerät
avalanche transceiver
[ˌævəlɑːnʃ trænˈsiːvəʳ]

der Rettungshund
rescue dog
[ˈreskjuː ˌdɒg]

der Rettungshub-schrauber
rescue helicopter
[ˈreskjuː ˌhelɪkɒptəʳ]

der Lawinenschutz
avalanche protection
[ˌævəlɑːnʃ prəˈtekʃən]

das Lawinenwarn-schild
avalanche warning sign
[ˌævəlɑːnʃ ˈwɔːnɪŋ ˌsaɪn]

DAS MEER - AT SEA

die Schwimmweste
life vest
['laɪf ˌvest]

der Rettungsring
lifebelt
['laɪfbelt]

der Sammelpunkt
assembly point
[ə'sembli ˌpɔɪnt]

der Sturm
storm
[stɔ:m]

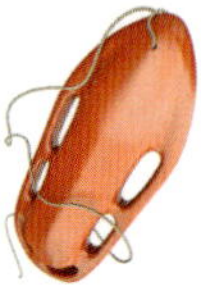

die Rettungsboje
lifebuoy
['laɪfbɔɪ]

der Rettungsschwimmer
lifeguard
['laɪfˌgɑ:d]

der Wachturm
watchtower
['wɒtʃˌtaʊəʳ]

der Tsunami
tsunami
[tsu:'nɑ:mi]

das Küstenwachboot
coastguard boat
['kəʊstgɑ:d ˌbəʊt]

das Rettungsboot
lifeboat
['laɪfbəʊt]

kentern
to **capsize**
[kæp'saɪz]

der Schiffbruch
shipwreck
['ʃɪprek]

der/die Vermisste	**missing person** [ˌmɪsɪŋ 'pɜ:sən]
das Rettungstau	**rescue rope** ['reskju: ˌrəʊp]
die Wetterbedingungen	**weather conditions** ['weðəʳ kənˌdɪʃənz]
der Seewetterbericht	**shipping forecast** ['ʃɪpɪŋ ˌfɔ:ʳkɑ:st]
die Suche	**search** [sɜ:tʃ]
ertrinken	to **drown** [draʊn]
die Havarie	**accident at sea** [ˌæksɪdənt ət 'si:]
in Seenot geraten	to **be in distress at sea** [bi: ɪn dɪˌstres ət 'si:]

WEITERE NOTSITUATIONEN – OTHER EMERGENCIES

die Explosion
explosion
[ɪkˈspləʊʒən]

die Epidemie
epidemic
[ˌepɪˈdemɪk]

die Evakuierung
evacuation
[ɪˌvækjuˈeɪʃən]

der Bombenalarm
bomb alert
[ˈbɒm əˌlɜːt]

die nukleare Katastrophe
nuclear disaster
[ˌnjuːkliəʳ dɪˈzɑːstəʳ]

die Notlandung
emergency landing
[ɪˌmɜːʤənsi ˈlændɪŋ]

der Terrorangriff
terrorist attack
[ˌterərɪst əˈtæk]

retten
to rescue
[ˈreskjuː]

die Notrufnummer
emergency number
[ɪˈmɜːʤənsi ˌnʌmbəʳ]

die Überwachungs-kamera
surveillance camera
[sɜːˈveɪləns ˌkæmərə]

der Verletzte
injured person
[ˌɪnʤəd ˈpɔɪzən]

die Verletzung
injury
[ˈɪnʤəri]

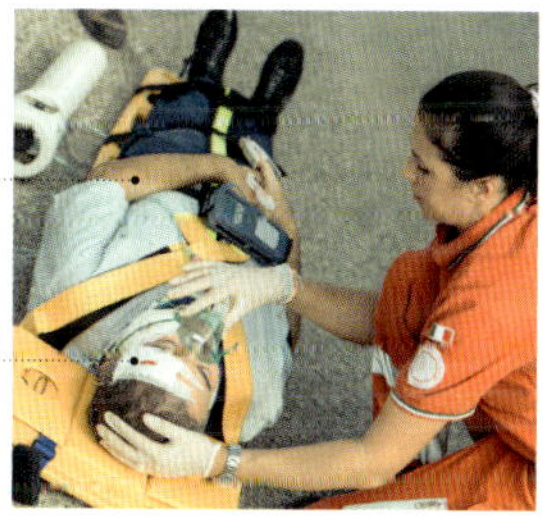

der/die Vermisste	**missing person** [ˌmɪsɪŋ ˈpɜːsən]
die Suchmannschaft	**search party** [ˈsɜːtʃ ˌpɑːti]
die Gefahr	**danger** [ˈdeɪnʤəʳ]
Hilfe!	**Help!** [help]
Es ist ein Unfall passiert!	**There's been an accident!** [ˌðeəʳz biːn æn ˈæksɪdənt]
Rufen Sie einen Rettungswagen!	**Call an ambulance!** [ˌkɔːl æn ˈæmbjələns]
Rufen Sie die Polizei!	**Call the police!** [ˌkɔːl ðə pəˈliːs]
Rufen Sie die Feuerwehr!	**Call the fire brigade!** [ˌkɔːl ðə ˈfaɪəʳ brɪˌgeɪd]

Achtung, Gefahr!
Danger beware!
[ˈdeɪnʤəʳ bɪˈweəʳ]

ERDE UND NATUR

EARTH AND NATURE

DER WELTRAUM - SPACE

das Sonnensystem
solar system
[ˈsəʊləʳ ˌsɪstəm]

① *die Sonne*
sun
[sʌn]

② *der Merkur*
Mercury
[ˈmɜːkjəri]

③ *die Venus*
Venus
[ˈviːnəs]

④ *die Erde*
Earth
[ɜːθ]

⑤ *der Mars*
Mars
[mɑːz]

die Mondphasen
lunar phases
[ˌluːnəʳ ˈfeɪzɪz]

⑤ *die Mondsichel*
crescent
[ˈkresənt]

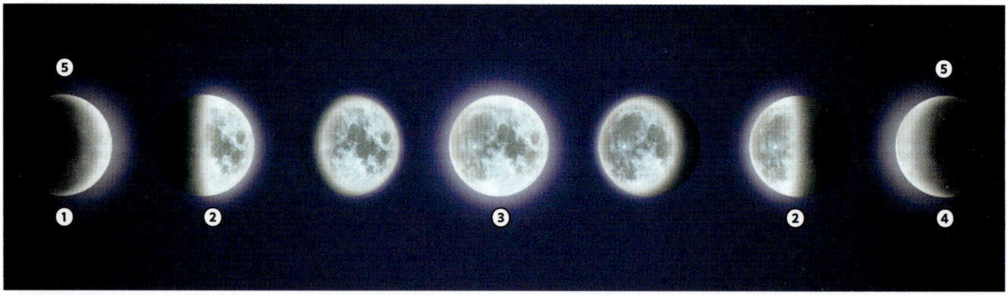

① *der zunehmende Mond*
waxing moon
[ˌwæksɪŋ ˈmuːn]

② *der Halbmond*
half moon
[hɑːf ˈmuːn]

③ *der Vollmond*
full moon
[fʊl ˈmuːn]

④ *der abnehmende Mond*
waning moon
[ˈweɪnɪŋ muːn]

DER WELTRAUM – SPACE

⑥ *der Jupiter*
Jupiter
[ˈʤuːpɪtəʳ]

⑦ *der Saturn*
Saturn
[ˈsætən]

⑧ *der Uranus*
Uranus
[ˈjʊərənəs]

⑨ *der Neptun*
Neptune
[ˈneptjuːn]

das Raumschiff
spaceship
[ˈspeɪsʃɪp]

① *der Außentank*
external fuel tank
[ɪkˌstɜːnəl ˈfjuːəl ˌtæŋk]

② *der Booster*
booster
[ˈbuːstəʳ]

③ *der Orbiter*
orbiter
[ˈɔːbɪtəʳ]

DER WELTRAUM – SPACE

die Sonnenfinsternis
solar eclipse
[ˌsəʊləʳ ɪˈklɪps]

die Galaxie
galaxy
[ˈgæləksi]

die Milchstraße
Milky Way
[ˌmɪlki ˈweɪ]

der Komet
comet
[ˈkɒmɪt]

der Asteroid
asteroid
[ˈæstərɔɪd]

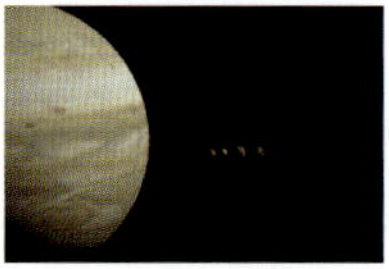

der Planet
planet
[ˈplænɪt]

der Meteor
meteor
[ˈmiːtiəʳ]

das Universum
universe
[ˈjuːnɪvɜːs]

der Astronaut
astronaut
[ˈæstrənɔːt]

der Satellit
satellite
[ˈsætəlaɪt]

die Sternwarte
observatory
[əbˈzɜːvətri]

das Radioteleskop
radio telescope
[ˌreɪdiəʊ ˈtelɪskəʊp]

der Nebel
nebula
[ˈnebjələ]

das schwarze Loch	**black hole** [blæk ˈhəʊl]
die Schwerkraft	**gravity** [ˈgrævəti]
die Umlaufbahn	**orbit** [ˈɔːbɪt]
das Lichtjahr	**light year** [ˈlaɪt jɪəʳ]
der Urknall	**big bang** [bɪg ˈbæŋ]
der Stern	**star** [stɑːʳ]
die Raumstation	**space station** [ˈspeɪs ˌsteɪʃən]
die Astronomie	**astronomy** [əˈstrɒnəmi]

DIE ERDE – PLANET EARTH

① *der Nordpol*
North Pole
[nɔːθ ˈpəʊl]

② *das Binnenmeer*
inland sea
[ˌɪnlənd ˈsiː]

③ *die Halbinsel*
peninsula
[pəˈnɪnsjələ]

④ *die Meerenge*
strait
[streɪt]

⑤ *der Golf*
gulf
[gʌlf]

⑥ *der Kontinent*
continent
[ˈkɒntɪnent]

⑦ *das Meer*
sea
[siː]

⑧ *das Land*
land
[lænd]

⑨ *die Gebirgskette*
mountain range
[ˈmaʊntɪn reɪndʒ]

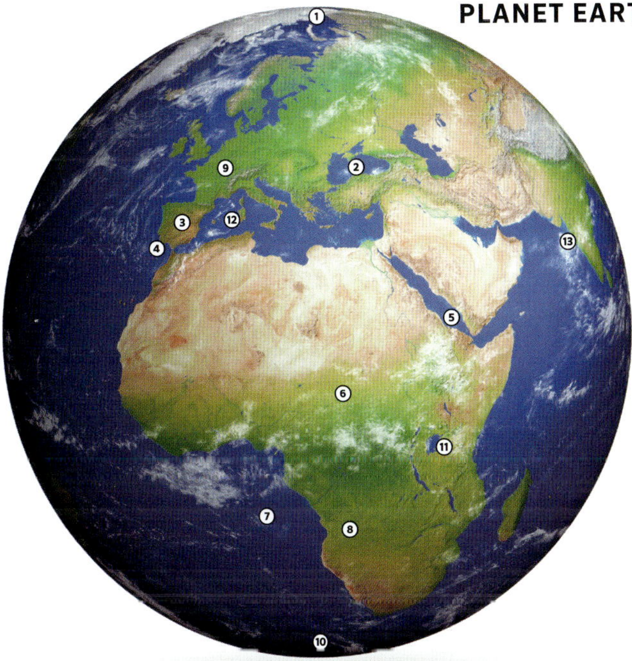

⑩ *der Südpol*
South Pole
[saʊθ ˈpəʊl]

⑪ *der See*
lake
[leɪk]

⑫ *die Insel*
island
[ˈaɪlənd]

⑬ *die Bucht*
bay
[beɪ]

die Atmosphäre	**atmosphere** [ˈætməsfɪəʳ]
der Erdmantel	**mantle** [ˈmæntl̩]
die Erdkruste	**earth's crust** [ɜːθs ˈkrʌst]
der innere Erdkern	**inner core** [ˌɪnəʳ ˈkɔːʳ]
der äußere Erdkern	**outer core** [ˌaʊtəʳ ˈkɔːʳ]
die Platte	**plate** [pleɪt]
das Grundgestein	**bedrock** [ˈbedrɒk]
die Erde	**soil** [sɔɪl]

DIE WELTKARTE – WORLD MAP

① *das Nordpolarmeer*
Arctic Ocean
[ˌɑːktɪk ˈəʊʃən]

⑥ *der Pazifische Ozean*
Pacific Ocean
[pəˌsɪfɪk ˈəʊʃən]

⑦ *der Atlantische Ozean*
Atlantic Ocean
[ətˌlæntɪk ˈəʊʃən]

⑧ *der Indische Ozean*
Indian Ocean
[ˌɪndiən ˈəʊʃən]

⑨ *das Arabische Meer*
Arabian Sea
[əˌreibiən ˈsiː]

⑩ *das Karibische Meer*
Caribbean Sea
[kærɪˌbiːən ˈsiː]

⑪ *das Mittelmeer*
Mediterranean Sea
[medɪtərˌeɪniən ˈsiː]

⑫ *die Nordsee*
North Sea
[ˌnɔːθ ˈsiː]

⑬ *die Ostsee*
Baltic Sea
[ˌbɔːltɪk ˈsiː]

⑭ *das Kaspische Meer*
Caspian Sea
[ˌkæspiən ˈsiː]

⑮ *das Schwarze Meer*
Black Sea
[ˌblæk ˈsiː]

⑯ *der Ärmelkanal*
English Channel
[ˌɪŋglɪʃ ˈtʃænəl]

⑰ *das Rote Meer*
Red Sea
[ˌred ˈsiː]

⑱ *das Südpolarmeer*
Antarctic Ocean
[ænˌtɑːktɪk ˈəʊʃən]

② *der Himalaja*
Himalayas
[ˌhɪməˈleɪjəz]

③ *die Alpen*
Alps
[ælps]

④ *die Anden*
Andes
[ˈændi:z]

⑤ *die Rocky Mountains*
Rocky Mountains
[ˌrɒki ˈmaʊntɪnz]

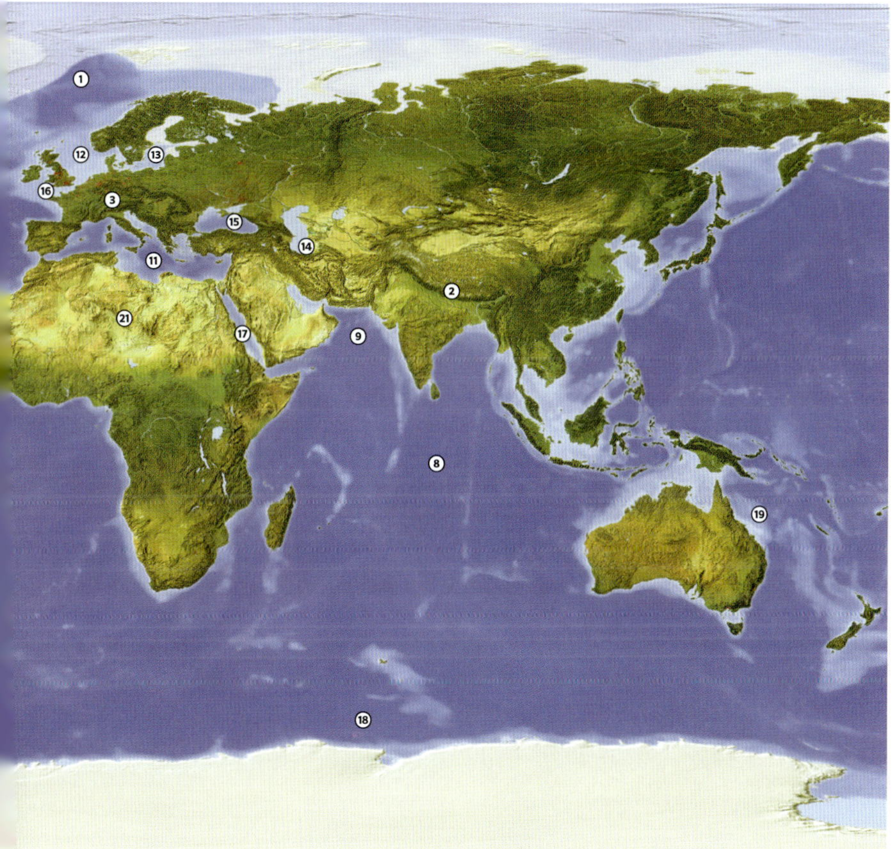

⑲ *das Great Barrier Reef*
Great Barrier Reef
[ˈgreɪt ˌbæriər ˈri:f]

⑳ *Amazonien*
Amazon Basin
[ˌæməzən ˈbeɪsən]

㉑ *die Sahara*
the **Sahara**
[ðə səˈhɑ:rə]

DIE WELTKARTE – WORLD MAP

die Nordhalbkugel
northern hemisphere
[ˌnɔːðən ˈhemɪsfɪəʳ]

die Arktis
the **Arctic**
[ðə ˈɑːktɪk]

der nördliche Wendekreis
Tropic of Cancer
[ˌtrɒpɪk əv ˈkænsəʳ]

die westliche Hemisphäre
western hemisphere
[ˌwestən ˈhemɪsfɪəʳ]

die östliche Hemisphäre
eastern hemisphere
[ˌiːstən ˈhemɪsfɪəʳ]

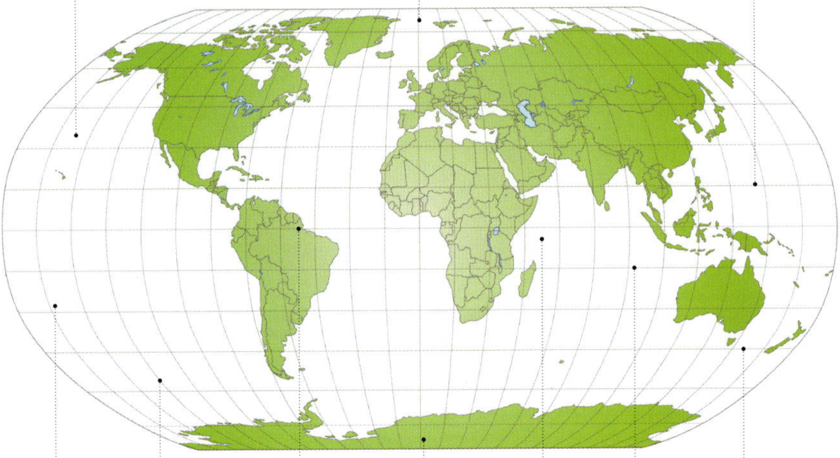

die geografische Länge
longitude
[ˈlɒŋgɪtjuːd]

die Antarktis
Antarctica
[ænˈtɑːktɪkə]

die geografische Breite
latitude
[ˈlætɪtjuːd]

die Südhalbkugel
southern hemisphere
[ˌsʌðən ˈhemɪsfɪəʳ]

der Äquator
equator
[ɪˈkweɪtəʳ]

die Tropen
tropics
[ˈtrɒpɪks]

der südliche Wendekreis
Tropic of Capricorn
[ˌtrɒpɪk əv ˈkæprɪkɔːn]

der nördliche Polarkreis	**Arctic Circle** [ˌɑːktɪk ˈsɜːkl]
der südliche Polarkreis	**Antarctic Circle** [ænˌtɑːktɪk ˈsɜːkl]
das Land	**country** [ˈkʌntri]
der Staat	**state** [steɪt]
die Nation	**nation** [ˈneɪʃən]
das Territorium	**territory** [ˈterɪtəri]

das Fürstentum	**principality** [ˌprɪnsɪˈpæləti]
das Königreich	**kingdom** [ˈkɪŋdəm]
die Republik	**republic** [rɪˈpʌblɪk]
die Kolonie	**colony** [ˈkɒləni]
die Provinz	**province** [ˈprɒvɪns]
die Zone	**zone** [zəʊn]
die Region	**region** [ˈriːʤən]
die Hauptstadt	**capital** [ˈkæpɪtəl]

UN-MITGLIEDSSTAATEN – UN MEMBER STATES

Europa – Europe

Albanien
Albania
[æl'beɪniə]

Andorra
Andorra
[æn'dɔːrə]

Belgien
Belgium
['beldʒəm]

Bosnien und Herzegowina
Bosnia-Herzegovina
[ˌbɒzniəˌhɜːzə'gɒvɪnə]

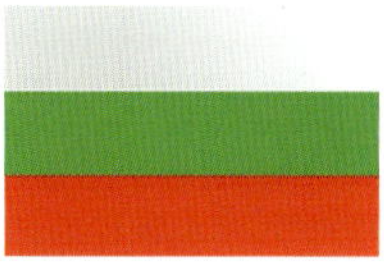

Bulgarien
Bulgaria
[bʌl'geəriə]

Dänemark
Denmark
['denmɑːk]

Deutschland
Germany
['dʒɜːməni]

die ehemalige jugoslawische Republik Mazedonien
Former Yugoslav Republic of Macedonia
['fɔːmə^r ˌjuːgə(ʊ)slɑːv rɪ'pʌblɪk əv ˌmæsɪ'dəʊniə]

Estland
Estonia
[es'təʊniə]

Finnland
Finland
['fɪnlənd]

Frankreich
France
[frɑːns]

Griechenland
Greece
[griːs]

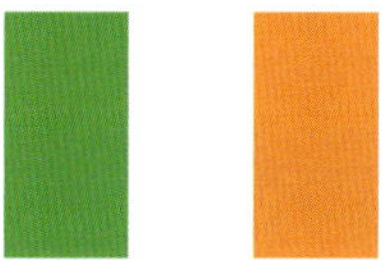

Irland
Ireland
['aɪələnd]

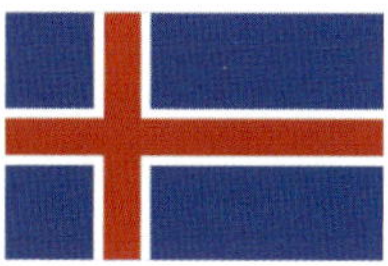

Island
Iceland
['aɪslənd]

Italien
Italy
['ɪtəli]

Kroatien
Croatia
[krəʊ'eɪʃə]

UN-MITGLIEDSSTAATEN – UN MEMBER STATES

Europa – Europe

Lettland
Latvia
[ˈlætviə]

Liechtenstein
Liechtenstein
[ˈlɪktenstaɪn]

Litauen
Lithuania
[ˌlɪθjuˈeɪniə]

Luxemburg
Luxembourg
[ˈlʌksəmbɜːg]

Malta
Malta
[ˈmɔːltə]

Moldawien
Moldova
[mɒlˈdəʊvə]

Monaco
Monaco
[ˈmɒnəkəʊ]

Montenegro
Montenegro
[ˌmɒntɪˈniːgrəʊ]

die Niederlande
the **Netherlands**
[ðə ˈneðələn(d)z]

Norwegen
Norway
[ˈnɔːweɪ]

Österreich
Austria
[ˈɒstriə]

Polen
Poland
[ˈpəʊlənd]

Portugal
Portugal
[ˈpɔːtʃəgəl]

Rumänien
Romania
[rʊˈmeɪniə]

Russland
Russia
[ˈrʌʃə]

San Marino
San Marino
[ˌsæn məˈriːnəʊ]

UN-MITGLIEDSSTAATEN – UN MEMBER STATES

Europa – Europe

Schweden
Sweden
[ˈswiːdən]

die Schweiz
Switzerland
[ˈswɪtsələnd]

Serbien
Serbia
[ˈsɜːbiə]

die Slowakei
Slovakia
[sləˈvækiə]

Slowenien
Slovenia
[sləˈviːniə]

Spanien
Spain
[speɪn]

Tschechien
the **Czech Republic**
[ðə ˌtʃek rɪˈpʌblɪk]

die Ukraine
the **Ukraine**
[ðə juːˈkreɪn]

Ungarn
Hungary
[ˈhʌŋgəri]

das Vereinigte Königreich
the **United Kingdom**
[ðə juːˌnaɪtɪd ˈkɪŋdəm]

Weißrussland
Belarus
[beləˈruːs]

Zypern
Cyprus
[ˈsaɪprəs]

Nord- und Mittelamerika – North and Central America

Antigua und Barbuda
Antigua and Barbuda
[ænˌtiːgə ənd bɑːˈbjuːdə]

die Bahamas
the **Bahamas**
[ðə bəˈhɑːməz]

Barbados
Barbados
[bɑːˈbeɪdɒs]

Belize
Belize
[bəˈliːz]

UN-MITGLIEDSSTAATEN – UN MEMBER STATES

Nord- und Mittelamerika – North and Central America

Costa Rica
Costa Rica
[ˌkɒstə ˈriːkə]

Dominica
Dominica
[ˌdəˈmɪnɪkə]

die Dominikanische Republik
the **Dominican Republic**
[ðə dəˌmɪnɪkən rɪˈpʌblɪk]

El Salvador
El Salvador
[ˌel ˈsælvədɔːʳ]

Grenada
Grenada
[grəˈneɪːdə]

Guatemala
Guatemala
[ˌgwætəˈmɑːlə]

Haiti
Haiti
[ˈheɪti]

Honduras
Honduras
[hɒnˈdjʊərəs]

Jamaika
Jamaica
[ʤəˈmeɪkə]

Kanada
Canada
[ˈkænədə]

Kuba
Cuba
[ˈkjuːbə]

Mexiko
Mexico
[ˈmeksɪkəʊ]

Nicaragua
Nicaragua
[ˌnɪkərˈægjuə]

Panama
Panama
[ˌpænəˈmɑː]

St. Kitts und Nevis
St Kitts and Nevis
[sənt ˌkɪts ənd ˈniːvɪs]

St. Lucia
St Lucia
[sənt ˈluːʃə]

UN-MITGLIEDSSTAATEN – UN MEMBER STATES

Nord- und Mittelamerika – North and Central America

St. Vincent und die Grenadinen
St Vincent and the Grenadines
[sənt ˈvɪnsənt ənd ðə ˌgrenəˈdiːnz]

Trinidad und Tobago
Trinidad and Tobago
[ˈtrɪnɪdæd ənd təˈbeɪgəʊ]

die Vereinigten Staaten
the **United States**
[ðə juːˌnaɪtɪd ˈsteɪts]

Südamerika – South America

Argentinien
Argentina
[ˌɑːʤənˈtiːnə]

Bolivien
Bolivia
[bəˈlɪviə]

Brasilien
Brazil
[brəˈzɪl]

Chile
Chile
[ˈtʃɪli]

Ecuador
Ecuador
[ˈekwədɔː]

Guyana
Guyana
[gaɪˈænə]

Kolumbien
Colombia
[kəˈlʌmbiə]

Paraguay
Paraguay
[ˈpærəgwaɪ]

Peru
Peru
[pəˈruː]

Suriname
Surinam
[ˈsʊərɪˌnæm]

Uruguay
Uruguay
[ˈjʊərəgwaɪ]

Venezuela
Venezuela
[ˌvenɪˈzweɪlə]

UN-MITGLIEDSSTAATEN – UN MEMBER STATES

Afrika – Africa

Ägypten
Egypt
[ˈiːʤɪpt]

Algerien
Algeria
[ælˈʤɪəriə]

Angola
Angola
[æŋˈgəʊlə]

Äquatorialguinea
Equatorial Guinea
[ekweˌtɔːriəl ˈgɪni]

Äthiopien
Ethiopia
[ˌiːθiˈəʊpiə]

Benin
Benin
[benˈiːn]

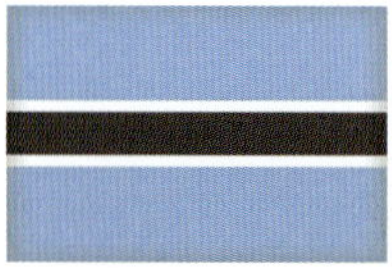

Botswana
Botswana
[bɒtˈswɑːnə]

Burkina Faso
Burkina Faso
[bɜːˌkiːnə ˈfæsəʊ]

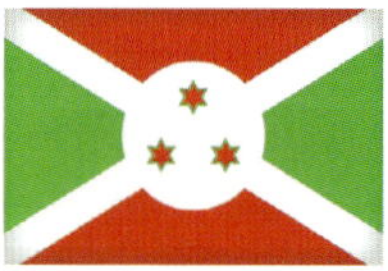

Burundi
Burundi
[bʊˈrʊndi]

die Demokratische Republik Kongo
the **Democratic Republic of the Congo**
[ðə ˌdeməˈkrætɪk rɪˈpʌblɪk əv ðə ˈkɒŋgəʊ]

Dschibuti
Djibouti
[ʤɪˈbuːti]

die Elfenbeinküste
the **Ivory Coast**
[ðə ˌaɪvəri ˈkəʊst]

Eritrea
Eritrea
[ˌerɪˈtreɪə]

Gabun
Gabon
[gæbˈɒn]

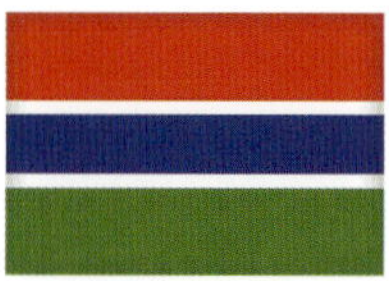

Gambia
Gambia
[ˈgæmbiə]

Ghana
Ghana
[ˈgɑːnə]

UN-MITGLIEDSSTAATEN – UN MEMBER STATES

Afrika – Africa

Guinea
Guinea
[ˈgɪni]

Guinea-Bissau
Guinea-Bissau
[ˌgɪnibɪˈsaʊ]

Kamerun
Cameroon
[ˌkæməˈruːn]

Kap Verde
Cape Verde
[keɪp ˈvɜːd]

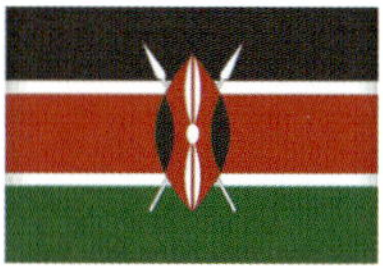

Kenia
Kenya
[ˈkenjə]

die Komoren
the **Comoros**
[ðə ˈkɒmərəʊz]

Lesotho
Lesotho
[ləˈsuːtuː]

Liberia
Liberia
[laɪˈbɪəriə]

Libyen
Libya
[ˈlɪbiə]

Madagaskar
Madagascar
[ˌmædəˈgæskəʳ]

Malawi
Malawi
[məˈlɑːwi]

Mali
Mali
[ˈmɑːli]

Mauretanien
Mauritania
[ˌmɒrɪˈteɪniə]

Mauritius
Mauritius
[məˈrɪʃəs]

Marokko
Morocco
[məˈrɒkəʊ]

Mosambik
Mozambique
[ˌməʊzæmˈbiːk]

UN-MITGLIEDSSTAATEN – UN MEMBER STATES

Afrika – Africa

Namibia
Namibia
[nəˈmɪbiə]

(der) Niger
Niger
[nɪˈʒeə^r]

Nigeria
Nigeria
[naɪˈdʒɪəriə]

die Republik Kongo
the **Republic of the Congo**
[ðə rɪˌpʌblɪk əv ðə ˈkɒŋgəʊ]

Ruanda
Rwanda
[ruˈwændə]

Sambia
Zambia
[ˈzæmbiə]

São Tomé und Príncipe
Sao Tome and Principe
[ˌsaʊ təˈmeɪ ənd ˈprɪnsɪpeɪ]

(der) Senegal
Senegal
[ˌsenɪˈgɔːl]

die Seychellen
the **Seychelles**
[ðə seɪˈʃelz]

Sierra Leone
Sierra Leone
[siˌeərə liˈəʊn]

Simbabwe
Zimbabwe
[zɪmˈbɑːbweɪ]

Somalia
Somalia
[səˈmɑːliə]

Südafrika
South Africa
[saʊθ ˈæfrɪkə]

der Sudan
Sudan
[suːˈdɑːn]

der Südsudan
the **Republic of South Sudan**
[ðə rɪˌpʌblɪk əv saʊθ suːˈdɑːn]

Swasiland
Swaziland
[ˈswɑːzilænd]

UN-MITGLIEDSSTAATEN – UN MEMBER STATES

Afrika – Africa

Tansania
Tanzania
[ˌtænzəˈniːə]

Togo
Togo
[ˈtəʊgəʊ]

der Tschad
Chad
[tʃæd]

Tunesien
Tunisia
[tjuːˈnɪziə]

Uganda
Uganda
[juːˈgændə]

die Zentralafrikanische Republik
the **Central African Republic**
[ðə ˌsentrəl æfrɪkən rɪˈpʌblɪk]

Asien – Asia

Afghanistan
Afghanistan
[æfˈgænɪstæn]

Armenien
Armenia
[ɑːˈmiːniə]

Aserbaidschan
Azerbaijan
[ˌæzəbaɪˈdʒɑːn]

Bahrain
Bahrain
[bɑːˈreɪn]

Bangladesch
Bangladesh
[ˌbæŋgləˈdeʃ]

Bhutan
Bhutan
[buːˈtɑːn]

Brunei
Brunei
[bruːˈnaɪ]

China
China
[ˈtʃaɪnə]

UN-MITGLIEDSSTAATEN – UN MEMBER STATES

Asien – Asia

Georgien
Georgia
[ˈʤɔːʤə]

Indien
India
[ˈɪndiə]

Indonesien
Indonesia
[ˌɪndə(ʊ)ˈniːʒiə]

(der) Irak
Iraq
[ɪˈrɑːk]

(der) Iran
Iran
[ɪˈrɑːn]

Israel
Israel
[ˈɪzreɪəl]

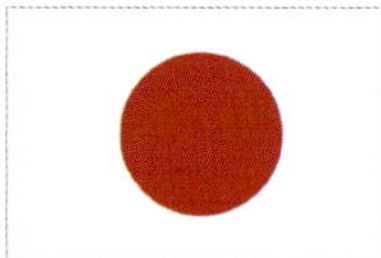

Japan
Japan
[ʤəˈpæn]

(der) Jemen
Yemen
[ˈjemən]

Jordanien
Jordan
[ˈdʒɔːdən]

Kambodscha
Cambodia
[ˌkæmˈbəʊdiə]

Kasachstan
Kazakhstan
[ˌkæzækˈstɑːn]

Kirgisistan
Kyrgyzstan
[ˌkɜːgɪˈstɑːn]

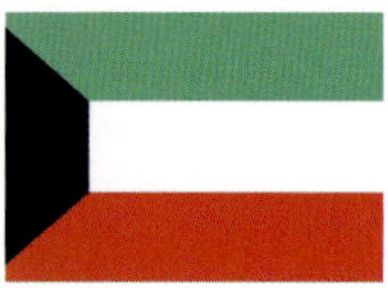

Kuwait
Kuwait
[kuːˈweɪt]

Laos
Laos
[laʊs]

(der) Libanon
Lebanon
[ˈlebənən]

Katar
Qatar
[kəˈtɑːʳ]

UN-MITGLIEDSSTAATEN – UN MEMBER STATES

Asien – Asia

Malaysia
Malaysia
[məˈleɪziə]

die Malediven
the **Maldives**
[ðə ˈmɔːldiːvz]

die Mongolei
Mongolia
[mɒŋˈgəʊliə]

Myanmar
Myanmar
[ˈmjɑːnˌmɑʳ]

Nepal
Nepal
[nəˈpɔːl]

Nordkorea
North Korea
[ˌnɔːθ kəˈriːə]

Oman
Oman
[ə(ʊ)ˈmɑːn]

Osttimor
East Timor
[iːst ˈtiːmɔːʳ]

Pakistan
Pakistan
[ˌpɑːkɪˈstɑːn]

die Philippinen
the **Philippines**
[ðə ˈfɪlɪpiːnz]

Saudi-Arabien
Saudi Arabia
[ˌsaʊdi əˈreɪbiə]

Singapur
Singapore
[ˌsɪŋəˈpɔːʳ]

Sri Lanka
Sri Lanka
[ˌʃriː ˈlæŋkə]

Südkorea
South Korea
[ˌsaʊθ kəˈriːə]

Syrien
Syria
[ˈsɪriə]

Tadschikistan
Tajikistan
[tɑːˈʤiːkɪˌstɑːn]

UN-MITGLIEDSSTAATEN – UN MEMBER STATES

Asien – Asia

Thailand
Thailand
[ˈtaɪlænd]

die Türkei
Turkey
[ˈtɜːki]

Turkmenistan
Turkmenistan
[ˌtɜːkmenɪˈstɑːn]

Usbekistan
Uzbekistan
[ʊzˌbekɪˈstɑːn]

die Vereinigten Arabischen Emirate
United Arab Emirates
[juːˌnaɪtɪd ˌærəb ˈemɪrəts]

Vietnam
Vietnam
[ˌvjetˈnæm]

Ozeanien – Oceania

Australien
Australia
[ɒsˈtreɪliə]

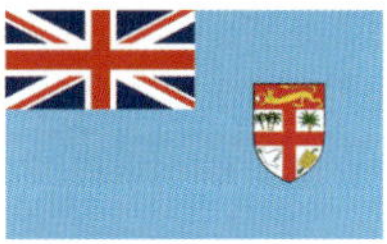

Fidschi
Fiji
[ˈfiːʤiː]

Kiribati
Kiribati
[ˌkɪrəˈbæs]

die Marshallinseln
Marshall Islands
[ˈmɑːʃəl ˌaɪləndz]

Mikronesien
Micronesia
[ˌmaɪkrəʊˈniːʒə]

Nauru
Nauru
[ˈnɑːuːru]

Neuseeland
New Zealand
[ˌnjuː ˈziːlənd]

Palau
Palau
[pəˈlaʊ]

UN-MITGLIEDSSTAATEN – UN MEMBER STATES

Ozeanien – Oceania

Papua-Neuguinea
Papua New Guinea
[ˌpæpuə njuː ˈgɪni]

die Salomonen
the **Solomon Islands**
[ðə ˈsɒləmən ˌaɪləndz]

Samoa
Samoa
[səˈməʊə]

Tonga
Tonga
[ˈtɒŋə]

Tuvalu
Tuvalu
[tuːˈvɑːluː]

Vanuatu
Vanuatu
[ˌvænuˈɑːtuː]

Internationale Organisationen – International organizations

die Europäische Union (EU)
the **European Union (EU)**
[ðə ˌjʊərəˌpiən ˈjuːnjən (ˌiːˈjuː)]

die Vereinten Nationen (UN)
the **United Nations (UN)**
[ðə juːˌnaɪtɪd ˈneɪʃənz (ˌjuːˈen)]

die Organisation des Nordatlantikvertrags (NATO)
North Atlantic Treaty Organization (NATO)
[nɔːθ ətˌlæntɪk ˈtriːti ˌɔːgənaɪˈzeiʃən (ˈneɪtəʊ)]

die Afrikanische Union
the **African Union**
[ðə ˌæfrɪkən ˈjuːnjən]

die Arabische Liga
the **Arab League**
[ðə ˌærəb ˈliːg]

die UNESCO
UNESCO
[juːˈneskəʊ]

das Commonwealth
the **Commonwealth**
[ðə ˈkɒmənwelθ]

DAS WETTER – THE WEATHER

sonnig
sunny
[ˈsʌni]

wolkig
cloudy
[ˈklaʊdi]

neblig
foggy
[ˈfɒgi]

windig
windy
[ˈwɪndi]

heiß
hot
[hɒt]

warm
warm
[wɔːm]

kalt
cold
[kəʊld]

bedeckt
overcast
[əʊvəʳˈkɑːst]

vereist
icy
[ˈaɪsi]

verschneit
snowy
[ˈsnəʊi]

regnerisch
rainy
[ˈreɪni]

stürmisch
stormy
[ˈstɔːmi]

feucht
humid
[ˈhjuːmɪd]

die Temperatur	**temperature** [ˈtemprətʃəʳ]
der Grad	**degree** [dɪˈgriː]
Celsius	**Celsius** [ˈselsiəs]
Fahrenheit	**Fahrenheit** [ˈfærənhaɪt]
die Wettervorhersage	**weather forecast** [ˈweðəʳ ˌfɔːʳkɑːst]
Wie ist das Wetter?	**What's the weather like?** [(h)wɒts ðə ˈweðəʳ laɪk]
Es ist schön/trüb/nasskalt.	**It's nice/wet/cold and damp.** [ɪts ˈnaɪs/ˈwet/ˌkəʊld ənd ˈdæmp]
Es regnet/schneit.	**It's raining/snowing.** [ɪts ˈreɪnɪŋ/ˈsnəʊɪŋ]

DAS WETTER – THE WEATHER

der Regen
rain
[reɪn]

der Regenbogen
rainbow
[ˈreɪnbəʊ]

der Sonnenschein
sunshine
[ˈsʌnʃaɪn]

der Wind
wind
[wɪnd]

das Gewitter
thunderstorm
[ˈθʌndəʳstɔːm]

der Donner
thunder
[ˈθʌndəʳ]

der Blitz
lightning
[ˈlaɪtnɪŋ]

der Hagel
hail
[heɪl]

der Raureif
hoar frost
[ˈhɔːʳ frɒst]

der Schnee
snow
[snəʊ]

der Frost
frost
[frɒst]

das Eis
ice
[aɪs]

die Brise	**breeze** [briːz]
die Windgeschwindigkeit	**wind speed** [ˈwɪnd spiːd]
der Pollenflug	**pollen count** [ˈpɒlən kaʊnt]
die UV-Strahlen	**UV rays** [ˌjuːviː ˈreɪz]
der Ozon	**ozone** [ˈəʊzəʊn]
die Ozonschicht	**ozone layer** [ˈəʊzəʊn ˌleɪəʳ]
die Stratosphäre	**stratosphere** [ˈstrætə(ʊ)ˌsfɪəʳ]
die Troposphäre	**troposphere** [ˈtrɒpə(ʊ)sfɪəʳ]

der Smog
smog
[smɒg]

DAS WETTER – THE WEATHER

Naturkatastrophen – Natural disasters

die Dürre
drought
[draʊt]

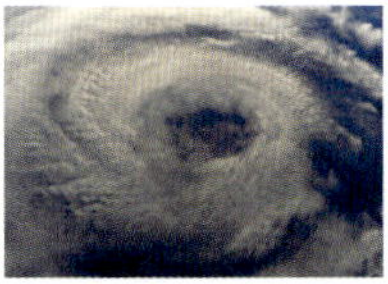

der Hurrikan
hurricane
[ˈhʌrɪkən]

der Tornado
tornado
[tɔːˈneɪdəʊ]

der Monsun
monsoon
[mɒnˈsuːn]

die Überschwemmung
flood
[flʌd]

das Erdbeben
earthquake
[ˈɜːθkweɪk]

der Vulkanausbruch
volcanic eruption
[vɒlˌkænɪk ɪˈrʌpʃən]

der Tsunami
tsunami
[tsuːˈnɑːmi]

der Erdrutsch
landslide
[ˈlændslaɪd]

der Waldbrand
forest fire
[ˈfɒrɪst ˌfaɪəʳ]

die Hitzewelle
heat wave
[ˈhiːt weɪv]

der Sturm
storm
[stɔːm]

die Lawine
avalanche
[ˈævəlɑːn(t)ʃ]

der Schneesturm
snow storm
[ˈsnəʊ stɔːm]

der (tropische) Wirbelsturm
tropical storm
[ˈtrɒpɪkəl stɔːm]

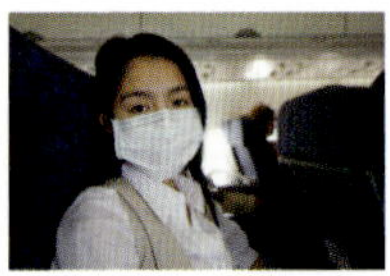

die Pandemie
pandemic
[pænˈdemɪk]

DIE LANDSCHAFT - THE LANDSCAPE

der Berg
mountain
[ˈmaʊntɪn]

der Gipfel
peak
[piːk]

das Gebirge
mountain range
[ˈmaʊntɪn reɪndʒ]

der Wald
forest
[ˈfɒrɪst]

der Berghang
mountain slope
[ˈmaʊntɪn sləʊp]

der See
lake
[leɪk]

der Felsen
rock
[rɒk]

das Tal
valley
[ˈvæli]

der Fluss
river
[ˈrɪvəʳ]

die Flussmündung
estuary
[ˈestjʊəri]

die Höhle
cave
[keɪv]

die Klippe
cliff
[klɪf]

die Küste
coast
[kəʊst]

der Gletscher
glacier
[ˈglæsiəʳ]

der Wasserfall
waterfall
[ˈwɔːtəʳfɔːl]

DIE LANDSCHAFT – THE LANDSCAPE

das Plateau
plateau
[ˈplætəʊ]

der Hügel
hill
[hɪl]

die Ebene
plain
[pleɪn]

die Schlucht
gorge
[gɔːʤ]

die Wüste
desert
[ˈdezət]

die Wiese
meadow
[ˈmedəʊ]

das Feuchtgebiet
wetland
[ˈwetlənd]

die Heide
moor
[mɔːʳ]

das Grasland
grassland
[ˈgrɑːslənd]

der Geysir
geyser
[ˈgaɪzəʳ]

die Thermalquelle
thermal spring
[ˌθɜːməl ˈsprɪŋ]

der Vulkan
volcano
[vɒlˈkeɪnəʊ]

die Bucht
bay
[beɪ]

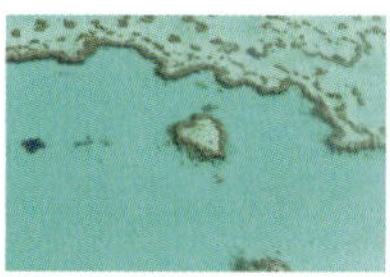

das Korallenriff
coral reef
[ˌkɒrəl ˈriːf]

die Insel
island
[ˈaɪlənd]

der Gebirgsbach
mountain stream
[ˌmaʊntɪn ˈstriːm]

STEINE UND MINERALIEN – ROCKS AND MINERALS

das Eisenerz
iron ore
[ˈaɪən ɔːr]

der Sandstein
sandstone
[ˈsændstəʊn]

der Asphalt
asphalt
[ˈæsfælt]

der Granit
granite
[ˈɡrænɪt]

der Kalkstein
limestone
[ˈlaɪmstəʊn]

die Kreide
chalk
[tʃɔːk]

die Kohle
coal
[kəʊl]

der Schiefer
slate
[sleɪt]

der Marmor
marble
[ˈmɑːbl̩]

der Schwefel
sulphur
[ˈsʌlfəʳ]

der Grafit
graphite
[ˈɡræfaɪt]

das Gold
gold
[ɡəʊld]

das Silber
silver
[ˈsɪlvəʳ]

das Kupfer
copper
[ˈkɒpəʳ]

das Quecksilber
mercury
[ˈmɜːkjəri]

der Bauxit
bauxite
[ˈbɔːksaɪt]

STEINE UND MINERALIEN – ROCKS AND MINERALS

Edel- und Halbedelsteine – Precious and semi-precious stones

der Rubin
ruby
[ˈruːbi]

der Aquamarin
aquamarine
[ˌækwəməˈriːn]

der Jade
jade
[ʤeɪd]

der Smaragd
emerald
[ˈemərəld]

der Saphir
sapphire
[ˈsæfaɪəʳ]

der Amethyst
amethyst
[ˈæməθɪst]

der Quarz
quartz
[kwɔːts]

der Diamant
diamond
[ˈdaɪəmənd]

der Turmalin
tourmaline
[ˈtʊəməliːn]

der Topas
topaz
[ˈtəʊpæz]

der Granat
garnet
[ˈgɑːnɪt]

das/der Tigerauge
moonstone
[ˈmuːnˌstəʊn]

der Opal
opal
[ˈəʊpəl]

der Bernstein
amber
[ˈæmbəʳ]

der Türkis
turquoise
[ˈtɜːkwɔɪz]

der Rosenquarz
rose quartz
[rəʊz ˈkwɔːts]

der Onyx
onyx
[ˈɒnɪks]

die Perle
pearl
[pɜːl]

der Lapislazuli
lapis lazuli
[ˌlæpɪs ˈlæzjʊli]

der Citrin
citrine
[sɪˈtriːn]

PFLANZEN – PLANTS

Bäume – Trees

die Eiche
oak
[əʊk]

das Laub
foliage
[ˈfəʊliɪʤ]

der Ast
branch
[brɑːnʃ]

der Stamm
trunk
[trʌŋk]

die Wurzel
root
[ruːt]

die Krone
treetop
[ˈtriːtɒp]

das Blatt
leaf
[liːf]

die Borke
bark
[bɑːk]

die Seitenwurzel
lateral root
[ˈlætərəl ruːt]

die Pfahlwurzel
taproot
[ˈtæpruːt]

die Weide
willow
[ˈwɪləʊ]

die Esche
ash
[æʃ]

die Buche
beech
[biːtʃ]

die Ulme
elm
[elm]

die Birke	**birch** [bɜːtʃ]
der Ahorn	**maple** [ˈmeɪpl]
die Linde	**lime** [laɪm]
die Tanne	**fir tree** [ˈfɜːʳ triː]
die Fichte	**spruce** [spruːs]
der Nadelbaum	**conifer** [ˈkɒnɪfəʳ]
der Laubbaum	**deciduous tree** [dɪˈsɪdjuəs ˌtriː]
der immergrüne Baum	**evergreen tree** [ˈevəʳgriːn ˌtriː]

der Eukalyptus
eucalyptus
[ˌjuːkəlˈɪptəs]

PFLANZEN – PLANTS

Wildpflanzen – Wild plants

die Flechte
lichen
[ˈlaɪkən]

das Moos
moss
[mɒs]

die Distel
thistle
[ˈθɪsl̩]

der Pilz
mushroom
[ˈmʌʃrʊm]

die Brennnessel
stinging nettle
[ˈstɪŋɪŋ ˌnetl̩]

der Fingerhut
foxglove
[ˈfɒksglʌv]

der Bärenklau
hogweed
[ˈhɒgwi:d]

der Löwenzahn
dandelion
[ˈdændɪlaɪən]

das Gänseblümchen
daisy
[ˈdeɪzi:]

das Heidekraut
heather
[ˈheðəʳ]

das Hasenglöckchen
bluebell
[ˈblu:bel]

der Klee
clover
[ˈkləʊvəʳ]

die Kamille
camomile
[ˈkæmə(ʊ)maɪl]

das Maiglöckchen
lily of the valley
[ˌlɪli əv ðə ˈvæli]

die Pusteblume
dandelion clock
[ˈdændɪlaɪən klɒk]

die Butterblume
buttercup
[ˈbʌtəʳkʌp]

PFLANZEN – PLANTS

Zierblumen – Ornamental flowers

die Rose
rose
[rəʊz]

das Blütenblatt
petal
[ˈpetəl]

die Blüte
flower
[ˈflaʊəʳ]

der Stängel
stalk
[stɔːk]

der Stiel
stem
[stem]

die Knospe
bud
[bʌd]

der Dorn
thorn
[θɔːn]

das Blatt
leaf
[liːf]

das Schneeglöckchen
snowdrop
[ˈsnəʊdrɒp]

der Krokus
crocus
[ˈkrəʊkəs]

die Seerose
water lily
[ˈwɔːtəʳ ˌlɪli]

der Lavendel
lavender
[ˈlævəndəʳ]

der Flieder	**lilac** [ˈlaɪlək]
der/das Rhododendron	**rhododendron** [ˌrəʊdəˈdendrən]
blühen	**to flower** [ˈflaʊəʳ]
duften	**to be scented** [bi ˈsentɪd]
verwelken	**to wilt** [wɪlt]
keimen	**to sprout** [spraʊt]
die Frühlingsblume	**spring flower** [ˈsprɪŋ ˌflaʊəʳ]
der Nachtblüher	**nocturnal plant** [nɒkˈtɜːnəl plɑːnt]

die Petunie
petunia
[pɪˈtjuːniə]

PFLANZEN – PLANTS

Zierblumen – Ornamental flowers

die Nelke
carnation
[kɑːˈneɪʃən]

die Primel
primrose
[ˈprɪmrəʊz]

die Gerbera
gerbera
[ˈʤɜːbərə]

die Tulpe
tulip
[ˈtjuːlɪp]

die Narzisse
daffodil
[ˈdæfədɪl]

die Iris
iris
[ˈaɪrɪs]

die Chrysantheme
chrysanthemum
[krɪˈsænθəməm]

die Hyazinthe
hyacinth
[ˈhaɪəsɪnθ]

die Ringelblume
pot marigold
[pɒt ˈmærɪgəʊld]

das Stiefmütterchen
pansy
[ˈpænzi]

die Orchidee
orchid
[ˈɔːkɪd]

der Rosenstrauch
rose bush
[ˈrəʊz bʊʃ]

die Lilie
lily
[ˈlɪli]

die Sonnenblume
sunflower
[ˈsʌnflaʊəʳ]

die Geranie
geranium
[ʤəˈreɪniəm]

die Hortensie
hydrangea
[haɪˈdreɪnʤə]

PFLANZEN – PLANTS

Gartenpflanzen – Garden plants

der/das Efeu
ivy
[ˈaɪvi]

der Obstbaum
fruit tree
[ˈfruːt triː]

die Baumblüte
blossom
[ˈblɒsəm]

der Trieb
shoot
[ʃuːt]

der Formschnitt
topiary
[ˈtəʊpjəri]

das Unkraut
weed
[wiːd]

blühen
to **flower**
[ˈflaʊəʳ]

verwelken
to **wilt**
[wɪlt]

die Palme
palm tree
[ˈpɑːm triː]

der Rasen
lawn
[lɔːn]

die Blumenwiese
wild flower meadow
[ˌwaɪld ˈflaʊəʳ ˌmedəʊ]

die Mohnblume
poppy
[ˈpɒpi]

die Kletterpflanze
climber
[ˈklaɪməʳ]

einjährig
annual
[ˈænjuəl]

zweijährig
biennial
[baɪˈeniəl]

mehrjährig
perennial
[pəˈreniəl]

TIERE – ANIMALS

Säugetiere – Mammals

die Ratte
rat
[ræt]

der Maulwurf
mole
[məʊl]

die Katze
cat
[kæt]

der Hund
dog
[dɒg]

das Kaninchen
rabbit
[ˈræbɪt]

das Meerschweinchen
guinea pig
[ˈgɪni pɪg]

die Maus
mouse
[maʊs]

der Hamster
hamster
[ˈhæmstəʳ]

die Fledermaus
bat
[bæt]

das Eichhörnchen
squirrel
[ˈskwɪrəl]

der Igel
hedgehog
[ˈheʤhɒg]

das Frettchen
ferret
[ˈferɪt]

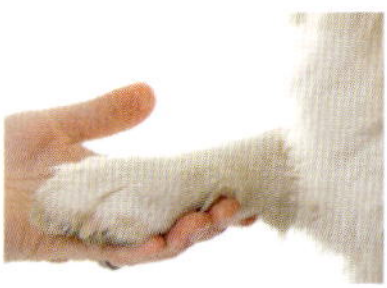

die Pfote
paw
[pɔː]

das Schnurrhaar	**whisker** [ˈwɪskəʳ]
das Fell	**fur** [fɜːʳ]
das Maul	**mouth** [maʊθ]
der Schwanz	**tail** [teɪl]
das Horn	**horn** [hɔːn]
die Kralle	**claw** [klɔː]
die Tatze	**paw** [pɔː]
der Huf	**hoof** [huːf]

TIERE – ANIMALS

Säugetiere – Mammals

der Gepard
cheetah
[ˈtʃiːtə]

der Puma
puma
[ˈpjuːmə]

der Wolf
wolf
[wʊlf]

der Waschbär
raccoon
[rəˈkuːn]

das Stinktier
skunk
[skʌŋk]

das Erdmännchen
meerkat
[ˈmɪəkæt]

der Leopard
leopard
[ˈlepəd]

der Dachs
badger
[ˈbædʒəʳ]

der Fuchs
fox
[fɒks]

der Jaguar
jaguar
[ˈdʒægjuəʳ]

der Löwe
lion
[ˈlaɪən]

der Tiger
tiger
[ˈtaɪgəʳ]

der Bär
bear
[beəʳ]

der Eisbär
polar bear
[ˈpəʊləʳ beəʳ]

der Koala
koala
[kəʊˈɑːlə]

der Pandabär
panda
[ˈpændə]

TIERE – ANIMALS

Säugetiere – Mammals

das Schwein
pig
[pɪg]

die Ziege
goat
[gəʊt]

das Pferd
horse
[hɔːs]

die Giraffe
giraffe
[ʤɪˈrɑːf]

das Schaf
sheep
[ʃiːp]

das Lama
llama
[ˈlɑːmə]

der Esel
donkey
[ˈdɒŋki]

das Reh
deer
[dɪə]

das Rentier
reindeer
[ˈreɪndɪə^r]

das Kamel
camel
[ˈkæməl]

die Kuh
cow
[kaʊ]

der Stier
bull
[bʊl]

das Nilpferd
hippopotamus
[ˌhɪpəˈpɒtəməs]

das Nashorn
rhinoceros
[raɪˈnɒsərəs]

der Elefant
elephant
[ˈelɪfənt]

das Zebra
zebra
[ˈzebrə]

TIERE – ANIMALS

Säugetiere – Mammals

das Walross
walrus
[ˈwɔːlrəs]

der Seelöwe
sea lion
[ˈsiː ˌlaɪən]

der Seehund
seal
[siːl]

der Delfin
dolphin
[ˈdɒlfɪn]

der Schwertwal
killer whale
[ˈkɪləʳ weɪl]

der Otter
otter
[ˈɒtəʳ]

die Biberratte
river rat
[ˈrɪvəʳ ræt]

der Gorilla
gorilla
[gəˈrɪlə]

der Orang-Utan
orang-utan
[ɔːˈræŋuːtæn]

der Gibbon
gibbon
[ˈgɪbən]

der Pavian
baboon
[bəˈbuːn]

der Schimpanse
chimpanzee
[ˌtʃɪmpənˈziː]

das Faultier
sloth
[sləʊθ]

der Ameisenbär
anteater
[ˈæntˌiːtəʳ]

das Känguru
kangaroo
[ˌkæŋgərˈu]

das Jungtier
cub
[kʌb]

TIERE – ANIMALS

Vögel – Birds

der Specht
woodpecker
[ˈwʊdpekəʳ]

der Spatz
sparrow
[ˈspærəʊ]

der Kolibri
hummingbird
[ˈhʌmɪŋbɜːd]

der Tukan
toucan
[ˈtuːkæn]

das Rotkehlchen
robin
[ˈrɒbɪn]

die Schwalbe
swallow
[ˈswɒləʊ]

der Habicht
hawk
[hɔːk]

die Taube
pigeon
[ˈpɪʤən]

der Rabe
raven
[ˈreɪvən]

die Krähe
crow
[krəʊ]

der Fink
finch
[fɪnʃ]

die Möwe
seagull
[ˈsiːgʌl]

der Kanarienvogel
canary
[kəˈneəri]

der Schnabel	**bill** [bɪl]
das Küken	**chick** [tʃɪk]
der Flügel	**wing** [wɪŋ]
die Kralle	**claw** [klɔː]
die Feder	**feather** [ˈfeðəʳ]
das Federkleid	**plumage** [ˈpluːmɪʤ]
zwitschern	to **chirp** [tʃɜːp]
flattern	to **flutter** [ˈflʌtəʳ]

TIERE – ANIMALS

Vögel – Birds

der Storch
stork
[stɔ:k]

der Flamingo
flamingo
[flə'mɪŋgəʊ]

der Strauß
ostrich
['ɒstrɪtʃ]

der Adler
eagle
['i:gl̩]

der Pinguin
penguin
['peŋgwɪn]

der Kakadu
cockatoo
[ˌkɒkə'tu:]

der Papagei
parrot
['pærət]

die Eule
owl
[aʊl]

der Truthahn
turkey
['tɜ:ki]

der Schwan
swan
[swɒn]

die Gans
goose
[gu:s]

die Ente
duck
[dʌk]

der Hahn
rooster
['ru:stəʳ]

das Huhn
chicken
['tʃɪkɪn]

die Wachtel
quail
[kweɪl]

der Pfau
peacock
['pi:kɒk]

TIERE – ANIMALS

Reptilien und Amphibien – Reptiles and Amphibians

die Schlange
snake
[sneɪk]

das Krokodil
crocodile
[ˈkrɒkədaɪl]

der Alligator
alligator
[ˈælɪgeɪtəʳ]

die Eidechse
lizard
[ˈlɪzəd]

das Chamäleon
chameleon
[kəˈmiːliən]

der Leguan
iguana
[ɪˈgwɑːnə]

die Schildkröte
tortoise
[ˈtɔːtəs]

die Wasserschildkröte
turtle
[ˈtɜːtl̩]

der Frosch
frog
[frɒg]

die Kröte
toad
[təʊd]

die Kaulquappe
tadpole
[ˈtædpəʊl]

der Salamander
salamander
[ˈsæləmændəʳ]

der Gecko
gecko
[ˈgekəʊ]

der Panzer	**shell** [ʃel]
die Schuppen	**scales** [skeɪlz]
das Gift	**venom** [ˈvenəm]
der Giftzahn	**venomous fang** [ˌvenəməs ˈfæŋ]
das wechselwarme Tier	**cold-blooded animal** [ˌkəʊldˈblʌdɪd ˌænɪməl]
kriechen	**to slither** [ˈslɪðəʳ]
zischen	**to hiss** [hɪs]
quaken	**to croak** [krəʊk]

TIERE – ANIMALS

Fische – Fish

der Kugelfisch
blowfish
[ˈbləʊfɪʃ]

der Hornhecht
garfish
[ˈgærfɪʃ]

der Piranha
piranha
[pɪˈrɑːnə]

der Fliegende Fisch
flying fish
[ˌflaɪɪŋ ˈfɪʃ]

der Fächerfisch
sailfish
[ˈseɪlfɪʃ]

der Rochen
ray
[reɪ]

der Weiße Hai
great white shark
[ˌgreɪt waɪt ˈʃɑːk]

der Tigerhai
tiger shark
[ˈtaɪgəʳ ˌʃɑːk]

der Goldfisch
goldfish
[ˈgəʊldfɪʃ]

der Koi
koi
[kɔɪ]

der Aal
eel
[iːl]

der Wels
catfish
[ˈkætfɪʃ]

der Fischschwarm	**shoal of fish** [ʃəʊl əv ˈfɪʃ]
die Flosse	**fin** [fɪn]
die Kiemen	**gills** [gɪlz]
das Tiefseetier	**deep-sea animal** [diːpˌsiː ˈænɪməl]
der Rogen	**roe** [rəʊ]
der Süßwasserfisch	**freshwater fish** [ˌfreʃwɔːtəʳ ˈfɪʃ]
der Seefisch	**seafish** [ˈsiːfɪʃ]
das Aquarium	**aquarium** [əˈkweəriəm]

das Seepferdchen
sea horse
[ˈsiː hɔːs]

TIERE – ANIMALS

Insekten und Spinnen – Insects and spiders

der Schmetterling
butterfly
[ˈbʌtəflaɪ]

die Raupe
caterpillar
[ˈkætəpɪləʳ]

die Puppe
chrysalis
[ˈkrɪsəlɪs]

der Nachtfalter
moth
[mɒθ]

die Biene
bee
[biː]

die Hummel
bumblebee
[ˈbʌmbl̩biː]

die Wespe
wasp
[wɒsp]

die Hornisse
hornet
[ˈhɔːnɪt]

die Fliege
fly
[flaɪ]

die Stechmücke
mosquito
[mɒsˈkiːtəʊ]

die Zikade
cicada
[sɪˈkɑːdə]

der Maikäfer
cockchafer
[ˈkɒkˌtʃeɪfəʳ]

die Libelle
dragonfly
[ˈdræɡənflaɪ]

die Gottesanbeterin
mantis
[ˈmæntɪs]

die Heuschrecke
grasshopper
[ˈɡrɑːshɒpəʳ]

die Grille
cricket
[ˈkrɪkɪt]

TIERE – ANIMALS

Insekten und Spinnen – Insects and spiders

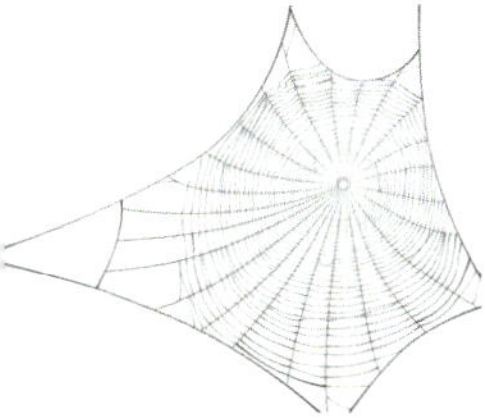

das Spinnennetz
cobweb
[ˈkɒbweb]

die Spinne
spider
[ˈspaɪdəʳ]

der Floh
flea
[fliː]

die Assel
woodlouse
[ˈwʊdlaʊs]

die Stinkwanze
shield bug
[ˈʃiːld bʌg]

der Marienkäfer
ladybird
[ˈleɪdibɜːd]

die Schabe
cockroach
[ˈkɒkrəʊtʃ]

der Wasserläufer
pond skater
[ˈpɒnd ˌskeɪtəʳ]

der Hundertfüßer
centipede
[ˈsentɪpiːd]

die Nacktschnecke
slug
[slʌg]

die Schnecke
snail
[sneɪl]

der Wurm
worm
[wɜːm]

die Termite
termite
[ˈtɜːmaɪt]

die Ameise
ant
[ænt]

die Zecke
tick
[tɪk]

der Skorpion
scorpion
[ˈskɔːpiən]

8

ZAHLEN UND MASSE

NUMBERS AND MEAS-UREMENTS

DIE ZAHLEN – NUMBERS

Die Kardinalzahlen – Cardinal numbers

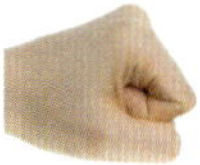

null
zero
[ˈzɪərəʊ]

eins
one
[wʌn]

zwei
two
[tu:]

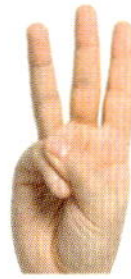

drei
three
[θri:]

vier
four
[fɔ:ʳ]

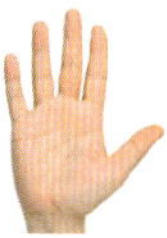

fünf
five
[faɪv]

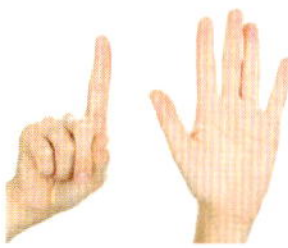

sechs
six
[sɪks]

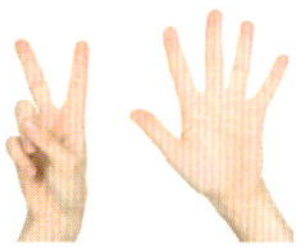

sieben
seven
[ˈsevən]

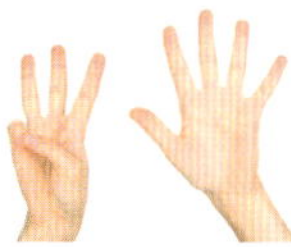

acht
eight
[eɪt]

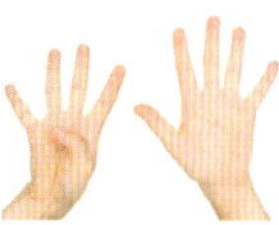

neun
nine
[naɪn]

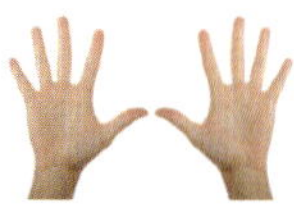

zehn
ten
[ten]

elf	**eleven** [ɪˈlevən]
zwölf	**twelve** [twelv]
dreizehn	**thirteen** [θɜ:ˈti:n]
vierzehn	**fourteen** [fɔ:ˈti:n]
fünfzehn	**fifteen** [fɪfˈti:n]
sechzehn	**sixteen** [sɪkˈsti:n]
siebzehn	**seventeen** [ˌsevənˈti:n]
achtzehn	**eighteen** [eɪˈti:n]
neunzehn	**nineteen** [naɪnˈti:n]
zwanzig	**twenty** [ˈtwenti]
einundzwanzig	**twenty-one** [ˌtwentiˈwʌn]
zweiundzwanzig	**twenty-two** [ˌtwentiˈtu:]
dreiundzwanzig	**twenty-three** [ˌtwentiˈθri:]
dreißig	**thirty** [ˈθɜ:ti]
vierzig	**forty** [ˈfɔ:ti]
fünfzig	**fifty** [ˈfɪfti]
sechzig	**sixty** [ˈsɪksti]
siebzig	**seventy** [ˈsevənti]
achtzig	**eighty** [ˈeɪti]
neunzig	**ninety** [ˈnaɪnti]
hundert	**a hundred** [ə ˈhʌndrəd]

DIE ZAHLEN – NUMBERS

zweihundertzweiundzwanzig	**two hundred and twenty-two** [ˈtu: ˌhʌndrəd ænd ˌtwentiˈtu:]
tausend	**a thousand** [ə ˈθaʊzənd]
zehntausend	**ten thousand** [ˌten ˈθaʊzənd]
zwanzigtausend	**twenty thousand** [ˌtwenti ˈθaʊzənd]
fünfzigtausend	**fifty thousand** [ˌfɪfti ˈθaʊzənd]
fünfundfünfzigtausend	**fifty-five thousand** [fɪftiˌfaɪv ˈθaʊzənd]
hunderttausend	**a hundred thousand** [ə ˌhʌndrəd ˈθaʊzənd]
eine Million	**a million** [ə ˈmɪljən]
eine Milliarde	**a billion** [ə ˈbɪliən]
eine Billion	**a trillion** [ə ˈtrɪljən]

Die Ordinalzahlen – Ordinal numbers

erste(r, s)	**first** [fɜ:st]
zweite(r, s)	**second** [ˈsekənd]
dritte(r, s)	**third** [θɜ:d]
vierte(r, s)	**fourth** [fɔ:ʳθ]
fünfte(r, s)	**fifth** [fɪfθ]
sechste(r, s)	**sixth** [sɪksθ]
siebte(r, s)	**seventh** [ˈsevənθ]
achte(r, s)	**eighth** [eɪtθ]
neunte(r, s)	**ninth** [naɪnθ]
zehnte(r, s)	**tenth** [tenθ]
elfte(r, s)	**eleventh** [ɪˈlevənθ]
zwölfte(r, s)	**twelfth** [twelfθ]
dreizehnte(r, s)	**thirteenth** [θɜ:ˈti:nθ]
vierzehnte(r, s)	**fourteenth** [fɔ:ˈti:nθ]
fünfzehnte(r, s)	**fifteenth** [fɪfˈti:nθ]
sechzehnte(r, s)	**sixteenth** [sɪkˈsti:nθ]
siebzehnte(r, s)	**seventeenth** [ˌsevənˈti:nθ]
achtzehnte(r, s)	**eighteenth** [eɪˈti:nθ]
neunzehnte(r, s)	**nineteenth** [naɪnˈti:nθ]
zwanzigste(r, s)	**twentieth** [ˈtwentiɪθ]
einundzwanzigste(r, s)	**twenty-first** [ˌtwentiˈfɜ:st]
zweiundzwanzigste(r, s)	**twenty-second** [ˌtwentiˈsekənd]

DIE ZAHLEN – NUMBERS

dreißigste(r, s)	**thirtieth** [ˈθɜ:tiɪθ]
vierzigste(r, s)	**fortieth** [ˈfɔ:tiɪθ]
fünfzigste(r, s)	**fiftieth** [ˈfɪftiɪθ]
sechzigste(r, s)	**sixtieth** [ˈsɪkstiɪθ]
siebzigste(r, s)	**seventieth** [ˈsevəntiɪθ]
achtzigste(r, s)	**eightieth** [ˈeɪtiɪθ]
neunzigste(r, s)	**ninetieth** [ˈnaɪntiɪθ]
hundertste(r, s)	**one hundredth** [wʌn ˈhʌndrədθ]
zweihunderterste(r, s)	**two hundredth** [tu: ˈhʌndrədθ]
zweihundertfünfundzwanzigste(r, s)	**two hundred and twenty-fifth** [ˈtu: ˌhʌndrəd ənd ˌtwentiˈfɪfθ]
dreihundertste(r, s)	**three hundredth** [θri: ˈhʌndrədθ]
tausendste(r, s)	**one thousandth** [wʌn ˈθaʊzənθ]
zehntausendste(r, s)	**ten thousandth** [ten ˈθaʊzənθ]
millionste(r, s)	**millionth** [ˈmɪljənθ]
zehnmillionste(r, s)	**ten millionth** [ten ˈmɪljənθ]
vorletzte(r, s)	**penultimate** [pəˈnʌltɪmət]
letzte(r, s)	**last** [lɑ:st]

Die Bruchzahlen – Fractions

ein halber/ein halbes/eine halbe	**a half** [ə ˈhɑ:f]
ein Drittel	**a third** [ə ˈθɜ:d]
ein Viertel	**a quarter** [ə ˈkwɔ:təʳ]
ein Fünftel	**a fifth** [ə ˈfɪfθ]
ein Achtel	**an eighth** [ən ˈeɪtθ]
drei Viertel	**three quarters** [θri: ˈkwɔ:təʳz]
zwei Fünftel	**two fifths** [tu: ˈfɪfθs]
siebeneinhalb	**seven and a half** [ˌsevən ənd ə ˈhɑ:f]
zwei Siebzehntel	**two seventeenths** [tu: ˌsevənˈti:nθs]
fünf und drei Achtel	**five and three eighths** [ˌfaɪv ænd θri: ˈeɪtθs]

DIE ZAHLEN – NUMBERS

Weitere Zahlwörter – Further numerals

einmal	**once** [wʌns]
zweimal	**twice** [twaɪs]
dreimal	**three times** [ˈθriː taɪmz]
viermal	**four times** [ˈfɔːʳ taɪmz]
mehrmals	**repeatedly** [rɪˈpiːtɪdli]
manchmal	**sometimes** [ˈsʌmtaɪmz]
niemals	**never** [ˈnevəʳ]
einfach	**once** [wʌns]
doppelt/zweifach	**double/twice** [ˈdʌbl̩/twaɪs]
dreifach	**threefold** [ˈθriːfəʊld]
vierfach	**quadruple** [ˈkwɒdrʊpl̩]
fünffach	**fivefold** [ˈfaɪvfəʊld]
sechsfach	**sixfold** [ˈsɪksfəʊld]
mehrfach/vielfach	**numerous** [ˈnjuːmərəs]

ein Paar	**a couple** [ə ˈkʌpl̩]
ein halbes Dutzend	**half a dozen** [ˌhɑːf ə ˈdʌzən]
ein Dutzend	**a dozen** [ə ˈdʌzən]
ein Gros	**the majority** [ðə məˈdʒɒrəti]
ein paar	**a few** [ə ˈfjuː]
wenige	**few** [fjuː]
einige	**some** [sʌm]
etliche	**quite a lot** [kwaɪt ə ˈlɒt]
manche	**some** [sʌm]
viele	**many** [ˈmeni]
beide	**both** [bəʊθ]
sämtliche	**all** [ɔːl]
alle	**all** [ɔːl]
jeder/jede/jedes	**every** [ˈevri]

der Taschenrechner
pocket calculator
[ˌpɒkɪt ˈkælkjəleɪtəʳ]

die Quadratwurzel
square root
[skweəʳ ˈruːt]

das Prozent
percentage
[pəˈsentɪdʒ]

die Ziffer
number
[ˈnʌmbəʳ]

der Dezimalpunkt
decimal point
[ˌdesɪməl ˈpɔɪnt]

dividieren
to **divide**
[dɪˈvaɪd]

multiplizieren
to **multiply**
[ˈmʌltiplaɪ]

subtrahieren
to **subtract**
[səbˈtrækt]

addieren
to **add**
[æd]

ist gleich
equals
[ˈiːkwəlz]

DIE ZEIT – TIME

Die Uhrzeit – The time of day

ein Uhr
one a.m.
[ˌwʌn eɪˈem]

zwei Uhr
two a.m.
[ˌtuː eɪˈem]

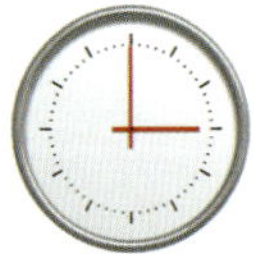

drei Uhr
three a.m.
[ˌθriː eɪˈem]

vier Uhr
four a.m.
[ˌfɔːʳ eɪˈem]

fünf Uhr
five a.m.
[ˌfaɪv eɪˈem]

sechs Uhr
six a.m.
[ˌsɪks eɪˈem]

sieben Uhr
seven a.m.
[ˌsevən eɪˈem]

acht Uhr
eight a.m.
[ˌeɪt eɪˈem]

neun Uhr
nine a.m.
[ˌnaɪn eɪˈem]

zehn Uhr
ten a.m.
[ˌten eɪˈem]

elf Uhr
eleven a.m.
[ɪˌlevən eɪˈem]

zwölf Uhr mittags
twelve noon
[ˌtwelv ˈnuːn]

dreizehn Uhr
one p.m.
[ˌwʌn piːˈem]

die Stunde	**hour** [aʊəʳ]
die Minute	**minute** [ˈmɪnɪt]
eine halbe Stunde	**half an hour** [ˌhɑːf ən ˈaʊəʳ]
die Sekunde	**second** [ˈsekənd]
Wie viel Uhr ist es?	**What's the time, please?** [ˌwɒts ðə ˈtaɪm pliːz]
Es ist zwei Uhr.	**It's two o'clock.** [ɪts ˌtuː əˈklɒk]
Um wie viel Uhr?	**At what time?** [æt wɒt ˈtaɪm]
Um sieben Uhr.	**At seven o'clock.** [æt ˌsevən əˈklɒk]

DIE ZEIT – TIME

Die Uhrzeit – The time of day

vierzehn Uhr
two p.m.
[ˌtuː piːˈem]

fünfzehn Uhr
three p.m.
[ˌθriː piːˈem]

sechzehn Uhr
four p.m.
[ˌfɔːʳ piːˈem]

siebzehn Uhr
five p.m.
[ˌfaɪv piːˈem]

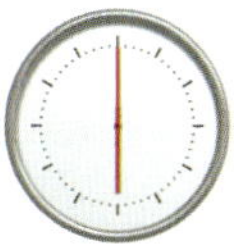

achtzehn Uhr
six p.m.
[ˌsɪks piːˈem]

neunzehn Uhr
seven p.m.
[ˌsevən piːˈem]

zwanzig Uhr
eight p.m.
[ˌeɪt piːˈem]

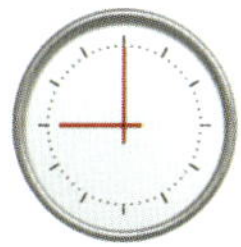

einundzwanzig Uhr
nine p.m.
[ˌnaɪn piːˈem]

zweiundzwanzig Uhr
ten p.m.
[ˌten piːˈem]

dreiundzwanzig Uhr
eleven p.m.
[ɪˌlevən piːˈem]

Mitternacht
midnight
[ˈmɪdnaɪt]

fünf nach zwölf
five past twelve
[ˌfaɪv pɑːst ˈtwelv]

halb elf	**half past ten** [ˌhɑːf pɑːst ˈten]
zwanzig vor sieben	**twenty to seven** [ˌtwenti tə ˈsevən]
Viertel vor zwölf	**quarter to twelve** [ˌkwɔːtəʳ tə ˈtwelv]
Wann?	**When?** [wen]
Vor/in zehn Minuten.	**Ten minutes ago./In ten minutes.** [ˌten ˈmɪnɪts əˌgəʊ/ɪn ˌten ˈmɪnɪts]
Gegen Mittag.	**Around noon.** [əˌraʊnd ˈnuːn]
Seit wann?	**Since when?** [sɪns ˈwen]
Seit gestern.	**Since yesterday.** [sɪns ˈjestədeɪ]

Viertel nach neun
quarter past nine
[ˌkwɔːtəʳ pɑːst ˈnaɪn]

DIE ZEIT – TIME

Tag und Nacht – Day and night

die Mitternacht
midnight
[ˈmɪdnaɪt]

die Morgendämmerung
dawn
[dɔ:n]

der Sonnenaufgang
sunrise
[ˈsʌnraɪz]

der Morgen
morning
[ˈmɔ:nɪŋ]

der Mittag
midday
[mɪdˈdeɪ]

der Nachmittag
afternoon
[ˌɑ:ftəˈnu:n]

der Sonnenuntergang
sunset
[ˈsʌnset]

die Abenddämmerung
dusk
[dʌsk]

der Abend
evening
[ˈi:vnɪŋ]

der Frühling
spring
[sprɪŋ]

der Sommer
summer
[ˈsʌməʳ]

der Herbst
autumn
[ˈɔ:təm]

der Winter
winter
[ˈwɪntəʳ]

heute	**today** [təˈdeɪ]
morgen	**tomorrow** [təˈmɒrəʊ]
übermorgen	**the day after tomorrow** [ðə ˈdeɪ ˌɑ:ftəʳ təˈmɒrəʊ]
gestern	**yesterday** [ˈjestədeɪ]
vorgestern	**the day before yesterday** [ðə ˈdeɪ bɪˌfɔ:ʳ ˈjestədeɪ]
Welches Datum haben wir heute?	**What's today's date?** [wɒts təˌdeɪz ˈdeɪt]
der 9. September 2017	**9th September 2017** [ðə ˈnaɪnθ əv sepˈtembəʳ ˈtwentiˌsevənˈti:n]
der Feiertag	**public holiday** [ˌpʌblɪk ˈhɒlədeɪ]

DIE ZEIT – TIME

Der Kalender – The calendar

der Sonntag
Sunday
[ˈsʌndeɪ]

der Dienstag
Tuesday
[ˈtju:zdeɪ]

der Donnerstag
Thursday
[ˈθɜ:zdeɪ]

der Monat
month
[mʌnθ]

der Montag
Monday
[ˈmʌndeɪ]

der Mittwoch
Wednesday
[ˈwenzdeɪ]

der Freitag
Friday
[ˈfraɪdeɪ]

der Samstag
Saturday
[ˈsætədeɪ]

der Wochentag
weekday
[ˈwi:kdeɪ]

die Woche
week
[ˈwi:k]

der Tag
day
[deɪ]

das Wochenende
weekend
[wi:kˈend]

das Datum
date
[deɪt]

das Jahr
year
[jɪəʳ]

der Januar	**January**	[ˈʤænjuəri]
der Februar	**February**	[ˈfebruəri]
der März	**March**	[mɑ:tʃ]
der April	**April**	[ˈeɪprəl]
der Mai	**May**	[meɪ]
der Juni	**June**	[ʤu:n]

der Juli	**July**	[ʤʊˈlaɪ]
der August	**August**	[ˈɔ:gəst]
der September	**September**	[sepˈtembəʳ]
der Oktober	**October**	[ɒkˈtəʊbəʳ]
der November	**November**	[nəʊˈvembəʳ]
der Dezember	**December**	[dɪˈsembəʳ]

MASSE – MEASUREMENTS

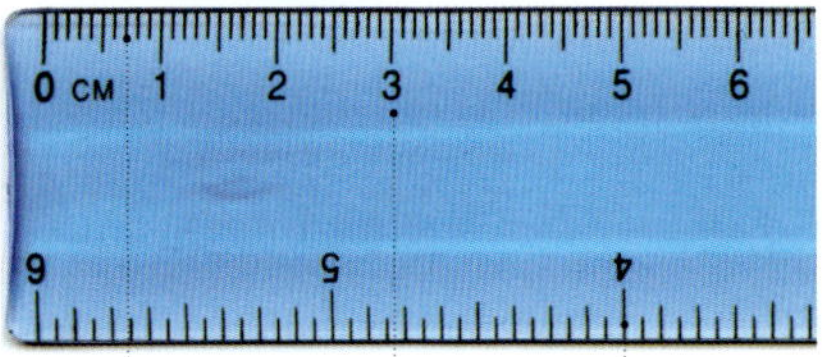

der/das Millimeter
millimetre
[ˈmɪlɪˌmi:təʳ]

der Zoll
inch
[ɪnʃ]

der/das Zentimeter
centimetre
[ˈsentɪmi:təʳ]

der/das Liter
litre
[ˈli:təʳ]

der/das Milliliter
millilitre
[ˈmɪlɪˌli:təʳ]

die Unze
ounce
[aʊns]

das Pint
pint
[paɪnt]

der Kilometer
kilometre
[kɪˈlɒmɪtəʳ]

die Meile
mile
[maɪl]

das Yard
yard
[jɑ:d]

der Acre/Morgen
acre
[ˈeɪkəʳ]

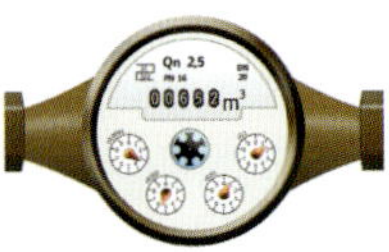

der/das Kubikmeter
cubic metre
[ˌkju:bɪk ˈmi:təʳ]

der Fuß	**foot** [fʊt]
der/das Meter	**metre** [ˈmi:təʳ]
der/das Quadratmeter	**square metre** [ˌskweəʳ ˈmi:təʳ]
der Quadratfuß	**square foot** [skweəʳ ˈfʊt]
der/das Hektar	**hectare** [ˈhekteəʳ]
die Tasse	**cup** [kʌp]
der Esslöffel	**tablespoon** [ˈteɪbl̩spu:n]
der Teelöffel	**teaspoon** [ˈti:spu:n]

DAS GEWICHT – WEIGHT

die Tonne
ton
[tʌn]

das Kilogramm
kilogramme
[ˈkɪləgræm]

das Gramm
gram
[græm]

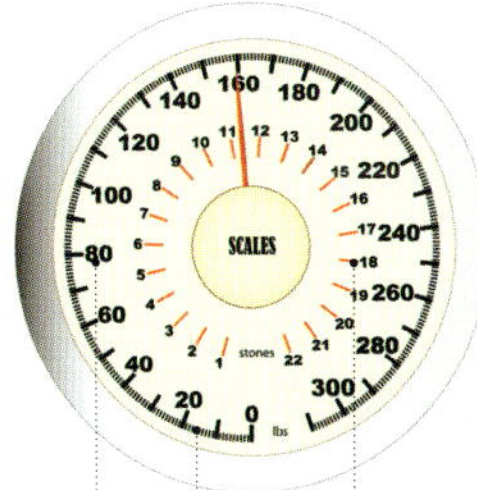

das Pfund
pound
[paʊnd]

die Unze
ounce
[aʊns]

das Stone
(= 6,35 kg)
stone
[stəʊn]

DIE WÄHRUNG – CURRENCY

$

der Dollar
dollar
[ˈdɒləʳ]

£

das Pfund
pound
[paʊnd]

€

der Euro
euro
[ˈjʊərəʊ]

¥

der Yen
yen
[jen]

der Baht	**baht** [bɑ:t]
die Rupie	**rupee** [ru:ˈpi:]
der Dinar	**dinar** [ˈdi:nɑ:ʳ]
der Franc	**franc** [fræŋk]
der Schweizer Franken	**Swiss franc** [swɪs ˈfræŋk]
die Krone	**krone** [ˈkreʊnə]

der Rand	**rand** [rænd]
der Peso	**peso** [ˈpeseʊ]
der Real	**real** [ˈrɪəl]
der Yuan	**yuan** [ˌju:ˈæn]
die Lira	**lira** [ˈlɪərə]
der Rubel	**rouble** [ˈru:bl̩]

DIE WICHTIGSTEN SÄTZE – ESSENTIAL PHRASES

DIE VERBEN – LIST OF VERBS

INDEX – INDEX

DIE WICHTIGSTEN SÄTZE – ESSENTIAL PHRASES

Mit diesen nützlichen Wörtern und Sätzen drücken Sie sich in den wichtigsten und häufigsten Situationen mit Sicherheit aus.

IM GESPRÄCH – IN CONVERSATION

BEGRÜẞEN UND VERABSCHIEDEN – SAYING HELLO AND GOODBYE

Guten Tag!	Hello! [helˈəʊ]
Guten Abend!	Good evening! [gʊd ˈiːvnɪŋ]
Hallo!	Hi! [haɪ]
Auf Wiedersehen!	Goodbye! [gʊ(d)ˈbaɪ]
Tschüss!	Bye! [baɪ]

HÖFLICHKEIT – BEING POLITE

bitte	please [pliːz]
danke	thank you [ˈθæŋk ju]
bitte schön	you're welcome [jɔː ˈwelkəm]
Ja, bitte.	Yes, please. [ˈjes pliːz]
Nein, danke.	No, thank you. [ˈnəʊ θæŋk ju]
Keine Ursache!	Don't mention it! [ˌdəʊnt ˈmen(t)ʃən ɪt]
Entschuldigung!	Sorry! [ˈsɒri]
Entschuldigen Sie, ...	Excuse me, ... [ɪkˈskjuːz miː ...]
Das tut mir leid.	I'm sorry about that. [aɪm ˈsɒri əˌbaʊt ðæt]
Wie geht's?	How are you? [haʊ ˈɑː ju]
Danke, gut. Und Ihnen/dir?	Fine, thanks. And you? [ˈfaɪn θæŋks ənd ˈju]

KOMMUNIKATION – COMMUNICATION

Wie bitte?	Pardon? [ˈpɑːdən]
Ich verstehe.	I understand. [aɪ ˌʌndəˈstænd]
Ich verstehe nicht.	I don't understand. [aɪ dəʊnt ˌʌndəˈstænd]
Könnten Sie das bitte wiederholen?	Could you repeat that, please? [kʊd ju rɪˈpiːt ðæt ˌpliːz]
Könnten Sie bitte langsamer sprechen?	Could you speak more slowly, please? [kʊd ju spiːk mɔː ˈsləʊli ˌpliːz]
Könnten Sie das bitte aufschreiben?	Could you write that down, please? [kʊd ju raɪt ðæt ˈdaʊn ˌpliːz]
Was bedeutet ...?	What does ... mean? [wɒt dʌz ˈ... miːn]

SICH VORSTELLEN – MAKING INTRODUCTIONS

Wie heißt du?	What's your name? [wɒts jɔː ˈneɪm]
Wie heißen Sie?	What's your name? [wɒts jɔː ˈneɪm]
Ich heiße ...	My name is ... [ˌmaɪ neɪm ɪz ˈ...]
Woher kommen Sie?	Where are you from? [weə ɑː ju ˈfrɒm]
Woher kommst du?	Where are you from? [weə ɑː ju ˈfrɒm]
Ich komme aus ...	I'm from ... [ˌaɪm frɒm ˈ...]
Das ist mein Mann.	This is my husband. [ˈðɪs ɪz maɪ ˈhʌzbənd]

Das ist meine Frau.	This is my wife. [ˈðɪs ɪz maɪ ˈwaɪf]
Das ist mein Partner.	This is my partner. [ˈðɪs ɪz maɪ ˈpɑ:tnəʳ]
Das ist meine Partnerin.	This is my partner. [ˈðɪs ɪz maɪ ˈpɑ:tnəʳ]
Das ist mein Sohn.	This is my son. [ˈðɪs ɪz maɪ ˈsʌn]
Das ist meine Tochter.	This is my daughter. [ˈðɪs ɪz maɪ ˈdɔ:təʳ]
Hier ist meine E-Mail-Adresse.	Here's my email address. [ˈhɪəz maɪ ˈi:meɪl əˌdres]
Hier ist meine Telefonnummer.	Here's my phone number. [ˈhɪəz maɪ ˈfəʊn ˌnʌmbəʳ]

BEIM TELEFONIEREN – ON THE TELEPHONE

Ich hätte gern eine SIM-Karte, bitte.	I'd like a SIM card, please. [aɪd laɪk ə ˈsɪm kɑ:d ˌpli:z]
Mein Akku ist leer.	My battery's flat. [maɪ ˈbætəriz flæt]
Hier spricht ...	... speaking. [ˈ... ˌspi:kɪŋ]
Mit wem spreche Ich bitte?	Who's calling? [hu:z ˈkɔ:lɪŋ]
Kann ich bitte Herrn/Frau ... sprechen?	Could I speak to Mr/Mrs ..., please? [kʊd aɪ spi:k tə ˌmɪstə/ˌmɪsɪz ˈ... pli:z]
Tut mir leid, er/sie ist nicht da.	I'm sorry, he/she isn't there. [aɪm ˈsɒri he:/ʃi: ˌɪzənt ˈðeəʳ]
Kann er/sie Sie zurückrufen?	Can he/she ring you back? [kæn he:/ʃi: ˌrɪŋ ju ˈbæk]

UNTERWEGS – ON THE GO

TOILETTE UND BAD – TOILET AND BATHROOM

Wo ist bitte die Toilette?	Where's the toilet, please? [ˌweəz ðə ˈtɔɪlɪt pli:z]
Damen	Ladies [ˈleɪdi:z]
Herren	Gentlemen [ˈdʒentlmən]
die Damentoilette	the ladies toilet [ðə ˈleɪdi:z ˌtɔɪlɪt]
die Herrentoilette	the gents toilet [ðə ˈʤents ˌtɔɪlɪt]

BAHN – RAIL

Wann fährt der nächste Zug ab?	When does the next train leave? [ˈwen dʌz ðə nekst ˈtreɪn li:v]
Wo muss ich umsteigen?	Where should I change? [ˈweə ʃʊd aɪ ˈtʃeɪnʤ]
Von welchem Gleis fährt der Zug nach ...?	Which platform is for the train to ...? [ˌwɪtʃ ˈplætfɔ:m ɪz fə ðə treɪn tə ˈ...]
Ist dieser Platz noch frei?	Is this seat taken? [ɪz ðɪs ˌsi:t ˈteɪkən]
Hält dieser Zug in ...?	Does this train stop in ...? [dʌz ˈðɪs treɪn stɒp ɪn ˈ...]

BUS – BUS

Welche Linie fährt nach ...?	Which line goes to ...? [ˌwɪtʃ laɪn gəʊz tə ˈ...]
Welche Linie fährt zum Bahnhof?	Which line goes to the station? [ˌwɪtʃ laɪn gəʊz tə ðə ˈsteɪʃən]
Wann fährt der nächste Bus nach ...?	When does the next bus to ... leave? [ˈwen dʌz ðə nekst bʌs tə ˈ... li:v]

Wo muss ich aussteigen?	Where do I have to get off? [ˈweə duː aɪ hæv tə get ˈɒf]
Wie viele Haltestellen sind es?	How many stops is it? [haʊ ˌmeni ˈstɒps ɪz ɪt]
Fährt dieser Bus nach ...?	Does this bus go to ...? [dʌz ˈðɪs bʌs gəʊ tə ˈ...]

AUTO – CAR

der Führerschein	driving licence [ˈdraɪvɪŋ ˌlaɪsən(t)s]
Entschuldigen Sie bitte, wie komme ich nach ...?	Excuse me, how do I get to ...? [ɪkˈskjuːz miː ˌhaʊ duː aɪ get tə ˈ...]
Entschuldigen Sie bitte, wo ist ...?	Excuse me, where is ...? [ɪkˈskjuːz miː ˌweə ɪz ˈ...]
Wie weit ist es?	How far is it? [haʊ ˈfɑː ɪz ɪt]

BEIM ARZT – AT THE DOCTOR'S

Ich bin krankenversichert.	I have health insurance. [aɪ hæv ˈhelθ ɪnˌʃʊərən(t)s]
Ich möchte von einer Ärztin behandelt werden, bitte.	I'd like to be seen by a female doctor, please. [aɪd laɪk tə bi siːn baɪ ə ˈfiːmeɪl ˌdɒktəʳ pliːz]
Es tut hier weh.	It hurts here. [ɪt hɜːts ˈhɪəʳ]
Ich bin ohnmächtig geworden.	I fainted. [aɪ ˈfeɪntɪd]
Ich habe mich erbrochen.	I vomited. [aɪ ˈvɒmɪtɪd]
Ich habe Herzbeschwerden.	I have heart problems. [aɪ hæv ˈhɑːt ˌprɒbləmz]
Ich habe Atembeschwerden.	I have breathing difficulties. [aɪ hæv ˈbriːðɪŋ ˌdɪfɪkəltiz]
Ich habe Zahnschmerzen.	I have toothache. [aɪ hæv ˈtuːθeɪk]
Ich habe eine Füllung verloren.	I've lost a filling. [aɪv lɒst ə ˈfɪlɪŋ]
Ich bin allergisch gegen Antibiotika.	I'm allergic to antibiotics. [aɪm əˈlɜːʤɪk tu ˌæntibaɪˈɒtɪks]
Ich bin allergisch gegen Bienen.	I'm allergic to bees. [aɪm əˈlɜːʤɪk tə ˈbiːz]
Ich bin allergisch gegen Pollen.	I'm allergic to pollen. [aɪm əˈlɜːʤɪk tə ˈpɒlən]
Ich bin Diabetiker/ Diabetikerin.	I'm diabetic. [aɪm ˌdaɪəˈbetɪk]
Ist es ansteckend?	Is it contagious? [ɪz ɪt kənˈteɪʤəs]
Ich brauche ein Rezept für ...	I need a prescription for ... [aɪ niːd ə prɪˈskrɪpʃən fəʳ ˈ...]
Ich nehme Medikamente gegen ...	I'm on medication for ... [aɪm ɒn ˌmedɪˈkeɪʃən fəʳ ˈ...]

DIE VERBEN – LIST OF VERBS

Wenn es darum geht, eigene Sätze zu bilden, hilft Ihnen unsere ausführliche Verbliste, wo Sie auch abstrakte Verben, die sich nicht abbilden lassen, nachschlagen und übersetzen können.

A

abbeißen	to bite off [baɪt ˈɒf]
abbiegen	to turn [tɜːn]
abbringen	to stop [stɒp]
abfahren	to leave [liːv]
abfärben	to run [rʌn]
abfinden	to put up [pʊt ˈʌp]
abfragen	to test [test]
abführen	to lead away [liːd əˈweɪ]
abfüllen	to fill [fɪl]
abgeben	to give [gɪv]
abgewöhnen	to give up [gɪv ˈʌp]
abgrenzen	to distance oneself [ˈdɪstən(t)s wʌnˈself]
abhaken	to tick off [tɪk ˈɒf]
abhalten	to stop [stɒp]
abhärten	to harden [ˈhɑːdən]
abhauen	to do a runner [ˌduː ə ˈrʌnəʳ]
abheben	to take off [teɪk ˈɒf]
abholen	to pick up [pɪk ˈʌp]
abklären	to clear up [klɪəʳ ˈʌp]
abklingen	to subside [səbˈsaɪd]
abkochen	to boil [bɔɪl]
abkühlen	to cool [down] [kuːl (ˈdaʊn)]

abkürzen	to abbreviate [əˈbriːvieɪt]
abladen	to dump [dʌmp]
ablaufen	to expire [ɪkˈspaɪəʳ]
ablecken	to lick off [lɪk ˈɒf]
ablegen	to put down [pʊt ˈdaʊn]
ablehnen	to reject [rɪˈʤekt]
ablenken	to distract [dɪˈstrækt]
abmagern	to lose weight [luːz ˈweɪt]
abmalen	to paint [peɪnt]
abmelden	to cancel [ˈkæn(t)səl]
abmessen	to measure [ˈmeʒəʳ]
abnehmen	to lose weight [luːz ˈweɪt]
abnutzen	to wear out [weəʳ ˈaʊt]
abonnieren	to subscribe to [səbˈskraɪb tuː]
abprallen	to bounce off [baʊn(t)s ˈɒf]
abputzen	to clean [kliːn]
abraten	to advise against [ədˈvaɪz əgen(t)st]
abräumen	to clear [klɪəʳ]
abreagieren	to work off [wɜːk ˈɒf]
abrechnen	to cash up [kæʃ ˈʌp]
abregen	to calm down [kɑːm ˈdaʊn]
abreisen	to depart [dɪˈpɑːt]
abreißen	to tear off [teəʳ ˈɒf]
abrunden	to round down [raʊnd ˈdaʊn]
abrutschen	to slip [slɪp]
absagen	to cancel [ˈkæn(t)səl]
abschaffen	to abolish [əˈbɒlɪʃ]
abschalten	to turn off [tɜːn ˈɒf]
abschätzen	to assess [əˈses]

abschauen	to copy [ˈkɒpi]
abschicken	to send [off] [send (ˈɒf)]
abschleppen	to tow [away] [təʊ (əˈweɪ)]
abschließen	to lock [lɒk]
abschminken	to take off one's make-up [teɪk ˈɒf wʌnz ˈmeɪkʌp]
abschneiden	to cut [off] [kʌt (ˈɒf)]
abschreiben	to copy [ˈkɒpi]
abschwächen	to tone down [təʊn ˈdaʊn]
abschweifen	to digress [daɪˈgres]
abschwellen	to go down [gəʊ ˈdaʊn]
absehen	to refrain [rɪˈfreɪn]
absenden	to send [off] [send (ˈɒf)]
absetzen	to take off [teɪk ˈɒf]
absichern	to cover [ˈkʌvəʳ]
absinken	to sink [sɪŋk]
abspeichern	to save [seɪv]
abspielen	to take place [teɪk ˈpleɪs]
abspringen	to bale out [beɪl ˈaʊt]
abspülen	to do the dishes [du: ðə ˈdɪʃɪz]
abstammen	to descend [dɪˈsend]
abstehen	to stick out [stɪk ˈaʊt]
abstellen	to put down [pʊt ˈdaʊn]
absterben	to die [daɪ]
abstimmen	to vote [vəʊt]
abstoßen	to disgust [dɪsˈgʌst]
abstreiten	to deny [dɪˈnaɪ]
abstumpfen	to dull [dʌl]
abstürzen	to crash [kræʃ]
abstützen	to support [səˈpɔ:t]
absuchen	to search [sɜ:tʃ]
abtreiben	to have an abortion [hæv ən əˈbɔ:ʃən]
abtrocknen	to dry [draɪ]
abtropfen	to drain [dreɪn]
abverlangen	to demand [dɪˈmɑ:nd]
abwägen	to weigh up [weɪ ˈʌp]
abwarten	to wait [for] [ˈweɪt (fɔ:ʳ)]
abwaschen	to do the dishes [ˌdu: ðə ˈdɪʃɪz]
abwechseln	to take turns [teɪk ˈtɜ:nz]
abwehren	to fend off [fend ˈɒf]
abweichen	to deviate [ˈdi:vieɪt]
abweisen	to turn away [tɜ:n əˈweɪ]
abwerten	to devalue [ˌdi:ˈvælju:]
abwischen	to wipe [waɪp]
abzahlen	to pay off [peɪ ˈɒf]
abziehen	to withdraw [wɪðˈdrɔ:]
achten	to respect [rɪˈspekt]
ächzen	to groan [grəʊn]
addieren	to add up [æd ˈʌp]
adoptieren	to adopt [əˈdɒpt]
adressieren	to address [əˈdres]
agieren	to act [ækt]
ähneln	to resemble [rɪˈzembl̩]
ahnen	to suspect [səˈspekt]
aktivieren	to activate [ˈæktɪveɪt]
aktualisieren	to update [ʌpˈdeɪt]
akzeptieren	to accept [əkˈsept]
alarmieren	to alarm [əˈlɑ:m]
amputieren	to amputate [ˈæmpjəteɪt]

amüsieren	to amuse [əˈmjuːz]
analysieren	to analyse [ˈænəlaɪz]
anbauen	to grow [grəʊ]
anbeten	to worship [ˈwɜːʃɪp]
anbiedern	to curry favour with [ˌkʌri ˈfeɪvəʳ wɪð]
anbieten	to offer [ˈɒfəʳ]
anblicken	to look at [ˈlʊk æt]
anbrüllen	to shout at [ˈʃaʊt æt]
andauern	to continue [kənˈtɪnju]
ändern	to change [ˈtʃeɪnʤ]
andeuten	to imply [ɪmˈplaɪ]
androhen	to threaten [ˈθretən]
aneignen	to learn [lɜːn]
anekeln	to disgust [dɪsˈgʌst]
anerkennen	to appreciate [əˈpriːʃieɪt]
anfangen	to begin [bɪˈgɪn]
anfassen	to touch [tʌtʃ]
anfertigen	to make [meɪk]
anfeuern	to cheer on [tʃɪəʳ ˈɒn]
anflehen	to beg [beg]
anfordern	to order [ˈɔːdəʳ]
anfreunden	to become friends [bɪˌkʌm ˈfrendz]
anfühlen	to feel [fiːl]
anführen	to lead [liːd]
angeben	to boast [bəʊst]
angehören	to belong to [bɪˈlɒŋ tu]
angeln	to fish [fɪʃ]
angewöhnen	to get into the habit of [ˈget ɪntu ðə ˈhæbɪt ɒv]
angleichen	to adapt [əˈdæpt]
angreifen	to attack [əˈtæk]
ängstigen	to frighten [ˈfraɪtən]
angucken	to look at [ˈlʊk æt]
anhaben	to have on [hæv ˈɒn]
anhalten	to stop [stɒp]
anhängen	to attach [əˈtætʃ]
anhimmeln	to idolize [ˈaɪdəlaɪz]
anhören	to listen to [ˈlɪsən tu]
anklagen	to accuse [əˈkjuːz]
ankleben	to stick on [ˈstɪk ɒn]
anklicken	to click on [ˈklɪk ɒn]
anklopfen	to knock [nɒk]
anknüpfen	to establish [ɪˈstæblɪʃ]
ankommen	to arrive [əˈraɪv]
ankreuzen	to mark with a cross [ˈmɑːk wɪð ə ˈkrɒs]
ankündigen	to announce [əˈnaʊn(t)s]
anlächeln	to smile at [ˈsmaɪl æt]
anlachen	to smile at [ˈsmaɪl æt]
anlehnen	to lean [against] [ˈliːn (əgenst)]
anleiten	to instruct [ɪnˈstrʌkt]
anlocken	to attract [əˈtrækt]
anlügen	to lie to [ˈlaɪ tu]
anmachen	to turn on [tɜːn ˈɒn]
anmaßen	to claim for oneself [kleɪm fəʳ wʌnself]
anmelden	to announce [əˈnaʊn(t)s]
anmerken	to add [æd]
annähern	to come closer [kʌm ˈkləʊsəʳ]

annehmen	to assume [əˈsjuːm]
annullieren	to annul [əˈnʌl]
anordnen	to arrange [əˈreɪndʒ]
anpacken	to tackle [ˈtækl̩]
anpassen	to adapt [əˈdæpt]
anpflanzen	to grow [grəʊ]
anprobieren	to try on [traɪ ˈɒn]
anreden	to address [əˈdres]
anrufen	to call [kɔːl]
ansagen	to announce [əˈnaʊn(t)s]
ansammeln	to accumulate [əˈkjuːmjəleɪt]
anschalten	to switch on [swɪtʃ ˈɒn]
anschauen	to look at [ˈlʊk æt]
anschieben	to push [pʊʃ]
anschleichen	to creep up [kriːp ˈʌp]
anschließen	to join [dʒɔɪn]
anschmiegen	to nestle [ˈnesl̩]
anschnallen	to fasten [ˈfɑːsən]
anschnauzen	to bawl at [ˈbɔːl æt]
anschreien	to shout at [ˈʃaʊt æt]
anschuldigen	to accuse [əˈkjuːz]
anschweigen	to say nothing [seɪ ˈnʌθɪŋ]
anschwellen	to swell [up] [swel (ˈʌp)]
anschwindeln	to tell fibs [tel ˈfɪbz]
ansehen	to look at [ˈlʊk æt]
anspannen	to tighten [ˈtaɪtən]
anspielen	to allude [əˈluːd]
anspitzen	to sharpen [ˈʃɑːpən]
anspornen	to encourage [ɪnˈkʌrɪdʒ]
ansprechen	to speak to [ˈspiːk tu]
anspringen	to start [stɑːt]
anspucken	to spit at [ˈspɪt æt]
anstarren	to stare at [ˈsteəʳ æt]
anstecken	to infect [ɪnˈfekt]
anstehen	to queue [up] [kjuː (ˈʌp)]
ansteigen	to rise [raɪz]
anstellen	to queue [up] [kjuː (ˈʌp)]
anstimmen	to begin singing [bɪgɪn ˈsɪŋɪŋ]
anstoßen	to bump [bʌmp]
anstrahlen	to beam at [ˈbiːm æt]
anstreben	to strive for [ˈstraɪv fɔːʳ]
anstreichen	to paint [peɪnt]
anstrengen	to make an effort [meɪk ən ˈefət]
antreffen	to come across [kʌm əˈkrɒs]
antreiben	to drive [on] [draɪv (ˈɒn)]
antreten	to begin [bɪˈgɪn]
antun	to harm [hɑːm]
antworten	to answer [ˈɑːn(t)səʳ]
anvertrauen	to confide [kənˈfaɪd]
anweisen	to instruct [ɪnˈstrʌkt]
anwenden	to use [juːz]
anwidern	to nauseate [ˈnɔːsieɪt]
anzeigen	to show [ʃəʊ]
anziehen	to put on [pʊt ˈɒn]
anzünden	to light [laɪt]
anzweifeln	to question [ˈkwestʃən]
applaudieren	to applaud [əˈplɔːd]
arbeiten	to work [wɜːk]
ärgern	to annoy [əˈnɔɪ]

atmen	to breathe [briːð]
aufarbeiten	to reappraise [ˌriːəˈpreɪz]
aufatmen	to heave a sigh of relief [hæv ə ˈsaɪ əv rɪˈliːf]
aufbauen	to put up [pʊt ˈʌp]
aufbewahren	to keep [kiːp]
aufblasen	to blow up [bləʊ ˈʌp]
aufbleiben	to stay up [steɪ ˈʌp]
aufbrauchen	to use up [juːz ˈʌp]
aufbrausen	to flare up [fleəʳ ˈʌp]
aufbrechen	to start off [stɑːt ˈɒf]
aufbringen	to summon [up] [ˌsʌmən (ˈʌp)]
aufdecken	to reveal [rɪˈviːl]
aufdrängen	to impose [ɪmˈpəʊz]
aufdrehen	to turn on [tɜːn ˈɒn]
aufeinander-folgen	to follow each other [ˈfɒləʊ iːtʃ ʌðəʳ]
aufessen	to eat up [iːt ˈʌp]
auffallen	to stand out [stænd ˈaʊt]
auffangen	to catch [kætʃ]
auffassen	to interpret [ɪnˈtɜːprɪt]
auffordern	to ask [ɑːsk]
aufführen	to perform [pəˈfɔːm]
aufgeben	to give up [gɪv ˈʌp]
aufgreifen	to take up [teɪk ˈʌp]
aufhaben	to be open [bi ˈəʊpən]
aufhalten	to stop [stɒp]
aufhängen	to hang up [hæŋ ˈʌp]
aufheben	to pick up [pɪk ˈʌp]
aufhetzen	to incite [ɪnˈsaɪt]

aufholen	to catch up [kætʃ ˈʌp]
aufhören	to stop [stɒp]
aufkleben	to stick on [stɪk ˈɒn]
aufladen	to charge [tʃɑːdʒ]
auflassen	to leave open [liːv ˈəʊpən]
auflauern	to lie in wait for [laɪ ɪn ˈweɪt fɔːʳ]
aufleben	to liven up [ˌlaɪvən ˈʌp]
auflehnen	to revolt [rɪˈvəʊlt]
auflockern	to loosen up [ˌluːsən ˈʌp]
auflösen	to dissolve [dɪˈzɒlv]
aufmachen	to open [ˈəʊpən]
aufmuntern	to cheer up [tʃɪəʳ ˈʌp]
aufnehmen	to record [rɪˈkɔːd]
aufpassen	to pay attention [ˌpeɪ əˈten(t)ʃən]
aufplatzen	to burst open [bɜːst ˈəʊpən]
aufpumpen	to pump up [pʌmp ˈʌp]
aufraffen	to pull oneself together [ˈpʊl wʌnself təˈgeðəʳ]
aufräumen	to tidy up [ˌtaɪdi ˈʌp]
aufrechterhal-ten	to maintain [meɪnˈteɪn]
aufregen	to upset [ʌpˈset]
aufrunden	to round up [raʊnd ˈʌp]
aufsammeln	to pick up [pɪk ˈʌp]
aufschieben	to postpone [pəʊs(t)ˈpəʊn]
aufschließen	to unlock [ʌnˈlɒk]
aufschreiben	to write down [raɪt ˈdaʊn]
aufspringen	to burst open [bɜːst ˈəʊpən]
aufstacheln	to incite [ɪnˈsaɪt]

aufstehen	to get up [get ˈʌp]
aufstellen	to put up [pʊt ˈʌp]
aufstützen	to rest [rest]
aufsuchen	to go to [ˈgəʊ tu]
auftauchen	to surface [ˈsɜːfɪs]
aufteilen	to divide [up] [dɪˌvaɪd (ˈʌp)]
auftragen	to apply [əˈplaɪ]
auftreiben	to get hold of [get ˈhəʊld ɒv]
auftreten	to occur [əˈkɜːʳ]
aufwachen	to wake [up] [weɪk (ˈʌp)]
aufwachsen	to grow up [grəʊ ˈʌp]
aufwärmen	to heat up [hiːt ˈʌp]
aufwecken	to wake [up] [weɪk (ˈʌp)]
aufweichen	to soak [səʊk]
aufweisen	to show [ʃəʊ]
aufwischen	to wipe [up] [waɪp (ˈʌp)]
aufwühlen	to stir up [stɜːʳ (ˈʌp)]
aufzählen	to list [lɪst]
aufzeichnen	to record [rɪˈkɔːd]
aufzeigen	to show [ʃəʊ]
aufzwingen	to force on [ˈfɔːs ɒn]
ausarbeiten	to work out [wɜːk ˈaʊt]
ausatmen	to exhale [eksˈheɪl]
ausbessern	to mend [mend]
ausbleiben	to fail to appear [ˈfeɪl tə əˈpɪəʳ]
ausbrechen	to escape [ɪˈskeɪp]
ausbreiten	to spread [out] [spred (ˈaʊt)]
ausdehnen	to expand [ɪkˈspænd]
ausdenken	to think up [θɪŋk ˈʌp]

auseinander-brechen	to break apart [breɪk əˈpɑːt]
ausfallen	to be cancelled [bi ˈkæn(t)səld]
ausfragen	to question [ˈkwestʃən]
ausfüllen	to fill in [fɪl ˈɪn]
ausgeben	to spend [spend]
ausgehen	to go out [gəʊ ˈaʊt]
ausgleichen	to compensate for [ˈkɒmpənseɪt fɔːʳ]
aushaben	to have finished [hæv ˈfɪnɪʃt]
aushalten	to bear [beəʳ]
aushelfen	to help out [help ˈaʊt]
auskennen	to know one's way around [ˈnəʊ wʌnz ˌweɪ əˈraʊnd]
auskommen	to get on [well] with [get ˌɒn (ˈwel) wɪð]
auslachen	to laugh at [ˈlɑːf æt]
auslaufen	to leak [liːk]
ausleeren	to empty [out] [ˌem(p)ti (ˈaʊt)]
ausleihen *von jemandem*	to borrow [ˈbɒrəʊ]
ausloggen	to log off [lɒg ˈɒf]
auslösen	to trigger [ˈtrɪgəʳ]
ausmachen	to turn off [tɜːn ˈɒf]
ausmalen	to imagine [ɪˈmædʒɪn]
ausmessen	to measure [out] [ˌmeʒəʳ (ˈaʊt)]
ausnutzen	to make use of [meɪk ˈjuːs ɒv]
auspacken	to unpack [ʌnˈpæk]
ausplaudern	to let out [let ˈaʊt]
auspressen	to squeeze out [skwiːz ˈaʊt]

ausprobieren	to try [out] [traɪ (ˈaʊt)]
ausrasten	to freak out [fri:k ˈaʊt]
ausrauben	to rob [rɒb]
ausrechnen	to calculate [ˈkælkjəleɪt]
ausreden	to talk out of [tɔ:k ˈaʊt ɒv]
ausreichen	to be sufficient [bi səˈfɪʃənt]
ausreisen	to leave the country [ˈli:v ðə ˈkʌntri]
ausrichten	to tell [tel]
ausruhen	to take a rest [ˌteɪk ə ˈrest]
ausrutschen	to slip [slɪp]
ausschalten	to turn off [tɜ:n ˈɒf]
ausscheiden	to retire [rɪˈtaɪəʳ]
ausschimpfen	to tell off [tel ˈɒf]
ausschlafen	to sleep in [sli:p ˈɪn]
ausschließen	to exclude [ɪksˈklu:d]
ausschneiden	to cut out [kʌt ˈaʊt]
aussehen	to look [lʊk]
äußern	to say [seɪ]
aussetzen	to stop [stɒp]
aussprechen	to pronounce [prəˈnaʊn(t)s]
ausstehen	to endure [ɪnˈdjʊəʳ]
aussteigen	to get off [get ˈɒf]
aussterben	to die out [daɪ ˈaʊt]
ausstrecken	to stretch out [stretʃ ˈaʊt]
aussuchen	to choose [tʃu:z]
austauschen	to replace [rɪˈpleɪs]
austeilen	to distribute [dɪˈstrɪbju:t]
austoben	to romp around [ˌrɒmp əˈraʊnd]
austreten	to leave [li:v]
austricksen	to trick [trɪk]
austrinken	to drink up [drɪŋk ˈʌp]
ausüben	to practise [ˈpræktɪs]
auswählen	to choose [tʃu:z]
auswandern	to emigrate [ˈemɪgreɪt]
auswaschen	to wash out [wɒʃ ˈaʊt]
auswechseln	to replace [rɪˈpleɪs]
ausweichen	to get out of the way [get ˈaʊt əv ðə ˈweɪ]
auswerten	to analyze [ˈænəlaɪz]
auswirken	to have an effect [hæv ən ɪˈfekt]
auszählen	to count [kaʊnt]
auszeichnen	to honour [ˈɒnəʳ]
ausziehen	to take off [teɪk ˈɒf]

B

babysitten	to babysit [ˈbeɪbisɪt]
backen	to bake [beɪk]
baden	to swim [swɪm]
baggern	to dig [dɪg]
basteln	to make [meɪk]
bauen	to build [bɪld]
beabsichtigen	to intend [ɪnˈtend]
beachten	to take into consideration [ˈteɪk ɪntu kənˌsɪdərˈeɪʃən]
beängstigen	to alarm [əˈlɑ:m]
beanspruchen	to take up [teɪk ˈʌp]
beantragen	to apply for [əˈplaɪ fɔ:ʳ]
beantworten	to answer [ˈɑ:n(t)səʳ]
bearbeiten	to deal with [ˈdi:l wið]
beatmen	to give artificial respiration to [gɪv ˌɑ:tɪˈfɪʃəl ˌrespərˈeɪʃən tu]
beaufsichtigen	to supervise [ˈsu:pəvaɪz]
beauftragen	to instruct [ɪnˈstrʌkt]
bedanken	to thank [θæŋk]
bedauern	to regret [rɪˈgret]
bedecken	to cover [ˈkʌvəʳ]
bedenken	to consider [kənˈsɪdəʳ]
bedeuten	to mean [mi:n]
bedienen	to serve [sɜ:v]
bedrängen	to pester [ˈpestəʳ]
bedrohen	to threaten [ˈθretən]
bedrücken	to depress [dɪˈpres]
beeilen	to hurry [up] [ˌhʌri (ˈʌp)]
beeindrucken	to impress [ɪmˈpres]
beeinflussen	to influence [ˈɪnfluən(t)s]

beeinträch-tigen	to impair [ɪmˈpeəʳ]
beenden	to end [end]
beerdigen	to bury [ˈberi]
befassen	to deal [di:l]
befehlen	to order [ˈɔ:dəʳ]
befestigen	to fasten [ˈfɑ:sən]
befeuchten	to moisten [ˈmɔɪsən]
befinden	to be [bi:]
befolgen	to obey [ə(ʊ)ˈbeɪ]
befragen	to question [ˈkwestʃən]
befreien	to free [fri:]
befriedigen	to satisfy [ˈsætɪsfaɪ]
befruchten	to fertilize [ˈfɜ:tɪlaɪz]
befürchten	to fear [fɪəʳ]
befürworten	to be in favour of [bi ɪn ˈfeɪvəʳ ɒv]
begegnen	to meet [mi:t]
begehen	to commit [kəˈmɪt]
begehren	to desire [dɪˈzaɪəʳ]
begeistern	to fill with enthusiasm [ˈfɪl wið ɪnˈθju:ziæzəm]
beginnen	to begin [bɪˈgɪn]
begleiten	to accompany [əˈkʌmpəni]
beglückwün-schen	to congratulate [kənˈgrætʃʊleɪt]
begraben	to bury [ˈberi]
begreifen	to understand [ˌʌndəˈstænd]
begrenzen	to limit [ˈlɪmɪt]
begründen	to justify [ˈdʒʌstɪfaɪ]
begrüßen	to welcome [ˈwelkəm]

begünstigen	to favour [ˈfeɪvəʳ]
begutachten	to examine [ɪgˈzæmɪn]
behalten	to keep [kiːp]
behandeln	to treat [triːt]
beharren	to insist [ɪnˈsɪst]
behaupten	to claim [kleɪm]
beheben	to remove [rɪˈmuːv]
behelfen	to manage [ˈmænɪʤ]
beherrschen	to control [kənˈtrəʊl]
beherzigen	to heed [hiːd]
behindern	to obstruct [əbˈstrʌkt]
behüten	to protect [prəˈtekt]
beibehalten	to keep [kiːp]
beibringen	to teach [tiːtʃ]
beichten	to confess [kənˈfes]
beifügen	to enclose [ɪnˈkləʊz]
beinhalten	to contain [kənˈteɪn]
beipflichten	to agree with [əˈgriː wɪð]
beirren	to disconcert [ˌdɪskənˈsɜːt]
beißen	to bite [baɪt]
beistehen	to stand by [stænd ˈbaɪ]
beitragen	to contribute [kənˈtrɪbjuːt]
beitreten	to join [ʤɔɪn]
bejahen	to approve of [əˈpruːv ɒv]
bejubeln	to cheer [tʃɪəʳ]
bekämpfen	to fight [faɪt]
bekehren	to convert [kənˈvɜːt]
bekennen	to confess [kənˈfes]
beklagen	to complain [kəmˈpleɪn]
bekleckern	to stain [steɪn]

bekommen	to get [get]
bekräftigen	to confirm [kənˈfɜːm]
beladen	to load [up] [ləʊd (ˈʌp)]
belasten	to burden [ˈbɜːdən]
belästigen	to harass [ˈhærəs]
belauschen	to eavesdrop on [ˈiːvzdrɒp ɒn]
beleidigen	to insult [ɪnˈsʌlt]
bellen	to bark [bɑːk]
belohnen	to reward [rɪˈwɔːd]
belügen	to lie to [ˈlaɪ tu]
bemerken	to notice [ˈnəʊtɪs]
bemitleiden	to pity [ˈpɪti]
bemühen	to try hard [ˈtraɪ ˈhɑːd]
benachrichtigen	to inform [ɪnˈfɔːm]
benehmen	to behave [bɪˈheɪv]
beneiden	to envy [ˈenvi]
benennen	to name [neɪm]
benoten	to mark [mɑːk]
benötigen	to need [niːd]
beobachten	to observe [əbˈzɜːv]
beraten	to advise [ədˈvaɪz]
berechnen	to calculate [ˈkælkjəleɪt]
bereden	to discuss [dɪˈskʌs]
bereiten	to cause [kɔːz]
bereithalten	to have ready [hæv ˈredi]
bereitmachen	to get ready [get ˈredi]
bereuen	to regret [rɪˈgret]
berichten	to report [rɪˈpɔːt]
berichtigen	to correct [kəˈrekt]

berücksichtigen	to consider [kənˈsɪdəʳ]
beruhigen	to calm [kɑːm]
berühren	to touch [tʌtʃ]
beschädigen	to damage [ˈdæmɪʤ]
beschaffen	to get [get]
beschäftigen	to occupy [ˈɒkjəpaɪ]
bescheinigen	to certify [ˈsɜːtɪfaɪ]
beschenken	to give a present [gɪv ə ˈprezənt]
beschimpfen	to insult [ɪnˈsʌlt]
beschleunigen	to accelerate [əkˈseləreɪt]
beschließen	to decide [dɪˈsaɪd]
beschmutzen	to dirty [ˈdɜːti]
beschränken	to limit [ˈlɪmɪt]
beschreiben	to describe [dɪˈskraɪb]
beschuldigen	to accuse [əˈkjuːz]
beschützen	to protect [prəˈtekt]
beschweren	to complain [kəmˈpleɪn]
beseitigen	to remove [rɪˈmuːv]
besetzen	to occupy [ˈɒkjəpaɪ]
besichtigen	to visit [ˈvɪzɪt]
besiegen	to beat [biːt]
besitzen	to own [əʊn]
besorgen	to get [get]
besprechen	to discuss [dɪˈskʌs]
bestätigen	to confirm [kənˈfɜːm]
bestatten	to bury [ˈberi]
bestaunen	to admire [ədˈmaɪəʳ]
bestehen	to pass [pɑːs]
bestellen	to order [ˈɔːdəʳ]

bestimmen	to determine [dɪˈtɜːmɪn]
bestrafen	to punish [ˈpʌnɪʃ]
bestreiten	to deny [dɪˈnaɪ]
besuchen	to visit [ˈvɪzɪt]
betätigen	to operate [ˈɒpəreɪt]
betäuben	to numb [nʌm]
beteiligen	to participate [pɑːˈtɪsɪpeɪt]
beten	to pray [preɪ]
beteuern	to declare [dɪˈkleəʳ]
betonen	to stress [stres]
betören	to bewitch [bɪˈwɪtʃ]
betrachten	to look at [ˈlʊk æt]
betreuen	to look after [lʊk ˈɑːftəʳ]
betrügen	to cheat [tʃiːt]
betteln	to beg [beg]
beugen	to bend [bend]
beunruhigen	to worry [ˈwʌri]
beurteilen	to judge [ʤʌʤ]
bevorzugen	to favour [ˈfeɪvəʳ]
bewachen	to guard [gɑːd]
bewaffnen	to arm [ɑːm]
bewältigen	to cope with [ˈkəʊp wɪð]
bewegen	to move [muːv]
beweisen	to prove [pruːv]
bewerben	to apply [əˈplaɪ]
bewerten	to judge [ʤʌʤ]
bewirken	to cause [kɔːz]
bewohnen	to live in [ˈlɪv ɪn]
bewundern	to admire [ədˈmaɪəʳ]
bezahlen	to pay [peɪ]

bezeichnen	to call [kɔːl]
bezweifeln	to doubt [daʊt]
biegen	to bend [bend]
bieten	to offer [ˈɒfəʳ]
bilden	to form [fɔːm]
bitten	to ask [ɑːsk]
blamieren	to disgrace [dɪsˈgreɪs]
blasen	to blow [bləʊ]
bleiben	to stay [steɪ]
blenden	to blind [blaɪnd]
blinken	to flash [flæʃ]
blinzeln	to blink [blɪŋk]
blitzen	to sparkle [ˈspɑːkl̩]
blockieren	to block [blɒk]
blühen	to bloom [bluːm]
bluten	to bleed [bliːd]
bohren	to drill [drɪl]
boxen	to box [bɒks]
boykottieren	to boycott [ˈbɔɪkɒt]
braten	to fry [fraɪ]
brauchen	to need [niːd]
brechen	to break [breɪk]
bremsen	to brake [breɪk]
brennen	to burn [bɜːn]
bringen	to bring [brɪŋ]
bröckeln	to crumble [ˈkrʌmbl̩]
brüllen	to shout [ʃaʊt]
brummen	to buzz [bʌz]
brüten	to brood [bruːd]
buchen	to book [bʊk]
buchstabieren	to spell [spel]
bücken	to bend down [bend ˈdaʊn]
bügeln	to iron [ˈaɪən]
bummeln	to stroll [strəʊl]
bürsten	to brush [brʌʃ]

C

campen	to camp [kæmp]
charakterisieren	to characterize [ˈkærəktəraɪz]
chatten	to chat [tʃæt]

D

dableiben	to stay [on] [steɪ (ˈɒn)]
danebenbenehmen	to misbehave [ˌmɪsbɪˈheɪv]
danken	to thank [θæŋk]
darstellen	to show [ʃəʊ]
dastehen	to stand there [ˈstænd ðeəʳ]
dauern	to last [lɑːst]
decken	to cover [ˈkʌvəʳ]
dehnen	to stretch [stretʃ]
dementieren	to deny [dɪˈnaɪ]
demonstrieren	to demonstrate [ˈdemənstreɪt]
demütigen	to humiliate [hjuːˈmɪlieɪt]
denken	to think [θɪŋk]
deprimieren	to depress [dɪˈpres]
desinfizieren	to disinfect [ˌdɪsɪnˈfekt]
deuten	to interpret [ɪnˈtɜːprɪt]
dienen	to serve [sɜːv]
diskriminieren	to discriminate against [dɪˈskrɪmɪneɪt əgen(t)st]
diskutieren	to discuss [dɪˈskʌs]
disqualifizieren	to disqualify [dɪˈskwɒlɪfaɪ]
distanzieren	to distance oneself [ˈdɪstən(t)s wʌnself]
dividieren	to divide [dɪˈvaɪd]
donnern	to thunder [ˈθʌndəʳ]
dosieren	to measure out [meʒəʳ ˈaʊt]
downloaden	to download [ˈdaʊnləʊd]
dramatisieren	to dramatize [ˈdræmətaɪz]

dranbleiben	to hang on [hæŋ ˈɒn]
drängeln	to push [pʊʃ]
drängen	to push [pʊʃ]
drankommen	to have one's turn [ˌhæv wʌnz ˈtɜːn]
drehen	to turn [tɜːn]
drohen	to threaten [ˈθretən]
drucken	to print [prɪnt]
drücken	to push [pʊʃ]
ducken	to duck [down] [dʌk (ˈdaʊn)]
duften	to smell [smel]
dulden	to tolerate [ˈtɒləreɪt]
durchdenken	to think through [θɪŋk ˈθruː]
durcheinander-bringen	to mix [mɪks]
durchführen	to carry out [kæri ˈaʊt]
durchsagen	to announce [əˈnaʊn(t)s]
durchschauen	to see through [siː ˈθruː]
durchsetzen	to assert oneself [əˈsɜːt wʌnself]
durchsickern	to trickle through [trɪkl̩ ˈθruː]
durchstöbern	to rummage through [ˈrʌmɪʤ θruː]
durchstreichen	to cross out [krɒs ˈaʊt]
durchwühlen	to plough through [plaʊ ˈθruː]
durchziehen	to see through [siː ˈθruː]
dürfen	to be allowed to [bi əˈlaʊd tu]
duschen	to have a shower [hæv ə ˈʃaʊəʳ]
duzen	to address as 'du' [əˈdres əz ˈduː]

E

ebnen	to level [off] [levəl (ˈɒf)]
ehren	to honour [ˈɒnəʳ]
eignen	to be suited [bi ˈsuːtɪd]
eilen	to hurry [ˈhʌri]
einatmen	to breathe in [briːð ˈɪn]
einbilden	to imagine [ɪˈmæʤɪn]
einbrechen	to break in [breɪk ˈɪn]
einchecken	to check in [tʃek ˈɪn]
eincremen	to put cream on [pʊt ˈkriːm ɒn]
eindringen	to penetrate [ˈpenɪtreɪt]
eindrücken	to push in [pʊʃ ˈɪn]
einengen	to restrict [rɪˈstrɪkt]
einfädeln	to thread [θred]
einfahren	to arrive [əˈraɪv]
einfallen	to think of [ˈθɪŋk ɒv]
einfangen	to capture [ˈkæptʃəʳ]
einfügen	to insert [ɪnˈsɜːt]
einfühlen	to empathize [ˈempəθaɪz]
einführen	to introduce [ˌɪntrəˈdjuːs]
eingeben	to enter [ˈentəʳ]
eingestehen	to admit [ədˈmɪt]
eingreifen	to intervene [ˌɪntəˈviːn]
eingrenzen	to limit [ˈlɪmɪt]
einholen	to catch up with [kætʃ ˈʌp wɪð]
einigen	to agree [əˈgriː]
einkaufen	to buy [baɪ]
einkleben	to stick in [stɪk ˈɪn]

einklemmen	to catch	[kætʃ]
einladen	to invite	[ɪnˈvaɪt]
einleben	to settle down	[setl̩ ˈdaʊn]
einlenken	to give in	[gɪv ˈɪn]
einleuchten	to make sense	[meɪk ˈsen(t)s]
einliefern	to admit	[ədˈmɪt]
einloggen	to log in	[lɒg ˈɪn]
einlösen	to honour	[ˈɒnəʳ]
einmischen	to interfere	[ˌɪntəˈfɪəʳ]
einordnen	to classify	[ˈklæsɪfaɪ]
einpacken	to pack	[pæk]
einparken	to park	[pɑːk]
einpflanzen	to plant	[plɑːnt]
einplanen	to plan	[plæn]
einprägen	to memorize	[ˈmeməraɪz]
einräumen	to concede	[kənˈsiːd]
einreden	to persuade	[pəˈsweɪd]
einreiben	to rub	[rʌb]
einreisen	to enter	[ˈentəʳ]
einrosten	to rust	[rʌst]
einschalten	to switch on	[swɪtʃ ˈɒn]
einschätzen	to assess	[əˈses]
einschenken	to pour	[pɔːʳ]
einschlafen	to fall asleep	[ˌfɔːl əˈsliːp]
einschließen	to lock up	[lɒk ˈʌp]
einschränken	to cut [back on]	[kʌt (ˈbæk ɒn)]
einschreiten	to intervene	[ˌɪntəˈviːn]
einschüchtern	to intimidate	[ɪnˈtɪmɪdeɪt]
einschulen	to begin [primary] school	[bɪˈgɪn (ˈpraɪməri) skuːl]
einsehen	to see	[siː]
einsetzen	to fight for	[ˈfaɪt fɔːʳ]
einsperren	to lock up	[lɒk ˈʌp]
einspringen	to stand in	[stænd ˈɪn]
einstecken	to put in	[pʊt ˈɪn]
einsteigen	to get on	[get ˈɒn]
einstellen	to employ	[ɪmˈplɔɪ]
einstürzen	to collapse	[kəˈlæps]
eintauchen	to plunge in[to]	[plʌnʤ ˈɪn(tu)]
einteilen	to divide up	[dɪˌvaɪd ˈʌp]
eintragen	to enter	[ˈentəʳ]
eintreffen	to arrive	[əˈraɪv]
eintreten	to enter	[ˈentəʳ]
einwandern	to immigrate	[ˈɪmɪgreɪt]
einwechseln	to bring on	[brɪŋ ˈɒn]
einweichen	to soak	[səʊk]
einweihen	to open	[ˈəʊpən]
einweisen	to brief	[briːf]
einwenden	to object	[əbˈʤekt]
einwilligen	to consent	[kənˈsent]
einzahlen	to pay [in]	[peɪ (ˈɪn)]
eitern	to fester	[ˈfestəʳ]
ekeln	to disgust	[dɪsˈgʌst]
empfangen	to receive	[rɪˈsiːv]
empfehlen	to recommend	[ˌrekəˈmend]
empfinden	to feel	[fiːl]
enden	to end	[end]

entdecken	to discover [dɪˈskʌvəʳ]
entfachen	to kindle [ˈkɪndl̩]
entfallen	to slip one's mind [ˈslɪp wʌnz ˈmaɪnd]
entfernen	to remove [rɪˈmuːv]
entführen	to abduct [əbˈdʌkt]
entgegenbrin-gen	to show [ʃəʊ]
entgegnen	to reply [rɪˈplaɪ]
entgleisen	to be derailed [bi dɪˈreɪld]
enthalten	to contain [kənˈteɪn]
entkommen	to escape [ɪˈskeɪp]
entlanggehen	to go along [gəʊ əˈlɒŋ]
entlassen	to dismiss [dɪsˈmɪs]
entlasten	to relieve [rɪˈliːv]
entlaufen	to run away [rʌn əˈweɪ]
entscheiden	to decide [dɪˈsaɪd]
entschließen	to decide [dɪˈsaɪd]
entschuldigen	to apologize [əˈpɒləʤaɪz]
entsetzen	to horrify [ˈhɒrɪfaɪ]
entsorgen	to dispose of [dɪˈspəʊz ɒv]
entspannen	to relax [rɪˈlæks]
entsprechen	to correspond to [ˌkɒrɪˈspɒnd tu]
entstehen	to arise [əˈraɪz]
entstellen	to disfigure [dɪsˈfɪgəʳ]
enttäuschen	to disappoint [ˌdɪsəˈpɔɪnt]
entwaffnen	to disarm [dɪˈsɑːm]
entweichen	to escape [ɪˈskeɪp]
entwerfen	to design [dɪˈzaɪn]

entwickeln	to develop [dɪˈveləp]
erben	to inherit [ɪnˈherɪt]
erbrechen	to vomit [ˈvɒmɪt]
ereignen	to occur [əˈkɜːʳ]
erfahren	to learn [lɜːn]
erfinden	to invent [ɪnˈvent]
erforschen	to explore [ɪkˈsplɔːʳ]
erfrieren	to freeze to death [ˈfriːz tə ˌdeθ]
erfrischen	to refresh [rɪˈfreʃ]
erfüllen	to come true [kʌm ˈtruː]
ergänzen	to add [æd]
ergeben	to surrender [sərˈendəʳ]
erhalten	to receive [rɪˈsiːv]
erhoffen	to hope for [ˈhəʊp fɔːʳ]
erhöhen	to raise [reɪz]
erholen	to recover [rɪˈkʌvəʳ]
erinnern	to remember [rɪˈmembəʳ]
erkälten	to catch a cold [ˌkætʃ ə ˈkəʊld]
erkennen	to recognize [ˈrekəgnaɪz]
erklären	to explain [ɪkˈspleɪn]
erkundigen	to ask [ɑːsk]
erlauben	to allow [əˈlaʊ]
erläutern	to explain [ɪkˈspleɪn]
erleben	to experience [ɪkˈspɪəriən(t)s]
erledigen	to deal with [ˈdiːl wɪð]
erleichtern	to make easier [meɪk ˈiːziəʳ]
erlösen	to release [rɪˈliːs]
ermahnen	to warn [wɔːn]

ermitteln	to determine [dɪˈtɜːmɪn]
ermöglichen	to enable [ɪˈneɪbl̩]
ermorden	to murder [ˈmɜːdəʳ]
ermuntern	to encourage [ɪnˈkʌrɪʤ]
ermutigen	to encourage [ɪnˈkʌrɪʤ]
ernähren	to feed [fiːd]
ernennen	to appoint [əˈpɔɪnt]
erneuern	to renew [rɪˈnjuː]
ernten	to harvest [ˈhɑːvɪst]
eröffnen	to open [ˈəʊpən]
erpressen	to blackmail [ˈblækmeɪl]
erregen	to arouse [əˈraʊz]
erreichen	to reach [riːtʃ]
erscheinen	to appear [əˈpɪəʳ]
erschrecken	to frighten [ˈfraɪtən]
erschüttern	to shake [ʃeɪk]
erschweren	to make more difficult [meɪk mɔːʳ ˈdɪfɪkəlt]
ersetzen	to replace [rɪˈpleɪs]
erstaunen	to amaze [əˈmeɪz]
ersticken	to suffocate [ˈsʌfəkeɪt]
ertappen	to catch [kætʃ]
ertragen	to bear [beəʳ]
ertrinken	to drown [draʊn]
erwähnen	to mention [ˈmen(t)ʃən]
erwarten	to expect [ɪkˈspekt]
erwidern	to reply [rɪˈplaɪ]
erwürgen	to strangle [ˈstræŋgl̩]
erzählen	to tell [tel]
erzeugen	to produce [prəˈdjuːs]
erziehen	to bring up [brɪŋ ˈʌp]
erzwingen	to force [fɔːs]
essen	to eat [iːt]
existieren	to exist [ɪgˈzɪst]
explodieren	to explode [ɪkˈspləʊd]

F

fahren	to drive [draɪv]
fallen	to fall [fɔːl]
fälschen	to forge [fɔːdʒ]
falten	to fold [fəʊld]
fangen	to catch [kætʃ]
färben	to dye [daɪ]
fassen	to grasp [grɑːsp]
fasten	to fast [fɑːst]
faszinieren	to fascinate [ˈfæsɪneɪt]
faulen	to rot [rɒt]
faulenzen	to laze about [ˌleɪz əˈbaʊt]
fechten	to fence [fen(t)s]
fegen	to sweep [swiːp]
fehlen	to be missing [bi ˈmɪsɪŋ]
feiern	to celebrate [ˈseləbreɪt]
feilen	to file [faɪl]
fernsehen	to watch television [wɒtʃ ˈtelɪˌvɪʒən]
fernsteuern	to operate by remote control [ˈɒpəreɪt baɪ rɪˈməʊt kənˌtrəʊl]
fertigmachen	to wear out [weəʳ ˈaʊt]
fesseln	to tie [up] [taɪ (ˈʌp)]
festhalten	to hold on [həʊld ˈɒn]
festnehmen	to arrest [əˈrest]
feststehen	to be certain [bi ˈsɜːtən]
feststellen	to determine [dɪˈtɜːmɪn]
filmen	to film [fɪlm]
filtern	to filter [ˈfɪltəʳ]
finanzieren	to finance [ˈfaɪnæn(t)s]
finden	to find [faɪnd]
flehen	to beg [beg]
flicken	to mend [mend]
fliegen	to fly [flaɪ]
fliehen	to flee [fliː]
fließen	to flow [fləʊ]
flimmern	to flicker [ˈflɪkəʳ]
flirten	to flirt [flɜːt]
fluchen	to curse [kɜːs]
flüchten	to flee [fliː]
flüstern	to whisper [ˈ(h)wɪspəʳ]
föhnen	to blow-dry [ˈbləʊdraɪ]
folgen	to follow [ˈfɒləʊ]
folgern	to conclude [kənˈkluːd]
foltern	to torture [ˈtɔːtʃəʳ]
fordern	to demand [dɪˈmɑːnd]
fördern	to support [səˈpɔːt]
formulieren	to formulate [ˈfɔːmjəleɪt]
forschen	to research [rɪˈsɜːtʃ]
fortbilden	to take [further] education courses [teɪk (ˈfɜːðəʳ) ˌedʒʊˈkeɪʃən ˌkɔːsɪz]
fortfahren	to continue [kənˈtɪnjuː]
fortsetzen	to continue [kənˈtɪnjuː]
fotografieren	to take a photograph [teɪk ə ˈfəʊtəgrɑːf]
fragen	to ask [ɑːsk]
frankieren	to stamp [stæmp]
freigeben	to release [rɪˈliːs]
freihaben	to have time off [hæv ˌtaɪm ˈɒf]
freilassen	to free [friː]

freisprechen	to acquit	[əˈkwɪt]
fremdgehen	to be unfaithful	[bi ʌnˈfeɪθfəl]
fressen	to eat	[iːt]
freuen	to be pleased	[bi ˈpliːzd]
frieren	to be cold	[bi ˈkəʊld]
frühstücken	to have breakfast	[hæv ˈbrekfəst]
frustrieren	to frustrate	[frʌsˈtreɪt]
fühlen	to feel	[fiːl]
führen	to lead	[liːd]
füllen	to fill	[fɪl]
funktionieren	to work	[wɜːk]
fürchten	to fear	[fɪəʳ]

G

gähnen	to yawn	[jɔːn]
garantieren	to guarantee	[ˌgærənˈtiː]
geben	to give	[gɪv]
gefährden	to endanger	[ɪnˈdeɪnʤəʳ]
gefallen	to please	[pliːz]
gehen	to go	[gəʊ]
gehorchen	to obey	[ə(ʊ)ˈbeɪ]
gehören	to belong	[bɪˈlɒŋ]
gelangen	to reach	[riːtʃ]
gelingen	to succeed	[səkˈsiːd]
gelten	to apply	[əˈplaɪ]
genehmigen	to allow	[əˈlaʊ]
genesen	to recover	[rɪˈkʌvəʳ]
genieren	to be embarrassed	[bi ɪmˈbærəst]
genießen	to enjoy	[ɪnˈʤɔɪ]
genügen	to be enough	[bi ɪˈnʌf]
geschehen	to happen	[ˈhæpən]
gestatten	to permit	[pəˈmɪt]
gestehen	to confess	[kənˈfes]
gestikulieren	to gesticulate	[ʤesˈtɪkjəleɪt]
gewinnen	to win	[wɪn]
gewittern	to thunder	[ˈθʌndəʳ]
gewöhnen	to get used to	[get ˈjuːzd tu]
gießen	to water	[ˈwɔːtəʳ]
glänzen	to shine	[ʃaɪn]
glätten	to smooth out	[smuːð ˈaʊt]
glauben	to believe	[bɪˈliːv]
gleichen	to be alike	[bi əˈlaɪk]

gleiten	to glide [glaɪd]
gliedern	to structure [ˈstrʌktʃəʳ]
glitzern	to sparkle [ˈspɑːkl̩]
glühen	to glow [gləʊ]
gönnen	to not begrudge [ˈnɒt bɪˈgrʌʤ]
graben	to dig [dɪg]
gratulieren	to congratulate [kənˈgrætʃʊleɪt]
greifen	to take hold of [teɪk ˈhəʊld ɒv]
grenzen	to border [ˈbɔːdəʳ]
grillen	to grill [grɪl]
grinsen	to smirk [smɜːk]
grübeln	to brood [bruːd]
gründen	to found [faʊnd]
grunzen	to grunt [grʌnt]
gruseln	to get the creeps [get ðə ˈkriːps]
grüßen	to say hello to [seɪ helˈəʊ tu]
gucken	to look [lʊk]
gurgeln	to gargle [ˈgɑːgl̩]
gutmachen	to make good [meɪk ˈgʊd]

H

haaren	to moult [məʊlt]
haben	to have [hæv]
hacken	to chop [tʃɒp]
hadern	to rail against [ˈreɪl əgen(t)st]
hageln	to hail [heɪl]
häkeln	to crochet [ˈkrəʊʃeɪ]
halbieren	to halve [hɑːv]
halten	to hold [həʊld]
hämmern	to hammer [ˈhæməʳ]
handeln	to act [ækt]
handhaben	to handle [ˈhændl̩]
hängen	to hang [hæŋ]
harmonieren	to harmonize [ˈhɑːmənaɪz]
hassen	to hate [heɪt]
hauen	to hit [hɪt]
heben	to lift [lɪft]
hecheln	to pant [pænt]
heften	to pin [pɪn]
hegen	to look after [lʊk ˈɑːftəʳ]
heilen	to cure [kjʊəʳ]
heimfahren	to drive home [draɪv ˈhəʊm]
heimzahlen	to pay back [peɪ ˈbæk]
heiraten	to marry [ˈmæri]
heißen	to call [kɔːl]
heizen	to heat [hiːt]
helfen	to help [help]
herausfordern	to challenge [ˈtʃælɪnʤ]
herrschen	to rule [ruːl]
hervorrufen	to evoke [ɪˈvəʊk]

hetzen	to rush	[rʌʃ]
heucheln	to feign	[feɪn]
heulen	to cry	[kraɪ]
hinken	to limp	[lɪmp]
hinrichten	to execute	[ˈeksɪkjuːt]
hinterfragen	to question	[ˈkwestʃən]
hinweisen	to point out	[pɔɪnt ˈaʊt]
hinzufügen	to add	[æd]
hobeln	to slice	[slaɪs]
hocken	to crouch	[kraʊtʃ]
hoffen	to hope	[həʊp]
holen	to get	[get]
hören	to hear	[hɪəʳ]
humpeln	to limp	[lɪmp]
hungern	to starve	[stɑːv]
hupen	to beep the horn	[ˈbiːp ðə ˈhɔːn]
hüpfen	to hop	[hɒp]
husten	to cough	[kɒf]
hüten	to look after	[lʊk ˈɑːftəʳ]
hypnotisieren	to hypnotize	[ˈhɪpnətaɪz]

I

identifizieren	to identify	[aɪˈdentɪfaɪ]
ignorieren	to ignore	[ɪgˈnɔːʳ]
impfen	to vaccinate	[ˈvæksɪneɪt]
infizieren	to infect	[ɪnˈfekt]
informieren	to inform	[ɪnˈfɔːm]
innehaben	to hold	[həʊld]
inspirieren	to inspire	[ɪnˈspaɪəʳ]
installieren	to install	[ɪnˈstɔːl]
integrieren	to integrate	[ˈɪntɪgreɪt]
interessieren	to interest	[ˈɪntrəst]
interpretieren	to interpret	[ɪnˈtɜːprɪt]
interviewen	to interview	[ˈɪntəvjuː]
investieren	to invest	[ɪnˈvest]
irreführen	to mislead	[mɪˈsliːd]
irren	to be wrong	[bi ˈrɒŋ]
irritieren	to confuse	[kənˈfjuːz]
isolieren	to isolate	[ˈaɪsəleɪt]

J

jagen	to hunt	[hʌnt]
jammern	to whine	[(h)waɪn]
joggen	to jog	[ʤɒg]
jubeln	to cheer	[tʃɪəʳ]
jucken	to itch	[ɪtʃ]

K

kämmen	to comb	[kəʊm]
kämpfen	to fight	[faɪt]
kapitulieren	to give up	[gɪv ˈʌp]
kaputtgehen	to break	[breɪk]
kassieren	to collect	[kəˈlekt]
kauen	to chew	[tʃuː]
kauern	to crouch	[kraʊtʃ]
kaufen	to buy	[baɪ]
kehren	to sweep	[swiːp]
kehrtmachen	to turn [round and go] back	[tɜːn (ˈraʊnd ənd gəʊ) ˈbæk]
kennen	to know	[nəʊ]
kennzeichnen	to mark	[mɑːk]
keuchen	to pant	[pænt]
kichern	to giggle	[ˈgɪgl̩]
kidnappen	to kidnap	[ˈkɪdnæp]
kitzeln	to tickle	[ˈtɪkl̩]
klaffen	to gape	[geɪp]
klagen	to complain	[kəmˈpleɪn]
klammern	to staple	[ˈsteɪpl̩]
klappen	to work out	[wɜːk ˈaʊt]
klappern	to rattle	[ˈrætl̩]
klären	to clarify	[ˈklærɪfaɪ]
klargehen	to go OK	[gəʊ ə(ʊ)ˈkeɪ]
klarkommen	to manage	[ˈmænɪʤ]
klatschen	to clap	[klæp]
kleben	to stick	[stɪk]
kleckern	to spill	[spɪl]
klettern	to climb	[klaɪm]

klicken	to click [klɪk]
klingeln	to ring [rɪŋ]
klingen	to sound [saʊnd]
klopfen	to knock [nɒk]
knabbern	to nibble [ˈnɪbl̩]
knacken	to crack [kræk]
knallen	to bang [bæŋ]
kneifen	to pinch [pɪn(t)ʃ]
kneten	to knead [niːd]
knicken	to fold [fəʊld]
knien	to kneel [niːl]
knirschen	to crunch [krʌntʃ]
knistern	to crackle [ˈkrækl̩]
knittern	to crease [kriːs]
knöpfen	to button [ˈbʌtən]
knurren	to growl [graʊl]
kochen	to cook [kʊk]
kombinieren	to combine [kəmˈbaɪn]
kommen	to come [kʌm]
kommentieren	to comment [ˈkɒment]
können	to be able to [bi ˈeɪbl̩ tu]
konstruieren	to construct [kənˈstrʌkt]
konsumieren	to consume [kənˈsjuːm]
kontrollieren	to control [kənˈtrəʊl]
konzentrieren	to concentrate [ˈkɒn(t)səntreɪt]
kooperieren	to cooperate [kəʊˈɒpəreɪt]
koordinieren	to coordinate [kəʊˈɔːdɪneɪt]
kopieren	to copy [ˈkɒpi]
korrigieren	to correct [kəˈrekt]
kosten	to cost [kɒst]
krabbeln	to crawl [krɔːl]
krankmelden	to report sick [rɪˌpɔːt ˈsɪk]
kratzen	to scratch [skrætʃ]
kraulen	to fondle [ˈfɒndl̩]
kräuseln	to curl [kɜːl]
kreisen	to circle [ˈsɜːkl̩]
kreuzen	to cross [krɒs]
kribbeln	to tingle [ˈtɪŋgl̩]
kriechen	to crawl [krɔːl]
kriegen	to get [get]
kritisieren	to criticize [ˈkrɪtɪsaɪz]
krümeln	to crumble [ˈkrʌmbl̩]
krümmen	to bend [bend]
kühlen	to cool [kuːl]
kümmern	to look after [lʊk ˈɑːftəʳ]
kündigen	to hand in one's notice [hænd ɪn wʌnz ˈnəʊtɪs]
kürzen	to shorten [ˈʃɔːtən]
kuscheln	to cuddle [ˈkʌdl̩]
küssen	to kiss [kɪs]

L

lächeln	to smile [smaɪl]
lachen	to laugh [lɑ:f]
laden	to load [ləʊd]
lagern	to store [stɔ:ʳ]
lähmen	to paralyse [ˈpærəlaɪz]
lahmlegen	to bring to a standstill [ˌbrɪŋ tu ə ˈstændstɪl]
landen	to land [lænd]
langweilen	to bore [bɔ:ʳ]
lassen	to let [let]
lästern	to make disparaging remarks [meɪk dɪsˈpærɪʤɪŋ rɪˈmɑ:ks]
lauern	to lie in wait [ˌlaɪ ɪn ˈweɪt]
laufen	to run [rʌn]
läuten	to ring [rɪŋ]
leben	to live [lɪv]
lecken	to lick [lɪk]
leeren	to empty [ˈem(p)ti]
legen	to put [pʊt]
lehnen	to lean [li:n]
lehren	to teach [ti:tʃ]
leiden	to suffer [ˈsʌfəʳ]
leihen *an jemanden*	to lend [lend]
leisten	to achieve [əˈtʃi:v]
leiten	to lead [li:d]
lenken	to steer [stɪəʳ]
lernen	to learn [lɜ:n]
lesen	to read [ri:d]
leugnen	to deny [dɪˈnaɪ]
lieben	to love [lʌv]
liebkosen	to caress [kəˈres]
liefern	to deliver [dɪˈlɪvəʳ]
liegen	to lie [laɪ]
lispeln	to lisp [lɪsp]
loben	to praise [preɪz]
locken	to lure [lʊəʳ]
lockern	to loosen [ˈlu:sən]
löffeln	to spoon [spu:n]
lohnen	to be worthwhile [bi ˌwɜ:θˈ(h)waɪl]
löschen	to put out [pʊt ˈaʊt]
lösen	to solve [sɒlv]
losfahren	to leave [li:v]
loswerden	to get rid of [get ˈrɪd ɒv]
lüften	to air [eəʳ]
lügen	to lie [laɪ]
lutschen	to suck [sʌk]

M

machen	to do [duː]
mahnen	to warn [wɔːn]
mailen	to email [ˈiːmeɪl]
malen	to paint [peɪnt]
manipulieren	to manipulate [məˈnɪpjəleɪt]
markieren	to mark [mɑːk]
massieren	to massage [ˈmæsɑː(d)ʒ]
meditieren	to meditate [ˈmedɪteɪt]
meiden	to avoid [əˈvɔɪd]
meinen	to think [θɪŋk]
meistern	to master [ˈmɑːstəʳ]
melden	to report [rɪˈpɔːt]
merken	to notice [ˈnəʊtɪs]
messen	to measure [ˈmeʒəʳ]
miauen	to miaou [miˈaʊ]
mieten	to rent [rent]
mindern	to reduce [rɪˈdjuːs]
mischen	to mix [mɪks]
missachten	to disregard [ˌdɪsrɪˈgɑːd]
missbilligen	to disapprove of [ˌdɪsəˈpruːv ɒv]
missbrauchen	to abuse [əˈbjuːs]
missen	to do without [duː wɪˈðaʊt]
missfallen	to dislike [dɪsˈlaɪk]
missglücken	to fail [feɪl]
misshandeln	to mistreat [mɪsˈtriːt]
misslingen	to fail [feɪl]
misstrauen	to mistrust [mɪsˈtrʌst]
missverstehen	to misunderstand [ˌmɪsʌndəˈstænd]
mitbekommen	to notice [ˈnəʊtɪs]
mitfahren	to go along [gəʊ əˈlɒŋ]
mitfühlen	to sympathize [ˈsɪmpəθaɪz]
mitmachen	to join in [ʤɔɪn ˈɪn]
mitteilen	to tell [tel]
mixen	to mix [mɪks]
mögen	to like [laɪk]
morden	to murder [ˈmɜːdəʳ]
motivieren	to motivate [ˈməʊtɪveɪt]
multiplizieren	to multiply [ˈmʌltiplaɪ]
murmeln	to mutter [ˈmʌtəʳ]
müssen	to have to [ˈhæv tu]
mutmaßen	to suspect [səˈspekt]

N

nachahmen	to imitate [ˈɪmɪteɪt]
nachdenken	to think [θɪŋk]
nachgeben	to give in [gɪv ˈɪn]
nachholen	to make up for [meɪk ˈʌp fɔːʳ]
nachkommen	to follow later [ˌfɒləʊ ˈleɪtəʳ]
nachtragen	to hold against [həʊld əˈgen(t)st]
nagen	to gnaw [nɔː]
nahekommen	to become close [bɪˌkʌm ˈkləʊs]
nahen	to approach [əˈprəʊtʃ]
nähen	to sew [səʊ]
nähern	to approach [əˈprəʊtʃ]
nahestehen	to be close [bi ˈkləʊs]
naschen	to eat sweets [iːt ˈswiːts]
necken	to tease [tiːz]
nehmen	to take [teɪk]
neiden	to envy [ˈenvi]
neigen	to bend [bend]
nennen	to call [kɔːl]
nerven	to bug [bʌg]
nicken	to nod [nɒd]
niederknien	to kneel [down] [niːl (ˈdaʊn)]
niederlassen	to settle [down] [setl̩ (ˈdaʊn)]
nieseln	to drizzle [ˈdrɪzl̩]
niesen	to sneeze [sniːz]
nörgeln	to moan [məʊn]
nummerieren	to number [ˈnʌmbəʳ]
nuscheln	to mumble [ˈmʌmbl̩]

O

öffnen	to open [ˈəʊpən]
ölen	to oil [ɔɪl]
operieren	to operate [ˈɒpəreɪt]
opfern	to sacrifice [ˈsækrɪfaɪs]
ordnen	to arrange [əˈreɪnʤ]
organisieren	to organize [ˈɔːgənaɪz]
orientieren	to orient [ˈɔːriənt]

P

packen	to pack [pæk]
paddeln	to paddle [ˈpædl̩]
parken	to park [pɑːk]
passen	to fit [fɪt]
passieren	to happen [ˈhæpən]
petzen	to tell [tel]
pfeffern	to season with pepper [ˈsiːzən wɪð ˈpepəʳ]
pfeifen	to whistle [ˈ(h)wɪsl̩]
pflanzen	to plant [plɑːnt]
pflegen	to look after [lʊk ˈɑːftəʳ]
pflücken	to pick [pɪk]
picknicken	to [have a] picnic [(hæv ə) ˈpɪknɪk]
piepen	to beep [biːp]
piepsen	to cheep [tʃiːp]
plagen	to torment [ˈtɔːment]
planen	to plan [plæn]
planschen	to splash about [ˌsplæʃ əˈbaʊt]
plappern	to chatter [ˈtʃætəʳ]
platzen	to burst [bɜːst]
platzieren	to place [pleɪs]
plaudern	to [have a] chat [(hæv ə) ˈtʃæt]
pleitegehen	to go bust [gəʊ ˈbʌst]
pokern	to play poker [pleɪ ˈpəʊkəʳ]
posieren	to pose [pəʊz]
prägen	to coin [kɔɪn]
prahlen	to boast [bəʊst]
prallen	to crash [kræʃ]
präsentieren	to present [prɪˈzent]
pressen	to press [pres]
probieren	to try [traɪ]
protestieren	to protest [prə(ʊ)ˈtest]
provozieren	to provoke [prəˈvəʊk]
prüfen	to check [tʃek]
prügeln	to beat [biːt]
pupsen	to fart [fɑːt]
pusten	to blow [bləʊ]
putzen	to clean [kliːn]

Q

quaken	to croak [krəʊk]
quälen	to torture [ˈtɔːtʃəʳ]
qualmen	to give off smoke [gɪv ˌɒf ˈsməʊk]
quengeln	to whine [(h)waɪn]
quieken	to squeak [skwiːk]
quietschen	to squeak [skwiːk]

R

rächen	to avenge [əˈvenʤ]
radeln	to cycle [ˈsaɪkl̩]
rascheln	to rustle [ˈrʌsl̩]
rasen	to speed [spiːd]
rasieren	to shave [ʃeɪv]
rasseln	to rattle [ˈrætl̩]
raten	to guess [ges]
rätseln	to puzzle [ˈpʌzl̩]
rattern	to rattle [ˈrætl̩]
rauben	to rob [rɒb]
rauchen	to smoke [sməʊk]
rauschen	to rustle [ˈrʌsl̩]
räuspern	to clear one's throat [ˈklɪəʳ wʌnz ˈθrəʊt]
rausschmeißen	to chuck out [tʃʌk ˈaʊt]
reagieren	to react [riˈækt]
realisieren	to realize [ˈrɪəlaɪz]
rebellieren	to rebel [rɪˈbel]
rechnen	to calculate [ˈkælkjəleɪt]
rechtfertigen	to justify [ˈʤʌstɪfaɪ]
recyceln	to recycle [rɪˈsaɪkl̩]
reden	to talk [tɔːk]
regeln	to regulate [ˈregjəleɪt]
regen	to move [muːv]
regieren	to rule [ruːl]
registrieren	to register [ˈreʤɪstəʳ]
regnen	to rain [reɪn]
reiben	to rub [rʌb]

reichen	to be enough	[bi ɪˈnʌf]
reimen	to rhyme	[raɪm]
reinigen	to clean	[kliːn]
reinlegen	to take for a ride	[ˈteɪk fəʳ ə ˈraɪd]
reisen	to travel	[ˈtrævəl]
reißen	to tear	[teəʳ]
reiten	to ride	[raɪd]
reizen	to tempt	[tempt]
rekeln	to stretch out	[stretʃ ˈaʊt]
rennen	to run	[rʌn]
renovieren	to renovate	[ˈrenəveɪt]
reparieren	to repair	[rɪˈpeəʳ]
reservieren	to reserve	[rɪˈzɜːv]
respektieren	to respect	[rɪˈspekt]
retten	to save	[seɪv]
revanchieren	to get one's revenge	[ˌget wʌnz rɪˈvenʤ]
richtigstellen	to correct	[kəˈrekt]
riechen	to smell	[smel]
riskieren	to risk	[rɪsk]
rollen	to roll	[rəʊl]
röntgen	to x-ray	[ˈeksreɪ]
rosten	to rust	[rʌst]
rubbeln	to rub [hard]	[ˈrʌb (ˈhɑːd)]
rückerstatten	to refund	[ˌriːˈfʌnd]
rudern	to row	[rəʊ]
rufen	to call	[kɔːl]
ruhen	to rest	[rest]
rühren	to stir	[stɜːʳ]
ruinieren	to ruin	[ˈruːɪn]
rutschen	to slip	[slɪp]
rütteln	to shake	[ʃeɪk]

S

sagen	to say [seɪ]
sägen	to saw [sɔː]
salzen	to salt [sɔːlt]
sammeln	to collect [kəˈlekt]
säubern	to clean [kliːn]
saugen	to suck [sʌk]
schaden	to damage [ˈdæmɪʤ]
schaffen	to manage [ˈmænɪʤ]
schälen	to peel [piːl]
schalten	to switch [swɪtʃ]
schämen	to be ashamed [bi əˈʃeɪmd]
schätzen	to guess [ges]
schauen	to look [lʊk]
schaufeln	to shovel [ˈʃʌvəl]
schaukeln	to swing [swɪŋ]
schäumen	to foam [fəʊm]
scheinen	to seem [siːm]
scheitern	to fail [feɪl]
schenken	to give [gɪv]
scherzen	to joke [ʤəʊk]
scheuchen	to shoo [ʃuː]
scheuen	to shy [ʃaɪ]
schicken	to send [send]
schieben	to push [pʊʃ]
schiefgehen	to go wrong [gəʊ ˈrɒŋ]
schielen	to squint [skwɪnt]
schießen	to shoot [ʃuːt]
schildern	to describe [dɪˈskraɪb]
schimmeln	to go mouldy [gəʊ ˈməʊldi]
schimpfen	to scold [skəʊld]
schlafen	to sleep [sliːp]
schlagen	to hit [hɪt]
schlecken	to lick [lɪk]
schleichen	to creep [kriːp]
schleppen	to drag [dræg]
schließen	to close [kləʊz]
schluchzen	to sob [sɒb]
schlucken	to swallow [ˈswɒləʊ]
schlüpfen	to slip [slɪp]
schmarotzen	to sponge [spʌnʤ]
schmatzen	to eat noisily [ˌiːt ˈnɔɪzɪli]
schmecken	to taste [teɪst]
schmeißen	to throw [θrəʊ]
schmelzen	to melt [melt]
schmerzen	to hurt [hɜːt]
schminken	to put on make-up [pʊt ˌɒn ˈmeɪkʌp]
schmollen	to sulk [sʌlk]
schmücken	to decorate [ˈdekəreɪt]
schmunzeln	to grin [grɪn]
schnarchen	to snore [snɔːʳ]
schnauben	to snort [snɔːt]
schnaufen	to puff [pʌf]
schneiden	to cut [kʌt]
schneien	to snow [snəʊ]
schnurren	to purr [pɜːʳ]
schocken	to shock [ʃɒk]
schockieren	to shock [ʃɒk]
schonen	to spare [speəʳ]

schrauben	to screw [skruː]
schreiben	to write [raɪt]
schreien	to shout [ʃaʊt]
schubsen	to shove [ʃʌv]
schummeln	to cheat [tʃiːt]
schütteln	to shake [ʃeɪk]
schütten	to pour [pɔːʳ]
schützen	to protect [prəˈtekt]
schwächen	to weaken [ˈwiːkən]
schwanken	to stagger [ˈstægəʳ]
schwänzen	to cut [kʌt]
schwärmen	to fancy [ˈfæn(t)si]
schwarzfahren	to dodge paying one's fare [ˈdɒdʒ ˌpeɪɪŋ wʌnz ˈfeəʳ]
schweben	to float [fləʊt]
schweigen	to be silent [bi ˈsaɪlənt]
schwerfallen	to be difficult [bi ˈdɪfɪkəlt]
schwimmen	to swim [swɪm]
schwindeln	to lie [laɪ]
schwingen	to swing [swɪŋ]
schwirren	to buzz [bʌz]
schwitzen	to sweat [swet]
schwören	to swear [sweəʳ]
segeln	to sail [seɪl]
sehen	to see [siː]
sehnen	to long [lɒŋ]
sein	to be [biː]
senden	to send [send]
senken	to lower [ˈləʊəʳ]
servieren	to serve [sɜːv]

setzen	to sit [down] [sɪt (ˈdaʊn)]
seufzen	to sigh [saɪ]
sichergehen	to make sure [meɪk ˈʃʊəʳ]
sichern	to protect [prəˈtekt]
sicherstellen	to guarantee [ˌgærənˈtiː]
siegen	to win [wɪn]
siezen	to address in the 'Sie' form [əˈdres ɪn ðə ˈziː fɔːm]
simsen	to text [tekst]
singen	to sing [sɪŋ]
sinken	to sink [sɪŋk]
sitzen	to sit [sɪt]
skaten	to blade [bleɪd]
sollen	to have to [ˈhæv tu]
sonnen	to sunbathe [ˈsʌnbeɪð]
sorgen	to worry [ˈwʌri]
sortieren	to sort [sɔːt]
sparen	to save [seɪv]
spaßen	to joke [dʒəʊk]
spazieren	to stroll [strəʊl]
speichern	to save [seɪv]
speisen	to eat [iːt]
spekulieren	to speculate [ˈspekjəleɪt]
spenden	to donate [də(ʊ)ˈneɪt]
sperren	to close [off] [kləʊz (ˈɒf)]
spiegeln	to reflect [rɪˈflekt]
spielen	to play [pleɪ]
spinnen	to be crazy [bi ˈkreɪzi]
spitzen	to sharpen [ˈʃɑːpən]
spotten	to mock [mɒk]

sprechen	to speak	[spiːk]
spreizen	to spread	[spred]
sprengen	to blow up	[bləʊ ˈʌp]
sprießen	to sprout	[spraʊt]
springen	to jump	[ʤʌmp]
spritzen	to spray	[spreɪ]
sprudeln	to bubble	[ˈbʌbl̩]
sprühen	to spray	[spreɪ]
spucken	to spit	[spɪt]
spuken	to haunt	[hɔːnt]
spülen	to wash up	[wɒʃ ˈʌp]
spüren	to feel	[fiːl]
stammen	to come	[kʌm]
stapeln	to pile	[paɪl]
stärken	to strengthen	[ˈstreŋ(k)θən]
starren	to stare	[steəʳ]
starten	to start	[stɑːt]
stattfinden	to take place	[teɪk ˈpleɪs]
staunen	to be astonished	[bi əˈstɒnɪʃt]
stechen	to stab	[stæb]
stecken Schlüssel	to be	[biː]
stehen	to stand	[stænd]
stehlen	to steal	[stiːl]
steigen	to climb	[klaɪm]
steigern	to increase	[ɪnˈkriːs]
stellen	to put	[pʊt]
sterben	to die	[daɪ]
steuern	to steer	[stɪəʳ]
stieren	to stare	[steəʳ]

stillen	to breastfeed	[ˈbrestfiːd]
stillhalten	to keep still	[kiːp ˈstɪl]
stillliegen	to be closed [down]	[bi ˌkləʊzd (ˈdaʊn)]
stimmen	to be correct	[bi kəˈrekt]
stinken	to stink	[stɪŋk]
stöbern	to rummage	[ˈrʌmɪʤ]
stocken	to falter	[ˈfɔːltəʳ]
stöhnen	to moan	[məʊn]
stolpern	to stumble	[ˈstʌmbl̩]
stoppen	to stop	[stɒp]
stören	to disturb	[dɪˈstɜːb]
stoßen	to push	[pʊʃ]
stottern	to stutter	[ˈstʌtəʳ]
strafen	to punish	[ˈpʌnɪʃ]
straffen	to tighten	[ˈtaɪtən]
strahlen	to shine	[ʃaɪn]
strampeln	to kick about	[ˌkɪk əˈbaʊt]
strapazieren	to strain	[streɪn]
sträuben	to resist	[rɪˈzɪst]
streben	to strive	[straɪv]
strecken	to stretch	[stretʃ]
streicheln	to stroke	[strəʊk]
streichen	to paint	[peɪnt]
streifen	to touch	[tʌtʃ]
streiken	to be on strike	[bi ɒn ˈstraɪk]
streiten	to argue	[ˈɑːgjuː]
streuen	to scatter	[ˈskætəʳ]
stricken	to knit	[nɪt]
studieren	to study	[ˈstʌdi]

stürmen	to storm [stɔːm]
stürzen	to fall [fɔːl]
stutzen	to hesitate [ˈhezɪteɪt]
stützen	to support [səˈpɔːt]
subtrahieren	to subtract [səbˈtrækt]
suchen	to look for [ˈlʊk fɔːʳ]
summen	to buzz [bʌz]
sündigen	to sin [sɪn]
surfen	to surf [sɜːf]
süßen	to sweeten [ˈswiːtən]

T

tadeln	to reprimand [ˈreprɪmɑːnd]
tanken	to fill up with petrol [fɪl ˈʌp wɪθ ˈpetrəl]
tanzen	to dance [dɑːn(t)s]
tapezieren	to wallpaper [ˈwɔːlpeɪpəʳ]
tappen	to toddle [ˈtɒdl̩]
tarnen	to disguise [dɪsˈgaɪz]
tasten	to feel [fiːl]
tauchen	to dive [daɪv]
tauen	to melt [melt]
taufen	to baptize [bæpˈtaɪz]
taugen	to be suitable [bi ˈsuːtəbl̩]
taumeln	to stagger [ˈstægəʳ]
tauschen	to swap [swɒp]
täuschen	to deceive [dɪˈsiːv]
teilen	to share [ʃeəʳ]
teilnehmen	to take part [teɪk ˈpɑːt]
telefonieren	to make a phone call [ˌmeɪk ə ˈfəʊn kɔːl]
testen	to test [test]
ticken	to tick [tɪk]
tippen	to type [taɪp]
toben	to rage [reɪʤ]
tolerieren	to tolerate [ˈtɒləreɪt]
töten	to kill [kɪl]
totfahren	to run over and kill [rʌn ˈəʊvəʳ ənd ˈkɪl]
totschießen	to shoot dead [ʃuːt ˈded]
totschlagen	to beat to death [ˈbiːt tə ˈdeθ]
tragen	to carry [ˈkæri]

trainieren	to practice [ˈpræktɪs]
trampeln	to stamp [stæmp]
tränen	to water [ˈwɔːtəʳ]
transportieren	to transport [trænˈspɔːt]
trauen	to trust [trʌst]
trauern	to mourn [mɔːn]
träumen	to dream [driːm]
treffen	to meet [miːt]
trennen	to separate [ˈsepəreɪt]
treten	to kick [kɪk]
trinken	to drink [drɪŋk]
trocknen	to dry [draɪ]
trödeln	to dawdle [ˈdɔːdl̩]
trommeln	to drum [drʊm]
tröpfeln	to drip [drɪp]
tropfen	to drip [drɪp]
trösten	to comfort [ˈkʌm(p)fət]
trotzen	to defy [dɪˈfaɪ]
trügen	to be deceptive [bi dɪˈseptɪv]
tun	to do [duː]
turnen	to do gymnastics [duː ʤɪmˈnæstɪks]
tyrannisieren	to tyrannize [ˈtɪrənaɪz]

U

üben	to practise [ˈpræktɪs]
überanstrengen	to over-exert [ˌəʊvərɪgˈzɜːt]
überarbeiten	to revise [rɪˈvaɪz]
überblicken	to have an idea of [hæv ən aɪˈdɪə ɒv]
überbringen	to deliver [dɪˈlɪvəʳ]
überbrücken	to bridge [brɪʤ]
überdenken	to think over [θɪŋk ˈəʊvəʳ]
übereinstimmen	to agree [əˈgriː]
überfahren	to run over [rʌn ˈəʊvəʳ]
überfallen	to attack [əˈtæk]
überfordern	to ask too much of [ˈɑːsk tuː ˈmʌtʃ ɒv]
übergeben	to vomit [ˈvɒmɪt]
überholen	to overtake [ˌəʊvəˈteɪk]
überhören	to not hear [ˈnɒt ˈhɪəʳ]
überlappen	to overlap [ˌəʊvəˈlæp]
überlassen	to let have [let ˈhæv]
überleben	to survive [səˈvaɪv]
überlegen	to think [about] [ˈθɪŋk (əˌbaʊt)]
überlisten	to outwit [ˌaʊtˈwɪt]
übernachten	to stay the night [ˈsteɪ ðə ˈnaɪt]
übernehmen	to take [teɪk]
überprüfen	to check [tʃek]
überqueren	to cross [krɒs]
überraschen	to surprise [səˈpraɪz]
überreden	to persuade [pəˈsweɪd]

überreichen	to hand over	[hænd ˈəʊvəʳ]
überschatten	to cast a shadow over	[ˌkɑːst ə ˈʃædəʊ əʊvəʳ]
überschätzen	to overrate	[ˌəʊvəˈreɪt]
überschlagen	to somersault	[ˈsʌməsɔːlt]
überschnappen	to crack [up]	[kræk (ˈʌp)]
überschneiden	to overlap	[ˌəʊvəˈlæp]
überschütten	to shower	[ˈʃaʊəʳ]
überschwemmen	to flood	[flʌd]
übersehen	to overlook	[ˌəʊvəˈlʊk]
übersetzen	to translate	[trænzˈleɪt]
überspielen	to cover up	[kʌvəʳ ˈʌp]
übersteigen	to exceed	[ɪkˈsiːd]
überstrapazieren	to wear out	[weəʳ ˈaʊt]
überstürzen	to rush [into]	[rʌʃ (ˈɪntu)]
übertragen	to transfer	[træn(t)sˈfɜːʳ]
übertreffen	to surpass	[səˈpɑːs]
übertreiben	to exaggerate	[ɪgˈzæʤəreɪt]
überwachen	to supervise	[ˈsuːpəvaɪz]
überwältigen	to overwhelm	[ˌəʊvəˈ(h)welm]
überweisen	to transfer	[træn(t)sˈfɜːʳ]
überwiegen	to be predominant	[bi prɪˈdɒmɪnənt]
überwinden	to overcome	[ˌəʊvəˈkʌm]
überzeugen	to convince	[kənˈvɪn(t)s]
überziehen	to cover	[ˈkʌvəʳ]
umarmen	to embrace	[ɪmˈbreɪs]
umbauen	to renovate	[ˈrenəveɪt]
umbenennen	to rename	[ˌriːˈneɪm]
umblättern	to turn over	[tɜːn ˈəʊvəʳ]
umbringen	to kill	[kɪl]
umdrehen	to turn	[tɜːn]
umfallen	to topple over	[tɒpl̩ ˈəʊvəʳ]
umfassen	to comprise	[kəmˈpraɪz]
umgehen	to avoid	[əˈvɔɪd]
umhängen	to put on	[pʊt ˈɒn]
umkehren	to turn back	[tɜːn ˈbæk]
umkippen	to tip over	[tɪp ˈəʊvəʳ]
umklammern	to hold tight	[həʊld ˈtaɪt]
umkommen	to die	[daɪ]
umleiten	to divert	[daɪˈvɜːt]
umräumen	to rearrange	[ˌriːəˈreɪnʤ]
umreißen	to outline	[ˈaʊtlaɪn]
umrühren	to stir	[stɜːʳ]
umschalten	to switch over	[swɪtʃ ˈəʊvəʳ]
umsehen	to look around	[lʊk əˈraʊnd]
umsetzen	to put to practice	[ˌpʊt tə ˈpræktɪs]
umsteigen	to change	[tʃeɪnʤ]
umstimmen	to budge	[bʌʤ]
umstürzen	to knock over	[nɒk ˈəʊvəʳ]
umtauschen	to [ex]change	[(ɪks)ˈtʃeɪnʤ]
umwerfen	to knock over	[nɒk ˈəʊvəʳ]
umziehen	to move [house]	[muːv (ˈhaʊs)]
unterbrechen	to interrupt	[ˌɪntəˈrʌpt]
unterdrücken	to suppress	[səˈpres]
untergehen	to sink	[sɪŋk]
unterhalten	to talk	[tɔːk]
unterlassen	to refrain from	[rɪˈfreɪn frɒm]

unternehmen	to do	[du:]
unterrichten	to teach	[ti:tʃ]
untersagen	to forbid	[fəˈbɪd]
unterschätzen	to underestimate	[ˌʌndərˈestɪmeɪt]
unterscheiden	to distinguish	[dɪˈstɪŋgwɪʃ]
unterschreiben	to sign	[saɪn]
unterstellen	to insinuate	[ɪnˈsɪnjueɪt]
unterstreichen	to emphasize	[ˈem(p)fəsaɪz]
unterstützen	to support	[səˈpɔ:t]
untersuchen	to examine	[ɪgˈzæmɪn]
untertauchen	to disappear	[ˌdɪsəˈpɪəʳ]
unterteilen	to subdivide	[ˌsʌbdɪˈvaɪd]
urteilen	to judge	[ʤʌʤ]

V

verabreden	to arrange to meet	[əˈreɪnʤ tə ˈmi:t]
verabschieden	to say goodbye	[seɪ gʊ(d)ˈbaɪ]
verachten	to despise	[dɪˈspaɪz]
verallgemeinern	to generalize	[ˈʤenərəlaɪz]
verändern	to change	[tʃeɪnʤ]
verängstigen	to frighten	[ˈfraɪtən]
verantworten	to take responsibility for	[teɪk rɪˌspɒn(t)səˈbɪləti fɔ:ʳ]
verarbeiten	to process	[ˈprəʊses]
verärgern	to annoy	[əˈnɔɪ]
verarzten	to treat	[tri:t]
verbergen	to hide	[haɪd]
verbessern	to improve	[ɪmˈpru:v]
verbeugen	to bow	[baʊ]
verbiegen	to bend	[bend]
verbieten	to forbid	[fəˈbɪd]
verbinden	to connect	[kəˈnekt]
verbleiben	to remain	[rɪˈmeɪn]
verbluten	to bleed to death	[ˈbli:d tə ˈdeθ]
verbrauchen	to use	[ju:z]
verbreiten	to spread	[spred]
verbrennen	to burn	[bɜ:n]
verbringen	to spend	[spend]
verdächtigen	to suspect	[səˈspekt]
verdanken	to owe to	[ˈəʊ tu]
verdauen	to digest	[daɪˈʤest]
verdecken	to cover [up]	[ˌkʌvəʳ (ˈʌp)]

verderben	to spoil [spɔɪl]
verdeutlichen	to explain [ɪkˈspleɪn]
verdienen	to earn [ɜ:n]
verdoppeln	to double [ˈdʌbl̩]
verdrängen	to suppress [səˈpres]
verdursten	to die of thirst [ˈdaɪ əv ˈθɜ:st]
verehren	to admire [ədˈmaɪəʳ]
vereinbaren	to agree [əˈgri:]
vereinen	to unite [ju:ˈnaɪt]
vereinfachen	to simplify [ˈsɪmplɪfaɪ]
vereinheitlichen	to standardize [ˈstændədaɪz]
vereinigen	to unite [ju:ˈnaɪt]
verfallen	to deteriorate [dɪˈtɪəriəreɪt]
verfälschen	to distort [dɪˈstɔ:t]
verfassen	to write [raɪt]
verfaulen	to rot [rɒt]
verfehlen	to miss [mɪs]
verfeinern	to improve [ɪmˈpru:v]
verfluchen	to curse [kɜ:s]
verfolgen	to follow [ˈfɒləʊ]
verfügen	to order [ˈɔ:dəʳ]
verführen	to seduce [sɪˈdju:s]
vergehen	to pass [pɑ:s]
vergelten	to repay [ˌri:ˈpeɪ]
vergessen	to forget [fəˈget]
vergeuden	to waste [weɪst]
vergewaltigen	to rape [reɪp]
vergewissern	to make sure [meɪk ˈʃʊəʳ]
vergiften	to poison [ˈpɔɪzən]
vergleichen	to compare [kəmˈpeəʳ]
vergnügen	to amuse oneself [əˈmju:z wʌnself]
vergraben	to bury [ˈberi]
vergrößern	to increase [ɪnˈkri:s]
verhaften	to arrest [əˈrest]
verhalten	to behave [bɪˈheɪv]
verhandeln	to negotiate [nɪˈgəʊʃieɪt]
verhängen	to impose [ɪmˈpəʊz]
verharmlosen	to play down [pleɪ ˈdaʊn]
verharren	to pause [pɔ:z]
verheilen	to heal [up] [hi:l (ˈʌp)]
verheimlichen	to conceal [kənˈsi:l]
verherrlichen	to glorify [ˈglɔ:rɪfaɪ]
verhexen	to bewitch [bɪˈwɪtʃ]
verhindern	to prevent [prɪˈvent]
verhören	to question [ˈkwestʃən]
verhüllen	to cover [ˈkʌvəʳ]
verhungern	to starve [to death] [ˈstɑ:v (tə ˈdeθ)]
verhüten	to prevent [prɪˈvent]
verirren	to get lost [get ˈlɒst]
verjagen	to chase away [tʃeɪs əˈweɪ]
verkaufen	to sell [sel]
verklagen	to sue [su:]
verkleiden	to dress up [dres ˈʌp]
verkleinern	to reduce [rɪˈdju:s]
verknoten	to knot together [ˌnɒt təˈgeðəʳ]
verknüpfen	to link [lɪŋk]
verkommen	to decay [dɪˈkeɪ]

verkörpern	to personify	[pəˈsɒnɪfaɪ]
verkraften	to cope with	[ˈkəʊp wɪð]
verkrampfen	to tense [up]	[ten(t)s (ˈʌp)]
verkümmern	to wither away	[ˌwɪðəʳ əˈweɪ]
verkürzen	to shorten	[ˈʃɔːtən]
verlangen	to demand	[dɪˈmɑːnd]
verlängern	to extend	[ɪkˈstend]
verlangsamen	to slow [down]	[sləʊ (ˈdaʊn)]
verlassen	to leave	[liːv]
verlaufen	to get lost	[get ˈlɒst]
verleihen	to lend	[lend]
verlernen	to forget	[fəˈget]
verletzen	to injure	[ˈɪnʤəʳ]
verleugnen	to deny	[dɪˈnaɪ]
verleumden	to slander	[ˈslɑːndəʳ]
verlieben	to fall in love	[ˌfɔːl ɪn ˈlʌv]
verlieren	to lose	[luːz]
verloben	to get engaged	[get ɪnˈgeɪʤd]
vermehren	to increase	[ɪnˈkriːs]
vermeiden	to avoid	[əˈvɔɪd]
vermieten	to rent [out]	[rent (ˈaʊt)]
vermischen	to mix	[mɪks]
vermissen	to miss	[mɪs]
vermitteln	to arrange	[əˈreɪnʤ]
vermuten	to suspect	[səˈspekt]
vernachlässigen	to neglect	[nɪˈglekt]
vernehmen	to question	[ˈkwestʃən]
verneigen	to bow	[baʊ]
verneinen	to answer in the negative	[ˈɑːn(t)səʳ ɪn ðə ˈnegətɪv]

vernichten	to destroy	[dɪˈstrɔɪ]
veröffentlichen	to publish	[ˈpʌblɪʃ]
verordnen	to prescribe	[prɪˈskraɪb]
verpacken	to wrap	[ræp]
verpassen	to miss	[mɪs]
verpflichten	to oblige	[əˈblaɪʤ]
verprügeln	to beat up	[biːt ˈʌp]
verraten	to betray	[bɪˈtreɪ]
verrechnen	to miscalculate	[ˌmɪsˈkælkjəleɪt]
verreisen	to go away	[gəʊ əˈweɪ]
verrenken	to twist	[twɪst]
verriegeln	to bolt	[bəʊlt]
verringern	to reduce	[rɪˈdjuːs]
versagen	to fail	[feɪl]
versammeln	to gather	[ˈgæðəʳ]
versäumen	to miss	[mɪs]
verschenken	to give	[gɪv]
verschicken	to send	[send]
verschieben	to move	[muːv]
verschimmeln	to go mouldy	[gəʊ ˈməʊldi]
verschlafen	to oversleep	[ˌəʊvəˈsliːp]
verschlechtern	to deteriorate	[dɪˈtɪəriəreɪt]
verschließen	to close	[kləʊz]
verschlimmern	to make worse	[meɪk ˈwɜːs]
verschlucken	to choke	[tʃəʊk]
verschmutzen	to make dirty	[meɪk ˈdɜːti]
verschonen	to spare	[speəʳ]
verschönern	to brighten up	[ˌbraɪtən ˈʌp]
verschütten	to spill	[spɪl]

verschweigen	to hide	[haɪd]
verschwenden	to waste	[weɪst]
verschwimmen	to become blurred	[bɪˌkʌm ˈblɜːd]
verschwinden	to disappear	[ˌdɪsəˈpɪəʳ]
verschwören	to conspire	[kənˈspaɪəʳ]
versenden	to send	[send]
versetzen	to move	[muːv]
verseuchen	to contaminate	[kənˈtæmɪneɪt]
versichern	to assure	[əˈʃʊəʳ]
versickern	to seep away	[siːp əˈweɪ]
versinken	to sink	[sɪŋk]
versöhnen	to reconcile	[ˈrekənsaɪl]
versorgen	to take care of	[teɪk ˈkeəʳ ɒv]
verspäten	to be late	[bi ˈleɪt]
versperren	to block	[blɒk]
verspotten	to mock	[mɒk]
versprechen	to promise	[ˈprɒmɪs]
verspüren	to feel	[fiːl]
verständigen	to notify	[ˈnəʊtɪfaɪ]
verstärken	to reinforce	[ˌriːɪnˈfɔːs]
verstauben	to gather dust	[ˈgæðəʳ ˈdʌst]
verstauchen	to sprain	[spreɪn]
verstecken	to hide	[haɪd]
verstehen	to understand	[ˌʌndəˈstænd]
versteigern	to auction [off]	[ˌɔːkʃən (ˈɒf)]
verstellen	to adjust	[əˈʤʌst]
verstopfen	to block [up]	[blɒk (ˈʌp)]
verstoßen	to offend	[əˈfend]
verstreichen	to spread	[spred]
verstummen	to fall silent	[fɔːl ˈsaɪlənt]
versuchen	to try	[traɪ]
versüßen	to sweeten	[ˈswiːtən]
vertagen	to postpone	[pəʊs(t)ˈpəʊn]
vertauschen	to mix up	[mɪks ˈʌp]
verteidigen	to defend	[dɪˈfend]
verteilen	to distribute	[dɪˈstrɪbjuːt]
vertiefen	to deepen	[ˈdiːpən]
vertragen	to take	[teɪk]
vertrauen	to trust	[trʌst]
vertreiben	to drive away	[draɪv əˈweɪ]
vertreten	to stand in for	[stænd ˈɪn fɔːʳ]
vertrocknen	to dry out	[draɪ ˈaʊt]
vertrödeln	to idle away	[aɪdl̩ əˈweɪ]
vertrösten	to put off	[pʊt ˈɒf]
vertuschen	to hush up	[hʌʃ ˈʌp]
verübeln	to hold against	[həʊld əˈgen(t)st]
verüben	to commit	[kəˈmɪt]
verunglücken	to have an accident	[hæv ən ˈæksɪdənt]
verunsichern	to unsettle	[ʌnˈsetl]
verunstalten	to disfigure	[dɪsˈfɪgəʳ]
verursachen	to cause	[kɔːz]
verurteilen	to condemn	[kənˈdem]
verwechseln	to mix up	[mɪks ˈʌp]
verweigern	to refuse	[rɪˈfjuːz]
verwelken	to wilt	[wɪlt]
verwenden	to use	[juːz]
verwirklichen	to realize	[ˈrɪəlaɪz]
verwirren	to confuse	[kənˈfjuːz]

verwischen	to smudge [smʌʤ]
verwöhnen	to spoil [spɔɪl]
verwunden	to wound [wuːnd]
verzaubern	to enchant [ɪnˈtʃɑːnt]
verzehren	to consume [kənˈsjuːm]
verzeichnen	to record [rɪˈkɔːd]
verzeihen	to forgive [fəˈgɪv]
verzerren	to distort [dɪˈstɔːt]
verzichten	to go without [gəʊ wɪˈðaʊt]
verzieren	to decorate [ˈdekəreɪt]
verzögern	to delay [dɪˈleɪ]
verzweifeln	to despair [dɪˈspeəʳ]
voraussagen	to predict [prɪˈdɪkt]
vorbeifahren	to drive past [draɪv ˈpɑːst]
vorbereiten	to prepare [prɪˈpeəʳ]
vorbeugen	to prevent [prɪˈvent]
vordrängeln	to push to the front [ˈpʊʃ tu ðə ˈfrʌnt]
vorenthalten	to withhold [wɪθˈhəʊld]
vorfallen	to happen [ˈhæpən]
vorfinden	to find [faɪnd]
vorgeben	to pretend [prɪˈtend]
vorhaben	to intend [ɪnˈtend]
vorhersehen	to foresee [fɔːˈsiː]
vorkommen	to happen [ˈhæpən]
vorlesen	to read [aloud] [riːd (əˈlaʊd)]
vormachen	to show [ʃəʊ]
vornehmen	to plan [plæn]
vorschlagen	to suggest [səˈʤest]
vorschreiben	to dictate [dɪkˈteɪt]
vorsorgen	to provide [prə(ʊ)ˈvaɪd]
vorstellen	to imagine [ɪˈmæʤɪn]
vortäuschen	to fake [feɪk]
vortragen	to present [prɪˈzent]
vorübergehen	to pass [pɑːs]
vorweisen	to show [ʃəʊ]
vorwerfen	to reproach [rɪˈprəʊtʃ]
vorzeigen	to show [ʃəʊ]
vorziehen	to prefer [prɪˈfɜːʳ]

W

wachsen	to grow [grəʊ]
wackeln	to wobble [ˈwɒbl̩]
wagen	to risk [rɪsk]
wählen	to choose [tʃuːz]
wahrnehmen	to perceive [pəˈsiːv]
wandern	to hike [haɪk]
warnen	to warn [wɔːn]
warten	to wait [weɪt]
waschen	to wash [wɒʃ]
wechseln	to change [tʃeɪndʒ]
wecken	to wake [up] [weɪk (ˈʌp)]
wegfahren	to leave [liːv]
wegfallen	to cease to apply [ˌsiːs tə əˈplaɪ]
weggehen	to leave [liːv]
weglassen	to leave out [liːv ˈaʊt]
wegnehmen	to take away [teɪk əˈweɪ]
wegrennen	to run away [rʌn əˈweɪ]
wegschicken	to send off [send ˈɒf]
wegschmeißen	to throw away [θrəʊ əˈweɪ]
wehren	to fight against [ˈfaɪt əgen(t)st]
weigern	to refuse [rɪˈfjuːz]
weinen	to cry [kraɪ]
welken	to wilt [wɪlt]
wellen	to wave [weɪv]
wenden	to turn [tɜːn]
werden	to get [get]
werfen	to throw [θrəʊ]
wetten	to bet [bet]
***wickeln** Baby*	to change [tʃeɪndʒ]
widerlegen	to refute [rɪˈfjuːt]
widersetzen	to resist [rɪˈzɪst]
widerspiegeln	to reflect [rɪˈflekt]
widerstehen	to resist [rɪˈzɪst]
widmen	to dedicate to [ˈdedɪkeɪt tu]
wiedergeben	to give back [gɪv ˈbæk]
wiederholen	to repeat [rɪˈpiːt]
wiederkehren	to return [rɪˈtɜːn]
wiederkommen	to come back [kʌm ˈbæk]
wiedersehen	to see again [siː əˈgen]
wiegen	to weigh [weɪ]
wiehern	to neigh [neɪ]
wimmeln	to swarm [swɔːm]
wimmern	to whimper [ˈ(h)wɪmpəʳ]
winden	to wind [waɪnd]
winken	to wave [weɪv]
winseln	to whimper [ˈ(h)wɪmpəʳ]
wippen	to bob up and down [bɒb ˈʌp ənd ˈdaʊn]
wirken	to appear [əˈpɪəʳ]
wischen	to wipe [waɪp]
wispern	to whisper [ˈ(h)wɪspəʳ]
wissen	to know [nəʊ]
wohnen	to live [lɪv]
wollen	to want [wɒnt]
wundern	to surprise [səˈpraɪz]
wünschen	to wish [wɪʃ]
würdigen	to appreciate [əˈpriːʃieɪt]

würfeln	to throw [θrəʊ]
würgen	to choke [tʃəʊk]
würzen	to season [ˈsiːzən]

Z

zahlen	to pay [peɪ]
zählen	to count [kaʊnt]
zähmen	to tame [teɪm]
zanken	to quarrel [ˈkwɒrəl]
zappeln	to fidget [ˈfɪdʒɪt]
zaubern	to perform magic [pəˌfɔːm ˈmædʒɪk]
zeichnen	to draw [drɔː]
zeigen	to show [ʃəʊ]
zelten	to camp [kæmp]
zerbrechen	to break [breɪk]
zerdrücken	to crush [krʌʃ]
zerfallen	to disintegrate [dɪˈsɪntɪgreɪt]
zerkleinern	to cut up [kʌt ˈʌp]
zerknüllen	to crumple up [krʌmpl̩ ˈʌp]
zerkratzen	to scratch [skrætʃ]
zerkrümeln	to crumble [ˈkrʌmbl̩]
zerreißen	to tear [teəʳ]
zerren	to drag [dræg]
zerschlagen	to smash [smæʃ]
zerspringen	to shatter [ˈʃætəʳ]
zerstören	to destroy [dɪˈstrɔɪ]
zertreten	to crush [krʌʃ]
zertrümmern	to smash [smæʃ]
ziehen	to pull [pʊl]
zielen	to aim [eɪm]
zieren	to adorn [əˈdɔːn]
zischen	to hiss [hɪs]
zittern	to shake [ʃeɪk]

zögern	to hesitate	[ˈhezɪteɪt]
zoomen	to zoom [in]	[zuːm (ˈɪn)]
zubeißen	to bite	[baɪt]
zubereiten	to prepare	[prɪˈpeəʳ]
zubinden	to tie	[taɪ]
zublinzeln	to wink at	[ˈwɪŋk æt]
zucken	to twitch	[twɪtʃ]
zücken	to draw	[drɔː]
zudecken	to cover [up]	[ˌkʌvəʳ (ˈʌp)]
zudrehen	to turn off	[tɜːn ˈɒf]
zufriedengeben	to be satisfied	[bi ˈsætɪsfaɪd]
zufriedenlassen	to leave alone	[ˌliːv əˈləʊn]
zufügen	to cause	[kɔːz]
zugeben	to admit	[ədˈmɪt]
zugreifen	to help oneself	[ˈhelp wʌnself]
zugucken	to watch	[wɒtʃ]
zuhören	to listen	[ˈlɪsən]
zujubeln	to cheer	[tʃɪəʳ]
zuknöpfen	to button up	[ˌbʌtən ˈʌp]
zulächeln	to smile at	[ˈsmaɪl æt]
zulassen	to allow	[əˈlaʊ]
zumachen	to close	[kləʊz]
zumuten	to expect	[ɪkˈspekt]
zünden	to ignite	[ɪgˈnaɪt]
zunehmen	to increase	[ɪnˈkriːs]
zunichtemachen	to wreck	[rek]
zunicken	to nod to	[ˈnɒd tu]
zuordnen	to assign to	[əˈsaɪn tu]
zupacken	to grip	[grɪp]
zupfen	to pluck	[plʌk]
zurechtfinden	to find one's way	[ˈfaɪnd wʌnz ˈweɪ]
zurücknehmen	to take back	[teɪk ˈbæk]
zurufen	to shout to	[ˈʃaʊt tu]
zusagen	to accept	[əkˈsept]
zusammenhängen	to be connected	[bi kəˈnektɪd]
zusammenprallen	to collide	[kəˈlaɪd]
zusammenschreiben	to write as one word	[ˌraɪt əs wʌn ˈwɜːd]
zuschicken	to send	[send]
zuschlagen	to slam [shut]	[ˈslæm (ˈʃʌt)]
zuschließen	to lock	[lɒk]
zuschrauben	to screw on	[skruː ˈɒn]
zusehen	to watch	[wɒtʃ]
zusichern	to assure	[əˈʃʊəʳ]
zuspielen	to pass	[pɑːs]
zuspitzen	to escalate	[ˈeskəleɪt]
zustimmen	to agree	[əˈgriː]
zustoßen	to happen to	[ˈhæpən tu]
zutrauen	to dare	[deəʳ]
zutreffen	to be correct	[bi kəˈrekt]
zuvorkommen	to forestall	[fɔːˈstɔːl]
zuwenden	to turn towards	[ˈtɜːn təˌwɔːdz]
zuziehen	to draw	[drɔː]
zwängen	to force	[fɔːs]
zweifeln	to doubt	[daʊt]

zwicken	to pinch [pɪn(t)ʃ]
zwingen	to force [fɔːs]
zwinkern	to blink [blɪŋk]

INDEX DEUTSCH – GERMAN INDEX

INDEX ENGLISCH – ENGLISH INDEX

INDEX DEUTSCH – GERMAN INDEX

F

G

H

I

L

M

N

Q

R

S

T

W

INDEX ENGLISCH – ENGLISH INDEX

C

D

H

I

S

T

U

BILDNACHWEIS

* - © Fotolia.com

14 */Csaba Peterdi, **16** */Alexander Raths, **16** */Jeanette Dietl, **16** */Forgiss, **16** */paulmz, **16** */fotodesign-jegg.de, **16** */mimage-photos, **16** */Syda Productions, **16** */iko, **16** */Jeanette Dietl, **16** */drubig-photo, **16** */oocoskun, **17** */damato, **17** */vbaleha, **17** */Rido, **17** */Ljupco Smokovski, **17** */Jeanette Dietl, **17** */Janina Dierks, **17** */Valua Vitaly, **17** */Rido, **17** */Andres Rodriguez, **17** */Syda Productions, **17** */Valua Vitaly, **18** */Dmitry Lobanov, **18** */Samuel Borges, **18** */DenisNata, **18** */Pavel Losevsky, **18** */Gabriel Blaj, **18** */WONG SZE FEI, **18** */vgstudio, **18** */Picture-Factory, **18** */Ariwasabi, **19** */endostock, **19** */mma23, **19** */Jasmin Merdan, **19** */Tom Wang, **19** */Michael Gray, **19** */JanMika, **19** */BeTa-Artworks, **19** */michaeljung, **19** */Savannah1969, **19** */patpitchaya, **19** */Sabphoto, **19** */Cello Armstrong, **19** */eyetronic, **20** */Danilo Rizzuti, **20** */Ruth Black, **20** */Smileus, **20** */chesterF, **20** iStockphoto/Catherine Yeulet, **20** */DenisNata, **20** */Melinda Nagy, **20** */Kaarsten, **20** */MISHELA, **20** */Eray, **20** */Unclesam, **20** */satin_111, **20** */Michael Fritzen, **21** */yanlev, **21** */BeTa-Artworks, **21** */Margit Power, **21** */Brenda Carson, **21** */Africa Studio, **21** */Piotr Marcinski, **21** */Fotowerk, **21** */AVRORA, **21** */stockyimages, **21** */Tyler Olson, **21** */ExQuisine, **21** */Glenda Powers, **21** Thinkstock/iStockphoto, **22** */Valua Vitaly, **22** */codiarts, **23** */Jaimie Duplass, **23** */krimar, **23** */magann, **23** */Stefan Balk, **23** */Kaponia Aliaksei, **23** */koji6aca, **23** */yuriyzhuravov, **23** */yuriyzhuravov, **23** */Ermolaev Alexandr, **23** */V.R.Murralinath, **23** */badmanproduction, **23** */Anton Zabielskyi, **23** */auremar, **23** */koji6aca, **24** */mimagephotos, **24** */Tiler84, **24** */velazquez, **24** */giorgiomtb, **24** */apops, **24** */dusk, **24** */Knut Wiarda, **24** */stokkete, **24** */Taiga, **24** */Taiga, **24** */Taiga, **24** */Taiga, **25** */Karramba Production, **25** */Robert Kneschke, **25** */cantor pannatto, **25** */Garrincha, **25** */Picture-Factory, **25** */bevangoldswain, **25** */WavebreakMediaMicro, **25** */Rido, **25** */Minerva Studio, **25** */cantor pannatto, **25** */Fotowerk, **25** */Fotowerk, **26** */Gelpi, **26** */stockyimages, **26** */WavebreakmediaMicro, **26** */pathdoc, **26** */Ilike, **26** */pathdoc, **26** */Andres Rodriguez, **26** */Garrincha, **26** */cantor pannatto, **26** */pressmaster, **26** */vladimirfloyd, **26** */Elnur, **26** */Klaus Eppele, **27** */boumenjapet, **27** */Vera Anistratenko, **27** */carol_anne, **27** */Andrey Armyagov, **27** Thinkstock/NikolayK, **27** */srdjan111, **27** */Zbyszek Nowak, **27** */Pamela Uyttendaele, **27** */Michaela Pucher, **27** */Katrina Brown, **28** */ghoststone, **28** */nito, **28** */zhekos, **28** */chiyacat, **28** */Alexandra Karamyshev, **28** */BEAUTYofLIFE, **28** */Lucky Dragon, **29** */Karramba Production, **29** */BEAUTYofLIFE, **29** */Khvost, **29** */Khvost, **29** */Elnur, **29** */Popova Olga, **29** */Artem Gorohov, **29** */Elnur, **29** */Ruslan Kudrin, **29** */Gordana Sermek, **29** */Alexandra Karamyshev, **30** */alaterphotog, **30** */Elnur, **30** */Elnur, **30** */Ruslan Kudrin, **30** */Alexandra Karamyshev, **30** */Alexandra Karamyshev, **30** */Oliver Preißner, **30** */Robert Lehmann, **30** */Alexandra Karamyshev, **31** */mimagephotos, **31** */Alexandra Karamyshev, **31** */Alexandra Karamyshev, **31** */ludmilafoto, **31** */okinawakasawa, **31** Thinkstock/Alexandru Chiriac, **31** */cedrov, **31** */Khvost, **31** */hifashion, **31** */Alexandra Karamyshev, **31** */Alexandra Karamyshev, **32** */Little_wine_fly, **32** */Jiri Hera, **32** */rangizzz, **32** */Jiri Hera, **32** */Andrew Buckin, **32** Thinkstock/Danny Chan, **32** */Artem Merzlenko, **32** */Cobalt, **32** */fotomatrix, **32** */Rozaliya, **32** */adisa, **32** */Kira Nova, **32** */Shariff Che'Lah, **32** */venusangel, **32** */Unclesam, **32** */srki66, **33** */adisa, **33** */adisa, **33** */lalouetto, **33** */PRILL Mediendesign, **33** */Africa Studio, **33** */adisa, **33** */Andrey Bandurenko, **33** */Nadinelle, **33** */design56, **33** */Sergey Rusakov, **33** */Jiri Hera, **33** */gemenacom, **33** */Andre Plath, **33** */Alexander Raths, **33** */Liaurinko, **33** */thaikrit, **33** */humbak, **34** */wiedzma, **34** */kontur-vid, **34** */Tharakorn, **34** */picsfive, **34** */pattarastock, **34** */NilsZ, **34** */picsfive, **34** */picsfive, **34** */ksena32, **34** */cristi180884, **34** */bpstocks, **34** */nito, **34** */Tarzhanova, **34** */bpstocks, **34** */terex, **34** */ibphoto, **35** */Gennadiy Poznyakov, **36** */stockone, **38** */JSB, **38** */stocker1970, **38** */photo 5000, **38** */Tiberius Gracchus, **38** */Ralf Gosch, **38** */visivasnc, **38** */Lasse Kristensen, **38** */Speedfighter, **38** */Bokicbo, **38** */typomaniac, **38** */O.M., **38** */designsstock, **38** */Tatty, **39** */Kurhan, **39** */selensergen, **39** */Brilliant Eagle, **39** */Iriana Shiyan, **39** */terex, **39** */Sashkin, **39** */bcdesign, **39** */pyzata, **39** */Thomas Aumann, **39** */Tiberius Gracchus, **39** */Igor Kovalchuk, **39** */Maksym Yemelyanov, **39** */pabijan, **40** */Magda Fischer, **41** */Kasia Bialasiewicz, **41** */bennnn, **41** */Bert Folsom, **41** */Aleksandar Jocic, **41** */yevgenromanenko, **41** */Aleksandr Ugorenkov, **42** */Iriana Shiyan, **42** */luchshen, **42** */sokrub, **42** */sokrub, **42** */okinawakasawa, **43** */pics721, **43** */Delphimages, **43** */arteferretto, **43** */Kitch Bain, **43** */Chris Brignell, **44** */stock_for_free, **44** */kornienko, **45** */mrgarry, **45** */mariocigic, **45** Thinkstock/Hemera, **45** */Alexander Morozov, **45** */Denis Gladkiy, **45** */Sergii Moscaliuk, **45** */sutsaiy, **45** */sutsaiy, **45** */okinawakasawa, **45** */Alexander Morozov, **45** */venusangel, **45** */bergamont, **45** */Alexander Morozov, **45** */sutsaiy, **45** */manipulateur, **45** */kmiragaya, **46** */fotyma, **46** */Denisa V, **46** */jonnysek, **46** */Kitch Bain, **46** */pholien, **46** */Alona Dudaieva, **46** */M.R. Swadzba, **46** Thinkstock/iStockphoto, **46** */bennyartist, **46** */Nikola Bilic, **46** */cretolamna, **46** */Igor Syrbu, **46** */Piotr Pawinski, **47** */cretolamna, **47** */Harald Biebel, **47** */gavran333, **47** */M.R. Swadzba, **47** */IrisArt, **47** */Diana Taliun, **47** */cretolamna, **47** */M S, **47** */nito, **47** */Bombaert Patrick, **47** */scol22, **47** */cretolamna, **47** */picsfive, **48** */Sunshine Pics, **48** */VRD, **48** */petrsalinger, **48** */cretolamna, **48** */gavran333, **48** */Uwe Landgraf, **48** */nito, **48** */Schwoab, **48** */cretolamna, **48** */Stefan Balk, **48** */karandaev, **48** */Lucky Dragon, **48** */PhotoSG, **49** */2mmedia, **50** */Andres Rodriguez, **50** */simmittorok, **50** */Liliia Rudchenko, **50** */venusangel, **50** */Ljupco Smokovski, **50** */Maksim Kostenko, **50** Thinkstock/Stockbyte, **50** */Xuejun li, **50** */Ljupco Smokovski, **50** */Coprid, **50** */Yingko, **51** */poligonchik, **52** */arsdigital, **53** */adpePhoto, **53** */Africa Studio, **53** */Tiler84, **53** */NilsZ, **53** */Africa Studio, **53** */Coprid, **54** */magraphics.eu, **54** */sommersby, **54** */ermess, **54** */AndG, **55** */ILYA AKINSHIN, **55** */Lusoimages, **55** */HamsterMan, **55** */jlcst, **55** */Foto-Ruhrgebiet, **55** */Dmytro Akulov, **55** */picsfive, **55** */ibphoto, **55** */Jonathan Stutz, **55** */Jackin, **55** */ganko, **55** */artmim, **55** */Klaus Eppele, **56** */Sashkin, **56** */Creatix, **56** */Andreja Donko, **56** */Katrina Brown, **56** */Ljupco Smokovski, **57** */Okea, **58** */kmit, **58** */luckylight, **58** */tuja66, **58** */tuja66, **58** */corund, **58** */tuja66, **58** */Rynio Productions, **58** */mick20, **58** */Denis Dryashkin, **58** */tuja66, **58** */claudio, **58** */CE Photography, **58** */tuja66, **58** */Бурдюков Андрей, **58** */vav63, **59** */Rynio Productions, **59** */Rynio Productions, **59** */Rynio Productions, **59** */PRILL Mediendesign, **59** */fefufoto, **59** */antonsov85, **60** */andersphoto, **60** */scis65, **60** */venusangel, **60** */Coprid, **60** */f9photos, **60** */tuja66, **60** */Konovalov Pavel, **60** */Freer, **60** */Nik, **60** */chungking, **60** */mariusz szczygieł, **61** */auremar, **61** */Africa Studio, **61** */ankiro, **61** */Ionescu Bogdan, **61** */piai, **61** */Denys Rudyi, **62** */Nomad_Soul, **62** */gradt, **62** */twister025, **62** */egorovvasily, **62** */womue, **62** Thinkstock/

iStockphoto, **62** Thinkstock/iStockphoto, **62** */cherezoff, **62** */by-studio, **63** */coco, **63** */D. Ott, **63** */D. Ott, **63** */federicofoto, **63** */babsi_w, **63** */Stibat Studio, **63** */Kara, **63** */Jeanette Dietl, **63** */sonne fleckl, **63** */keller, **63** */miket, **63** */WoGi, **63** */M. Schuppich , **63** */Marco Becker , **63** */kobra78 , **63** */Kalle Kolodziej, **64** */mallivan, **64** */Zbyszek Nowak, **64** */opasstudio, **64** */hsagencia, **64** */photka , **64** */photka , **64** */photka , **64** */photka , **64** */Gerald Bernard , **64** */Jaimie Duplass , **64** */steamroller , **64** */tompet80 , **64** */schankz, **64** */keerati, **65** */hopfi23, **65** */Alex Petelin, **65** */Patryssia, **65** */D. Ott, **65** */Horticulture, **65** */Kasia Bialasiewicz, **65** */mopsgrafik, **65** */B. Wylezich, **65** */fotoschab, **65** */Miredi, **65** */udra11, **65** */NinaMalyna, **65** */rupbilder, **66** */mates, **68** */unpict, **68** */Teamarbeit, **68** */Christian Jung, **68** Dreamstime/Christianjung, **68** */HLPhoto, **68** */ExQuisine , **68** */rdnzl, **68** */uckyo, **68** */ExQuisine, **68** */lefebvre_jonathan, **68** */Cornerman, **68** */Mara Zemgaliete, **68** iStockphoto/Vasko, **68** */Diana Taliun, **68** Thinkstock/Alena Dvorakova, **68** Shutterstock/marco mayer, **69** */ExQuisine, **69** */ExQuisine, **69** */fotomaster, **69** */Eric Isselée, **69** */boguslaw, **69** */Eric Isselée, **69** */nito, **69** */Irina Khomenko, **69** */Viktor, **69** */Oran Tantapakul, **69** */lightpoet, **70** */Rémy MASSEGLIA, **70** */Natalia Merzlyakova, **70** Dreamstime/Witoldkr1, **70** */Picture Partners, **70** */antonio scarpi, **70** */Gaetan Soupa, **70** */o.meerson, **70** */ExQuisine, **70** Dreamstime/Pipa 100, **70** */lunamarina, **70** */HelleM, **70** */Dalmatin.o , **70** */Witold Krasowski, **70** */Andrei Nekrassov, **70** */Dionisvera, **70** */Dionisvera, **71** */angorius, **71** */Dani Vincek, **71** */felinda, **71** */Andrey Starostin, **71** */pedrolieb, **71** */ExQuisine, **71** Dreamstime/Onepony, **71** */dulsita, **71** */Giuseppe Lancia, **71** */margo555, **71** */BSANI , **71** */womue, **71** */Jiri Hera, **72** */ExQuisine, **72** Dreamstime/Sethislav, **72** */volff , **73** */dimakp, **73** Shutterstock/Multiart, **73** Shutterstock/Krzysztof Slusarczyk, **73** */Daddy Cool, **73** */Brad Pict, **73** Dreamstime/Jack14, **73** */cynoclub, **73** */Picture Partners, **73** */Lsantilli , **73** */Coprid, **73** */Fotofermer, **73** */Brad Pict, **73** */Mara Zemgaliete, **74** */Dani Vincek , **74** */Natika, **74** */Luis Carlos Jiménez, **74** */angorius, **74** */marrfa, **74** */Natika, **74** */fotogal, **74** */Shawn Hempel, **74** */Jessmine, **74** */Daorson, **74** */Jérôme Rommé, **74** */gcpics, **74** */Picture Partners, **75** */valeriy555, **75** */valeriy555, **75** */Barbara Pheby, **75** */volga1971, **75** Dreamstime/Robynmac, **75** */Anna Kucherova, **76** */jerome signoret, **76** */boguslaw, **76** */fotomatrix, **76** */World travel images, **76** */margo555 , **76** */margo555 , **76** */margo555 , **76** */margo555 , **76** */Wolfgang Jargstorff, **77** */valeriy555, **77** */silencefoto, **77** */valeriy555, **77** */valeriy555, **77** */silencefoto, **77** */valeriy555, **77** */photocrew, **77** */valeriy555, **77** */Anna Kucherova, **77** */valeriy555, **77** */Malyshchyts Viktar, **77** */charlottelake, **77** */valeriy555, **78** */tycoon101, **78** */Zbyszek Nowak, **78** */M.R. Swadzba, **78** */Schlierner, **78** */Ekaterina Lin, **78** */Andrey Starostin, **79** */azureus70, **79** */azureus70, **79** */valeriy555, **79** */Dionisvera, **79** Thinkstock/anna1311, **79** */valeriy555, **79** */Andrea Wilhelm, **79** */valeriy555, **79** */valeriy555, **79** */valeriy555, **79** */valeriy555, **79** */valeriy555, **79** */valeriy555, **79** */Anna Kucherova, **80** */Malyshchyts Viktar, **80** */Malyshchyts Viktar, **80** */Malyshchyts Viktar, **80** */Malyshchyts Viktar, **80** */Malyshchyts Viktar, **80** */Malyshchyts Viktar, **80** */Malyshchyts Viktar, **80** */Malyshchyts Viktar, **80** */Malyshchyts Viktar, **80** */Natika, **80** */Malyshchyts Viktar, **80** */Malyshchyts Viktar, f9photos, **80** */Malyshchyts Viktar, **80** */Oleksiy Ilyashenko, **80** */Tim UR, **80** */valeriy555, **80** */valeriy555, **80** */Natika, **80** */valeriy555, **81** Dreamstime/Skyper1975, **81** */Werner Fellner, **81** */marilyn barbone, **81** */nblxer, **81** */goodween123, **82** */Popova Olga, **82** */Popova Olga, **82** */mates, **82** */Popova Olga, **82** */Popova Olga, **82** */Popova Olga, **82** */Popova Olga, **82** */Popova Olga, **82** */pimponaco, **82** */Schlierner, **82** */svl861, **82** */svl861, **82** Dreamstime/Margouillat, **83** */Team 5, **83** MDB/seli8, **83** */unpict, **83** */Tomboy2290, **83** */nbriam, **83** */Vera Kuttelvaserova, **83** */Vesna Cvorovic, **83** */Maceo, **83** */scis65, **84** Thinkstock/iStockphoto, **84** Thinkstock/iStockphoto, **84** Thinkstock/iStockphoto, **84** Thinkstock/iStockphoto, **84** Thinkstock/iStockphoto, **84** Thinkstock/iStockphoto, **84** Thinkstock/iStockphoto, **84** Thinkstock/iStockphoto, **84** */Popova Olga, **84** Thinkstock/iStockphoto, **84** Thinkstock/iStockphoto, **84** Thinkstock/iStockphoto, **84** Thinkstock/iStockphoto, **84** Thinkstock/iStockphoto, **84** Thinkstock/iStockphoto, **84** Thinkstock/iStockphoto, **85** Dreamstime/Sergioz, **85** */Africa Studio, **85** */Orlando Bellini, **85** */Inga Nielsen, **85** */Inga Nielsen, **85** */Inga Nielsen, **85** */Boris Ryzhkov, **86** */Popova Olga, **86** */Popova Olga, **86** */Popova Olga, **86** */Popova Olga, **86** */Popova Olga, **86** */Popova Olga, **86** */Popova Olga, **86** */Popova Olga, **86** */Popova Olga, **86** */Popova Olga, **86** */Popova Olga, **86** */Popova Olga, **86** */Popova Olga, **86** */Popova Olga, **86** */Elena Schweitzer, **86** */Picturefoods.com, **87** Dreamstime/Jirkaejc, **87** Dreamstime/Glasscuter, **87** */Andrzej Tokarski, **87** Dreamstime/Pryzmat, **87** */Stefano Neri , **87** */Roxana, **87** */enzo4, **87** */Stefano Neri, **87** */akulamatiau, **87** */zorandim75, **87** */marilyn barbone, **88** */pico, **88** */Sergejs Rahunoks, **88** Dreamstime/Givaga, **88** */Piovanello, **88** */Piovanello, **88** */the_pixel, **88** */Liaurinko, **88** */nemez210769, **88** */midosemsem, **88** */Jiri Hera, **88** */juri semjonow, **88** */Brad Pict, **88** Dreamstime/Travelling-light, **88** Dreamstime/Synchronista, **88** */Julian Weber, **88** */IrisArt , **89** */BeTa-Artworks, **89** */Sergii Moscaliuk, **89** */Diana Taliun, **89** */Daniel Wiedemann, **89** Dreamstime/Nagme, **89** */lantapix, **89** */0legich, **89** */scis65, **89** */Vidady, **89** */komar.maria, **90** */Petrov Vadim, **90** */unpict, **90** */Smart7, **90** */tycoon101, **90** */M. Schuppich, **90** */digifood, **90** */Schwoab, **90** */photocrew, **90** */chrisdorney, **90** */anakondasp, **90** */unpict, **90** */sorcerer11, **90** */Lucky Dragon, **91** */MarFot, **91** */ppi09, **91** */Kesu, **91** */Andrea Wilhelm, **91** */kehr design, **91** */gtranquillity, **91** */Corinna Gissemann, **91** */Lucky Dragon, **91** */Jiri Hera, **91** */sergojpg, **91** */Daryl Musser, **91** */robysaba, **91** */unpict, **92** */Jiri Hera, **92** */Nitr, **92** */Nitr, **92** */ExQuisine, **92** */Natika , **92** */Inga Nielsen, **92** */Nitr, **92** */Nitr, **92** */Taffi, **92** */karandaev, **92** */unpict, **92** */baibaz, **92** */Africa Studio, **93** */pabijan, **93** */amenic181, **93** */Viktor, **93** */blende40, **93** */Fotofermer, **93** */Rob Stark, **93** */gtranquillity, **93** */gtranquillity, **93** */gtranquillity, **93** */gtranquillity, **93** */gtranquillity, **93** */Inga Nielsen, **94** Thinkstock/puchkovo48, **94** */neirfy, **94** */Nitr, **94** */Nitr, **94** */Nitr, **94** */Taffi, **94** */Taffi, **94** */Taffi, **94** */Taffi, **94** */karandaev, **94** */karandaev, **94** */karandaev, **95** */Hemeroskopion, **95** */Hemeroskopion, **95** */Hemeroskopion, **95** */Hemeroskopion, **95** */Hemeroskopion, **95** */Hemeroskopion, **95** */Hemeroskopion, **95** */Hemeroskopion, **95** */Hemeroskopion, **95** */Hemeroskopion, **95** */Hemeroskopion, **95** */Hemeroskopion, **95** */Hemeroskopion, **96** */kab-vision, **96** Shutterstock/Multiart - Shutterstock.com, **96** */Volodymyr Shevchuk, **96** */Sergejs Rahunoks, **96** */sspice, **96** */Corinna Gisseman, **96** */azureus70, **96** */Popova Olga, **96** */baibaz, **97** */Whitebox Media, **97** */angorius, **97** */Andrea Wilhelm, **97** Dreamstime/Margouillat, **97** */Viktor, **97** */Kesu, **97** */Peredniankina, **97** */margo555, **97** */Aleksandar Jocic, **98** */Jiri Hera, **98** */victoria p., **98** */djama, **98** */vagabondo, **98** */Jiri Hera, **98** */scis65, **98** */blende40, **98** */MUNCH!, **98** */Africa Studio, **98** */arinahabich, **98** */Marius Graf, **98** */Marius Graf, **98** */Marius Graf, **98** */Liaurinko, **98** */Brad Pict, **98** */juniart, **99** */Dmytro Sukharevskyy, **99** */Dmytro Sukharevskyy, **99** */Dmytro Sukharevskyy, **99** */Sergejs Rahunoks, **99** */canoncam, **99** */uckyo, **99** */torsakarin, **99** */Thibault Renard, **99** */eyewave, **99** */Orlando Bellini, **99** */Blue Wren, **99** */Dmytro Sukharevskyy, **99** */Dmytro Sukharevskyy, **100** */Jacek

Chabraszewski, **100** */Inga Nielsen, **100** */dusk, **100** */Road King, **100** */Jack Jelly, **100** Dreamstime/Tomislav Pinter, **100** */Jacek Chabraszewski, **100** */ExQuisine, **100** */aktifreklam, **100** */zhekos , **100** */Jess Yu, **100** */illustrez-vous, **100** */Andrea Wilhelm, **101** */Minerva Studio, **101** */Boris Ryzhkov, **101** */Nitr, **101** */unpict, **101** */Jacek Chabraszewski, **101** */photocrew, **101** */Viktor, **101** */eyewave, **101** Dreamstime/Lightzoom, **101** iStockphoto/Gordana Sermek, **102** */Africa Studio, **102** */Vitaly Korovin, **102** */Coprid, **102** */Schlierner, **102** */Fotofermer, **103** */ashka2000, **103** */womue, **103** */EM Art, **103** */ExQuisine, **103** */photocrew, **103** */jeehyun, **103** */reineg, **103** */reineg, **103** */reineg, **103** */reineg, **103** */Subbotina Anna, **103** */rangizzz, **103** */sjhuls, **104** */Fotofermer, **106** Thinkstock/Keith Levit Photography, **106** Thinkstock/iStockphoto, **106** Thinkstock/iStockphoto, **106** Thinkstock/iStockphoto, **106** Thinkstock/iStockphoto, **106** Thinkstock/iStockphoto, **106** Thinkstock/iStockphoto, **106** Thinkstock/iStockphoto, **106** Thinkstock/Fuse, **107** Thinkstock/Fuse, **107** Thinkstock/iStockphoto, **107** Thinkstock/iStockphoto, **107** Thinkstock/iStockphoto, **107** Thinkstock/Comstock, **107** */Alexandra Gl, **108** */leremy, **108** */leremy, **108** */leremy, **108** */leremy, **108** */leremy, **108** */leremy, **108** */mrtimmi, **108** */mrtimmi, **108** */mrtimmi, **108** */mrtimmi, **108** */mrtimmi, **108** */mrtimmi, **108** */Bobo, **108** */leremy, **108** */leremy, **108** */FelixCHH, **109** Thinkstock/iStockphoto, **109** */Eisenhans, **109** Thinkstock/iStockphoto, **109** Thinkstock/iStockphoto, **109** Thinkstock/Hemera, **109** Thinkstock/Hemera, **109** Thinkstock/Hemera, **109** */Bombaert Patrick, **109** */algre, **109** Thinkstock/Hemera, **109** Thinkstock/iStockphoto, **109** Thinkstock/Hemera, **110** */Vladimir Kramin, **110** */algre, **111** */algre, **111** */apttone, **112** Thinkstock/iStockphoto, **112** */Jenny Thompson, **112** */Aaron Amat, **112** */overthehill, **112** */eldadcarin, **112** */Michael Seidel, **113** Thinkstock/iStockphoto, **113** */gradt, **113** */Lasse Kristensen, **113** */Željko Radojko, **113** */golandr, **114** Thinkstock/iStockphoto, **114** Thinkstock/Stockbyte, **115** Thinkstock/iStockphoto, **115** Thinkstock/Hemera, **115** Thinkstock/iStockphoto, **115** Thinkstock/iStockphoto, **115** Thinkstock/iStockphoto, **115** */Bikeworldtravel, **116** */ldelfoto, **116** Thinkstock/iStockphoto, **116** Thinkstock/Hemera, **116** Thinkstock/Hemera, **116** Thinkstock/Hemera, **117** Thinkstock/iStockphoto, **117** Thinkstock/iStockphoto, **117** Thinkstock/iStockphoto, **118** Thinkstock/iStockphoto, **119** Thinkstock/Hemera, **119** Thinkstock/iStockphoto, **119** Thinkstock/iStockphoto, **119** Thinkstock/iStockphoto, **119** Thinkstock/iStockphoto, **119** Thinkstock/iStockphoto, **119** Thinkstock/iStockphoto, **119** Thinkstock/iStockphoto, **119** Thinkstock/iStockphoto, **119** Thinkstock/iStockphoto, **119** Thinkstock/iStockphoto, **119** Thinkstock/iStockphoto, **119** Thinkstock/iStockphoto, **119** Thinkstock/iStockphoto, **119** Thinkstock/Hemera, **119** Thinkstock/iStockphoto, **120** Thinkstock/iStockphoto, **120** Thinkstock/Hemera, **120** Thinkstock/Photos.com, **120** Thinkstock/iStockphoto, **120** */photo 5000, **120** Thinkstock/iStockphoto, **120** Thinkstock/iStockphoto, **120** Thinkstock/Hemera, **120** Thinkstock/Hemera, **121** */Eisenhans, **121** Thinkstock/iStockphoto, **121** Thinkstock/iStockphoto, **121** Thinkstock/Stockbyte, **121** Thinkstock/Hemera, **121** Thinkstock/iStockphoto, **121** Thinkstock/Julio de la Higuera Rodrigo, **121** */DeVIce, **121** */Artem Gorohov, **121** */Lukas Sembera, **121** Thinkstock/iStockphoto, **121** Thinkstock/iStockphoto, **121** */Eisenhans, **121** Thinkstock/iStockphoto, **121** Thinkstock/iStockphoto, **121** */auremar, **122** */laurenthuet, **122** */Nikolai Sorokin, **122** */Dmitry Vereshchagin, **122** */Ettore, **122** */tr3gi, **122** */12ee12, **122** Thinkstock/Vladimir Arndt, **123** */Fotito, **123** */mschick, **123** */BlueSkyImages, **123** */contrastwerkstatt, **123** Thinkstock/iStockphoto, **123** Thinkstock/Hemera Technologies, **124** */Okea, **124** */Marcus Lindström - iStockphoto.com, **125** */CandyBox Images, **125** */TMAX, **125** */michaeljung, **125** */Maygutyak, **125** */Steve Mann, **125** */nui7711, **125** */Jörg Hackemann, **126** */Sashkin, **126** */virtabo, **126** Thinkstock/iStockphoto, **126** */Ben Chams, **126** */Ben Chams, **126** */Ben Chams, **126** */mindscanner , **126** */swx, **126** */michaeljung, **126** */alexmillos, **126** Thinkstock/iStockphoto, **126** */Bergringfoto, **126** Thinkstock/iStockphoto, **126** */chalabala, **126** */Ben Burger, **127** */Tupungato, **127** */Pink Badger, **127** */HappyAlex, **127** */monticellllo, **127** */monticellllo, **127** */monticellllo, **128** */Masyanya, **128** */Dmitry Vereshchagin, **128** */Dmitry Vereshchagin, **128** */Dmitry Vereshchagin, **128** */Photobank kiev, **129** */vichie81, **129** */Uschi Hering, **129** */skampixelle, **129** */DOC RABE Media, **129** */Nadine Klabunde, **129** */AndreasJ. **130** */Farinoza, **132** */Marco2811, **132** */phant, **132** */Crobard, **132** */A.Karnholz, **132** */ermess, **133** */sborisov, **133** */XtravaganT, **133** */Mihai-Bogdan Lazar, **133** */jacek_kadaj, **133** */ArTo, **133** */hansenn, **133** */Marcel Schauer, **133** Thinkstock/iStockphoto, **133** */Jörg Lantelme, **133** */vaitekune, **133** */apops, **133** */motivation1965, **133** */steschum, **133** Thinkstock/iStockphoto, **133** Thinkstock/iStockphoto, **133** */HaywireMedia, **134** */Scanrail, **134** */anshar73, **134** */XtravaganT, **134** Thinkstock/iStockphoto, **134** Thinkstock/iStockphoto, **134** */A_Lein, **134** Thinkstock/iStockphoto, **134** */jovannig, **134** */Patryk Kosmider, **134** */Max, **134** Thinkstock/Getty Images, **134** */miket, **134** */Ciaobucarest, **134** */Paul Liu, **134** Thinkstock/iStockphoto, **134** */Adrian v. Allenstein, **135** */Pabkov, **135** Thinkstock/iStockphoto, **135** Thinkstock/iStockphoto, **135** Thinkstock/photodisc/David De Lossy, **135** */Anchels, **135** Thinkstock/Ingram Publishing, **135** */Ichbins11, **135** */MIMOHE, **135** */blas, **135** */Franz Pfluegl, **135** */Petra Beerhalter, **135** */davidundderriese, **136** */contrastwerkstatt, **136** */Berni, **136** */Berni, **136** */Berni, **136** */slava296, **136** */Berni, **136** */Berni, **136** */xy, **136** */lunamarina, **136** */Berni, **137** Thinkstock/Hemera, **137** */oranhall, **137** */Kzenon, **137** Thinkstock/iStockphoto, **137** */Margo Harrison, **137** Thinkstock/iStockphoto, **137** Thinkstock/iStockphoto, **137** */JackF, **137** */Africa Studio, **137** */Hirurg, **137** */stockyimages, **138** */qech, **138** */contrastwerkstatt, **138** Thinkstock/iStockphoto, **138** Thinkstock/iStockphoto, **138** Thinkstock/photodisc/Keith Brofsky, **138** */LVDESIGN, **138** */Santiago Cornejo, **139** */eyewave, **139** */jogyx, **139** */Joop Hoek, **139** */T. Michel, **139** Thinkstock/iStockphoto, **139** */dextroza, **139** Thinkstock/iStockphoto, **139** */lowtech24, **139** Thinkstock/iStockphoto, **139** Thinkstock/iStockphoto, **139** Thinkstock/Comstock, **139** */Picture-Factory, **139** Thinkstock/iStockphoto, **140** Thinkstock/iStockphoto, **140** Thinkstock/iStockphoto, **140** */zhu difeng, **140** */Gina Sanders, **140** */Bauer Alex, **140** */Andres Rodriguez, **140** */Kzenon, **140** */Alex Tihonov, **140** */Alex Tihonov, **140** */Christophe Fouquin, **140** */Sven Weber, **140** */mediagram, **140** */bradleyhebdon, **140** */Africa Studio, **140** */paul prescott, **140** */Tyler Olson, **141** */shotsstudio, **141** */luanateutzi, **141** */adisa, **141** */scaliger, **141** Thinkstock/Fuse, **141** Thinkstock/Andrey Burmakin, **141** Thinkstock/Digital Vision/RL Productions, **141** */Pumba, **141** */lightpoet, **141** Thinkstock/Fuse, **141** Thinkstock/iStockphoto, **141** */chamillew, **141** */gemenacom, **141** */mangostock, **141** */Tyler Olson, **141** */Kzenon, **142** */photocreo, **142** Thinkstock/photodisc/Siri Stafford, **142** */T. Michel, **142** */filtv, **142** */apops, **142** */Monkey Business, **143** */JJAVA, **143** */JJAVA, **143** */JackF, **143** */Pavel Losevsky, **143** */Pavel Losevsky, **143** */erwinova, **143** */JJAVA, **143** */Art Allianz, **143** */Sam Spiro, **143** */adisa, **143** */JackF, **143** */JackF, **143** */rufeh, **143** Thinkstock/Hemera, **143** */M. studio, **143** Thinkstock/iStockphoto, **144** */Minerva Studio, **144** */eyetronic, **144** */paul prescott, **144** */corepics, **144** */AlienCat, **144** */Thomas Francois, **144** */ag visuell, **144** */Minerva Studio, **144** */contrastwerkstatt, **145** */Art Allianz, **145** */adisa, **145** */Pumba, **145** */adisa, **145** */Vitaly Maksimchuk, **145** Thinkstock/iStockphoto, **145** */amlet, **145** Thinkstock/Brand X Pictures, **145** */

Joshhh, **145** */karandaev, **145** */808isgreat, **145** Thinkstock/iStockphoto, **145** */Andres Rodriguez, **146** */ruigsantos, **146** */Pixel & Création, **146** Thinkstock/iStockphoto, **146** */robert, **146** Thinkstock/Ingram Publishing, **146** */by-studio, **146** Thinkstock/Digital Vision, **146** */viperagp, **146** */OlegDoroshin, **146** */Pixelwolf2, **146** */VL@D, **146** */rekemp, **146** */Natalia Merzlyakova, **146** */ spaxiax, **146** */Sunshine Pics, **146** */eyewave, **147** */nicknick_ko, **147** Thinkstock/iStockphoto, **147** Thinkstock/iStockphoto, **147** */ Mingis, **147** */nyul, **147** Thinkstock/iStockphoto, **147** */Africa Studio, **147** */Minerva Studio, **147** Thinkstock/iStockphoto, **147** */ fottoo, **147** */Africa Studio, **147** Thinkstock/iStockphoto, **147** */Digitalpress, **148** Thinkstock/Hemera, **148** Thinkstock/iStockphoto, **148** */cottonfioc, **148** */goodluz, **148** */Alen Ajan, **148** */Artur Bogacki, **148** */leungchopan, **148** */Paul Vinten, **148** Thinkstock/ Jupiterimages, **148** */amarok17wolf, **148** */Scott Griessel, **148** */fxegs, **148** */terex, **149** */kameraauge, **149** */LianeM, **149** */ XtravaganT, **149** */vom, **149** */dbvirago, **149** */Stuart Monk, **149** */legeartispics, **149** */phant, **149** */ArTo, **149** */Sorry, **149** */ bbourdages, **149** */Furan, **149** */bluclementine, **150** Thinkstock/iStockphoto, **150** */AV, **150** Thinkstock/Mikhail Markovskiy, **150** */ DragonImages, **150** */piccaya, **150** */Leonid Tit, **150** */ArtHdesign, **150** */womue, **150** */Maurizio Malangone, **151** */alex200464, **151** Thinkstock/iStockphoto, **151** */Arkady Chubykin, **151** Thinkstock/iStockphoto, **151** */djama, **151** */Schulz-Design, **151** */Martinan, **151** */Ammentorp, **151** */Gerhard Seybert, **151** Thinkstock/Digital Vision, **151** */travis manley, **152** */Nika Novak, **154** */Gennadiy Poznyakov, **154** */sdenness, **154** */contrastwerkstatt, **154** */Monkey Business, **154** */Robert Kneschke, **154** */shock, **154** */ Monkey Business, **154** Thinkstock/iStockphoto, **154** */Cozyta, **154** Thinkstock/Comstock, **154** */tiero, **154** */contrastwerkstatt, **154** */hues, **155** */Gennadiy Poznyakov, **155** */kritchanut, **156** */luminastock, **156** */robert, **156** */yeyen, **156** */auremar, **156** */Javier Castro, **156** */peshkova, **156** */Gennadiy Poznyakov, **156** */Kzenon, **156** */sunabesyou, **156** */gemenacom, **156** */shock, **156** */ Jürgen Fälchle, **156** */Nosvos, **156** */luminastock, **156** */kartos, **156** */peshkova, **157** */Olga Galushko, **157** */AVAVA, **157** */Tyler Olson, **157** */Sven Bähren, **157** */alco81, **157** */paylessimages, **157** */Robert Kneschke, **157** */auremar, **157** */ayutaroupapa, **157** */ Aiwendyl, **157** */kmiragaya, **157** */contrastwerkstatt, **157** */Tomasz Trojanowski, **158** Thinkstock/iStockphoto, **158** */Africa Studio, **158** */Zerbor, **158** */dkimages, **158** */babimu, **158** */phloxii, **158** */Africa Studio, **158** */Vlad Ivantcov, **158** */Vladyslav Danilin, **159** */ ThorstenSchmitt, **159** Thinkstock/PhotoObjects.net, **159** */lily, **160** Thinkstock/iStockphoto, **160** */leszekglasner, **160** */Mat Hayward, **160** */Konstantin L, **160** */josje71, **160** */xy, **160** */Creativa, **160** */Monkey Business, **160** */Monkey Business, **160** */ aidaricci, **161** Thinkstock/iStockphoto, **161** */Marius Graf, **161** */muro, **161** */BEAUTYofLIFE, **161** */ia_64, **161** */lu-photo, **162** */Jörg Lantelme, **162** */Berni, **162** */Jeanette Dietl, **162** Thinkstock/Brand X Pictures, **162** */Randall Reed, **162** */Minerva Studio, **162** */ trotzolga, **162** */johannesspreter, **162** */Africa Studio, **162** */Alexander Raths, **162** */contrastwerkstatt, **162** */agenturfotografin, **162** */lightpoet, **163** Thinkstock/James Woodson, **163** */CandyBox Images, **163** */Igor Mojzes, **163** */WavebreakmediaMicro, **163** */Africa Studio, **163** */Andres Rodriguez, **163** */xy, **163** */apops, **163** */pearl, **163** */Robert Kneschke, **163** */Markus Haack, **163** */ lightpoet, **164** */Minerva Studio, **164** */WavebreakmediaMicro, **164** */goodluz, **164** */lightpoet, **164** */goodluz, **164** */Kzenon, **164** */CandyBox Images, **164** */Fuse, **164** */goodluz, **164** */pearl, **164** */mangostock, **164** Thinkstock/iStockphoto, **164** Thinkstock/ Digital Vision, **165** */contrastwerkstatt, **165** */A_Bruno, **165** */WavebreakmediaMicro, **165** */Geo Martinez, **165** */Geo Martinez, **165** */endostock, **166** */Minerva Studio, **166** */apops, **166** */bevangoldswain, **166** */Adam Gregor, **166** */Kzenon, **166** */Kzenon, **166** */michaeljung, **166** */ontrastwerkstatt, **166** */Tyler Olson, **166** */Valentina R., **166** */contrastwerkstatt, **166** */Iurii Sokolov, **166** */Kzenon, **166** */Picture-Factory, **166** */Rido, **166** */nyul, **167** */goodluz, **167** */Kadmy, **167** */Peter Atkins, **167** */jörn buchheim, **167** */Kadmy, **167** */Kurhan, **167** */krizz7, **167** */Kadmy, **167** */ikonoklast_hh, **167** */Marén Wischnewski, **167** */apops, **167** */ goodluz, **167** */Cyril Comtat, **167** Thinkstock/Andriy Fomenko, **167** */manu, **167** */petert2, **168** */Monika Wisniewska, **168** Thinkstock/iStockphoto, **168** */goodluz, **168** */Minerva Studio, **168** */Kzenon, **168** */Kzenon, **168** Thinkstock/Photodisc, **168** */Kzenon, **168** */Claudia Nagel, **168** */Minerva Studio, **168** */Kzenon, **168** */contrastwerkstatt, **168** */CandyBox Images, **168** */Kzenon, **168** */ Kzenon, **168** */Kurhan, **169** */goodluz, **169** */contrastwerkstatt, **169** */Igor Mojzes, **169** */mezzotint, **169** */claudiaveja, **169** */ Andrey Kiselev, **169** */WavebreakmediaMicro, **169** */Elnur, **169** */diego cervo, **169** */Africa Studio, **169** */Africa Studio, **169** */berc, **169** */Natali_ua, **169** Thinkstock/Fuse, **169** */lightpoet, **169** */contrastwerkstatt, **172** */terex, **172** Thinkstock/iStockphoto, **172** */ nikkytok, **172** */marcoprati, **172** */eyewave, **172** */Africa Studio, **173** */Africa Studio, **173** */Diana Taliun, **173** */Rulan, **173** */interklicks, **173** Thinkstock/iStockphoto, **173** Thinkstock/iStockphoto, **173** */Corwin, **173** */rangizzz, **173** */monstersparrow, **174** */ Picture-Factory, **174** */Carlos Caetano, **174** */vda_82, **174** */vetkit, **174** */Jacek Fulawka, **174** */masterzphotofo, **175** */Viorel Sima, **175** */Mi.Ti., **175** */Brian Jackson, **175** */juniart, **175** */Oksana Kuzmina, **175** */Marcin Sadlowski, **176** */Gelpi, **178** */TAlex, **178** */ karandaev, **179** */Maksym Yemelyanov, **179** */Vitas, **179** */romantiche, **179** */rawcaptured, **179** */AVD, **179** */Sergey Dashkevich, **179** Thinkstock/iStockphoto, **179** */Artur Synenko, **179** */dimakp, **179** */heigri, **179** */Lusoimages, **179** */Apart Foto, **179** */sonne fleckl, **179** */Manuela Fiebig, **179** */Klaus Eppele, **179** */Artur Synenko, **180** */Gina Sanders, **180** */snyfer, **180** */snyfer, **180** */Iurii Timashov, **180** */Iurii Timashov, **180** */Iurii Timashov, **180** */Iurii Timashov, **180** */Iurii Timashov, **180** */Iurii Timashov, **180** */ WonderfulPixel, **180** */Iurii Timashov, **180** */Iurii Timashov, **180** */Iurii Timashov, **181** */WonderfulPixel, **181** */WonderfulPixel, **181** */WonderfulPixel, **181** */WonderfulPixel, **181** */WonderfulPixel, **181** */vasabii, **181** */grgroup, **181** */Skipio, **181** */vector_master, **181** */Scanrail, **181** */Vectorhouses, **181** */Vectorhouses, **181** */Vectorhouses, **182** */Metin Tolun, **182** */inal09, **182** */electriceye, **182** */ Do Ra, **182** */Do Ra, **182** */Do Ra, **182** */Do Ra, **182** */Do Ra, **182** */Do Ra, **182** */Do Ra, **182** */Palsur, **182** */marog-pixcells, **182** */ Palsur, **183** */mtkang, **183** */Taffi, **183** */pizuttipics, **183** */by-studio, **183** */Scanrail, **183** */RTimages, **183** */Aleksandr Bryliaev, **183** */JcJg Photography, **183** */Coprid, **183** */tanatat, **183** */Palsur, **183** */Andrew Barker, **184** */ashumskiy, **184** */Gewoldi, **184** */Vitas, **184** */singkham, **185** */Sebalos, **185** */tomispin, **185** */manaemedia, **185** */Niceregionpics, **185** */thanomphong, **185** */Lusoimages, **186** Thinkstock/Alexander Podshivalov, **186** */wellphoto, **186** */Stefan Körber, **186** */Pavel Losevsky, **187** */TrudiDesign, **187** */ WavebreakmediaMicro, **187** */ArtHdesign, **187** */valdis torms, **187** */cirquedesprit, **187** */Alexandra Gl, **187** */Sergey Nivens, **187** */ imkenneth, **187** */WavebreakMediaMicro, **188** */jfv, **188** */pressmaster, **188** */jminso679, **188** */Marco2811, **188** */Johanna Mühlbauer, **188** */A_Bruno, **189** */pedrosala, **189** */fotomatrix, **189** */Uwe Bumann, **189** */robert, **189** */Milan Surkala, **189** */the_builder, **189** */reich, **190** */Scanrail, **190** */Dron, **190** */drubig-photo, **190** */mirabella, **190** */gradt, **191** */gradt, **191** Thinkstock/ iStockphoto, **191** */JiSIGN, **191** */JiSIGN, **191** */JiSIGN, **191** */Rido, **191** */auremar, **192** */Elenathewise, **194** */mirpic, **194** */KB3, **194** Thinkstock/Stockbyte, **195** */lesniewski, **195** */Lario Tus, **195** */Melinda Nagy, **195** */kostasaletras, **195** */contrastwerkstatt, **195** */

beachboyx10, **196** Thinkstock/iStockphoto, **196** */Val Thoermer, **197** Thinkstock/Dorling Kindersley RF, **197** */snaptitude, **198** */Pavel Losevsky, **198** */.shock, **198** */Nicholas Piccillo, **198** Thinkstock/Photodisc, **198** Thinkstock/Photodisc, **198** Thinkstock/Photoobjects.net, **198** */.shock, **198** */micromonkey, **199** */kromkrathog, **199** Thinkstock/Fuse, **199** */Stian Iversen, **200** */Tan Kian Khoon, **200** */modestil, **200** */Igor Sokolov, **200** */piai, **200** */Will Hughes, **200** */Actionpics, **200** */Kelpfish, **200** */Africa Studio, **200** */Brocreative, **200** */karaboux, **200** */Lance Bellers, **200** */Sean Gladwell, **200** */by-studio, **201** */kanate, **201** */by-studio, **201** */Michael Pettigrew, **201** Thinkstock/Ingram Publishing, **202** */Katya Constantine, **202** */Nicholas Piccillo, **203** */Dmitry Vereshchagin, **203** */PinkBlue, **203** */PinkBlue, **203** */PinkBlue, **204** */Kris Strach, **204** */Kzenon, **204** */Kzenon, **205** */Quasarphoto, **205** */sumnersgraphicsinc, **205** */sumnersgraphicsinc, **205** */Veniamin Kraskov, **205** */Apart Foto, **205** */RTimages, **206** */zozulinskyi, **206** */Stefan Schurr, **206** */berc, **206** */mezzotint, **206** */ekarin, **206** Thinkstock/Digital Vision, **207** */Sportlibrary, **207** */lilufoto, **207** */roibu, **207** Thinkstock/TongRo Images, **207** */lilufoto, **207** Thinkstock/iStockphoto, **207** Thinkstock/iStockphoto, **207** */Michael Rosskothen, **207** */Oscar Brunet, **207** */Oscar Brunet, **207** Thinkstock/Comstock/JupiterImages, **208** */alessandro0770, **208** */Stefan Schurr, **208** */Maridav, **208** Thinkstock/moodboard, **208** */endostock, **208** */lightpoet, **208** */yanlev, **208** Thinkstock/Fuse, **208** */Wong Hock Weng, **209** */Andres Rodriguez, **209** */goldenangel, **209** */wellphoto, **209** Thinkstock/Digitial Vision, **209** */wellphoto, **209** */Cpro, **209** */Cpro, **209** */Birgit Reitz-Hofmann, **209** */Kitch Bain, **209** */Tony Taylor Stock, **209** */xy, **210** */marsyk, **210** */Sportlibrary, **210** */agentur2728.de, **210** Thinkstock/Hemera @ Getty Images, **211** Thinkstock/iStockphoto, **211** Thinkstock/iStockphoto, **211** Thinkstock/Comstock, **212** Thinkstock/iStockphoto, **212** */dima266f, **212** */Maridav, **212** */Anion, **212** */beatrice prève, **212** Thinkstock/Hemera, **212** */EpicStockMedia, **212** Thinkstock/iStockphoto, **212** Thinkstock/iStockphoto, **212** Thinkstock/Monkey Business, **213** Thinkstock/Fuse, **213** Thinkstock/iStockphoto, **213** Thinkstock/Pixland, **213** */attltibi, **213** */attltibi, **213** */belinka, **213** */Andrey Kiselev, **213** */auremar, **213** */tunedin, **213** Thinkstock/Hemera, **213** */Dmitry Vereshchagin, **213** */Elnur, **214** */Kseniya Abramova, **215** */Thierry RYO, **215** */Kseniya Abramova, **215** */Kseniya Abramova, **215** Thinkstock/Thomas Northcut @ Getty Images, **215** */Margo Harrison, **215** */fifranck, **215** */hosphotos, **215** */Heike und Hardy, **215** Thinkstock/iStockphoto, **215** */PackShot, **215** */auremar, **216** */Ljupco Smokovski, **216** */SS1001, **216** */Vadim Bukharin, **216** */Dmitry DG, **217** */ftlaudgirl, **217** */U. Woell, **217** */Anton Gvozdikov, **217** */project1photography, **217** */Volker Skibbe, **217** */Marcelo Dufflocq, **217** Thinkstock/iStockphoto, **217** */roblan, **217** */andreshka, **217** */stoonn, **217** */daseaford, **217** */sablin, **217** */garry_images, **218** */dell, **218** */Silvano Rebai, **218** */dell, **218** */victor zastol'skiy, **218** */mradlgruber, **218** Thinkstock/iStockphoto, **218** */© Olympixel, **218** */Val Thoermer, **218** */terranova_17, **219** Thinkstock/iStockphoto, **219** Thinkstock/moodboard, **219** */Galina Barskaya, **219** Thinkstock/Hemera, **219** */Dreef, **219** */Steeve ROCHE, **219** Thinkstock/iStockphoto, **219** Thinkstock/Photodisc/Ryan McVay, **219** */corepics, **219** */Lsantilli, **220** Thinkstock/iStockphoto, **220** */Netzer Johannes, **220** */Stefan Schurr, **220** */inigocia, **220** */Netzer Johannes, **220** */Jan Kranendonk, **220** */monster85, **220** */Avantgarde, **220** */photomag, **220** */storm, **220** */Fotoimpressionen, **220** */Marco2811, **220** */yanlev, **220** */lassedesignen, **220** */Stefan Schurr, **220** */Grigorenko, **221** */lilufoto, **221** */3dmentat, **221** */maxoidos, **221** */Bergringfoto, **221** */Marin Conic, **221** */Dimitar Marinov, **221** */just2shutter, **221** Thinkstock/iStockphoto, **221** */Shmel, **221** */olly, **221** Thinkstock/iStockphoto, **221** Thinkstock/Cameron Spencer @ Getty Images, **221** */ChantalS, **221** */Felix Mizioznikov, **221** Thinkstock/Digital Vision, **221** */artjazz, **222** Thinkstock/iStockphoto, **222** */okinawakasawa, **222** */VIPDesign, **222** */okinawakasawa, **222** */starush, **222** */Hetizia, **223** Thinkstock/Wavebreak Media, **223** */Lerche & Johnson, **223** */Lerche & Johnson, **223** */Lerche & Johnson, **223** */Lerche & Johnson, **223** Thinkstock/iStockphoto, **223** Thinkstock/iStockphoto, **223** */Lerche & Johnson, **223** */Wisky, **223** */nito, **223** */Kzenon, **224** */Africa Studio, **226** Thinkstock/iStockphoto, **226** Thinkstock/Digital Vision, **226** Thinkstock/iStockphoto, **226** Thinkstock/Purestock, **226** Thinkstock/iStockphoto, **226** */Andrey Burmakin, **226** */Andrey Burmakin, **226** */Nejron Photo, **226** Thinkstock/JupiterImages © Getty Images, **227** Thinkstock/Digital Vision, **227** Thinkstock/Digital Vision, **227** Thinkstock/Digital Vision, **228** Thinkstock/iStockphoto, **228** */Africa Studio, **228** */Kalim, **228** Thinkstock/iStockphoto, **228** */ysbrandcosijn, **229** */Klaus Eppele, **229** */scalaphotography, **229** */cynoclub, **229** */Brian Jackson, **229** */mekcar, **229** */by-studio, **229** */Henry Schmitt, **229** */Henry Schmitt, **229** */alephcomo1, **229** */Henry Schmitt, **229** */deusexlupus, **229** */apops, **229** */MUE, **229** */MUE, **229** */MUE, **229** thinkstock/Hemera (Cagri Oner), **230** */ReMuS, **230** */soerenkuhrt, **230** */Maruba, **230** */cjansuebsri, **230** Thinkstock/iStockphoto, **230** */Constantinos, **230** */ILYA AKINSHIN, **230** */dvs71, **230** */Jürgen Fälchle, **230** */Uros Petrovic, **230** */Distrikt3, **230** */Lucky Dragon USA, **230** */Denis Ivatin, **230** */photlook, **230** */Klaus Eppele, **230** */venusangel, **231** Thinkstock/iStockphoto, **231** */visivasnc, **231** */sumnersgraphicsinc, **231** */ArtFamily, **231** Thinkstock/iStockphoto, **231** */ysbrandcosijn, **231** */jehafo, **232** */Andrey Armyagov, **232** Thinkstock/iStockphoto, **232** */G.Light, **232** Thinkstock/Digital Vision/A J James, **232** Thinkstock/iStockphoto, **232** */bizoo_n, **233** */Bombaert Patrick, **233** */tuja66, **233** */Giuseppe Porzani, **233** */ILYA AKINSHIN, **233** */jiggo, **234** */starman963, **234** */Kirill Zdorov, **234** */tobago77, **234** */Steve Mann, **234** */Michael Flippo, **234** Thinkstock/iStockphoto, **234** */Martina Berg, **234** */st-fotograf, **234** */imagika, **234** Thinkstock/iStockphoto, **234** */WavebreakMediaMicro, **234** */jillchen, **234** */Alexander Raths, **235** */Warren Millar, **235** Thinkstock/Stockbyte, **235** Thinkstock/iStockphoto, **235** Thinkstock/iStockphoto, **235** Thinkstock/iStockphoto, **235** Thinkstock/iStockphoto, **235** */ksena32, **235** Thinkstock/iStockphoto, **235** */AllebaziB, **235** */Barbara Pheby, **235** Thinkstock/Hemera, **235** */womue, **235** */Liliia Rudchenko, **235** Thinkstock/iStockphoto, **235** */jogyx, **235** */Marius Graf, **236** */Regina Jersova, **236** */bittedankeschön, **236** Thinkstock/iStockphoto, **236** */franzgustincich, **236** */openlens, **236** */bruniewska, **236** */Amid, **236** Thinkstock/iStockphoto, **236** */Gino Santa Maria , **236** Thinkstock/iStockphoto, **236** */krimzoya46, **236** */sandis94, **236** */tsaplia, **236** */tigger11th, **236** */neirfy, **236** */bahrialtay, **237** */akekoksom, **238** Thinkstock/iStockphoto, **238** Thinkstock/iStockphoto, **238** */Sergiogen, **238** Thinkstock/iStockphoto, **238** */babimu, **239** */uckyo, **239** */RTimages, **239** */Africa Studio, **239** */Africa Studio, **239** */luiscarceller, **239** */Neyro, **239** */kornienko, **239** Thinkstock/thinstock Ablestock.com @ Getty Images, **239** */Mushy, **239** */maestria_diz, **239** Thinkstock/iStockphoto, **239** */U. Hardberck, **239** */Andreja Donko, **239** */koosen, **239** Thinkstock/iStockphoto, **239** Thinkstock/Hemera @ Getty Images, **240** */Printemps, **240** */Africa Studio, **240** Thinkstock/iStockphoto, **240** */shooarts, **240** */Vyacheslav Plyasenko, **240** */Artranq, **240** Thinkstock/JupiterImages © Getty Images, **240** */Firma V, **240** */ronstik, **240** */lunamarina, **240** */iampuay, **240** */Kuzmick, **240** */marysa03, **241** Thinkstock/Fuse, **241** Thinkstock/Creatas Images, **241** Thinkstock/Fuse, **241** */Kzenon, **241** */nyul, **241** */

Sergey Nivens, **241** */Nejron Photo, **242** */Robert Neumann, **242** */ratana_k, **242** */Marius Graf, **242** Thinkstock/iStockphoto, **242** */Unclesam, **242** */indigolotos, **242** */Birgit Reitz-Hofmann, **242** */fotomanu21, **242** */Hamik, **243** */Lichtmaler, **243** */Cmon, **243** Thinkstock/iStockphoto, **243** */DoraZett, **243** */NoName, **243** */RTimages, **243** */avtor_ep, **243** Thinkstock/Comstock, **243** */Dan Race, **243** Thinkstock/Digital Vision/Ryan McVay, **243** Thinkstock/Ingram Publishing, **243** Thinkstock/iStockphoto, **243** */seen, **244** Thinkstock/Zoonar, **244** */donfiore, **244** Thinkstock/iStockphoto, **244** */eldadcarin, **244** */eldadcarin, **244** */Anja Roesnick, **244** */Anja Roesnick, **244** */Anja Roesnick, **244** */Africa Studio, **244** */Foto-Ruhrgebiet, **244** Thinkstock/Zoonar, **244** */eldadcarin, **244** */STUDIO12, **245** Thinkstock/iStockphoto, **245** */sergign, **245** */schoki_01, **245** */aleciccotelli, **245** */Fyle, **245** */frank peters, **245** */Christer Tvedt, **246** */benjaminnolte, **246** Thinkstock/iStockphoto, **246** Thinkstock/Digital Vision/Alexander Hassenstein, **246** */Aleksandar Todorovic, **247** Thinkstock/iStockphoto, **247** */f9photos, **247** Thinkstock/iStockphoto, **247** */photocrew, **247** Thinkstock/iStockphoto, **247** */Aleksandar Todorovic, **247** */mikesch112, **247** */rangizzz, **247** */chulja, **247** Thinkstock/iStockphoto, **247** */pressmaster, **247** Thinkstock/iStockphoto, **247** */arnau2098, **248** */B. Wylezich, **248** */philipus, **248** */Angus , **248** */od - pictureworks, **248** */bergamont , **248** */risto0, **248** */full image, **248** */Coprid, **248** */f9photos, **248** */sss78, **248** */federicofoto, **249** */Africa Studio, **249** */Ljupco Smokovski, **249** */Danicek, **249** Thinkstock/iStockphoto, **249** */Alexey Potapov, **249** */scphoto48 , **249** */tolism, **250** */babimu, **252** */CLIPAREA.com, **252** */CLIPAREA.com, **253** */CLIPAREA.com, **253** */CLIPAREA.com, **254** Thinkstock/Zoonar, **254** Thinkstock/Hemera @ Getty Images, **254** Thinkstock/iStockphoto, **255** */mrgarry, **255** */turhanerbas, **256** */adimas, **257** */adimas, **258** */pixelcaos, **259** */3drenderings, **259** */3drenderings, **259** */3drenderings, **259** */3drenderings, **259** */3drenderings, **259** */arsdigital, **259** */pixelcaos, **260** */pixelcaos, **261** */pixelcaos, **261** */Diana Taliun, **262** */vectorus, **262** */Lsantilli, **262** */Sven Bähren, **262** */Tyler Olson, **262** */GordonGrand, **262** */iStockphoto, **263** */reflektastudios, **263** Thinkstock/oksun70, **263** */Robert Angermayr, **263** */silverrobert, **263** */Popova Olga, **263** */gradt, **264** */Alexander Raths, **264** */fhmedien_de, **264** */Creativa, **264** */ISO K° - photography, **264** */Sashkin, **264** */Africa Studio, **265** */Monkey Business, **265** */dalaprod, **265** */drubig-photo, **265** */drubig-photo, **265** */vladimirfloyd, **266** */Africa Studio, **266** */iko, **266** */DoraZett, **266** */Creativa, **266** */Gina Sanders, **266** */Subbotina Anna, **266** */drubig-photo, **266** */Ocskay Bence, **266** */detailblick, **266** */Kurhan, **267** */Creativa, **267** */underdogstudios, **267** */Dmitry Lobanov, **267** */rangizzz, **267** */Dan Race, **267** */Eisenhans, **267** */smikeymikey1, **268** Thinkstock/iStockphoto, **268** */Guido Grochowski, **268** */Dmitry Vereshchagin, **268** */HBK, **268** */treetstreet, **268** */Peter Atkins, **268** */Bandika, **268** */wckiw, **269** */ksena32, **269** */Igor Mojzes, **269** */st-fotograf, **269** */Vidady, **269** */Maridav, **269** Thinkstock/iStockphoto, **269** Thinkstock/iStockphoto, **269** */Kondor83, **269** */Gelpi, **269** */Volker Witt, **269** */apops, **269** */juefraphoto , **269** */Joss, **270** */CandyBox Images, **270** */alswart, **270** */hitdelight, **270** */unclepodger, **271** */Igor Zakowski, **271** */Rade Lukovic, **271** */draw05, **271** */blende40, **271** */Kurhan, **271** */Jessmine, **271** */contrastwerkstatt, **271** */apops, **272** */Alexandr Mitiuc, **272** Thinkstock/iStockphoto, **272** */Tyler Olson, **272** */Africa Studio, **273** */malajscy, **273** */Gerhard Brée, **273** */ep stock, **273** */ksl, **274** */Gennadiy Poznyakov, **274** */Tobilander, **274** */malajscy, **274** */starman963, **274** */Jim Vallee, **275** */danutelu, **275** */spotmatikphoto, **275** */Robert Kneschke, **275** */Dmitry Vereshchagin, **275** */itsmejust, **275** */Robert Kneschke, **275** */WONG SZE FEI, **276** */Africa Studio, **276** */Africa Studio, **276** */contrastwerkstatt, **276** */khuntapol, **276** */Coprid, **276** */Anatoly Repin, **276** */adisa, **276** */Borys Shevchuk, **276** */Manuel Schäfer, **276** */Nataraj, **277** */Gordon Saunders, **277** */seen, **277** */only4denn, **277** Thinkstock/Hemera, **277** */Coprid, **277** */blondina93, **277** */by-studio, **277** */Jiri Hera, **277** */Johanna Goodyear, **277** */Nazzu, **277** */Tharakorn, **277** */Tarzhanova, **277** */terex, **278** */Tatjana Balzer, **278** */Tyler Olson, **278** */Schlierner, **278** */Kzenon, **278** */modul_a, **278** */Nikki Zalewski, **278** */Khorzhevska, **278** */bertys30, **278** */Tran-Photography, **278** */Zdenka Darula, **278** */WONG SZE FEI, **278** */pearl, **278** */Taffi, **279** */Gennadiy Poznyakov, **279** */ecobo, **279** */pukall-fotografie, **279** */goodluz, **279** Thinkstock/Dorling Kindersley RF, **279** Thinkstock/iStockphoto, **279** */Artem Merzlenko, **280** */Han van Vonno, **282** */CandyBox Images, **282** */Roman Milert, **282** */Volker Witt, **282** */AK-DigiArt, **282** */Dario Lo Presti, **282** */benjaminnolte, **283** */Michael Schütze, **283** */brozova, **283** */Rodja, **283** Thinkstock/iStockphoto, **283** */cristi180884, **283** */Lisa F. Young, **284** Thinkstock/iStockphoto, **284** Thinkstock/Photodisc, **284** */VRD, **284** */Andre Bonn, **284** */shutswis, **285** */Lukas Sembera, **285** Thinkstock/liquidlibrary, **285** */marog-pixcells, **285** Thinkstock/iStockphoto, **285** */koszivu, **285** */Photographee.eu, **285** Thinkstock/iStockphoto, **285** */Monkey Business, **285** */Photographee.eu, **285** */Gerhard Seybert, **285** */Artem Furman, **286** */PictureArt, **286** */Pavel Losevsky, **286** */davis, **286** */Arcady, **286** */playstuff, **286** */beermedia, **286** */Lucky Dragon USA, **286** */Igor Kovalchuk, **287** */Christa Eder, **287** */Svetlana Gryankina, **287** */creAtive, **287** */Berry, **287** */Maygutyak, **287** */WoGi, **287** */Tobboo, **287** */jogyx, **287** */rouakcz, **287** */Silvano Rebai, **288** */Fiedels, **288** */nupsik284, **288** */Birgit Reitz-Hofmann, **288** */Claudio Divizia, **288** */GP, **288** */S.Kobold, **288** */amorfati.art, **288** */CPJ Photography, **288** */Zacarias da Mata, **288** */Hugh McKean, **288** */aquapix, **288** */Eric Gevaert, **289** */andrewburgess, **289** Thinkstock/iStockphoto, **289** */lassedesignen, **289** */Heinz Waldukat, **289** */Sergey Kamshylin, **289** */Nazzalbe, **289** */Kalle Kolodziej, **289** */Roy Pedersen, **289** */MacX, **289** */reeel, **289** */marqs, **289** */william87, **290** */Igor Kovalchuk, **292** Thinkstock/iStockphoto, **292** */Artenauta, **293** */fergregory, **294** */Jürgen Fälchle, **294** */peresanz, **294** */magann, **294** */vencav, **294** */virtua73, **294** */Kovalenko Inna, **294** */creatifixus, **294** */cbpix, **294** */Florent DIE, **294** */ping han, **294** */peresanz, **294** */kevron2001, **294** */peresanz, **295** */jeremyculpdesign, **297** */Arid Ocean, **298** */artalis, **299** */jokatoons, **299** */Thomas Röske, **299** */jokatoons, **299** */jokatoons, **299** */jokatoons, **299** */jokatoons, **299** */jokatoons, **299** */jokatoons, **299** */jokatoons, **299** */jokatoons, **299** */jokatoons, **299** */jokatoons, **299** */jokatoons, **299** */jokatoons, **299** */jokatoons, **300** */jokatoons, **300** */jokatoons, **300** */jokatoons, **300** */jokatoons, **300** */jokatoons, **300** */jokatoons, **300** */jokatoons, **300** */jokatoons, **300** */jokatoons, **300** */jokatoons, **300** */jokatoons, **300** */jokatoons, **300** */jokatoons, **300** */jokatoons, **300** */jokatoons, **301** */jokatoons, **301** */jokatoons, **301** */Thomas Röske, **301** */jokatoons, **301** */jokatoons, **301** */Pekchar, **301** */jokatoons, **301** */jokatoons, **301** */jokatoons, **301** */jokatoons, **301** */jokatoons, **301** */jokatoons, **301** */jokatoons, **302** Thinkstock/Hemera, **302** Thinkstock/Hemera, **302** Thinkstock/Hemera, **302** Thinkstock/Hemera, **302** Thinkstock/Hemera, **302** Thinkstock/Hemera, **302** Thinkstock/Hemera, **302** Thinkstock/Hemera, **302** Thinkstock/Hemera, **302** Thinkstock/Hemera, **302** Thinkstock/Hemera, **302** Thinkstock/Hemera, **302** Thinkstock/Hemera, **302** */Route66, **302** Thinkstock/Hemera, **302** Thinkstock/Hemera, **303** Thinkstock/Hemera, **303** Thinkstock/Hemera, **303** Thinkstock/Hemera, **303** Thinkstock/Hemera, **303**

Thinkstock/Hemera, **303** Thinkstock/Hemera, **303** Thinkstock/Hemera, **303** Thinkstock/iStockphoto, **303** Thinkstock/iStockphoto, **303** Thinkstock/iStockphoto, **303** Thinkstock/iStockphoto, **303** Thinkstock/iStockphoto, **303** Thinkstock/iStockphoto, **303** Thinkstock/iStockphoto, **303** Thinkstock/iStockphoto, **304** Thinkstock/iStockphoto, **304** Thinkstock/iStockphoto, **304** Thinkstock/iStockphoto, **304** Thinkstock/iStockphoto, **304** */romantiche, **304** */romantiche, **304** */romantiche, **304** */romantiche, **304** */romantiche, **304** */romantiche, **304** */romantiche, **304** */romantiche, **304** */romantiche, **304** */romantiche, **304** */romantiche, **304** */romantiche, **305** */romantiche, **305** */romantiche, **305** */romantiche, **305** */romantiche, **305** */romantiche, **305** */romantiche, **305** */romantiche, **305** */romantiche, **305** */romantiche, **305** */romantiche, **305** */romantiche, **305** */romantiche, **305** */romantiche, **305** */romantiche, **305** */romantiche, **305** */romantiche, **306** */romantiche, **306** */romantiche, **306** */romantiche, **306** */romantiche, **306** */romantiche, **306** */romantiche, **306** */romantiche, **306** */romantiche, **306** */romantiche, **306** */romantiche, **306** */romantiche, **306** */romantiche, **306** */romantiche, **306** */romantiche, **306** */romantiche, **307** */romantiche, **307** */romantiche, **307** */romantiche, **307** */romantiche, **307** */romantiche, **307** */romantiche, **307** */romantiche, **307** */romantiche, **307** */romantiche, **307** */romantiche, **307** */petra b., **307** */petra b., **307** */petra b., **307** */petra b., **308** */petra b., **308** */petra b., **308** */petra b., **308** */petra b., **308** */petra b., **308** */petra b., **308** */petra b., **308** */petra b., **308** */petra b., **308** */petra b., **308** */petra b., **308** */petra b., **308** */petra b., **308** */petra b., **308** */petra b., **308** */petra b., **309** */petra b., **309** */petra b., **309** */petra b., **309** */petra b., **309** */petra b., **309** */petra b., **309** */petra b., **309** */Yotama, **309** */petra b., **309** */petra b., **309** */petra b., **309** */petra b., **309** */petra b., **309** */petra b., **309** */petra b., **309** */petra b., **310** */petra b., **310** */petra b., **310** */petra b., **310** */petra b., **310** */petra b., **310** */petra b., **310** */petra b., **310** */petra b., **310** */Pekchar, **310** */megastocker, **310** Thinkstock/iStockphoto, **310** */Thomas Röske, **310** Thinkstock/iStockphoto, **310** Thinkstock/iStockphoto, **310** Thinkstock/iStockphoto, **310** Thinkstock/iStockphoto, **311** Thinkstock/iStockphoto, **311** */Thomas Röske, **311** Thinkstock/iStockphoto, **311** Thinkstock/iStockphoto, **311** Thinkstock/iStockphoto, **311** Thinkstock/iStockphoto, **311** Thinkstock/iStockphoto, **311** */jokatoons, **311** */yannik LABBE, **311** */Dream Cursor, **311** */sunt, **311** Thinkstock/iStockphoto, **311** */Andreas Meyer, **311** */DomLortha, **312** */Elena Petrova, **312** */Christian Pedant, **312** */Tomas Sereda, **312** Thinkstock/Fuse, **312** */Masson, **312** */Alliance, **312** */marog-pixcells, **312** */byheaven, **312** */joda, **312** */Miredi, **312** */momanuma, **312** */pictureguy32, **312** */bugphai, **313** */Nathan Jaskowiak, **313** */Vera Kuttelvaserova, **313** */rangizzz, **313** Thinkstock/Image Source, **313** */Leonid Tit, **313** */hjschneider, **313** */tiplyashina, **313** */Serg Zastavkin, **313** */Vera Kuttelvaserova, **313** */Vera Kuttelvaserova, **313** */RyszardStelmachowicz, **313** */Hamik, **313** */rangizzz, **314** */Sunny Forest, **314** Thinkstock/iStockphoto, **314** */Minerva Studio, **314** Thinkstock/iStockphoto, **314** */steffendia, **314** */FrankBirds, **314** */Sunshine Pics, **314** */Christophe Fouquin, **314** Thinkstock/iStockphoto, **314** */lassedesignen, **314** Thinkstock/iStockphoto, **314** Thinkstock/iStockphoto, **314** */Maygutyak, **314** */mario beauregard, **314** */victor zastol'skiy, **314** */macky_ch, **315** */scattomatto74, **315** */Sabine Kipus, **315** */Cmon, **315** */Dario Bajurin, **315** */jacare35, **315** */kohy, **316** */nni94, **316** Thinkstock/Ingram Publishing, **316** */ollirg, **316** */Martin M303, **316** */mrks_v, **316** */doris oberfrank-list, **316** Thinkstock/iStockphoto, **316** */steffus, **316** */smereka, **316** */Ben Burger, **316** */kentauros, **316** */Bernd S., **316** */Dario Bajurin, **316** */acceleratorhams, **316** */Fyle, **316** */Alena Stalmashonak, **317** */siimsepp, **317** */siimsepp, **317** */siimsepp, **317** */siimsepp, **317** */siimsepp, **317** */Tyler Boyes, **317** */siimsepp, **317** */Tyler Boyes, **317** */vvoe, **317** */wlad074, **317** */Tyler Boyes, **317** */iraries, **317** */Ekaterina Fribus, **317** */Ekaterina Fribus, **317** */marcel, **317** */siimsepp, **318** */boykung, **318** */Alexander Hoffmann, **318** */Alexander Hoffmann, **318** */Atiketta Sangasaeng, **318** */byjeng, **318** */Alexander Hoffmann, **318** */Alexander Hoffmann, **318** */apttone, **318** */Alexander Hoffmann, **318** */bigjo, **318** */Rozaliya, **318** */VL@D, **318** */Alexander Hoffmann, **318** */Alex Shadrin, **318** */Alexander Hoffmann, **318** */Alexander Hoffmann, **318** */Digipic, **318** */volff, **318** */Alexander Hoffmann, **318** */Alexander Hoffmann, **319** */Alexander Potapov, **319** */Tiler84, **319** */Tiler84, **319** */Tiler84, **319** */Tiler84, **319** */lamax, **320** */vladimirkim3722, **320** */k_kron, **320** Thinkstock/iStockphoto, **320** */iko, **320** */ürgen Fälchle, **320** */ondrej83, **320** */Heinz Waldukat, **320** */termis1983, **320** */Tom, **320** */mubus, **320** */veneratio, **320** */Roman Pyshchyk, **320** */Picture-Factory, **320** */Omika, **320** */funnycreature, **320** */Almgren, **321** */Nik, **321** */Tonanakan, **321** */motorlka, **321** */Pavlo Vakhrushev, **321** */Miroslawa Drozdowski, **321** */pia-pictures, **322** */Gang, **322** */Africa Studio, **322** */felinda, **322** */sergio37_120, **322** */eyetronic, **322** */sergio37_120, **322** */VICUSCHKA, **322** */tr3gi, **322** */Tim UR, **322** */alfastudiofoto, **322** */sergio37_120, **322** */lenkusa, **322** */sergio37_120, **322** */Friedberg, **322** */Africa Studio, **322** */Roxana, **323** */anankkml , **323** */Daniel Strauch, **323** */Stefan Körber, **323** */hans klein, **323** */juiceteam2013, **323** */audioscience, **323** */keller , **323** */flucas , **323** */ijacky , **323** */Tomashko , **323** */Serghei Velusceac , **323** */Andrea Wilhelm, **323** */tab62, **323** */Ichbins11, **323** */Studio Barcelona, **323** */volkerr, **324** */Farinoza, **324** */Eric Isselée, **324** */jagodka, **324** */Azaliya Elya Vatel, **324** */Eric Isselée, **324** */Uros Petrovic, **324** */Katrina Brown, **324** */eastmanphoto, **324** */nn-fotografie, **324** */cynoclub, **324** */biglama, **324** */Eric Isselée, **324** */grafikplusfoto, **325** Thinkstock/iStockphoto, **325** */Eric Isselée, **325** */JackF, **325** */Eric Isselée, **325** */Eric Isselée, **325** */Aaron Amat, **325** */Eric Isselée, **325** */Eric Isselée, **325** */anekoho, **325** */Christian Musat, **325** */Eric Isselée, **325** */Eric Isselée, **325** */Christian Musat, **325** */ILYA AKINSHIN, **325** */Eric Isselée, **325** */Eric Isselée, **326** */Eric Isselée, **326** */StarJumper, **326** */Eric Isselée, **326** */Anatolii, **326** */Vera Kuttelvaserova, **326** */Eric Isselée, **326** */Coprid, **326** */Eric Isselée, **326** */JackF, **326** */nexusseven, **326** */EwaStudio, **326** */cynoclub, **326** */anankkml, **326** */tiero, **326** */Taalvi, **326** */Eric Isselée, **327** */Alexander Potapov, **327** */Eric Isselée, **327** */Eric Isselée, **327** */Eric Isselée, **327** Thinkstock/iStockphoto, **327** Thinkstock/iStockphoto, **327** */Mike Price, **327** */Roman Samokhin, **327** */Eric Isselée, **327** */Eric Isselée, **327** Thinkstock/iStockphoto, **327** */maz12, **327** */Eric Isselée, **327** */Smileus, **327** */XK, **327** */anankkml, **328** */Eric Isselée, **328** */Steve Byland, **328** */Eric Isselée, **328** */Eric Isselée, **328** */Eric Isselée, **328** */Eric Isselée, **328** */Eric Isselée, **328** */fotomaster, **328** */jakgree, **328** */Farinoza, **328** */Farinoza, **328** Thinkstock/iStockphoto, **328** */Eric Isselée, **329** */Uryadnikov Sergey, **329** */phant, **329** */Eric Isselée, **329** */Eric Isselée, **329** */ILYA AKINSHIN, **329** */Janis Smits, **329** */Aaron Amat, **329** */ILYA AKINSHIN, **329** */Eric Isselée, **329** */fotomaster, **329** */Roman Samokhin, **329** */shishiga, **329** */Nicolette Wollentin, **329** */sval7, **329** */Eric Isselée, **329** */Eric Isselée, **330** */eastmanphoto, **330** */eastmanphoto, **330** */Smileus, **330** */Daniel Nimmervoll, **330** */kurapy, **330** */Eric Isselée, **330** */jagodka, **330** */Richard Carey, **330** */Anatolii, **330** */antpkr, **330** Thinkstock/iStockphoto, **330** */Eric Isselée, **330** */eastmanphoto, **331** */Irochka, **331** */Giuseppe Porzani, **331** */eyeblink, **331** */manuart, **331** */Eric Isselée, **331** */lunamarina, **331** */pistol7, **331** */Richard Carey, **331** */Witold Krasowski, **331** Thinkstock/Hemera, **331** Thinkstock/

iStockphoto, **331** */Coprid, **331** */tongdang, **332** */Oliver Klimek, **332** */Valeriy Kirsanov, **332** */defun, **332** */Alekss, **332** */JPS, **332** */Gewoldi, **332** */Henrik Larsson, **332** */vnlit, **332** */Klaus Eppele, **332** */xiaoliangge, **332** */VRD, **332** */Alekss, **332** */Marco Uliana, **332** */morelia1983, **332** */Zbyszek Nowak, **332** */npps48, **333** Thinkstock/iStockphoto, **333** */defun, **333** */Cosmin Manci, **333** Thinkstock/Hemear, **333** */fancyfocus, **333** */gertrudda, **333** */xjbxjhxm, **333** Thinkstock/iStockphoto, **333** */defun, **333** */emer, **333** */chungking, **333** */Coprid, **333** Thinkstock/iStockphoto, **333** */eastmanphoto, **333** */Carola Schubbel, **333** */natara, **334** */tescha555, **336** */DDRockstar, **336** */Denys Prykhodov, **336** */Denys Prykhodov, **336** */Denys Prykhodov, **336** */Denys Prykhodov, **336** */Denys Prykhodov, **336** */Denys Prykhodov, **336** */Africa Studio, **336** */Africa Studio, **336** */Africa Studio, **336** */DB, **339** */robert, **340** */magann, **340** */magann, **340** */magann, **340** */magann, **340** */magann, **340** */magann, **340** */magann, **340** */magann, **340** */magann, **340** */magann, **340** */magann, **340** */magann, **340** */magann, **341** */magann, **341** */magann, **341** */magann, **341** */magann, **341** */magann, **341** */magann, **341** */magann, **341** */magann, **341** */magann, **341** */magann, **341** */magann, **341** */vvoe, **341** */Lucky Dragon, **342** */tomreichner, **342** */Marco2811, **342** */merydolla, **342** */in-foto-backgrounds, **342** */Reicher, **342** */ARochau, **342** */Yahya Idiz, **342** */motorradcbr, **342** */Beboy, **342** */Dmytro Smaglov, **342** */Anton Gvozdikov, **342** */sborisov, **342** */Netzer Johannes, **343** */Maria Vazquez, **344** */Juulijs, **344** */m.u.ozmen, **344** */lucato, **344** */www.strubhamburg.de, **344** */guynamedjames, **344** */Jörg Hackemann, **344** */MaxWo, **345** */AI, **345** */hayo, **345** */ufotopixl10, **345** */vector icon, **345** */vector icon, **345** */vector icon, **345** */vector icon

PONS

Bildwörterbuch Englisch – Deutsch

Mit Premium-App

Bearbeitet von: Anette Dralle, Gregor Vetter

Entwickelt auf der Basis des PONS Bildwörterbuchs Englisch
ISBN 978-3-12-517896-0

Bearbeitet von: Anette Dralle, Dr. Claudia Handwerker, Georgina Moore, Gregor Vetter, Dr. Christiane Wirth

Warenzeichen, Marken und gewerbliche Schutzrechte
Wörter, Fotos und Abbildungen, die unseres Wissens eingetragene Warenzeichen oder Marken oder sonstige gewerbliche Schutzrechte darstellen, sind als solche – soweit bekannt – gekennzeichnet. Die jeweiligen Berechtigten sind und bleiben Eigentümer dieser Rechte. Es ist jedoch zu beachten, dass weder das Vorhandensein noch das Fehlen derartiger Kennzeichnungen die Rechtslage hinsichtlich dieser gewerblichen Schutzrechte berührt.

PONS verpflichtet sich, die dieses Buch ergänzende App mindestens bis Ende 2019 bereitzustellen. Einen Anspruch der Nutzung darüber hinaus gibt es nicht.

1. Auflage 2017 (1,02 – 2018)

www.pons.de
E-Mail: info@pons.de

Projektleitung: Helen Schmidt
Gestaltung: Petra Michel, Essen
Umschlaggestaltung: Anne Helbich, Stuttgart
Satz: Satzkasten, Stuttgart
Umschlagfotos (vorne) von links nach rechts: Shutterstock/Matee Nuserm, Shutterstock/Chiyacat, Shutterstock/aarrows
Umschlagfoto hinten: Graphicriver
Logoentwurf: Erwin Poell, Heidelberg
Logoüberarbeitung: Sabine Redlin, Ludwigsburg
Druck und Bindung: Publikum d.o.o.

ISBN: 978-3-12-516080-4